U0517143

当代传播下的贵州文化

段丽娜 著

中国社会科学出版社

图书在版编目(CIP)数据

当代传播下的贵州文化/段丽娜著.—北京：中国社会科学出版社，
2012.6

ISBN 978-7-5161-0963-2

Ⅰ.①当… Ⅱ.①段… Ⅲ.①文化—贵州省—文集
Ⅳ.①G127.73-53

中国版本图书馆 CIP 数据核字(2012)第 123099 号

出 版 人	赵剑英
责任编辑	刘志兵
责任校对	韩天炜
责任印制	李　建

出　　版	中国社会科学出版社
社　　址	北京鼓楼西大街甲 158 号(邮编 100720)
网　　址	http://www.csspw.com.cn
	中文域名:中国社科网　　010-64070619
发 行 部	010-84083685
门 市 部	010-84029450
经　　销	新华书店及其他书店

印　　刷	北京市大兴区新魏印刷厂
装　　订	廊坊市广阳区广增装订厂
版　　次	2012 年 6 月第 1 版
印　　次	2012 年 6 月第 1 次印刷

开　　本	650×960　1/16
印　　张	31.5
插　　页	2
字　　数	436 千字
定　　价	69.00 元

凡购买中国社会科学出版社图书,如有质量问题请与本社联系调换
电话:010-64009791

版权所有　侵权必究

自　序

虽然现在新媒体网络如此迅猛的快速发展,但在我的心中依然对传统媒体充满温馨。搜索往日印迹,奋斗之艰辛历历在目。在过去的许多不眠之夜留下的那些往事,在寒冬来临之际与之对话,一切犹在昨天。

我自幼在贵州长大,3 岁随父由粤入黔,转眼已 50 余年。15 岁当文艺兵接触文艺,竟成了日后职业的基础。

自 1986 年参与《安顺晚报》(现《黔中早报》)创刊任一、四版记者编辑至 2004 年任《贵州日报》文艺部主任记者、副主任、高级编辑以来,均以报道贵州文化艺术界为主,于是乎自许为半个文化人。文化诸多的特性给我不尽的滋养,同时通过辛勤的采写,也结识了不少文化艺术界的朋友,他们身上充满激情,在市场经济大潮中不失自己的理想和追求,成了我从事文化传播活动的由头。新闻贵在真实鲜活,在传统媒体程式化的过去,认真学习研究,让新闻为大众所接受所热爱,于是,我的采访有了一种独特的文化视角。找寻这些过去的记忆重新拾取,权当一种对贵州文化的思考。

贵州文化是中国文化的一部分,无数的参与者在建造贵州文化中有了自己的发展,他们兼收并蓄、吐纳百芳,让多彩的贵州文化形象更加具体丰满。文化重在建设,更重在传播,贵州文化的走势发展仍然需要我们的关注和弘扬。

谨此寄予贵州文化,以此为序。

2011 年 11 月于贵阳

目 录

多彩歌海

历史文化

黔苑墨风

留给后人的文化瑰宝

——贵州省"中国美术巨匠精品真迹首次展"始末

写在前面的话：

2002 年 4 月 26 日，对贵州人民来说，是一个值得珍视的日子。当日，从贵州省文联和贵州省美术家协会联合召开的新闻发布会上获悉，贵州省美术家协会在解放初期收藏的，已在保管室里尘封了半个世纪的 130 多幅中国美术巨匠的真迹，在经过有关专家一个多月的清理之后将在 5 月 1 日公开展出。这批真迹，包括元、明、清及近现代大师吴昌硕、齐白石、张大千、傅抱石、李可染、徐悲鸿等几十人的作品。其中，齐白石的真迹就有 11 件，吴昌硕、陈师曾、王雪涛、冯建吴等大师的作品也有 5 件以上。这些作品大多数是大师们盛年之作，有着极高的艺术价值和研究价值。其中，齐白石的《海棠》、吴昌硕的《菊花》、张大千的《人物》、傅抱石的《山水》等都是罕见的珍品。展出的 10 天中，海内外观众络绎不绝，成为贵州文化艺术舞台上一道绚丽的风景。

画从何来？

整整半个月，贵州广大观众都被这突如其来的巨大兴奋所感染，几乎在同一时间里，人们都会情不自禁地问：这些价值连城的画从何而来？

原来，这批藏画的背后有着一批功不可没的老艺术家。已逝的贵州著名版画家、曾任贵州省文联秘书长兼省美协副主席的王树艺和唯一健在的买画者、原贵州省美协副主席兼秘书长秦元魁就是其中两位。

　　1953 年，当时在贵阳市政府工作的王树艺调至省文联担任秘书长兼省美协副主席。当时贵州美术尚在起步时期，画家们要看到一幅大师的作品相当困难，山高水长，去一趟北京上海都难以企及。他经常利用出差到北京的机会，四处为美协收集画作，北京的琉璃厂和荣宝斋是他每次去北京必到的地方。那时，王树艺的工资只有百余元，虽说在当时算是"高薪"阶层，但每次去这两个地方，身上的钱几乎所剩无几，全部用来收画。当时，琉璃厂的画才二三十元一幅，王雪涛的那幅《紫藤》就是王树艺花几块钱买来的。王树艺的老伴罗文宪老人回忆当年，仍记忆犹新。当时王雪涛已被打成右派，画最便宜，所以买了好几幅。后来平反，曾任中国美协北京分会副主席。而荣宝斋的画要贵些，为了多买些画，王树艺就多买了许多水印件，两元一张，带回来给大家临摹。此外，他还在贵阳市旧货市场金沙坡淘到了不少好的东西。就连贵州著名书法家陈恒安的珍藏，徐悲鸿大师的《马》也被王树艺说服卖给省美协。"文化大革命"时期，王树艺被打成"反革命"，当时贵州省文联被撤销，他自己收集的画和古董整整一板车全部抄走，他整天担心的是他为省美协收的那些画落入尘埃。"可惜老头子走了，要是他能看见这些画还保存完好，还向广大观众展出，他肯定会很高兴的。"白发苍苍的罗文宪替已逝的丈夫了了这份心愿。

　　今年 82 岁高龄的秦元魁曾担任过贵州省美协副主席兼秘书长。秦元魁 1936 年考取国立杭州艺专预科，受教于艺术大师林风眠、潘天科等，吴冠中是其同窗好友。1944 年毕业于该校西画系，坚实的功底和优异的成绩，使他于 1948 年 6 月获得法国巴黎美术学院的录取通知书，但他放弃了这次到国外深造的机会，留在贵州。解放初期的贵州，艺术人才奇缺，他不但花费大量心血选拔了优秀美术工作者，还积极为每位画家争取外出学习观展的机会。当时贵州无美术学校，也没有专业画家，仅有几个老画家在省外比较有名。在这个过程中，秦元魁认为，这两种办法都比较慢，最直接的就是买画册、买原作来学习，此时，省美协办起了"读画会"，大家共同研究某幅作品的技法、风格、走笔等。当时，省美协的资料是很有限的，为了使每月一次的读画会能够坚持开展，秦元魁利用到北京开全国美协会之机，都要带上一两千元在荣宝斋买些品质好的画回贵州。当时，中国美协的领导知道贵州比较贫穷，还特地给荣宝斋打招呼要以优惠的价格卖给贵州。于是，秦元魁每次到北京都能买 10 幅到 20 幅画回来。

80 多岁的秦老如今回忆起当时买画的情景依然如在昨天。当时，他大都与别的省的美协同志一起选购，大家都认为，上乘品质的就花大价钱买下来。那时，花七八十元购买齐白石的画都属大手笔了。秦老说，当时仅齐白石的就买了 20 多幅，记忆最深的是齐白石的《四条屏》。但现在只剩下 6 幅，很可能在"文化大革命"中丢失的。在这批名画中最有价值的是当时花 100 元买的元朝绢本真迹《花鸟》。花几十元买的都是清、元等二流画家的扇面。秦老一直都清楚这批画的下落，他曾打电话给省美协，要求好好保管。作为唯一健在的买画者，他希望现在和将来能发挥名画的作用，不忘当初他们这些"老人"买画的初衷。

名家真迹价几何？

此次贵州整理发现的 182 幅作品囊括了元、明、清以及近现代大师的盛年之作，其中，130 多件是齐白石、张大千、徐悲鸿等画界泰斗的真迹。展览期间，各地画商云集，有的一天看几次，有的现场说交现金 100 万，等等。据有关专家评估，这 130 多件画作总价超过 2000 万，而展出的 69 幅作品总价也在 400 万左右。2002 年 3 月 28 日，记者致电国内两家知名拍卖行：嘉德和瀚海。两家声称，有一点可以肯定，齐白石、吴昌硕、张大千、傅抱石、徐悲鸿、任伯年等人的真迹，多年来价高不下。据报载，1994 年 3 月 27 日，嘉德国际拍卖有限公司在北京举办美术作品拍卖会，齐白石的《松鹰图》（纸本，66×364厘米，1993年作）售价人民币为176万元，而张大千的《石梁飞瀑》（纸本268×91厘米，1936年作），以209万元成交。当今艺术拍卖，大多从作品质量来审定，人们根据作品的艺术水准和学术品位来给艺术定位，而不是看哪位画家画了多少。如果贵州此批名画系真迹，定会引起一场轰动。

国宝命运如何？

贵州，艺术资源的开发、艺术人才的开发和培养都急需经费。但面对无数观众真情的留言，拍卖显然不可能。

2002年3月27日，省美协组织多位专家对182件作品作了最后一次鉴定和整理，确定其中名家真迹130多幅，属"国宝"级的珍品就有50多幅。面对这些"国宝"，没有哪家保险公司敢接保，而省美协也无经费支付投保费用。有关领导表态要对此项工作予以支持，出经费出版画册是可能之事。但为了安全起见，经多方商定，这批精品暂时以支付保管费的方式存放在银行里。至于存放在哪家银行，只有两个人知道。"不管怎么说，这批画得以幸存，赖于我们前辈的那种无私精神。"时任贵州省美协的主席李慧昂如是对记者说。

原载贵州《文化广角》2002年第3期

齐乃普与他的作品

快到12点钟了，才在新安厂子弟学校找到他。
中等个子，清瘦，双眼炯炯有神。

他说，你们来得真巧。前两天，才从天津返回家里。他这次是自费参加天津漫画学会为全国各地的漫画作者和部分省、市报刊美术编辑举办的漫画艺术讲习班的，他很高兴能作为一个业余工人、业余作者参加这样的学习。

他自幼酷爱美术，小时候的一些稚作仍然保留至今。后来，他迷上了漫画，特别是人物漫画，他觉得人物变形是漫画的基础。在100多幅稿件被退回之后的1983年，他发表了第一幅作品：影人朱时茂的漫画头像，刊登在《电影评介》1983年第11期上，小小的一幅作品问世，足叫他兴奋了好一阵子。以后便像着了魔似的一发不可收拾，短短的四个年头，他平均每年发表五十多幅作品，全国近五十家报纸杂志刊登过他的作品。《贪食者》以夸张的手法讽刺抨击了坐吃山空的特权者；《厂房着火》揭露了工人安全生产的松弛和粗心；《飞回故乡》用轻松抒情的笔调，展现了今日大学生建设贵州、振兴贵州的精神风貌。《某君苦学记》更耐人寻味：三幅图的三个起步姿态是同一动作，第二、第三个姿态踩在脚下的也是前面所学的书本，唯一变化的是鼻子和腿一次比一次翘得高，嘴巴也一次比一次拉得宽。这幅漫画强烈地讽刺在学习上见异思迁赶时髦的人。作品在上海《青年报》发表后，很快被《中国少年报》转载，并以《看看练练》为题让学生作文。齐乃普既行动又思考，既感受又描绘。他时时有一种创作的冲动，不，应该说是创作思想的火花时时在跳跃。他的作品《反正我敲》获1984年《人民邮电报》好新闻奖，《为了苗儿早成才》获1986年广西保险漫画竞赛一等奖，《为时太晚》和《如此孝顺》获广西保险漫画竞赛兴趣奖。去年，他成为中国美术家协会贵州分会会员，贵州漫画研究会会员。

在工厂与漫画的天地里，他是一个辛勤的园丁，他将永远不停地奋斗和耕耘。

原载《贵州日报》1987年3月5日第8版

故乡山水皆是情

——观索正辉油画展

一个在贵州美术界并不引人注目的名字，一位辛勤耕耘默默奉献的园丁。在庆祝第十个教师节到来之际，向省城人民展示了自己多年来执著追求的结果，在省文联二楼那宽敞的展厅里，安顺地区实验学校高级美术教师——索正辉圆了当画家的梦。

还是一个小伙儿的时候，索正辉就迷恋于美术，1959 年由安顺地区一中考入贵州大学艺术系附中。在连饭都吃不饱的年月追求艺术简直有点天方夜谭。由于种种原因，他被迫离开贵大艺术系，但艺术之魂紧追不舍，他实在无法抗拒艺术的诱惑，从而走上了一条艰难的自学之路。

索正辉成长于安顺这块古老而神奇的土地上，黔中五百多年的习安文化沉淀下来醇厚的民风和自然风光，为他找到了一条现实主义的创作之路。读他的画，犹读一首静夜而作的诗，忽而悠远，忽而长泣，忽而清晰，忽而迷然。《老宅》取材于现实生活的特殊环境，一个贵州西部地区典型的宅居门庭，石头砌成的厚墙已记不清它自身的历史，那门槛间的辉煌已斑驳陆离，唯有那院内一簇簇浓郁的松树和山峦，说明它曾拥有的昨天。是文物？是景观？还是居家小院？画意境悠远、色彩鲜明、富有层次，与现代建筑构成了强烈的对比。《夜行，空间》取材于旅途乘火车。在卧铺车厢里，人们都不知不觉地与天地万物融为一体，狭窄的车厢变为一个空旷神奇的世界，人们在遐想在追寻，唯有一轮明月冷冷地悬挂在天空上。是寄托相思？还是怨恨世间人情冷暖？索正辉的画，静中求深，静中求远，于是在深远中才显豁达。《老桥》用明快的色彩勾勒了安顺城的一个侧面；《山魂》以静默的气势显示一种伟力；《宁静的湖》似静而动，自然之美尽收眼底；《山路弯弯》以一种柔和的笔调描绘了变化中的山区，关脚电站在他的笔下犹如一个国家级的风景区；《旧居》寄寓了作者对艰难岁月的珍重，给人以不尽的遐想。

读一首好诗能陶冶性情，读一幅好画又何尝不是这样？他用一种写实的手法融进西方油画强烈的装饰和构图效果，使自己的油画以平庸的现实呈现出一种宁静中的辉煌。省文联主席、省美协副主席杨长槐这样评价他的画：山水乡情致催化着他的美好的心灵，他的画总是在淳朴中给人以清新、明快，犹如一股春风给人一种舒适的美感……

原载《今日都市报》1994年3月8日

艺苑春华

——贵州民族学院艺术系掠影

风景秀丽的花溪河畔，贵州民族学院那颇具民族建筑风格的院门，不知吸引了多少过往来客。然而，你可曾知道，那大门左旁的一排排十年前建院时的工棚，至今还是该艺术系的排练厅。凭借艰苦创业的精神和献身艺术的激情，十年来艺术系的六十多名老师在这里辛勤春华。

芦笙教师杨昌树，以其高超的技艺，曾随中国少数民族艺术团到加拿大、美国等地参加演出，并多次获全国创作奖。他手中那管芦笙，唱出的是苗家儿女对祖国的心声。

毕业于中央民族学院艺术系的唐德松，在法国贝桑国际比赛中，曾以其创作曲目《第一交响乐·傩神》进入了复赛。曲中山魂般的旋律，显示了贵州民族音乐的魅力。

唐琪除担任系西洋乐教室主任外，还是贵州手风琴协会会长。近年来，他除个人多次获全国、省、市手风琴演奏奖外，所教学生也多次在全国捧回大奖。

黄新达的音乐作品，二十余件获奖，其中七场歌剧《高高的九里山》，获全国第一届少数民族剧本"银杯奖"。

管兵近年来多次在贵州电视台主办的"春节联欢晚会"上演唱，颇受人们的好评。所教学生，也多次在省内获奖。

艺术系音乐专业成绩斐然，美术专业也不逊色。这里，集合了不少贵州近年来版画、油画、国画、工笔和工作艺术的佼佼者。

王建山的版画，除多次在北京、上海参展外，有 25 幅作品被澳大利亚新南威尔士美术博物馆、中国美术馆、北京工艺美术博物馆等单位收藏。滕维平的版画《晒花裙》，入选全国第 12 届版画展。孔阳的作品多次在省内、海外参加大展。刘立勤的油画作品《无题》，参加香港"贵州油画大展"，被美国、德国朋友收藏。陈晓光近年来创作甚丰，曾获全国风俗画大展二等奖，部分作品在美国、日本、新加坡、马来西亚等国展出并收藏。宋次伟参加"遵义会议六十周年美展"，女教师张定亚、潘梅等身手不凡，作品多次在省内外获奖。马骏、王建勇、胡开仁等一批青年教师在艺术教学上颇受好评。

艺术系 21 个美术教师，获省级以上奖的占 95％，25 个音乐教师，70％ 得过奖，十年来，艺术系师生先后有 200 人次在全国及省市的音乐、舞蹈、美展中获奖。王志雄、王德埙、范元祝、马嘉珉等教授积极从事教学科研理论研究，在院内院外享有较高声誉。

谈起艺术教育，巫子强的脸上不时掠过一阵阵激动。这位毕业生于四川美院的高才生，扎根贵州已是三十余个春秋。担任民院艺术系主任九年来，惜才爱才在民院已传为美谈。伍晓原、滕维平、陈晓光、张丁亚等一批中青年教师就是近年来从铜仁、安顺、黔南等地调入艺术系的。在艺术系这个团结向上的集体中，汇集了汉、回、苗、土家、水、侗、布依、彝、朝鲜等族热爱艺术的教师。

战斗力来源于集体的凝聚力。系党总支副书记武向东、副主任王素荣、办公室主任孙明明在介绍情况时进一步阐释了这个道理。

筹建于1978年的民院艺术系，1985年开始招生。目前有音乐、美术两个专业。1993年设美术、音乐、舞蹈、群文等中专专业。

在院党委发展民族艺术教育的办学方针下，为稳定教师队伍，优化育人环境，在国家未投入一分钱的情况下，他们想方设法筹资60多万改善教学条件，修建教师宿舍，并积极派送青年教师外出进修和培训，使教师业务素质得以全面提高。

"艺术教育，是文化工程教育的一个重要部分，民族文化艺术与受教育者的传统统一，是文化社会性的延伸与发展，也是我们民族艺术教育的发展方向，它将为推动社会文明进步起着重要作用。"巫子强如是说。

在采访结束之际，武向东告诉记者，"九五"计划，民院艺术系要办成两件大事，一是艺术系本科，二是有一座艺术系的教学大楼。

这一天，已为期不远。

原载《贵州日报》1995年12月8日第7版

烂漫之极归于平淡

——访著名画家方小石

贵州画家中，宋吟可、王渔父、孟光涛、方小石的艺术成就备受人们推崇。四大家中，仅方老健在。方老今年87岁高龄，但依然思维敏捷。与和善谦逊的方老交谈，使人感到这位老人的心依然年轻。

中学时代的方小石，最大的愿望是当一名科学家，走科学救国的道路，美术只是他的爱好而已。青年时代，欣逢中国的五四运动，受新文化思想的影响，方老也喜欢文学酷爱话剧。如今，谈起曹禺的《雷雨》、巴金的《家》、《春》、《秋》以及易卜生的《玩偶之家》，依然记忆犹新。受蔡元培思想的影响，他考入当时的国立美专，但目的也不是要当画家，而是很想为贵州的艺术教育尤其是美术教育做一点自己的努力。提及姚华、景筱兰、李紫光等人的成就，他肃然起敬。考入国立艺专的方小石，受业于滕固、吕凤子等大师，接受过严格的中国画传统训练，同时，也受到西方艺术的熏陶。早年的方小石，便以截然不同的语言和姿态去开拓另一片疆土。

写意花鸟画，自明清以来流派纷呈，在笔墨表现上，便有"巧"与"拙"之分。巧者追求"以形写神"的效果，多用灵动的笔法去表现自然界鸟语花香的真实感受，笔墨只是塑造形象的手段；拙者则"以神造形"，多用篆隶笔法，通过改变花鸟的自然真实，来表现画家的审美意识及思想感情，在某种意义上讲，笔墨已具有相对独立的欣赏价值，这类画家，多是诗、书、画、印兼长。

方老在长期的美术教育、美术编辑和绘画创作实践中，对我国画史、画论和书艺都有极深的研究，是属于后者的杰出的文人画家。

"举前贤之未及。"是他的座右铭。继1993年在京成功举办画展后，去年，国画院又为方老举办了个画展。这一展览，95幅画中大多数是近年来潜心创作的。这对于一位年近九旬的老人来说，无疑要付出更艰辛的劳动。

方老的画，给人最深的印象是以书入画。他还擅长于将贵州特有的花卉禽鸟入画，短笔碎点造像，笔墨老辣。读他的画，感觉既得力于篆籀的凝重，又有行草的流动与章草的淳厚。其8尺宣的大幅作品如《黔边烽火树，岭海第一花》等，不管是整体还是局部，都给人和谐有致的美感。点、线、块面含蓄自然，显示了方老深厚的艺术素养。他的画，也传递着画家对大自然的热爱，有独特的艺术个性，可以这样说，他的画既是传统的又是现代的，既是历史的更是现实的。

早在60年代在贵州大学艺术系执教时，方老就倡导力行"入似学术，出以艺术"，并认为"顺序而下"才是一个真正学者的取法。他也不排斥自然科学的学习，我国著名科学家何鲁讲的几何与熊庆讲的三角，都使他受益匪浅。长期严谨治学，使方老心胸豁达，人格高尚。他，不以一技与人论短长，不以物质条件与人比高低，显示出一种"入乎其内出乎其外"的生存智慧和风范。正如中国美术研究所所长邓福星和评论家翟墨、陈醉等所评价的那样，这位老先生的心灵很干净，他非常干净地画画，他的画有很强的个性，有自己的语言符号和特殊的平面构成，他的画随意安闲滋润空灵，这是代表一个时代和民族最高的东西，具有强烈的时代感和民族文化感，是当今中国卓越的花鸟画家。

方小石先生现为省国画院名誉院长，省美协名誉主席。

原载《贵州日报》1998年3月27日第8版

胸中自有侗乡情

——记侗族山水画家、贵州省美协主席杨长槐

杨长槐，作为侗族文化史上第一代山水画家，用他的画笔抒发对家乡的热爱和眷恋，凝聚了一个赤子对侗乡的悠悠情思和浓浓的乡情，使杨长槐的画别具韵味。

　　杨长槐出生在黔东南天柱县。现任贵州省文联党组书记、副主席。他是大山里一个侗族农家的孩子，从小就喜欢画画。每当放学后到野外放牛时，他都会趴在地上画画。中学毕业时，贵州民族学院的孟光涛教授来校招生，他随手画了一个憨厚可爱的放牛娃，被孟老师慧眼识中。就这样，穿着草鞋的杨长槐走进了贵州民族学院艺术系。

　　杨长槐在校期间，得到了孟光涛、宋吟可、王渔父、方小石等先生的教诲，为他日后的艺术生涯打下了坚实的基础。他家境不佳但志气颇高，在校期间，就曾用勤工俭学换来的一点钱，假期只身前往北京。故宫成了他看画的第一个点，那一幅幅古画，令他眼界大开。他席地而坐，临画半月。执著的追求，使他广泛地吸取了祖国传统的绘画艺术。1963年，他以优异成绩毕业，分配到省美协工作。工作之余，杨长槐多次赴黄山、华岳、桂林、峨嵋、三峡、九寨沟等名川大山写生。他的南行，得到了著名画家徐子鹤及亚明先生的启发和传教。

　　他清晰地记得，徐先生给他详述了八上黄山悟出黄山之味的感慨，让他领略到画黄山之法；在亚明先生家，他与先生一起研读石涛的黄山佳作，得到了“搜尽奇峰打草稿”的真谛。往北走，他又幸运地结识了王朝闻、孙克纲、孙其峰、赵松涛、冯建吾诸先生，吸收了诸家各派之长，从而走上一条不断超越自己的创新之路。

　　以乡土为根，画出贵州的山水，这是杨长槐先生的追求。

　　几十年来，从黔东南到黔西南，从黔南到黔北，贵州的山山水水尽收他的眼底。他力求在“师法自法”中提炼自己的表现方法，形成自己独特的风格。于是，人们从他的画中，看到了秀丽的清水江畔葱郁的杉木，看到了黔山云端迷人的梯田，看到了耸云的鼓楼和有如星月的山坝。黔地山峦的俊秀和奇艳，都给观者留下如诗如歌的印象。自1964年他创作的《晨筏》等三件作品参加全国第四届美展之后，佳作迭出。他创作的《一江春水来》获1982年全国少数民族画展佳作奖；1984年，他的作品《侗乡烟云》又被评为全国优秀作品。两件作品，堪称他的代表作。

人们常说，对于许多"科班"出身、技法娴熟、基础厚实的画家来说，其作品高下的分野在于其修养的深浅和胸襟的博狭。杨长槐喜欢古人"居高声自远，非是藉秋风"这句话，他认为只有找准自己的角度，把物我相融、情境相交中萌生出的意境进行哲理性的升华，并运用精到的笔墨表现出生动形象，才能造就气韵灵动的画面效果，用清醒的目光找准自己的角度。近年来，他又把山水画中的水和树作为新的课题来研究。这是他在长期的艺术实践中追求突现贵州高原风采的结果。因而读他的作品，会感觉出勾勒了一个画中的"贵州"。

他的画树之作如《肤色参天》、《郁郁千古树》、《古木苍藤》，或如伟岸丈夫，坚强刚毅，或如沧桑老人，饱经忧患。作者已不是为画树而画树，显然是"壮心言志"，唤起读者相应的生活经验与联想，从而使画具有一种人文意义。

观其近作，他画中的水比过去更富灵气。由于巧用皴笔，以淡墨中的微妙变化来表现水的奔腾湍急，因此，顺势勾勒出来的效果既柔且刚，恰到好处地表现了水的流动质感。中国美术研究所所长邓福星评价："这种画水之法以前少见。画中波涛汹涌，白浪翻腾，似乎喧声在耳，近观远视，效果俱佳。"中国美协主席王琦先生则说："长槐同志在中国画（特别是山水画）上取得很高成就，在表现手法和艺术语言上充分体现出作者深沉、浑厚、朴实无华的个性特征。"在他的作品中，你还看到，他不但善于用墨，还善于用色。他把水墨和色有机融合，在作品中巧妙地驾驭了纸、墨、水的性能，把南国山水那变化无定的山风云气呈现出来，使人观其画如入"空翠湿人衣"的诗境。

作为侗族文化史上第一代山水画家，杨长槐所取得的成就令人瞩目。他的画多次在国内参展并获奖。我国著名文艺理论家王朝闻先生去年 7 月到贵州看了他近年的作品后，由衷地写下这样的话语："在贵阳花溪观长槐山水画新作，深感九年来他飞跃般超越自我，纸上之激流或飞瀑，无声胜有声，丰富了马远所探索的画水法，这一可喜成就，基于长槐熟谙黔山黔水之独特个性。"与九年前王老对其画的评价"生长在这个地区描绘这个地区，获得了有个性的劳动成果"相比，无疑，杨长槐已走进一个新的境界。

原载《中国文化月刊》1998 年第 4 期

耕耘砚田抒胸臆

——访贵州省老画家刘知白

在贵州美术界，人们都知道有一位耕耘砚田的老先生，他就是贵州省著名老画家刘知白。

走进刘知白家，有点出乎我的意料之外，他的家仅是不足 40 平方米的小屋，而老人的画室是全家共用的过道——小客厅，这里除安放一个老式沙发外，几乎就没有什么周旋的余地。好在靠窗的角落还能安上一张活动的折叠餐桌，这就是刘老先生的画桌。而他的画板是一张拆下来的门板，竖放在门后靠厨房的左边，一张未作完的山水画钉在上面……

刘知白今年 85 岁高龄，祖籍安徽凤阳人，自幼酷爱中国画，18 岁考入苏州美专，后成为该院国画系主任顾彦平的入室弟子。六年多的系统学习，为他打下了坚实的艺术功底。1949 年，他举家定居贵阳，新中国的成立给漂泊的刘知白带来欣喜，生活也趋于稳定。

刘知白从 20 世纪 50 年代末到 60 年代中期在贵阳市工艺美术公司和工艺美术研究所从事出口绘画工作。

1970 年，刘知白被强行疏散到我省龙里县洗马区的农村。乡亲们敬重有文化的人，当他逢年过节为乡亲们写春联读书信时，当他为乡亲们治病疗疾时，他得到了回报：不受出工下地干活的约束，可自由支配自己的时间。

没有城市的喧嚣，远离了政治运动的干扰，唯一拥有的是充足的时间和眼前变化无穷的真山真水。潺潺流淌的洗马河，孕育着气象万千的烟雨云气和生机勃勃的绿水青山，它虽没有名川大山的磅礴气势，却有着闲山野水之情和丛木白云之意。此时的刘知白终于悟出：画贵心悟，画贵眼慧，做到这一点，平凡可化为笔底波澜，腐朽可化为神奇。明代吴门画派领袖沈周和清初石涛的业绩不就证实了这一点吗？而吴门画派和石涛，正是刘知白先生的主要画根画源。在洗马，他的传统笔墨找到依托的实体，数千张写生稿力图用已具备的技法和思考来表现自然。

黔山秀水使他进入了一个"由功入化"的探索时期。温暖而潮湿的山冈与坡脚，那杂树竞生的小林，那碧得见底的溪潭，那阴冷而湿漉漉的低矮云团，都在他的笔下展现托出。这是一种用水和笔墨化成的一种纯净的语汇，正如他在题画诗中所云："山居无限好，日日听流泉。工罢余惜在，欣然埋砚田。"从作品中，我们不难体味出一个在艰难条件下的普通人那不平常的灵魂，不难感觉到那种以绘画求生存与求慰藉之背景所弥漫出来的深深的厚重的人文精神。

80年代以后，他从临习古人、以古人为师到画风潇洒笔墨精妙，形成自己独特的绘画风格。看他的雪景图，并非漫大皆白，万木萧疏，而是贵州大部分地区雪随下随化的特殊景致，这种薄雪，给人一种寒气逼人的感觉同时，也使人强烈感受到生命的涌动。

刘知白从事中国画研习近七十年，几十年来，砺志融情于中国传统文化。他对自己的艺术之路以"法、守、功、化"四个字来概括，老人与笔墨交融了一生，笔墨也记录了他一生的履迹思索。

刘知白，贵州省著名老画家，曾在北京举办过个人展览，

黔苑墨风

17

作品《万壑松风万树梅》、《山塘如镜月光明》等被中国美术馆收藏，曾与蒋梦谷出版过画集。由我国著名美术评论家顾森主编的《刘知白画集》近期将由贵州人民出版社出版。

原载《贵州日报》1999 年 12 月 24 日第 7 版

黔韵鲁风画如其人

——访著名花鸟画家鲁风

生活，对每一位艺术家来说，是一首首唱不完的歌，一幅幅画不完的画，一行行写不尽的诗。他们的每一件作品，不仅留住了岁月，留住了春光，也记录了他们的一生。

访贵州省著名花鸟画家鲁风，这种感受更为强烈。

鲁风是贵州省著名的花鸟画家。多年来，他积极探索中国花鸟画新的表现形式和表现方法，在深厚的传统基础上，将大量反映客观物象的山花野草纳入画幅之中，逐渐形成了一种富于表现力的个人风格。

1990 年 9 月，鲁风曾患了一场大病，但这次劫难对鲁风来说，却是一次艺术创作上的涅槃。在病床上躺过的半年的日子里，他的思想却极为活跃。思想升华的结果使他产生了改变画风的想法。于是，大病初愈后，他更加珍视这来之不易的生命。鲁风以令人难以置信的工作量，拓展了一个崭新的艺术世界。

下面这些事实，似乎说明着什么：

作品入选第七届、第八届全国美展；

作品入选全国纪念延安文艺座谈会 50 周年美展并被国务院收入紫光阁；

作品入选《中国名家书画选》和《二十世纪中华画苑掇英》；

《白露》获全国首届中国花鸟画展佳作奖；

继1986年出版第一本画集后，1993年又出版了第二本个人专集；

1995年荣获国务院颁发的特殊贡献专家政府津贴。

作为国家一级美术师，面对众多的头衔，鲁风并没有陶醉在已获取的成绩里。相反，他仍经常扪心自问：盛名之下，是否达到了艺术的新高度？

与鲁风交谈，感觉他就是一位可敬的师长。他对我说，在他三十多年的从艺生涯中，已艰难地过了三关：50年代，随老画家张云麓先生进了入门关；60年代，在贵大艺术系跟王渔父等老师过了基础关；七八十年代，则走过了创作关。

如今，有限的生命又将他推入新的一关——成就关。

翻开鲁风即将展出的六十余幅新作，感觉到《荷花》是他笔下的佼佼者。在《珍惜春光》一幅里，他还为荷花赋诗一首：夏日唯爱芙蕖新，雨中赏花更传神。多少君子似此物，经历污泥不染身。这里，画家借助自然界中的花鸟抒发了思想情感，花鸟也具有人格化的形象。在似与不似之间，鲁风的作品令人会心意象，达到了一种新的审美层次。

鲁风的画，取材广泛，泼墨大胆，取韵有致，透着一种干练的潇洒自得。作品中，已有明显的"北骨南韵"之风。这或许得力于他山东老家的血脉和贵州这块热土的滋润。我们可以这么说，黔韵鲁风，画如其人。

原载《贵州日报》1997年6月13日第7版

墨韵画境皆雄奇

在张有碧眼里，贵州的山水最优美；在张有碧的笔下，贵州的山水更雄奇。

张有碧说，他爱贵州山水才更加爱中国山水画，多情的贵州山水，令他如醉如痴。

张有碧，生于四川大英县蓬莱镇，国家一级美术师。没有进过艺术院校的张有碧自幼得于家训家教，酷爱中国书画艺术。1953年，张有碧当兵到了北京炮兵学院，业余时间唯一的爱好就是到故宫博物院、荣宝斋、琉璃厂等处读画，近二十年的军旅生涯他巧妙地把自己的爱好穿插于军务之中，打下了扎实的基础。熟知张有碧的人都知道他那执著坚韧且十分自信的刚劲，只要认准的目标，他会毫不犹豫地走下去。在省文联近二十年，他走遍贵州的山山水水，贵州的山山水水成了他创作的源泉。

读张有碧的画，神思会凝注，心灵会飞翔。他的画以泼墨山水画见长。传统的山水画，强调的是知墨守白，但他的画既有传统又见现代。他追求一种空灵中的丰满，他的画，几乎看不到局部或是整体的单调机械的重复，却有着极其广阔的外延。这种特点使得熟悉贵州山水的人一眼便能看出这是真正的贵州山水。1986年入展全国美展的山水画《秋山流水》，幽深的画境耐人寻味。1993年入展中国书画名家作品展的《泼墨山水》，山的脉络与肌理有着鲜明的个性，此画入展后收入《中国首届山水画》大型画册。1994年12月入展深圳全国首届山水画大展后入选画家新作精品展暨专拍卖会的山水画《山魂》，引起国内外收藏人士的关注。1995年，入展当代中国山水画名家邀请展的山水画《凝云拥树失山村》，给人一种"风生万家壑振空林"的境界，似乎看到苍翠萦绕的旷谷和不绝于耳的鸟啼，此画被收入《当代中国山水画册》；作品《苗岭春色》，怒放的桃花、梨花虽着色不多，却让人强烈地感受到了春的降临；《黔山翠穹》，厚重沉郁的大山似乎发出深深的低吟。张有碧笔下的贵州山水气势磅礴，可见画家胸中荡漾着一种率直的特质。他的画，没有任何痕迹的附庸风雅和装腔作势，却向读者和观众传达了他的思想内涵，使作品呈现出鲜明的个性色彩。

张有碧说，作为一名贵州画家，要画好贵州山水是很不容易的。其中，潜心研究感悟是至关重要的。要画好贵州的山水，就要了解贵州的山水特点：贵州的山不如北方的山那样裸露，但有着典型的喀斯特地貌，岩石结构变化很大，几乎没有固定的山形，奇山秀水连绵不断，要表现好，不能照搬固有的传统模式，要追求一种独特的感觉和表现形式。就说六盘水一带的山吧，雄奇中带有野味；黔东南的山峰，苍绿秀丽生机盎然；黄果树、小七孔的山水，千姿百态，有一种动感美；梵净山则得注重其气势。游历了祖国名山大川的张有碧正是走出封闭的心界，找到各自的异同，为他画好贵州山水奠定了坚实的基础。

长期的创作和实践，使他在表现形式和技巧上有了独到的功法。他的画，几乎都是在传统的积墨、泼墨、泼彩和积彩的基础上进行的，加之借助西画技法，因而他的每一幅作品都显得厚重而细腻。或许是深受黄宾虹、傅抱石、张大千、李可染的画风影响，他的画都见深邃的墨韵，正因如此，他画出了贵州山水的气度和气势。

中国书画，历来追求诗书画印的完美结合，"书画同源"在他身上有着不同凡响的印证。张有碧现为省书法家协会副主席，他的书法，多次参加全国大展，并到日本、韩国、新加坡等国展出，国内不少胜地，也有其真迹刻于碑林。在纪念毛泽东、周恩来、刘少奇一百周年诞辰及鲁迅文学作品书法展中，张有碧的书法被中国历史博物馆、中国军事博物馆、毛主席纪念堂收藏。1997年3月2日，为纪念邓小平骨灰撒入大海，张有碧自作诗七绝一首："邓公

仙逝如花雨，碧海云天起彩虹。一代伟人功盖世，神州丕业方兴
中。"行书作品参加 1998 年全国首届著名作家、诗人、书法家、画
家联展。张有碧以他坚实的书法功底，在山水画中相得益彰，使作
品相映生辉，广为海内外收藏。

　　画家永远追求艺术的最高境界。张有碧说，作为一名真正的画
家，表现美的山水，美的艺术，是自己终生的追求。

原载《贵州日报》1999 年 4 月 30 日第 7 版

胸有激情画中来

　　翻开 1997 油画专集，一股清新之风扑面而来。这是画家们献
给时代春天的一支歌。这支歌，是画家的激情，一股股，一阵阵，
从心底流出，倾注于画幅之中。

　　贵州的油画，如同国画、版画一样，伴随着文化艺术的繁荣而
发展成长。它在一个不太长的时期内经历了从无到有，从低级到繁
荣的过程。近年来一批内容丰富、题材多样、技法新颖的作品常使
人一饱眼福，同时也让人耳目一新。油画艺术，总能以其特殊的艺
术表现形式和特有的视觉语言与观众沟通，使人在审美的过程中进
入一种艺术的崇高意境。

　　贵州省油画家正在逐步形成自己独特的风格和个性，从这一期
刊物发表的作品看，多以表现民族民间风情和秀丽的山川为特色，
这自然浸润着画家对生活的悉心观察和深切的感情体验。巫子强的
《苗族芦笙手》，表现的是一位苗族老人，背影深沉浑厚，它使人
联想到苗族远古的故事和神秘的传说，一位热爱生活的芦笙手虽历
尽岁月的磨难，但仍未泯灭对生活的热爱和憧憬，画作运笔自如，

可以说，是一幅传统写实的代表之作。宋次伟的《白鹭》，取材乡村生活的一个侧面，构图精巧简练，在层层敷设中不掩色彩亮度，使人看到，即便是贫困的山乡，仍然充满了春天的气息。马骏的《晨曲》、饶湘平的《山菊花》、黄涛的《沉默的云》、彭承军的《挣扎的牛》，大胆吸收民间营养又具含蓄的内蕴性，折射出思想的火花，反映了生活本质。索正辉的《旧居》，则较深刻地反映出画家扎实的艺术功底和生活基础，作品中透露出一种对逝去的生活的淡淡忧思。

画家笔下的多彩生活是其风格和个性的展现，在艺术多元化的今天，画家们的画也绝不可能千人一面。刘力的《红墙与龟龙》、唐贵蓉的《山风》、何平的《生命》、陈启基的《归来》等作品，在继承传统技法上均有着明显的抽象色彩，画家力图营造出一种空灵和深厚的单纯感。它们不仅表现大地和自然，更深层地表现了人与自然和生命的永恒统一，从场景、情节和构思、构图方面，都看得出作者深入刻画的心历路程。但抽象的作品都是在无数个意象中派生，都不可避免地带有画家的主观感情和情绪。从蒲菱、董重的作品《飞》之二、《诞生》中，都能寻觅到作者的理性思考和大胆的探索，充满了幻想，这是艺术创造中最令人神往的。

这些年轻的画家们如果能够更加注重造型艺术的审美功能的话，或许会使自己的作品更有价值。

一个新的艺术生命的诞生，往往需要艰苦的艺术劳动。成功的艺术形象，让你感到亲切，才会情动于衷。艺术是需要不断创造的，只有不断地创造，才能形成自己鲜明的个性和风格。艺术的创造又是离不开生活的，艺术家，正是把一个个典型的艺术形象展现出来，把人带进抒情和自由幻想的境界，使人们得到某种程度的心灵慰藉和审美满足，才会有所作为和发展。这是生活，这是精神的追求，也是胸中不断涌动的激情。

原载 1997 年贵州美术油画专集

创造艺术的魔者

——艺术家阿汉印象

阿汉，是贵州省知名艺术家，有关他艺术剪纸的报道常见荧屏报端。阿汉自 1993 年举办个人作品展后，不时会有令人感到新奇的作品问世。一片喝彩之后，他又回到了属于自己的小屋，重新给自己一个审视，让真正的艺术成为永恒。

这是我 6 月 21 日去阿汉老师家得到的一种感觉。阿汉的妻子孙慧是贵阳六中一名物理老师，与八十多岁的岳父一同居住，五十多平方米的房子属于自己的空间不多。平时，妻子要备课解题，阿汉的工作间只能与岳父同在一个屋里，阿汉的电脑桌只能安在大衣柜前。幸好两个孩子都大学毕业不在本地工作，如回家，只能打地铺。然而，就是这样一个俭朴的家，阿汉从心里感到知足。就在这种清贫的生活中，他从艺术的创造中得到精神的满足和充实，感到作为一个人生存的价值。

艺术的价值是无法用金钱来衡量的。当阿汉把他几十年的作品展现在我的眼前时，无疑是酷暑中一服清新剂。作品中，有他从贵大艺术系毕业后到新疆工作的记录，更多的是十余年来在艺术道路上的探索和追求。一幅幅作品如同一个个栩栩如生的人物，有的展现了民族风情，有的展现了时装神韵，有的展现了优美的民族舞蹈，有的如同一尊尊雕塑，向观者展示了独特艺术魅力的神采。这些作品，既有油画的功力，也有粉彩的淡雅，还有国画版画等画种的韵味。然而，这些画，是从一张张花纸上剪下来的。花纸有的是挂历，有的是画报，还有招贴画，花纸在阿汉的手里，凭借一把挂在钥匙上的普通小剪刀，剪出了人们神往的艺术造型。

阿汉的作品没有重复，每幅都是一个创造。这种艺术上的突破与创新，给人一种无限广阔的审美空间。从作品中，可见非同一般的艺术功力。阿汉出身于一个摄影艺术世家，一度驰名贵阳的阿嘛照相馆就属彭氏兄弟首创。环境和家庭教育的熏陶，使他对艺术产生了浓厚的兴趣。

　　60年代，阿汉就读于贵州大学艺术系，师从宋吟可、王渔父、孟光涛、方小石、陈宁康、冯怀荣、吴家华、王振中等诸多名师，受益匪浅。早在1963年，他的版画《喜悦》就入选参加全国美展，受到美术界的好评。毕业后在新疆工作的八年中，担任过专业美术设计，新疆优美的地域风情和人与人之间的和谐，是他的艺术创作生涯中的一笔丰厚财富。那时，奔赴新疆的大学生很多，在相互交融的过程中，阿汉以自己的实力展示了一名贵州大学艺术系毕业生的才华。粉碎"四人帮"后，他回到故乡，创作的油画《伟大的转折》参加了全省油画展赛，受到同行和专家的好评。与此同时，他出版了《体育造型装饰画》和《舞蹈造型装饰画》两部创作专集。在电影评介工作中，潜心艺术创作。在一次创作中，他从一幅剪画中意外地发现双面色彩的融合是那么丝丝入扣，欣喜地为这幅画取名为《天意》，从此，走出了一条独自个人风格的艺术之路。十多年来，经他手创作的作品达一千多幅。色彩绚丽的花纸，经他一双慧眼和巧手，便出现了女性的柔美，她们或长裙飘曳，或霓裳羽衣，或嫦娥奔月，或欲舞歌醉。这里，既有坚实的传统，又有现代手法的全新创造，一幅幅展袖飞旋的飘逸之图，既蕴涵了中国画风的美妙风韵，又具西方画的抽象意味。我国服装设计界和舞蹈、戏剧艺术界的行家都认为，阿汉的艺术创造，给予他们的艺术实践特殊的灵感，激发了创作的欲望。阿汉的艺术创造，已获剪纸造型方法及模板的国家发明专利。可见，阿汉的剪画艺术，不仅开贵州艺术之河，而且，在全国都独领风骚。正如美国奥克兰大学艺术系教授、系主任山基·库恩先生所说："阿汉的作品堪称大师之作，魔术般的剪刀为大众带来绝妙的艺术享受！"凡看过他作品的人都有这样一个共同的感觉：艺术的眼里没有废品，一切都恰到好处。

原载《贵州日报》1998年6月28日第8版

繁花似锦是生活

——画家刘国权小记

贵州这块土地，孕育和锤炼出一批优秀的画家，刘国权就是其中一位。

刘国权今年64岁，退休前在省群众艺术馆工作，现系省文史馆馆员。刘国权自幼喜爱绘画，1955年考入西南美专附中，1958年升入四川美术学院绘画系国画专业，后专攻花鸟。在校期间，师从名家钟道泉、李文信、冯建吴等，受益颇深，并为以后的书画艺术发展打下了良好的基础。1963年从四川美院毕业后分配到贵州省群众艺术馆担任美术老师。几十年的工作中，刘国权一方面把所学的东西无私地奉献给广大的书画爱好者，另一方面潜心耕耘不断提高自身业务水平，特别是对近代国画大师任伯年、吴昌硕、齐白石、潘天寿的作品进行刻苦研究和学习。同时，经常请教我省著名老画家王渔父、宋吟可、方小石、孟光涛及同行，在继承传统中有所创新。熟悉和了解刘国权的人都知道，他生性恬淡，为人谦和，这给他的画风注入了一种平静厚重之力。他的画，既有传统的笔墨，也有现实的浪漫，但无故弄玄虚的摆弄和张狂，信手之笔全在胸中酿就。刘国权擅作牡丹，他笔下的牡丹朵朵逼真鲜活，白的、粉的、红的、紫的，总是各具天色，鲜艳但不娇柔，含骨而无水性，奔放中富有个性和神采，有一种大家风范，寄托着画家对生活美的追求。他的牡丹作品，常参加省内外交流大展，多幅作品被芬兰、丹麦、加拿大、日本、美国等国的收藏家收藏。作品《雨后新花》、《蝴蝶兰》、《春晓》等作品曾在全国展览中获奖。《莺歌燕舞》在全国纪念毛泽东100周年诞辰展览中获荣誉奖。《雨后小景》收入中国书画函授大学建校10周年纪念画册。国画三幅收入省文史馆在新中国成立50周年时出版的大型画册《黔山瑞色》之中。作品《春光》参加芬兰国际老年大学协会第三届年会受到好评，并在芬兰国家电视台播放。

为弘扬祖国优秀传统民族文化，刘国权热心为省老年大学、省书画函授大学和省内艺术院校授课，还经常免费辅导一些书画艺术爱好者。走进刘国权老师的家中，没有豪华的装修和高档家具，但在俭朴的生活中，刘国权心中有一种充实感，每天匆匆的脚步汇入如潮的人流，以一颗平常和平静的心面对那些热爱书画的学生，刘国权知足而乐。在他的眼里，生活本身就丰富多彩，而在他的笔下，繁花似锦就是生活。

原载《贵州日报》2000 年 2 月 8 日第 8 版

翰墨绘春光

——访贵州省国画院副院长孙吉斌

孙吉斌给我的印象是一位谦和而包容的画家，在他身上，无论何时你都看不到一点傲气和懈怠。一个人受到人们的尊敬，我想大概是从这些特有的气质开始的吧！

一个人平生最大的愿望莫过于干自己喜欢干的事情。作为省国画院的副院长，孙吉斌和同人们总是力图在条件较差的工作状态中发挥出创造性的能力，为贵州美术事业做出自己应有的努力。在迎接新世纪、新千年的到来时，孙吉斌的一个想法使画院老中青画家们的愿望变为灿烂的现实，集体创作的精品大型山水国画《万壑迎新》、大型花鸟国画《贺千年》借寓千禽万壑，形象表达了贵州高原各族儿女迈进新世纪、新千年的豪情壮志。两幅画在 1999 年 12 月 28 日创作完成之后，于 1999 年 12 月 30 日被省博物馆收藏。

熟悉孙吉斌的人都知道他擅长于工笔画，在全省算佼佼者。他的工笔花鸟和工笔人物自然清新、逼真传神，这一切都归于他对传统文化精华的汲取和对艺术不懈的追求。

1965 年毕业于贵州大学艺术系的孙吉斌从艺近四十年。他曾服从祖国需要赴新疆工作，书生气十足的他竟在艰苦的条件下乐观豁达，把当时学校的每一次宣传工作当成自己的创作来完成，他的出色工作，赢得了领导的关心。五年之后，他从新疆来到贵州麻江妻子的身边，结束了夫妻两地分居的生活。在边远的麻江，他在文化馆的工作也干得有声有色。朴实善良的麻江人民，把文化馆里的人当作人类灵魂的工程师。所以在"文化大革命"时期，孙吉斌仍得以坚持工作，业务非但没荒废，反而日益渐长。

1981 年，孙吉斌与妻子同调贵州艺术学校任教。1985 年贵州艺术专科学校成立后，他任艺术系支部书记和副主任，基层十年的锻炼和经验的积累，使他在教学上如鱼得水，通过教学又促进了自己的创作。1993 年，他被任命为校党委副书记，同年年底调进省国画院工作。

跨进 21 世纪的门槛，孙吉斌已届六旬。回想过去，令孙吉斌最欣慰的是他与恩师方小石先生的缘分。

方小石先生是省国画院名誉院长，又是孙吉斌四十年前的大学老师。那时，年轻的孙吉斌求知若渴，而方先生的教学满足了他那无边的求知欲。方小石先生除给国画专业上国画课外，还给各班上书法、篆刻课，先生要求学生写生与学习传统相结合，并身体力行带学生到校园、苗圃中深入观察，让学生掌握描绘对象的手法。孙吉斌受方先生影响最大的莫过于书法，由于有章草的书法基础，孙

当代传播下的贵州文化

吉斌从 20 世纪 80 年代始由画工笔画转向为写意画的探索，那时五十开外的他再次回到方先生的身边，再次聆听先生的教诲。

既是画家又是领导的孙吉斌在省国画院这个集体中，感受最强烈的是画家们对自己深爱事业的执著和追求。由于经费有限，画院开展活动很困难，但孙吉斌总是想方设法带领同人闯过难关。自走进国画院后，他从没有用过公家的车上下班。不是画院弄不到一辆车，而是孙吉斌想腾出有限的经费搞业务。这些年来，画院举办个展及联展近二十个，不但调动了画家们的创作热情，也提高了省国画院在社会上的知名度，画院的工作，也得到有关部门的好评。

除了当好一名领导外，他最大的愿望就是希望自己多出作品，这对工作繁忙的他来说，只有忙里偷闲和等待退休之后进行。不过，每一次全省的展览和画院的展览，总能看到他那万紫千红春意盎然的作品，他的工作与事业早已和画院紧紧地融为一体。

孙吉斌，省美协常务理事，省国画院党委书记兼副院长，院艺术委员会主任。作品多次入选全国美展，其艺术风格着意将工笔艳色施于写意花鸟的表现上，传统功力深厚，意境清新，格调明快。

原载《贵州日报》2000 年 1 月 8 日第 8 版

笔墨意趣的审美与艺术追求

——品读黎培基花鸟画有感

具有千年传统的中国画，是我们民族高度智慧、卓越才能和辛勤劳动的结晶，是我们民族的宝贵财富。中国画在世界美术领域中自成独特的体系，独放异彩。中国绘画和中国书法不仅同源，而且同道。两者在表意抒情上都和骨法用笔、线条运行有着紧密的联系，因此绘画同书法、篆刻相互影响，形成了显著的艺术特征，并有着各自的代表性人物，贵阳画家黎培基就是其中一位。

黎培基先生于前人的笔墨意趣中长期浸淫，深刻领悟到书法"写"的意味，在绘画中汲取书法线条的形式资源，融入书法特有的审美意蕴，赋予线条语言更为多元丰富的意味，从而增强了其画作的耐读性。此外，用笔讲求粗细、疾徐、顿挫、转折、方圆等变化，以表现物体的质感，在信笔描绘时，其起笔和止笔都用力，中间气脉不断，住笔毫不轻佻。其作品如其所言："用笔时力轻则浮，力重则钝，疾运则滑，徐运则滞，偏用则薄，正用则板。要做到曲行如弓，直行如尺。"用墨以皴、擦、点、染交互为用，干、湿、浓、淡合理调配，以塑造形体，烘染气氛。其用墨之妙，在于浓淡相生，有浓有淡，浓处精彩而不滞，淡处灵秀而不晦。墨色变化多端，有"如兼五彩"的艺术效果。在他眼里，墨即是色，用墨亦如用色。读黎先生画作，深感其笔墨达到了三个层次：一是"状物"，即通过笔墨再现客观物象。将写的笔画与造型规律结合得天衣无缝、美不胜收。二是"抒情表意"。在作者的主观引导下，"状物"已不是自然原型的具象写实，而是进行高度概括，在似与不似之间把握与表达，达到"形神兼备"的幻化之境。状物最终是为了情感的宣泄和心意的抒写。三是笔墨的"独立价值"。在先生的作品中，即使抛开物象形体的描绘，单纯就笔墨本身而言，也是可以成立并值得细细品味的。特别是大写意花鸟，虽用大笔挥泼，但仍笔笔清楚、泼墨淋漓、厚重酣畅、浓淡枯湿、层次井然，从中可以感受其个性的笔墨节奏、力感、韵味、意气，乃至心绪情感、气质修养和精神境界。可以清楚地看出用笔用墨的，虽然"逸笔草草"，但千变万化而不落刻板，随意生发而气韵相连，横涂竖抹而不草率，杂象横生却融会贯通。

中国的文字书写之所以能升华为书法艺术，一个十分重要的原因就在于汉字的书写达到了审美的境界。书法在世界艺术之林能够特立独行，不仅由其以中国文字为书写符号所规定，也由它是点划、结体、章法和墨色等要素构成的书写性艺术形态所规定。而中国画讲究之笔墨，也就是点划、结体、章法和墨色等要素构成的书写性艺术形态。用一种既现实又简约的形式，一种看似轻松随意却法度严谨、刚柔相济的线条笔墨"写"出画来，不仅为过去的文人士大夫娱乐自赏，在今天随着时代变迁，更有了广泛的群众基础。这反映了千百年来使用汉字的中华民族共有的社会意识和审美情趣，体现了中国人对自然、社会及与之相关联的政治、哲学、宗教、道德、文艺等方面的认识。

当年美术界泰斗吴冠中先生曾撰文指出，脱离了具体画面的孤立的笔墨，其价值等于零，正如未塑造形象的泥巴，其价值等于零。吴老对艺术的执著追求和直指官方美术机构或主流美术势力的批判性言论，体现了一个真正艺术家的伟大人格和光辉形象。即便如此，对他的绘画作品和艺术思想同样应当客观理性地认真研究分析，方能对创作有指导和启发作用。

中国画在用墨时所产生的感官上的快感和精神上的愉悦，以及绘画过程和读画过程中的享受，不是只有少数中国文人才能体会和理解的，不少外国人也能有深刻理解。在西画中所说的笔触，常指油画和水彩画中运笔的痕迹。画家运笔借助颜料的厚薄对比、调合剂的浓淡变化、落笔的轻重力度、运笔的快慢节奏及点染的气韵感觉，体现对象质感、量感、体积感和光影虚实的描绘能力。笔触与物象表面贴切吻合，造成很强的真实感。另外，笔触也和线条有某种相同的含义，不同的笔触感觉有不同的表情特征，成为画家性格、情趣、艺术禀赋的自然流露，表现为画家的艺术风格和个性特征。显而易见，中国画之笔墨与西画之笔触并非完全对立，而是息息相通又各具特色，反映了不同民族各自的社会意识和审美情趣，体现了人们对自然、社会及与之相关联的政治、哲学、宗教、道德、文艺等方面的不同认识。

当然，笔墨所支撑着的是有着几千年历史的在中国产生着重要精神文化作用的一个受广大群众喜爱的绘画种类——传统中国画。仅此而已，而不是整个画坛。作为传统中国画之笔墨，也将随着中国的伟大复兴而走向世界，更加显示它特有的美学价值和独特的艺术价值。

原载《贵州日报》2010 年 10 月 8 日第 8 版

剪出一片深情

　　长期从事文化工作的吴建伟多才多艺，尤擅长剪纸艺术。在繁忙的工作之余，吴建伟创作了大量的剪纸艺术作品。其中，有相当一部分是关于伟人毛泽东的。最近，省博物馆、省收藏协会主办了"纪念毛泽东同志诞辰 110 周年民间藏品展"，吴建伟的 32 幅毛泽东不同时期的头像剪纸入选参展，受到观众好评。

　　提起剪纸艺术，吴建伟充满激情。吴建伟 1968 年上山下乡，1971 年抽调到黄平县文化馆工作时，遇到了一位好老师。1964 年支黔到黄平县委宣传部工作的谢志成转业之前在解放军报美术组当美术编辑，剪得一手好剪纸，吴建伟拜他为师，深受影响。谢老师后为贵州工艺美术研究所所长、贵州民族民间剪纸研究会会长，对吴建伟一直关心和指导。吴建伟在 20 世纪 80 年代初，曾参加全省美术干部培训班和全省少数民族美术创作班学习，加上黄平泥哨创始人、老岳父吴国清的言传身教，他对民族艺术有了更深的理解和领悟。他创作的剪纸作品《新春乐》、《迎春图》、《欢庆》、《春到苗山》、《墙与火》、《妈妈只生我一个》、《水浒人物》、《红楼梦人物》等在报刊上发表。这些作品构图大胆，造型夸张，借鉴了大量的民族民间艺术手法，有着独特鲜明的个性。此次参展的 32 幅毛泽东头像剪纸，展示了不同时期毛泽东的精神风采和伟人气概。从毛泽东18岁考入湖南师范到创办湘江评论，从去安源到上井冈山、瑞金，直到遵义、延安、西柏坡，不同革命时期的毛泽东头像剪纸逼真传神，惟妙惟肖，令人难忘。

吴建伟，中国剪纸学会会员、中国群众文化学会会员、中国民间工艺美术学会会员、贵州省美协会员、贵州民间剪纸研究会常务理事、贵州民族文化学会理事、贵州苗学研究会常务理事，贵州省文化厅政策法规处处长兼省文化市场稽查总队队长。

原载《贵州日报》2003年12月6日第8版

刻刀下的情思

步入刘万琪老师的家，如在雕塑天地里徜徉。那并不宽敞的空间，几乎被他的作品占据，木雕、铜雕、石雕、浮雕，千姿百态的作品令人目不暇接。

1956年毕业于四川美院的刘万琪，是贵州省著名雕塑家。如今，年逾花甲的他虽已退休两年，但手中的刻刀却一刻也没停下，他仍以饱满的激情，倾诉着对生活的爱恋。

1959年，刘万琪考入中央美院雕塑研究班，师从苏联专家期间，受益匪浅。毕业后，他来到贵州，一干就是三十多年。这期间，他创作了六百余件作品，其中，中国美术馆、国际艺苑、文化部和国际友人收藏约两百余件。去年，刘万琪成功地为奢香夫人塑像，那一尊三米高的青铜像整体浑厚，风采照人，赢来海内外专家的赞誉。

干上雕塑这一行，就意味着选择了艰苦和创造，但作为一名雕塑家，又在贵州生活奋斗了几十年，总要为贵州干点什么。于是，他想塑造出颇具时代精神的传世之作。去年，获得全国雕塑设计资格的刘万琪教授与知名雕塑家叶岳山等人，代表中国雕塑家参加文化部组织的艺术考察团到南非考察，回国后，他感触颇多，因为贵州的城市雕塑和其他城市的差距之大，深深地触动了他。

贵州虽然条件差一点，但只要投入，就一定会有结果。去年11月，在贵阳市花溪区委的大力支持下，刘万琪和同伴的第一批雕塑作品在花溪民族园与广大观众见面。那些取材于贵州民族民间艺术，颇具魅力的瞬间表情和形体动作的雕塑，让人们在美的享受中深受启发。

如今，贵阳的城市建设日新月异，刘万琪所盼望的，就是在有生之年为贵州人民献出传世的精品之作。他创作的热情依旧不减。

原载《贵州日报》1997年2月14日第5版

农民地戏面具雕刻家

封培伦是安顺蔡官地戏之乡的老演员，十年前，在《薛丁山征西》一折戏中就饰演樊梨花的哥哥，并与该村17名地戏演员一同到了法国巴黎和西班牙的马德里，他不但地戏跳得好，面具也雕刻得相当不错。

封培伦有五个儿女，其中三个都跟着他学习雕刻，老三封基智如今已是远近闻名。

父亲出国的那年，封基智才14岁，他从那时就喜爱古老的戏剧活化石——安顺地戏。除了跳地戏外，干完农活的他，全部精力便用来跟着父亲学习地戏面具的雕刻。功夫不负有心人。渐渐地，他从方寸材料中明悟了地戏面具的鲜明个性，也找到了地戏面具雕刻的"窍门"，对称、比例和脸部挂线等掌握得恰到好处，造型图案栩栩如生。

在安顺蔡官地戏之乡，村里专门建有一个地戏陈列室，那里陈列着蔡官地戏的脸谱服装和有关图片文字资料，为的是让更多的游客了解这一古老的戏剧艺术。在陈列室里，封培伦、封基智父子的作品供不应求，作品被新加坡、法国、英国、德国、日本等国家的朋友收藏。

刚干完地头的活，父子俩又在为北京来的朋友赶制作品。农家艺人的生存在此，希望也在此。每一幅作品，他们都是那么专注，古老的文化在他们的智慧与劳作中得以延续和发展，刻刀下，牵动的是一缕不散的乡魂和情思……

原载《贵州日报》1996年8月5日第5版

当决定收入这篇小稿时，我的眼前闪现的是封培伦那张清瘦的脸。我和他相识于1986年，那年，我为17位农民兄弟填写了136张出国表格（每人8张，不许复印）。从法国、西班牙回国后，我又到贵阳迎接他们，之后，亲眼看到他们建起了蔡官地戏博物馆。因为他们知道，只有自己提高了保护的意识，地戏才能源远流长。重新走近他们，又缘于首批贵州艺术之乡的采访，在那次采访中，我还向封培伦订了四个面具，而当我去拿时，他的儿子告诉我，封培伦在一周前离开人世。那几个由他亲自雕刻的面具，如今成了永久的纪念……

人如其画显神韵

——访贵州省著名油画家秦元魁

我是在 1998 年贵州师范大学艺术系举办的贵州水彩画作品展览上认识秦元魁的。展览开幕式结束后的水彩画研讨会上,一位老人谈到艺术时,那种忘我的神情给我留下了深刻的印象。

事后,我才知道这就是贵州省著名油画家秦元魁先生。

去年 10 月 15 日,为庆祝新中国 50 华诞,省文联老艺术家特举办了画展,秦老的作品参展 13 幅,秦老先生对艺术的执著追求,使我从心里产生佩服之情。

秦元魁说过,我的画要像我自己一样,留下来的只有清白。画如其人,人如其画,只有进入了一种艺术的至高境界,人才不被物欲所淹没。

秦元魁 1920 年生于贵州省贵阳市,早年就读于贵阳达德学校。受校长谢孝思影响,1936 年考取国立杭州艺专预科,受教于大师林风眠、潘天寿、方干民、李超士等,1944 年毕业于该校西画系。坚实的功底和优异的成绩,使他于 1948 年 6 月获得法国巴黎美术学院的录取通知书,追求进步的秦元魁放弃了到国外深造的机会,留在了贵州。新中国成立初期他一直在省文联从事美术事业,在极其艰苦的条件下致力于发展贵州美术事业的组织工作,并坚持深入生活和创作,贵州的山山水水留下了他坚实的脚印。

读秦元魁先生的作品,心中犹如一股清泉在奔流。它似乎冲刷着人的双眼、心脑乃至整个中枢神经,仿佛走进一个洁静安详的世界。他的写生小品《残叶落香沟》是 1998 年到香纸沟进行创作的,只有热爱生命,心存理想的人才从心底咏叹大自然的优美,它是一曲心灵的赞歌，抒发出画家孩童般的天真。作品《红日》、《小溪》和《夏天》，从不同的视野运用印象画派的外光技法，使画面形成自己独特的色彩语言，它们既对比跳跃又丰富绚烂，有如一段如歌的行板。

秦元魁坚守贵州这片热土整整八旬光阴。当年追求艺术的小伙子，如今全牙脱落，唯一没有改变的是他那双透露出真诚善良和天真的眼睛，正因为如此，他笔下的图画永如一股清泉在涌流。

秦老告诉我，每当他走进民族地区采风，都会被山里人朴实浑厚的勤劳和坚贞所感动。新中国成立初期的贵州，美术事业发展极其缓慢，艺术人才奇缺，文联的工作重在发现和培养人才。在他任省美术服务社社长，省美协常务副主席、秘书长时，就花费了大量心血选拔优秀美术工作者。他为每位画家争取外出学习观展的机会，为办画展的画家积极创造条件，贵州美术事业的发展无不凝聚了秦元魁的一片真情。

退休以后的秦元魁告别了行政事务工作，创作走进一个崭新的天地。他在退休以后，到云南、张家界、嘉峪关、敦煌、西宁塔尔寺等地采风创作，就连在美国的弟弟，我国著名数学家秦元兴邀请他去美国，他都谢绝了。他说，到国外，看到的是高层建筑，远不如祖国的自然风光和民族文化使人着迷。秦元魁始终认为，东方人画西画，一定要有民族的感情和思想。因此，他的人物画，多沉浸在贵州少数民族妇女淳朴的生活场景和朴素情韵之遨游中，作品《姊妹俩》，是肖像性的刻画，又表现了一种血脉之亲的永恒深情，情感尽在默默的融合中。加之贵州苗族青色的衣着使清纯的少女显得朴素庄重大方，人物的稳定感把少女心洁似水的灵气表现得淋漓尽致。《侗寨晨妆》描写的是一群少女在晨光沐浴的清澈溪流中洗头梳妆。碧绿的水与深色的着装和净洁的肤色有机统一，整个画面展现出舒畅温馨的艺术效果。他的风景油画与他的人物画有异曲同工之妙。作品《青滩白浪》、《清泉白石》、《瀑》、《春水满池塘》等系列作品，都描绘了贵州山水的澄澈美，很容易使人想起黄果树、小七孔、舞阳河、杉木河等自然景观。也许是画家多年身临其境的缘故，对自然之情的表现清新畅怀，他的水既幽静又深沉，既缓慢又欢快，在静静的画面上，让人强烈地感受到清风的吹拂和对人类灵魂的抚摸，达到了一种动感和灵秀之美的艺术效果。

秦元魁先生的作品中，有一部分是近年来的写生新作。年届八旬的老人，身体力行地坚持外出写生，使得他的作品永远都散发出浓郁的生活气息。在镇宁采风时的写生《石城春色》是一幅有代表性的作品。它表现了贵州高原特有的、错落别致的石板房，又表达出画家对昔日贫困落后的山区更加美好的希望，由近至远的点染，呈现出盛开的桃花、梨花和抽絮的柳枝，使人强烈地感受到春天的降临。《侗寨牧歌》，明媚的晨光照着侗寨，和悦的画面呈现美丽的田园生机，身着洁白上衣、深色裙子的女性，赶着牛群走出寨子，具有浓郁的地方特色和生活气息。

秦元魁的风景、人物油画，有许多表现的是细腻传神和柔美，但《节日》、《群峰争奇》、《碧空醉林》、《清流细语》、《乌蒙山径白鸳飞》等色泽深重、笔触有力明快，或许如此，使得秦元魁先生的作品形成了自己独特的色彩语言，蕴涵着自己的人生信仰和追求。

秦元魁，原贵州省美协副主席兼秘书长，国家一级美术师，现为贵州水彩画研究会名誉会长。作品《组织起来力量大》等三幅作品获文化部1952年全国年画一等奖，《一唱雄鸡天下白》等作品参加全国美展并被毛主席纪念堂收藏，由昔日国立艺专同窗好友吴冠中题词的《秦元魁画集》由贵州人民出版社出版，深受海内外欢迎和好评。

原载《贵州日报》1999年11月5日第7版

贵州《文化广角》2000年第1期转载

追求自然品自高

——访贵州省水彩画家田宇高

周末，在秦元魁先生的带领下，我轻轻叩响了水彩画家田宇高先生的大门，站在门内的他和蔼一笑，顿时缩短了人与人之间的距离。

在省内许多次画展和研讨会上，我曾有幸读到先生那自然清新宁静平实的作品，也曾听到他对贵州水彩画事业发展关注与期待的言谈。终生与水彩画为伴的田宇高1923年1月生于河北徐水，中学时代起酷爱水彩画艺术，1937年举家从保定迁入北京时，曾跟我国著名水彩画家衡平先生学画，并受到水彩画家关广志及画友马白水、赵春翔的影响。青年时代田宇高在北平、西安、上海等地就举办过多次个展及联展。

他曾在西安女中、江文中学等多所学校兼任美术老师，并利用寒暑假外出写生创作，那一时期，他的作品达几百幅，为以后的创作打下了坚实的基础。

1950年3月，田宇高与王麦秆、孟慕颐两位画家在原五兵团宣传部长康健的热情鼓励与动员下，来到贵州从事美术创作工作。后来，王麦秆、孟慕颐两人因家室拖累而先后离黔，唯有书生气十足、对生活充满憧憬的田宇高带着他对水彩画的挚爱留在了贵州。

田老师娓娓道来的故事，对我来说，一切都是新奇。在商品经济的今天，看到他那些洁净自然的作品，听到他谈论艺术的真谛时，我好像置身于一个身外世界。而平和的田老师却谦逊地说，他从内心感谢这片热土，是这块神奇的土地，给予他创作的土壤。

他对这片土地的热爱，从他的作品中可窥一斑。曾在日本、中国台湾等地展出的《苗寨瑞雪》，把写实的景致融进了理想的完美，这是画家多次深入黔东南采风的结晶。在画家的笔下，苗寨的冬天充满了生机，充满了希望，是一首抒情的小夜曲。《石头寨的冬天》是我国水彩画坛上很有影响的作品，堪称田宇高的代表作。这幅作品成功地发挥了水彩画能迅速抓住瞬间即变的生动景象之功能。这里既强调对比虚实，又保持了画面上厚重宁静的艺术效果。在土黄、蓝、赭的混合色石墙上，可清晰地看到画家勾勒石块的质地与纹理。笔下久经风霜的石头寨，如同一首叙事长诗走入人的心间。在银装素裹的布依山寨，那古老的山路和历经日晒雨淋的石墙，蕴涵着石头寨春去夏来秋过冬至的轮回痕迹，蕴涵着勤劳的布依族人在此生生不息的精神与顽强的生命力。它深刻地反映了布依族人民的人文气质和优美的民族传统。这幅作品后被收编于河北美术出版社出版的《世界水彩画鉴赏》一书，田宇高也因此而被列入中国著名水彩画家行列。

他的《清水江上》、《山城》、《雾锁青岩山》、《山里人家》等作品亦严谨朴实，清新明快，富有浓郁的生活气息和强烈的地方民族特色。画家多年坚持采风写生，自然美景开拓了风景画的视野，但他不满足于一般的写生，而是向着"以情写景，以景抒情"的最高境界迈进，使作品更加丰满光彩照人。《江南细雨》、《鲁迅故乡》、《莫高窟》、《华山西峰》等作品就是这方面的尝试与突破。通过这些作品，使人感受到的不仅仅是普通的自然景物，更多的是画家高度洗练的笔法与创造，展示了画家更为广阔和深邃的内心世界和人文气质，是画家多年艺术修养的具体体现。

田宇高在贵州美术界是被公认的"沉寂"实力派。80年代，在被人们认为是贵州美术浪潮的时期，在那个浪头上看不见"田宇高"的名字，但他于1992年被选为中国水彩画研究会副会长；其上百幅作品先后被日本、中国台湾等地收藏。近二十年来，他近二十次参加国际国内大展，其作品是贵州省画家入展最多的一位，这些事实无声地展现着他的实力。

面对种种艺术流派，田宇高的信念依旧不改：坚持反映生活，反映时代精神，反对艺术赶时髦、投机取巧和故弄玄虚。他相信真正美的东西是人们所能接受的，并能唤起人们审美情感的享受和愉悦。

田宇高，国家一级美术师、贵州水彩画研究会会长，其作品近二十次参加全国性展览，近百幅被海内外人士和美术馆收藏，由我国著名水彩画家李剑晨作序而出版的《田宇高水彩画集》在海内外受到广泛好评。

原载《贵州日报》1999 年 11 月 12 日第 7 版

天道酬勤

——卢湘油画展印象

这个画展，几乎浓缩了画家卢湘 60 年来的人生追求，读他的画，仿佛能听见画家的心跳。

早在中学时代，卢湘就酷爱油画。当时，在贵阳一中众多的油画爱好者中，他是一位佼佼者。同学们都佩服他的勤奋和坚韧。那时，不像现在的孩子们能拥有很好的学习条件，卢湘清晰地记得，当时唯一可以参考和欣赏的作品就是一本苏联的《星火杂志》，那上面每期都有介绍外国著名油画的专页。一位叫吕兰克的同学送他的《库尔贝》作品专页，令他爱不释手。以后，通过朋友介绍，他到省图书馆看到大量的油画作品，认真揣摩和细心研读后，他学到不少东西。当时的图书馆，可以说是卢湘的精神家园。

他走的是一条自学的道路。

卢湘先后在贵阳化工原料厂、贵阳市工艺美术公司、贵阳啤酒厂从事宣传工作，利用工作之余，他始终坚持写生和创作。这次出展的五十多幅油画作品，是他近二十年来创作的一部分作品，有一种强烈的视觉冲击力，同时，又给人心灵的震撼。在如今如此喧哗和沸腾的岁月，读这些画，给人一种久违的心灵呼唤。

他的作品，大都取材于贵州这块土地，祖籍安徽无为的卢湘，在贵州生活了六十年。这块土地，不仅给予他不衰的生命，也孕育了他深沉厚重的艺术情感。作品《南明桥》，描绘了昔日南明河的青春和风韵，唤起了人们对逝去岁月的沉吟。《山路》，一缕淡紫蓝色的炊烟从农家茅舍轻轻飘出，那是农家终日所劳的一种收获。《晚秋》，晚霞映照枫树似火，象征着生命的追求和燃烧。《路》，贵州的山道盘旋延伸，那是贵州独特的风景，也是画家坎坷生涯的写照。《山麓》，一轮下弦月冷清寂静，整个山峦在宁静中沉睡，而人的心则在宁静中升华。作品中，不论是农家小院，还是山涧小溪，不论是夕阳西下，还是花开时节，都散发出一股浓郁的乡土气息，抒发了他对大自然赤子般的情怀。这些，形成了卢湘独特鲜明的油画风格。同时，这些特别入眼的作品，画家在吸取了印象主义的用光、用色、补色外，还在自己的创作实践中用画刀直接把颜色调在画面上，充分发挥了色彩、刀、笔等独特的表现力，达到了思想感情与形式手法的和谐统一，具有独特的个性魅力和美感效应。

贵州省著名版画家董克俊、国画家平治在观看了卢湘作品展后高兴地称赞，作品在贵州省油画界当属上乘之作，有强烈的人文气质。尹光中则这样称道：卢湘对待追求的艺术不马首是瞻，他酷似一个热爱土地的农民，几十年来艰辛地用画笔和色彩耕耘着属于他自己的那片土地。法国画家卡特琳娜·布赫扎说，画作描绘自然，画刀有力而率性自发，色彩非画上去和粘上去，而是从画纸上似一种富于生命和梦幻的颤动跳跃出来。

贵阳市美协为60岁的卢湘成功举办了这个个展，几十名当年贵阳一中的校友前来祝贺。"天道酬勤"，我们希望卢湘的作品为更多的人所喜爱，因为他是贵州的一名实力派画家。

原载《贵州日报》1998 年 12 月 11 日第 6 版

最惬怀处是故乡

——访著名书画家谢孝思先生

2000 年 8 月 21 日，95 岁高龄的谢孝思终生难忘。近百年的沧桑在一瞬间归于心海，漫漫的人生历程在欢乐之潮中凝固。这一天，在谢老青年时代服务过的贵阳达德学校旧址，贵阳市委、市政府为谢老举行了赠送新房的仪式。半个世纪的还乡梦，因了他的日夜眷恋和热爱得以实现，此时此刻，老人激动的心在微微颤抖，眼里含着激动的泪水……

难忘一段真情

谢孝思精神饱满，思维活跃。过去的日子就像春天涨满的潮水倾意奔流。

1905 年 8 月 7 日，谢孝思生于贵阳，原名仲谋，父早逝，由母亲抚养。幼时的谢孝思在父亲的眼里是个调皮但十分聪明机灵的孩子，临离世之前，父亲嘱托母亲要好生管教孩子，一定要好好读书。留下的十多间房子，租出去的一部分成了全家的生活来源。谢孝思初入私塾启蒙学习三年，后听舅父之说，进了当时的贵阳正谊小学。谢孝思还记得，当时的国文老师龙仲衡先生，满腹经纶学问好，对学生很严，他见谢孝思爱画爱写，曾经送碑帖、画谱给谢孝思临摹，还经常作示范，启蒙之功可见一斑。三年后，谢孝思以第一名的毕业成绩考进贵阳达德中学，当时，校长是凌秋鹗先生。达德以文明传习追求社会进步而令学子神往，谢孝思在达德受益匪浅。毕业后，谢老留校任教。1927年，周西成借故查封达德，谢化装成和尚逃往南京，在大哥的支持下，考入当时国立中央大学艺术教育系，受教于著名画家和著名美术教育家吕凤子、汪采白等，攻山水、花鸟。在校期间，他曾主编《贵州留京学生会会刊》，抨击了贵州军阀周西成的乱政。1932年，谢孝思以优异的成绩毕业。此时达德复校，谢应聘在达德任教。1933年，谢孝思在达德任校长。

在达德，谢孝思与著名教育家黄齐生先生交情甚笃。

谢孝思还清楚地记得，1935年冬，黄齐生关切时局发展，到上海与陶行知、黄炎培等人商讨对策。此时，谢孝思向他致信，邀请他回达德学校工作。黄齐生接信后即复，并答应回贵阳，请谢孝思先送夫人回黔。

1936年初，达德学校召开的校董事会决定谢孝思继任校长，但谢坚辞，并愿以此职留待黄齐生，自己作教导主任辅佐。一个月后，黄齐生返回，知道此事后坚决不答应，结果，谢孝思只得"恭敬不如从命"了。

此时，国民党CC派掌握了贵州省党部大权，在贵阳各中学吸收学生组织"青年阵地社"，反对进步师生。谢孝思在省党部召开的一次中学校长会议上首先表示反对，黄齐生对这种正义的行为十分赞许，还严肃而耐心地教育说服"青年阵地社"的学生，揭露省党部利用学生的阴谋。不久，谢孝思将学校教育推广于社会，打算利用达德学校前院南将军殿创办达德民众图书馆，黄齐生首先支持，同时出面与部分开明士绅交涉，终于建成了"贵山民众图书馆"，陈列了达德学校全部藏书。黄齐生和谢孝思还主持编演了话剧《奢香》，举办美术展览，白天展览，夜间演戏空前活跃。这一年，达德学校学生达1500多人，为历届之最。

回忆当年与黄齐生共处的日子，谢孝思说那是他最快活的一段经历。那段日子，虽然很辛苦，但很有意义。

1937年，卢沟桥事变后，国共宣言团结合作，全面抗战。贵阳各校教职员工组织抗日救国会，会址设在达德。推谢为总干事，黄大力支持。为消除当时国民党"共产党抗日不积极、团结无诚意"的谣言，谢孝思积极为黄齐生筹集到陕北抗日根据地考察的路费。为此，谢孝思的母亲卖了三间房子才筹足300元路费。延安归来，黄齐生将见闻向社会演讲。贵阳各界请他讲延安见闻，引起当时贵州政府的不满，欲加迫害。风声渐紧，乃偕夫人及侄孙晓庄前往昆明。

是年8月初，谢孝思亦因受反动派压迫，到昆明与黄齐生相聚。

黄齐生、谢孝思、黄晓庄，三人组成的抗日宣传队由川滇公路入川，一路演讲延安见闻和抗日工作，他们住乡村小店，睡牛圈旁边，穿过茫茫重山，结下了深厚的友情。

1939年，四川璧山正则艺专校长吕凤子奉命接任国立艺专校长，吕凤子函请谢孝思赴国立艺专工作，集秘书、教导主任、训导主任三职于一身，后到正则艺专的社会教育学院任教授，直到抗战胜利，随社会教育学院迁往苏州。

苏州半世缘

在苏州的几十年，谢孝思与苏州结下了不解之缘。新中国成立后，谢孝思先后任苏州社会教育学院教授、苏州市文化局局长、文物管理委员会主任、苏州市人大副主任、政协苏州市委副主席、文联名誉主席、民进中央委员兼苏州市主任委员、江苏省美协副主席等职，令社会各界首肯的是谢孝思对苏州园林的贡献。

按谢孝思的发展和奋斗方向，他理应当一名艺术教育家、书画家。由于苏州党政领导的信任，他竟然与园林打了几十年交道，可以这么说，苏州园林之所以能有今天的成熟、完善和发展，与谢老对苏州园林的抢救、保护有相当大的关系。

谢老青年时代曾到过苏州，苏州给他留下了深刻的印象，清澈的河水、灵秀的石桥、典雅的盆景和名冠天下的苏州园林。后来，苏南文化教育学院设在拙政园内。谢老还记得，当时学院为了迎接解放，为了与国民党残部争夺文化教育学院，学院组织了应变委员会，其余的人都疏散，只留下谢老和刘贤安、刘及辰两位老师留守应变。为保管好学校仅有的七块金条（学院的最后经费），谢老和两位老师封了又封，裹了又裹，为了不被发现，他们选定拙政园内一处石桥。石桥下有一池塘，记好位置，趁人不在时投在其中。那一夜，在解放苏州的炮火声中，国民党军队溃不成军，人民解放军在天亮之际进了苏州城，谢老和广大学生一起，满怀苏州解放的喜悦之情走上街头欢迎中国人民解放军。

也许是一直从事文化艺术教育工作的关系，身处苏州，他对保护文物古迹尤为关注。在担任苏州文管会主任时，只要见到卖门窗、桌椅板凳的，他都认真细看。有一对雕花红木拱门，在正常情况下起码要几千元，经他讨价还价，以12元买下。还有10扇红木花窗只用了5元钱。那时，尽管这些东西出自一些破落家庭，但谢老认为文化品位和价值很高，在他的努力之下，当时苏州的旧货市场莲花斗的红木家具无一"漏网"，一共收了价值数万元的家具和门窗，在文管会里用两间房子保存起来。这些东西很快派上用场，谢老接到上级通知让他担任苏州园林修整委员会主任，主持苏州园林修整工作。当时，除了拙政园好一点外，其余几乎残破不堪。留园是一片废墟，五峰仙馆也只有几根柱梁，因为当时这两处都是敌伪的养马场，修复时，仅马粪就挑了好几天。当时，修复的第一站是留园，百天完工。查找历史资料力求恢复原样，谢老把收来的许多门窗都放到恰当的位置，节约了一大笔经费，受到有关领导的赞赏和社会的好评。后来由谢老主持和有关园林专家修复的有虎丘、寒山寺等近二十处园林景观，为苏州园林、文物古迹的恢复做了大量的工作，才有苏州园林辉煌的今天。有谁想到，在这个明清以来文化风气甚浓曾出了三十个状元的地方，在继承、保护和发展的队伍中竟然还有一位贵阳人。就像人们称赞清末江苏巡抚（陈夔龙，贵阳人）修建寒山寺一样，他们对这些对人类文明传承有着特殊贡献的人深怀敬仰之情，难怪有人说：百年起废寒山寺，人物风流两贵阳！

温暖如春的贵阳

自 1973 年，谢孝思与阔别多年的家乡见面时，他就有一个强烈的愿望，要为家乡建设作出自己的努力。他和夫人刘叔华先生曾在贵阳举办过书画精品展，他们的书画作品正如吕凤子先生所评价的那样："仲谋设色，转而明，艳而清，骨柔而贞，姿窈眇而端凝，空依傍，绝师承，是足倒蒋旗，沈帜而自举其旌，以与并世能手争横矣！"无论是空山清泉，还是梅花奇松，都透露着他们的艺术个性和儒雅醇厚的文化修养，有一种清澈幽静的神韵，让贵州家乡父老和钟爱书画艺术的人们大饱眼福。令人们尊敬的是，谢孝思把他与夫人刘叔华的毕生书画精品 161 件捐赠给贵阳市，为家乡的文化艺术事业的发展作出了应有的贡献。

谢孝恩的贡献还不止于捐赠书画作品，在多次返乡的过程中，他曾积极地给有关部门提建议想方法，如今贵阳著名的省级文物保护单位——阳明祠的修复，就有他不少贡献。90 年代初，碑廊的恢复重建，数十块诗文石刻，就是谢孝思建议请苏州技艺最高的石工镌刻，然后又运回贵阳的。谢老谈起贵阳的文物保护工作，一再赞扬贵阳市委、市政府的远见卓识。他说，贵州有许多文化古迹，不要因为不认识了解它就轻视它的存在。如今修复的汉代尹道真祠，那几个字就是康有为写的，而且是黄齐生先生请他书写的。谢孝思的曾祖父谢宝书曾书写一副对联刻在甲秀楼寒碧亭的石柱上，后来此亭拆除，谢联也不存在了。十年前，谢孝思重书此联，现刻木悬挂于甲秀楼中。联文是："乍来顿减城嚣，看远山铜鼓，夹岸绿生，丞相池塘云霭霭；此地变成仙境，听珠树莺声，鳌矶渔唱，将军柱石雨潇潇。"谢老念出这抑扬顿挫的诗句时，神情流露出对家乡的赞美。

谢孝思多次返黔，每次回到家乡，他都惊叹家乡的变化。他说，以前的贵阳很小，"上坎下坎、上山下山"是那时的写照。他认为，一个发展变化的省会城市要树立自己的形象，文化建设、文物保护十分重要，在这方面，贵阳市委、市政府作出了积极的努力并取得卓有成效的建设。在谢孝思近百年的人生历程中，心永远与家乡神交，爱与家乡同在。

原载《贵州日报》2000年9月8日第5版

为艺术为理想而活着

——贵州省老画家刘宗河近影

前不久，听说贵州省国画院老画家刘宗河去世了，心中好一阵难过，还埋怨其女刘小冰没有通知。没隔多久，又听说他患食道癌痊愈了，而且应中国21世纪友好协进会邀请，去香港举办了个人画展。2003年1月8日，我终于接到刘老的电话，听到了他那熟悉的乡音。

提起刘宗河，省内外美术界并不陌生。然而，我认识他，乃缘于前几年省国画院为他举办的一次个人画展。他人极其瘦弱，但两眼炯炯有神，看到他在画展中跑前跑后身轻如燕，才感到老人身上那一股泉涌般的激情。那时，我对他有了一种类似对父辈的了解。后来听说他到河南、山东多次举办画展，很受欢迎，如不是发现患了食道癌，他仍然想在山东烟台海边画画，让晚年痛快地度过。

祖籍河南，却在贵州落户半个世纪的刘宗河，情和爱都连着贵州的山山水水。此次他在香港举办的画展就以情系贵州的丹青笔墨，向人们展示了西部大开发中贵州的风貌和神韵，受到香港社会各界的好评。香港大公报以两个半版连续介绍这位不凡的画家，香港工商时报等多家媒体介绍，在短短的几天时间里，无数观众走进刘宗河的画中，走进神奇多彩的贵州。

　　刘宗河说着一口道地的河南话，却对无数观众说他是一个道地的贵州人。贵州，是他的第二故乡，只有对故乡的依恋，对故乡的热爱，才能让他把饱蘸激情的笔墨倾泻在柔软的宣纸之上，表达出他对贵州的热爱。刘宗河是党培养下的新中国第一代美术工作者。参加革命工作后在冀鲁豫边区文联工作，那时，就创作了新年画、壁画、宣传画和木刻画。1949年随解放军南下进入贵州。1950年进入西南艺术学院（四川美院）美术专科深造。1958年毕业于浙江美术学院（中国美术学院），在浙江美院学习期间，师承张漾兮、赵延年、赵宗澡，并受到潘天寿先生的赞赏。曾任贵州省艺术馆馆长，贵州省国画院第一副院长，现为中国美协会员、中国版画家协会会员、一级画师。半个多世纪在贵州的生活，使他熟悉贵州的山山水水，贵州独特的喀斯特地貌，贵州的山山水水，一草一木和五彩缤纷的民族风情是他笔下永远也画不完的题材。早在五六十年代，刘宗河就创作了大量的水印木刻，也是他创作的最旺盛时期。中国著名版画家古元先生这样评价刘宗河的版画，他的版画大部分是水印木刻，既有刀味和木味，又融合了中国水墨画的韵味，画面雅淡恬静，水色淋漓，充分表现出贵州山区的乡土气息。他的不少作品刊载于《人民画报》和《美术》等刊物，代表作《雨后》等作品在全国大展之后产生了不小的影响，有的作品还被中国美术馆收藏。离休后的刘宗河专心攻研国画，并对此倾注了满腔的激情。刘宗河每天作画七八个小时，擅作大画，瘦弱的他不顾年迈，架着梯子也要认真完成每一幅画。他不仅发扬了水印木刻那种清新的特点，在色和墨上注意中国水墨画的韵味，并且创新性地融合版画的水印味，给人一种回归自然的美感。《苗岭清江图》、《苗岭深深》、《渔歌图》、《斗牛图》、《枫香树下》、《雨中行》、《春柳图》、《迎春图》、《九鱼图》、《鸟啼瀑鸣》、《月光曲》、《待哺》、《清水江小景》、《苗家的节日》等作品，在挥洒地表现生活的丰富多彩中有一种深沉的感情倾泻，产生了迷蒙潇洒之趣，这是画家的一颗童心的展现，更是画家对贵州山川的钟情使然。没有在贵州半个多世纪的生活和艺术实践，没有一颗真挚的爱心，很难画出这种对生活入木三分的展现。记者多年跑文化报道，贵州民族地区的民族文化很有韵味，遗憾的是一支拙笨的笔无法淋漓尽致地展示她的多姿神韵，我很感谢刘老，是他用一双发现的慧眼和一支灵动自如的笔再现了贵州多民族的风采。飞瀑下的山路、赶着牛的小伙、吹着芦笙的壮汉、跳着苗舞的姑娘、挑着礼物赶亲的大嫂、撑着小舟的侗族姑娘、赶场归来的夫妻、在雨中打着花伞的伙伴、枫香树下漂洗蜡染的姐妹……啊，多么美的生活，多么自然的生活，又是多么令人陶醉和神往的世界。难怪画展在香港展出后，许多观众流连忘返，他们对刘老说，一定要去贵州，一定要亲睹贵州。

　　刘老对记者说，自患了食道癌后他才觉得人生还有许多事情要做。他很感谢他的一位河南画友，这位河南钢铁二厂的路总听说刘老患食道癌后，四处为他打听治病良方，最终，为他联系到河南林州市食管癌医院，成功、顺利地做了手术，使他拥有了第二次生命。还有什么能与经历了人生的生死别离之后悟出的旷达雄浑超脱媲美的吗？他的乐趣就是画画，病愈后他画了两百多幅，每画完一幅，都有一种"漫卷诗书喜欲狂"的奔放。画中寄托了他对生活和艺术的热爱，倾注了他对贵州的一片深情。他的老战友、原省音协主席冀洲这样评价他：与宗河相处半个世纪，可谓风雨同舟。他虽是当代著名的画家、一级画师，但为人热情坦直，对人民群众有深厚的感情，他的作品都反映了他对贵州的热爱，对这里兄弟民族同胞发自内心的深情。画如其人，看看人，再看看画，再看看人，都是一样的真和善，都有那种质朴的美。刘宗河最大的愿望是2003

年去台湾办画展，作为一名老兵，作为一名画家，他真诚地希望祖国早日统一，人民幸福安康……

刘宗河，中国美协、中国版画家协会会员，艺术风格独特，笔墨淋漓酣畅却不粗疏，继承传统却不墨守成规，立意深远却雅俗共赏，具有浓郁的地方特色和民族特色。作品多次参加全国画展并获奖，数幅作品被中国美术馆、中国历史博物馆、中国美协、毛主席纪念堂、周恩来总理纪念馆等多家收藏。继《刘宗河版画集》之后，又由贵州人民出版社推出贵州艺术家画库系列之一《刘宗河国画选集》。

原载《贵州日报》2003 年 1 月 16 日第 8 版

乌蒙，我的精神家园

——访贵州省青年画家谌宏微

在我所认识的画家中，谌宏微给我的印象是稳重不浮躁，作品在贵州美术界也有自己独特的面貌，他的作品一眼望去总给人留下深刻的印象，有一种挥之不去的感觉。在刚刚结束的 2000 年贵州省中国画学术邀请赛展上，我又看到了他的一批新作品，作品中仍然饱含着画家丰富的激情和独特的艺术表现形式。

1986 年，刚满 25 岁的谌宏微随父调入贵州，在贵阳市美办任专职画家。贵州，圆了他的故乡梦。小时候，他常听父亲提起贵阳家乡，山清水秀，民族风情浓郁，一直是他难以割舍的情结。受家庭影响，谌宏微自幼喜欢画画，在东北生活的岁月里，凭着自己的勤奋和努力，1977 年考入哈尔滨师范大学艺术系，1980 年，他的作品《蜜》就入选第二届全国青年美展，同时获黑龙江省第二届青年美展一等奖。到贵州后，谌宏微创作势头不减，画中的主人公始终是乌蒙高原的山民，他们或崇高或严峻或幽默或率真憨厚或略带忧郁神秘的表情随时在作品中展现。其作品《生命的痛处》、《乌蒙传奇》分别获第七届、第九届全国美展铜牌奖，《葫芦寨》获第八届全国美展优秀作品奖，是贵州省在五年举办一届的全国美展上获奖最多的画家。他的作品还曾获得第二届贵州青年美展一等奖、首届省人物画大展一等奖、庆祝建国 50 周年省美展一等奖等多项省级奖，近百件作品在《美术》和《美术界》等全国及省级刊物上发表，作品还被编入《中国美术全集》和《全国美展获奖作品集》等十多部大型画集辞书，贵阳龙洞堡机场有他的创作作品，组画（六幅）《生命的痛处》被中国美术馆收藏。

　　之所以取得这些成就，谌宏微说，这得益于贵州这块创作的润土。不管从获奖作品来说，还是平时的创作，谌宏微总是对题材的选择有恰到好处的把握，并在写实性的绘画中关注抽象的表现性。而这一切，都源于一种渴望对贵州深入了解的情感。这情感，无疑增加了画家本身感受的丰富性和个人性。在谌宏微看来，个人性的表现素材，是个人化艺术表现的根基，是创造精神的载体，是自我的精神家园，对作品具有重要的表现意义，有时，甚至决定着艺术表达的形式和样式。谈到写实性的绘画中追求抽象性表现这个问题时，谌宏微觉得首先要对自己的创作有个基本认识。作为一名从事写实或称之为具象性绘画的画家，谌宏微又很喜欢研究抽象性的美术作品。

　　他认为，纯写实的白描生活、记录式的绘画没有任何审美意义，纯抽象而失去具象的依托，又往往不达意，特别是某些特定的题材。因为，绘画是视觉的艺术，说到底，也就是点、线、面的艺术，驾驭好这些艺术因素，使抽象与具象在画面中有机结合，才能形成表现性的具象绘画，更好地表达个人感受。谌宏微注重作品的表现性，还在于表现能使人"画出一曲色线形的音乐"作品，具体到作品中，他认为"符号化"是一种很重要的手段，而"符号"本身又应该是个人的、新鲜的、特别的。

谌宏微在探索中实践，将西画的丙烯颜料用于中国工笔画创作，目的就是寻找一种个人化的语言符号。在近期的创作中，又有意识地强调一种斑驳的特殊技法效果，这种尝试，使他的作品得到了印证，《永远的黑羊箐》所营造的岁月沧桑感就是一例。

　　谌宏微的作品多以工笔人物画为主。在谈到贵州工笔人物画这一问题时，谌宏微首先认为好画是不应分画种的，因为每个画种都有各自的表现优势领域，它们之间相互借鉴、互相渗透、互相交融，能产生新的视觉审美要素和新的表现技法，倡导一种"大画种"的创作心态，对中国画画种的发展将大有益处。贵州有鲜明的历史文化特色和自然之美，"贵州美"，实际就是特色之美，我们要充分挖掘并利用这宝贵的资源优势。至于"工笔"，是一个技法概念，更是一个文化传统的概念。要把自己的"传统"学深学全面，李公麟、陈老莲、任伯年等大师的作品要很好地研究，还要在此基础上有所创新。至于"人物画"，谌宏微认为，这是一个题材概念，同时也是一个形式概念，因为自然界中再复杂的人，对于画家来说，也不过是画面中的一个形式因素，画家必须具备把题材的造型因素与形式因素完美统一的能力。他认为，目前贵州工笔人物画已经起步，一批年轻作者正逐渐走向成熟，这无疑为今后更好的发展打下了一个坚实的基础。

　　谌宏微每天都在忙碌着，每天都有新的感觉和新的"任务"，在他看来，作为一名画家，全身心地投入火热的生活中，创作出反映时代精神，表现时代进程的文艺作品就是一种贡献；创作出更多更好的艺术精品并在国内外产生影响，就是对贵州最好的宣传，也是画家唯一的生命表达方式。

　　画家，最关键是画好画。

　　谌宏微，39 岁，现为贵州省美术家协会副主席、贵阳市文学艺术界联合会副主席。

原载《贵州日报》2000 年 12 月 7 日第 8 版

黔苑墨风

53

携手雕刻美好生活

——民间艺术家杨正洪、黎洪秀夫妇剪影

2月7日，正月初三，街头爆竹声声。在安顺市蔡官镇下苑村杨正洪的家里，弥漫着一种独特的欢乐气氛。

整洁宽敞的客厅里，摆放着夫妻二人创作的木雕图腾柱和造型别致的地戏脸谱。虽说还是过年，可他俩和平时一样忙碌，就连乡亲们邀去玩牌，他们都谢绝了。

杨正洪的妻子黎洪秀没想到，自己一位普普通通的农家女，竟然会与民间木雕艺术结下不解之缘，而且还参加世界妇女大会举办的"中国传统工艺技术女能手操作表演"活动，受到联合国秘书长安南的夫人蒙爱娜女士的赞誉，并获首届中国国际民间艺术博览会金奖、中国工艺美术创作大展世纪杯银奖。去年，还被中国民间艺术家协会授予"中青年德艺双馨会员"称号和中国文联"百杰青年文艺家"荣誉称号。

文静贤惠的黎洪秀笑着对记者说，这一切，应该感谢各界对她的培养以及丈夫的理解和支持。

在安顺地戏之乡，男男女女老老少少都知道这样一个理儿，跳地戏的是男人，雕脸子的更是男人。数百年传下来的风俗在黎洪秀这里被打破，不能不说是一大创举。黎洪秀的娘家在镇宁自治县的大山哨雷照村。1979年夏天，风华正茂高中毕业回乡的杨正洪为该村雕刻地戏脸谱，两人在接触中相互爱慕。

黎洪秀仔细一算，嫁到下苑村已有19个春秋。38岁的她谈起过去，双颊依然激动绯红。

是对民间艺术的热爱把他们紧紧地连在一起。自打进了杨家的

门，黎洪秀除承担家务劳动外，剩余的时间就是帮助丈夫雕刻脸谱。在丈夫的耐心指导下，由生变熟，由熟生巧，他们雕刻的地戏脸谱，男性刚毅堂正，女性柔美细腻。李世民的威武，罗成的少年英俊，薛丁山的潇洒，都在他们的刻刀下栩栩如生。

近年来，杨正洪、黎洪秀每年都有一半的时间在省外活动。武汉黄鹤楼、上海植物园、山东孔庙，以及北京的"原始部落"、"锦绣中华"等大型景点，都有他们的杰作展示。他们的作品在继承传统的基础上有了很大的突破和创新，世界原始图腾柱和面具的夸张大胆，印第安人的粗犷和刚毅，中国传统龙柱的逼真造型，都让人惊叹不已。

到现在，他们联袂雕刻的作品达千余件，民间艺术改变了他们的生活和命运。去年10月，杨正洪被评为中国第二届十大民间艺术家，他们的多件作品收入北京美术摄影出版社出版的《中国面具艺术》一书，受到海内外有关学者和专家的好评。

原载《贵州日报》2000年2月21日第4版

胸有彩翼纸上飞

——顾林与他的花鸟画

在顾林眼中，大自然中的一切都有生命，所以他笔下的一草一木或是飞禽走兽皆流露着浓浓的情。

顾林是贵州省著名花鸟画家，曾在北京张大千画廊举办过个人作品展览。几十年锲而不舍的努力，如今终有所成。几十年风风雨雨的坎坷人生，也给这位年届六旬的画家的创作抹上了特有的色彩。

1955 年，年轻的顾林考入西南美专（四川美院前身），后因在贵阳工作的父亲去世，当时身为长子的他不得不提前结束学业从四川回到贵州，挑起家庭的重担。为了生活，他先后当过板车工、印染工、制镜工、美工，还在黔灵公园当了好多年的园艺师。纷繁的生活，没能阻挡顾林对艺术的追求，相反给了他很多人生难得的体验。

读书时，顾林是学油画的，曾得到四川美院李有行先生的教诲和资助，五年的学习，打下了扎实的素描和色彩的基本功。然而，"文化大革命"期间，油画往往只是某种宣传品的复制，于是，顾林毫不犹豫地改画花鸟画。

在这条陌生的路上，顾林得益于自己的领悟，看他的画，可看到画家的心路轨迹。《秋水》粉彩结合，生活气息较浓，显然受张书旗的影响，这幅画曾在贵州第一次文艺展上获优秀奖；《玉兰》追求色彩清新淡雅，用笔潇洒自如，被贵阳市收藏。在那些生动活泼的花鸟画中，任伯年的风格融汇其中。在那些注重虚实结合，线与面严谨安排的画中，不难看出他对潘天寿作品及其画论领悟的结果。此外，吴昌硕、齐白石、王渔父等大画家也都不同程度影响了顾林的创作。

在表达形式、语言以及思维方式上，顾林也有新的追求。顾林的父亲，曾搞过多年的川剧舞台美术，受其影响，他尤为喜爱那些浓缩的历史和戏文以及戏中生动的人物。他的画，常采用拟人化的手法。《三雄古意》取自三国时代刘备、关羽和张飞的故事，画作中英雄之气回荡，鸡也显得格外有魅力。《傲霜贲华》一画，取材雄峻山岭中的几枝野菊花和两只八哥，它们傲然生息在深秋的寒雾中，高原中这种常见又有特点的场景，被顾林用花鸟画重现出来，别有一番韵味。《长相依》中，双鸡依偎，流露出画家对美好生活的热爱。

著名美学家王朝闻曾这样评价顾林：他的花鸟另有新的表现，这表明他不满足既有成就而企图给未来成就准备必要条件，这就使人可能预见，根基性条件对未来成就具有多么重要的作用。难怪，他的画被中国美术家协会艺委会、中国历史博物馆、军事博物馆、中国艺术研究院收藏。

原载《贵州日报》1997 年 4 月 11 日第 8 版

在美的王国里遨游

——访我国著名美学理论家王朝闻

欣闻著名美学理论家王朝闻来到贵阳，周末，便与省文联的领导和同志一同去看望他。

1988 年 8 月，当时，我在安顺晚报副刊工作，曾有幸采访过王老。那一年，王老正好 80 岁。时隔九年，王老精神身体尚好，为之而感欣慰。

王老曾四次来贵州，但他说，最近两次到贵州，印象颇深。

就说 1988 年的那一次，正值黄果树国家级风景区天生桥景区开发不久，王老饶有兴趣地游览了景区。大自然的神工之作，令他激动不已。千年的古树、三级瀑布、响水潭、螺丝滩给他留下难忘的印象，回到北京后，他写了一篇游天生桥的散文。这次不顾年迈再次重游，美丽山川依然故我，所不同的是天生桥已改为天星桥。这里的一切都是美好的，美在他的心里长久流连。

王老自 1937 年从杭州国立艺专走向延安鲁艺，至今已有 60 个春秋。当年跟着刘开渠大师学雕塑的他，在以后的漫长岁月里，竟与美学理论结缘。美学，真的是一个最古老但又是最年轻的科学，令他全身心投入，一干就是一辈子。

当初，一本由王老主编的《美学概论》是我国文科大学生的必修教材，王老说，这本书具有普及的作用。更多的人了解什么是美学，或许大都是通过它而得知。在"艺术哲学"的王国里，王老追求美的心永远年轻，永无止境。

当我问起这九年的生活时，他对我说，他就像一匹不知疲倦的老马，每天仍坚持数小时的写作，九年来，先后出版了《东方既白》、《指鹿为马》两本美学论文集，出版了《神与物游》、《复活的复活》、《吐纳英华》三本艺术美学专著。目前，22卷800万字的《王朝闻全集》已准备就绪，即将由河北教育出版社出版。

一位近九旬的老人，患有心脏病，听力欠佳，照常人，王老真的应该好好休息了。王老的夫人解玉珍说，王老现在改不了多年形成的习惯，半夜三点起来写作直至凌晨。眼睛高度近视，戴上眼镜还得拿上放大镜，文章就是这么一篇一篇出来的。王老对艺术的执著追求，已成为中国艺术研究院学子的楷模。

王老因为视力和听力不好，电视很少看。近十余年来，业余时间最大的雅兴就是玩石，因而也成了京城一名石友，根据自己多年藏石赏石体会，目前，他已准备了百余幅图片，想出一本关于石头美学的普及读物。对于王老来说，他总是认为，追求石头的自然之美，反对加工制作，这才是玩石的最高境界。说到这儿，王老不禁大声说道：让朴素的自然之美去占领自己应有的位置吧！这情景，让人感到王老就像一位充满青春活力的少年。

闲谈中，不知不觉又谈到当前的美学研究和发展趋势，王老强调研究美学要从唯物主义的立场出发，从审美的主体和客体、从群众的审美心理、从作者的审美主观性以及与门类艺术的审美统一诸方面研究美学。研究美学，既不否定自我表现，但又要遵循客观规律，走出自己的美学研究之路。

王老到贵州，就是想多看一看贵州的真山真水，在黄果树风景区，他特为风景区种下一棵纪念树；在天星桥，他拣回一块块石头，这真正的自然之美，皆来自他内心对美的启求。

原载《贵州日报》1997年8月8日第6版

钟情这片土地

——全国著名漫画家来黔采风侧记

8月的贵州，山川秀美，气候宜人。

应贵州日报社、贵阳市委宣传部的邀请，全国著名漫画家方成、李滨声、何韦、毛铭三、于化鲤等一行十多人于8月24日来黔采风，九天时间步履匆匆，行程上千公里，黔山秀水留下了他们的足迹……

人间仙境在贵州

贵州是典型的喀斯特岩溶地区，三年前，《贵州日报》漫画专刊取名《喀斯特》，是考虑到漫画的意蕴和旨趣与喀斯特地貌有某种契合，著名漫画家华君武为《喀斯特》题写刊名。国内众多漫画家欣然赐稿，同时将贵州的名胜古迹、自然风光和民族风情用漫画形式表现，引起了国内外的关注。此次漫画家踏上这块神奇的土地，心中荡起阵阵涟漪。

贵阳市天河潭风景区山环水绕，奇峰翠谷，兼具黄果树雄龙宫之奇与花溪之秀，集飞瀑、清泉、奇石、怪洞与天生石桥于一身，令漫画家们眼睛为之一亮。兴奋的方成，看见一个手握大长伞的小女孩，风趣地说："老人家，你好啊！"第一次来黔的毛铭三说，前两年，老伴弄到一张《贵州日报》，上面有漫画专题《人间仙境在贵州》，这次实地一看，果真名不虚传。他还说，老伴让我好好观光，回去向她介绍，以后好组织单位的离退休同志到贵州旅游。漫画家们来到镇山民族文化村，被布依族的浓郁风情所吸引，农家饭、洋芋片、野菜、折耳根，热情好客的布依族姑娘为客人敬献了杯杯米酒。大家在这里纷纷按下快门，留下动人的一瞬。

8月26日下午，画家们来到一派湖光山色的红枫湖，在苗寨、侗寨，欣赏了优美的苗家舞蹈和动听的侗族大歌。喜爱民族艺术的李滨声不时打着节拍，大家与演员们手拉手跳起民族团结舞，其乐融融。

次日，漫画家们一大早来到风景秀美的黔灵山，晨练的人群、唱京剧的老人和唱歌跳舞的似乎都在欢迎漫画家的到来。李滨声、常铁钧在麒麟洞里与京剧戏迷共唱，欢歌笑语连成一片。何韦情不自禁的与猴子合影。大家声声称赞在市区有这么好、这么大、内容这么丰富的公园，是贵阳人民的福气。方老说，如果我生活在这里，我也会天天爬黔灵山。画家们还观光了文物古迹——甲秀楼，神奇壮观的黄果树大瀑布和鬼斧神工的天星桥。每到一处，都有新的视觉冲击力，领略自然与人文的魅力，从心底发出"人间仙境在贵州"的赞叹。

杉木河漂流——方成破纪录

几天的游览中，82岁高龄的方老似乎比年轻的同志还显精力充沛。爬山走路，他总是走在前。一边走一边看一边神思，他说这才是真正的旅游。8月30日，漫画家们来到施秉县，原不打算漂流的方老成了最积极的一员。乘上橡皮舟，人们享受清澈的溪水，翠碧的山峦，享受与大自然搏击的乐趣和有惊无险的刺激，体验到回归大自然的质朴和纯净。常铁钧和梅逢春两人划的是一只小橡皮舟，因两人块头大船易进水，虽说先下水，却历经风险翻船多次，最后一个登陆。晚上8点的杉木河漆黑见不着人。已经上岸一个多小时的方成想出一个绝招，站在岸上唱起了常铁钧喜欢唱的"铜锤花脸"，常铁钧仿佛看见方老，兴奋地与之对唱。上了岸后，大家尽情地谈了漂流之感。县里领导当场宣布：自杉木河开漂以来，方成是最大年龄的一位，在这以前，最高年龄是 75 岁。方老话语风趣："杉木河漂流好自在，下回还想来，方成玩不够。"说着，挥毫给施秉留下墨宝。

云台山是施秉县的一道亮丽风景。漫画家们登杉木峰远眺，群山云雾，青翠欲滴，美不胜收，不时妙语如珠。

8 月 31 日，漫画家们来到历史文化名城镇远。他们饶有兴趣地参观了镇远博物馆、民居和全国文物保护单位青龙洞。在静如美女的舞阳河上泛舟，在大自然中陶醉。镇远这座古城，使他们发出思古之幽情，面对深厚恢弘的传统文化，更深层次地了解了贵州。

灵秀山川唤激情

沿途，漫画家们指点山川风物，谈论得最多的还是漫画。

方成坦言，漫画是评议，是幽默，是用幽默的语言进行评议。他说，《贵州日报》开办的《喀斯特》漫画专刊，重视漫画的新闻性和现实性这一点，是党报与人民群众密切联系所需要的。

李滨声等希望贵阳、施秉、镇远在城市建设中注意保护民族文化，让富有特色的民族文化内容更加充实。

于化鲤、何韦、毛铭三等在感受真山真水真情后，激发起内心的创作激情，表示要通过艺术创作来进一步宣传介绍贵州，让更多的人了解贵州、向往贵州。

这是《喀斯特》专刊所期待的，也是贵州人民所欢迎的。相信贵州的山情水韵和浓郁的民风民俗，贵州在改革开放中前进的新形象，会给漫画家们带来心灵的沟通和巧妙的构思，化为一幅幅漫画佳作。

原载《贵州日报》1999 年 9 月 13 日第 1 版

为了弘扬优秀的民族文化

——访中国十大民间艺术家洪福远先生

贵州蜡染以其独特的艺术风格为世人所叹服，又以不同凡响的艺术形象立于世界艺术之林。贵州，这块神奇而多情的土地造就了一批蜡染艺术家，荣获"中国十大民间艺术家"称号的洪福远就是其中代表人物。

洪福远生长在蜡染艺术之乡安顺。安顺的灵山秀水和奔腾直泻的黄果树瀑布无时不在激发着他对艺术的创作热情。从事蜡染艺术四十多年的他认为，民间艺术是传统文化的延伸，民族艺术要让人看到民族雄魄，让人能真正领略到蜡染艺术的真实风采，感受到中华民族五千年文化的精深博大。走近洪福远，你才真正地认识了蜡染。

蜡染是生活是爱情

1959 年，洪福远贵州民族学院艺术系附中毕业后分配到了文化馆工作。年轻时的他想当一名画家，工作之余经常下乡采风写生，也常为少数民族妇女画像。在无数次的交往中，他从内心敬佩那些拿起针线刺绣或做传统蜡染的妇女，在他的眼里，那些东西是如此有生命力和文化内涵，他虔诚地向她们学习，并融入他们的生活之中。

蜡染，古称蜡缬。是我国古代三大防染（蜡染、夹染、扎染）技术之一。《黔书》说："裳服先用蜡绘花于布而后染之，既染去蜡花见。"古代先民利用蜂蜡等具有排染作用的物质为防染剂，经高温加热，将固体的蜡块熔化呈液态。制作者以熔化的蜡液为墨汁，用铜片制成既能保温又有蘸蓄蜡液的蜡刀做画笔，在布、帛之间起画勾稿。可谓飞刀走笔入画来，最终形成蜡染的半成品——蜡画。而后，如《本草纲目》所言，靛叶沉在下也，亦作淀，俗作靛。南人掘地作坑，以蓝浸泡，入石灰搅烂，澄去水，灰尽入靛，用涤青碧，直至染缸重复淹没浸染色温饱和。出缸后，又置于沸水中，把遮盖防涤的蜂蜡去掉，漂洗干净后出现美丽花纹。至今，洪福远认为，这一课，使他终生受益。

汲取民间艺术的营养，他突然清醒地认识到，在艰苦的环境里、在为生存而劳苦之余，才是他寻求寄托的慰藉。万物皆有生命，大自然和谐为一体，世界是如此美妙。你看，鸟的头上生桃子，身上绣花朵，尾上带石榴；蝴蝶头上是朵花，身后拖上长长的凤凰尾巴；一棵枝干上长出四季花，花上结出大果实，花中结果，果中开花；正看是鱼，倒看是石榴，几个鱼头又编成花：鱼头、鱼尾、鱼鳍、鱼鳞、鱼眼都画成了花。当感情融于自然的生活时，人对精神生活的追求和艺术的创造会有一个质的飞跃。你绝不会感到劳动是一种负担，必然会寻求新的和谐与慰藉，于是，一些纯真、美丽而奇特的幻想走进了洪福远的视野。洪福远仿佛看到了许多活泼的蝴蝶在眼前飞舞，时而成双成对，欢快无比，时而成群结队，组编成美丽的花朵。多么迷人的场面，多么美妙的乐章。鸟是人间的精灵，比翼双飞是爱情的理想境界。万物皆能人格化，大自然处处都是美，只要你有一颗纯真和善良的心，处处是生机盎然。难怪洪福远是那么珍视他和妻子的那份感情。妻子梁勇个子高高大大，性格豪爽，跟着洪福远三十年，至今不悔。梁勇对记者说，姻缘全凭奶奶一双慧眼。当年，洪福远下乡写生来到普定天王旗这个远近闻名、风景如画的村寨。洪福远的表舅与梁勇的奶奶是书友，迎来送往，奶奶发现洪福远心灵手巧，个子虽然不高，身体也很单薄，但在那个动乱的年代，把孙女托付给一个知书达理的人，心里要踏实得多。为了检验洪福远的能力，奶奶让福远送上自画像，洪福远还特请当地有名的朱老先生落款题字。谁知奶奶看出了问题笑着说，画一般，字嘛，还不错。洪福远坦诚地对奶奶说了实话。这样，由奶奶做主，1970 年 8 月 27 日，在下乡的前一天成婚。掀开了生活的这一页，梁勇也开始接触蜡染，跟着她的洪先生踏上了创业之路。

蜡染是事业是理想

抒情，是需要力量和热情的。对一个真正的艺术家来说，这种气质尤为可贵。《画论·意境篇》第一章说，意境是山水的灵魂，什么样的艺术创作不是手握技巧心悬意境呢？所贵者胆，所要者魂。貌不惊人的洪福远看准了自己走的路决不回头。他善于发现，勤于动脑，尤其是 1993 年下海成立福远蜡染作坊以来，其创作思想和观念有了全新的变化。他认为，民间艺术不是低档艺术，民间艺术是一座蕴藏丰富的宝库。只有将传统的民族蜡染与博大的中华古典文化有机地糅合，才能使蜡染艺术升华到新的高度，才能对区域文化的发展和走向世界有一定的影响。而这种思想的形成，是要在加强与外界交流，认识和审视自己的基础上实现的。

洪福远说起了第一次练摊的体会。创业初始，为了急于偿还亲朋好友的万余元借款，险些上了外地骗子的当。于是，他干脆带着两个儿子背着两大包产品下云南，找到了朋友戈阿干。戈阿干是位作家，非常理解洪福远的艰难，同时慧眼识珠，第一个买下了价值千余元的产品，还热情地介绍了大理文化馆的方克麟先生。方先生的爱人在当地开了一个工艺品小店，可以消化部分洪福远的产品。大理一趟，愿望实现。接着，保持强劲的供求关系。道理很简单，云南旅游业的开发看好了蜡染这种产品。第二次开眼界是 1994 年 5 月在上海浦东新区举行的中华文化博览会。在此次博览会上，原上海印刷设计美术师范明三看中了洪福远的作品。范明三旅居美国，他订了洪福远万余元的货，并一直保持业务往来。艺术，越是具有民族性，就越会跨越国界具有世界性。在洪福远的作品中，你可看到吸收东、西方文化精髓的神韵。简洁的彩陶纹饰、神秘的青铜艺术、雄浑的汉画石刻、瑰丽的敦煌艺术、古朴的岩画造型等，它们，不但充满了国画的诗意，还具有西画的神采。最有代表性的是1996年在杭州举办的中国民间艺术大展上荣获金奖的《丝路明珠》和1998年8月在北京首届中国国际民间艺术博览会上获得金奖的《中华脸谱艺术系列》作品，这些作品，构图造型和色彩的运用都堪称艺术精品，难怪《丝路明珠》继之又获第二届、第三届世界华人艺术大会国际荣誉金奖和特别金奖。在实现人生理想的过程中，洪福远也找到了一条以文养文、经济与文化相结合、艺术与市场接轨的示范道路。

蜡染是品牌是形象

洪福远痴蜡染迷蜡染，平生不抽烟、不喝酒、不打麻将，更不会跳舞，他把全部精力投入到蜡染作品的创作之中。自1995年扎根在安顺市开发区以来，得益于宽松的政策，他使蜡染艺术有了飞速发展，不但荣获了国家级十多次大奖，还被评为首届中国十大民间艺术家。多次应邀赴日本、法国、美国及全国大、中城市举办展览，数十幅作品被中国美术馆和数十个省、市博物馆收藏。作品《苗岭欢歌庆港归》还作为贵州省赠送给香港特别行政区的礼物，受到了省委、省政府的表彰。

为了弘扬民族文化，振兴民族蜡染艺术，洪福远率家人又开始了第二次创业。在安顺市开发区二环主干道上，一个总投资近百万元的蜡染艺术馆主体工程即将完工。洪福远为其倾其所有积蓄并贷款50多万元。无疑，该馆的建立对提升安顺市的文化品位是有积极作用的，福远蜡染、黄果树瀑布成了安顺对外展示的金字招牌，令安顺人为之骄傲。建成完善后的艺术馆，馆藏及展街面积1200平方米，将集蜡染制作工艺、历史与文化、特艺表演、新产品开发、陈列展览、保护整理为一体，是洪福远心高志远的一次磨砺和拼搏，也是62岁的洪福远向生他养他的故乡献上的一份厚礼。

谈及安顺旅游与文化的发展，洪福远认为当务之急要规范市场加强管理。目前，安顺有各种小作坊近百家，但有设计能力的只有两三家，盗版、无证经营现象严重。这些不上税的违法经营者不但扰乱了市场，而且使国家颁布的《著作权法》和《知识产权法》受到严重的践踏。妻子梁勇心疼地说，洪先生的创作设计耗去了大量时间，仅一幅《中华龙纹大观》创作时间达半年之多，作品汇集几千年龙纹之精华，从远古到明清无所不包。就是这样一幅精品，盗版者只要买上一张就可复制，以次充好欺骗消费者。洪福远仅近三年来上缴税款10万多元，他对记者说，只要政府给予支持，今后三年内，上缴税款20万元、安排百人就业有信心；反之，正在发展的事业将会被拖垮。他那瘦弱的身体要把这事业进行到底，真的还会有很多困难。弘扬民族文化，不但需要政府的支持，更需要社会各界和有志之士的关怀……

原载《贵州日报》1999年9月22日第5版

金碧丹青尽眼中

——访书画鉴定家刘锦

博学而又谦逊平和的人，总让人感到可亲可敬，贵州省书画鉴定家刘锦就是这样的人。叩开他的家门时，刘老正在研读，与外面的喧闹和浮华相比，刘锦的家显得太普通了，几件简单的衣柜、书桌，都是五六十年代的式样，这样的氛围这样的环境，让人顿忘豪华，步入宁静的世界。

刘老年近七旬，退休已十年。然而，因省博物馆工作的需要，他仍在从事书画鉴定工作，他从事这项工作已有四十多年。

刘老祖籍浙江绍兴，受启蒙老师影响，自幼喜欢习字画画。1949年考入上海美专，又受益于俞剑华等教授，系统地学习过中西画法和中外美术发展史。当时选择读美专，更多的是受蔡元培思想的影响，他的思想在当时激励许多有志从事美术事业的人。出身贫寒的刘老学习十分刻苦，由于当时没钱买书，一部日本人写的二十多万字的中国美术史都亲手抄完，深得老师赞许。1954年，他以优异的成绩毕业于该校中国画专业，分配到北京故宫博物院工作。1956年响应党中央、国务院的号召，支边来到贵州。

文物藏品是博物馆开展业务的基础，发扬和保护祖国优秀的传统文化，是一个书画鉴定工作者神圣而又艰巨的任务，要完成此项工作，必须投入大量的时间和精力钻研业务。当时，初建的省博物馆大量的文物和书画需要鉴定，凭着过去的坚实基础，他出色地完成了一个又一个任务。因此声名鹊起。贵州省著名画家方小石先生这样评价刘锦：像他这样的人，能够几十年如一日老老实实地做学问，实在难得。刘锦认为，书画艺术中，有不少具有较高的艺术价值和历史价值，是祖国文化遗产的一部分，是前人智慧和劳动的结晶。就凭着对书画艺术的这份热爱，"文化大革命"期间他一次又一次地到造纸厂、旧书店以及废品物资回收部门拣选珍品，抢救了一批珍贵的书画作品，经他手收到的曹植《洛神赋》中的一段书画虽没有明款，但他慧眼识珠，从世代风格上断为是宋代之画，朱耷、宋钰、蒋霭等人之画，都是经他手收藏于省博物馆的，如今，皆是无价之宝。

刘锦认为，鉴定工作实际上就是要老老实实地做学问，只有坚守此道才能浑然天成。书画鉴定博大精深，每一幅作品中，都可看到传统的体现，"气韵生动，骨法用笔，应物相形，随类赋彩，经营位置，传移默写"尽显画中。早在北京工作期间，他就在故宫博物院鉴赏书画，上海博物馆的历代名人书画几乎烂熟于心。注重传统的继承又善于学习各种流派的表现形式，使他胸襟博大。几十年来，经他鉴定的各种中国书画作品达三千多幅。其中，最早的是唐人写经，其次是北宋的写经和书札，再就是元明的书迹、绘画以及贵州历代名人书画。

作为一名有良好信誉的鉴定家，他多年来撰写了不少介绍书画名人的文章，他写的《徐悲鸿在筑琐记》、《莫友芝书法成就浅识》、《何威凤的生平、艺术及其思想倾向》、《清代贵州画家述略》、《遵义南宋杨粲墓的雕刻艺术》、《谈杨龙友的早期绘画》、《陈恒安先生书法艺术的卓越贡献》、《记杨宗安先生旧藏“趋庭议画册”、清陆仿高彦敬“江村烟雨图”卷》、《贵州古代版画探索》等文，均有极高的价值。作为一个文博工作者，他工作的目的只有一个：把有价值的书画收藏于馆，向社会和观众提供一流的作品。

刘老是贵州省书法家协会的发起人之一，如今是省书协理事、中国书协会员，享受省政府特殊津贴。作画写字是他生活的一个重要内容，遨游书画妙趣横生。与金碧丹青为伍，一份辛勤一种收获。

原载《贵州日报》1998年2月13日第8版
贵州《文化广角》1998年第5期刊发

清风扑面来

听说天津画家在省国画院举办联展，贵州省著名花鸟画家方小石先生不顾年迈有病，扶杖前往观展。他高兴地对记者说：“天津画家功底扎实，基础好，造型准确，用色鲜活，有强烈的现代气息。作品值得一看。”方老一席话，是对天津画家最好的赞赏。

此次来筑展出的四位画家，贾宝珉、史如源执教于天津美术学院，阮克敏、郭书仁执教于天津职工纺织学院，曾师承于名家李鹤筹、萧朗、梁琦、孙其峰、王学仲诸先生。三十多年的课徒从艺生涯，他们以对艺术的执著和不务虚名的科学精神，在继承"津派花鸟画"思想文化传统的基础上，不断创新，作品既有个人风格又颇具时代特征，被誉为津门花鸟画的继承人和创新者。

从此次在贵州省展出的八十多幅作品中，可以看到四位画家艺术追求的轨迹。贾宝珉的《朝露》、《野塘歇禽》等作品，讲究造型，笔法严谨，在表现大自然浓郁动人的诗意时，给人以静谧淡雅之美感。史如源在继承民族文化优良传统的基础上，广泛汲取各家之长，探索形与神、笔墨与意趣的和谐统一。《春到鸟能言》等作品清丽刚健。阮克敏的工笔画，力求融合北派的刚健与南派的秀润，作品《秋韵》、《暖春》等笔墨简洁，注重气势的视觉表现，有较强的艺术感染力。郭书仁的作品以写意见长，作品《寒味芳心》、《荷雨清趣》等透露出画家潇洒的风格，笔墨酣畅凝练，具有高古飘逸的艺术内涵。

长期的艺术教学与实践，使他们收获颇丰，他们的作品多次参加国内外大型美展并屡获大奖。

省国画院院长孙吉斌告诉记者，引进优秀的省外展览，对促进贵州省书画艺术的发展有着积极的作用。

原载《贵州日报》1998年3月20日第8版

笑的使者

何韦来黔采风，有幸结识和采访他。

何韦原籍辽宁法库，1934 年生于黑龙江泰来。1951 年东北鲁迅文艺学院美术系毕业后在《东北劳动日报》任美术编辑，1953年至今为《工人日报》工作，现为该报高级编辑，曾任美术组长、美术摄影部主任。

《工人的画》画刊，是中国报刊历史上最长的一个季刊，至今已坚持近半个世纪共千余期。长期编《工人的画》使何韦缩短了与普通人的距离，他创作的视野得以拓宽，内心的世界也丰富而多彩，被人们誉为笑的使者。何韦的水墨漫画题材面广，作品力求保持中国画的笔墨传统，同时又用漫画的构思方法和幽默情趣使作品具有艺术欣赏性，深信水墨漫画的笔墨意趣能表达人的智慧、奇巧的思绪与感情。他的作品《表面文章》、《齐白石打假》、《比美》、《秋江》、《别姬》等充分显示出国画的艺术风格。何韦曾两上苗岭，取遵义过乌江，找到当年贵州剑河红陶厂的工人作者刘雍，探求艺术创作之路。他的写生簿里，有上百幅贵州的写生作品，民族风情在他的画里得到充分展现，也成了创作的源泉和激情。1986年、1987 年何韦来黔采风之后创作的《酒歌图》就有浓郁的民族特色，这是他在雷公山采风之后的力作之一。《比美》里，贵州的民族服饰与现代人的着装追求相互成趣，有着浓厚的生活气息和现代气息。

何韦的画曾多次在国内、国际展出并屡获大奖。他送画到基层展出已遍及祖国大江南北近二十个省和地区，他还到北京大学为学校漫画会的同学讲课，他身体力行地告诉年轻的读者，漫画是大众文化的一种表现，卡通仅仅是其中的一种，把培养年轻作者和读者当作是发展中国画的基本前提。他说，画到老来方恨浅，无为之中求有为。平常做人平常事，出世心态问世画。

原载《贵州日报》2000 年 4 月 27 日第 5 版

饱蘸深情画春秋

——访著名画家李琦

虽是初冬，贵阳仍有暖暖的阳光。年已古稀的著名人物画家李琦，带着他的一百二十余件作品来黔举办个人书画展。消息传出，观众络绎不绝。从画中，人们不仅领略了伟人的风采，也领略了这位画家的风格。

1937 年，九岁的李琦随父母到了延安，随即加入"抗敌剧团"当上了一名小演员。他还清晰地记得，第一次登台表演的小戏是宣传抗战的《锯大缸》。喝延河水、吃小米饭长大的李琦，在战火烽云的年代便有了自己坚定的信念和追求。革命的火种，在他幼小的心灵深深扎下了根。1943 年以后，他开始以画笔为武器进行宣传，直到 1946 年进入晋察冀边区华北联合大学美术系学习。1950 年，中央美术学院成立，受院长徐悲鸿之聘，他开始了教学生涯。新中国成立后，他创作的《农民和拖拉机》荣获文化部首次颁发的全国年画甲等奖第一名。此后，他和夫人冯真合作的《民族大团结》、《伟大的会见》等画作连年获得国家级奖。在徐悲鸿大师的热情鼓励下，李琦的艺术创作有了长足的进步。当年徐悲鸿曾称赞他是"一位很有才华的青年"。

在长长的画廊里，伟人、名人、劳动模范仿佛正向观众走来。在这个独具特色的中国画肖像长廊里，李琦先生不但讴歌了真正的中华民族的脊梁和国际英雄，还向观众展现了恢弘的历史画卷。

为人民而歌。为时代功臣树碑立传。李琦的画如精神火炬。他的画，传神而高度概括，作品中的人物栩栩如生而又极富个性特点。神来之笔得益于他长年的修养。李老说，他十分热爱敬仰画中的人物。他通过各种途径完成对所画对象神态的把握，胸有成竹后，才以饱蘸深情之笔作画。他的艺术成就，源于坚定的共产主义革命理想，他以这种不变的理想坚守自己的艺术风格，才形成了今天特有的风格。

展览中，李琦先生1960年创作的《主席走遍全中国》把人们带到过去的岁月里；1964年创作的《同志》，歌颂的是刘少奇同志和淘粪工人时传祥的纯真友谊。在这里，党的宗旨和群众路线跃然纸上。因了《同志》这幅画，"文化大革命"期间李琦先生成了"黑帮"，但丝毫动摇不了他对伟人的崇敬之情。《我们的总设计师》，线条刚劲简洁，造型传神准确，邓小平睿智深邃的目光和那微微抿起的嘴角，显示出伟人高瞻远瞩展望未来的自信。另一新作《同心曲》，是他美学主张和艺术追求的又一次成功展现，画面中表现的是江泽民总书记在上海工人文化宫的一次联欢会上，手持竹笛站在麦克风前，准备为群众演奏一曲，画面虽只画了一个人，但却让人感觉到总书记正置身于欢乐的人群中。

李琦先生作画，虽总是选取人物最生动的一瞬间，但人物的性格却得到充分的展现，而且能让观众置身于特定情景和画中形象直接交流。在他的笔下，伟人格外亲切，平凡人也闪耀着精神的光辉。

他认为，艺术家是"人类灵魂的工程师"这个原则永远不会过时，艺术家的天职就是为人民大众提供优良的精神食粮，让人们的灵魂更趋向健康、美好和高尚。为了画好孔繁森，他不顾年迈体弱，执意到西藏体验生活，终于准确地把握了孔繁森吃苦、爱民的精神风貌和特征。为了展现李素丽全心全意为人民服务的美好心灵，他特意去乘坐她的班车，因而准确展现了她的风采。

李琦先生还善于默像，正是通过这样的默写练习，加强了敏锐的观察力和深刻的记忆力。在中国画人物肖像这个领域，他一方面坚持中国水墨画的艺术品位传统的审美要律、力度，另一方面又坚持人物肖像画求真求神求像，因而他的作品能为许许多多的国内外观众所喜爱。

来到贵州，李琦和夫人冯真都特别高兴。冯真是中央美术学院的教授，曾来贵州的六盘水采风。而李琦先生则是第一次到贵州，他强烈地感受到了贵州改革开放以来改天换地的精神风貌。书画展开幕的当日，李琦先生和夫人冯真向省委、省政府敬赠了《周恩来总理画像》、《我们的总设计师》精裱画各一幅。在黔期间，他到黔南采风，并赴遵义瞻仰遵义纪念馆并举办展览。省委副书记王三运高度评价李琦先生，"政治上坚韧不拔，艺术上炉火纯青"。

人们热爱这位艺术家，因为他为时代和人民讴歌！

原载《贵州日报》1998 年 12 月 18 日第 7 版

画坛伉俪

中国文联赴黔采风团近日来到贵州。我采访了团长杨力舟和他的妻子王迎春。他们是一对画坛伉俪。

70 年代，杨力舟和王迎春创作的油画《文武之道一张一弛——毛主席对晋绥日报编辑人员的谈话》、《平型关大捷》等画作，奠定了他们在画坛的地位。这对事业上的志同道合者，在长期的艺术实践中形成了独特的风格，即擅作反映时代精神、弘扬民族文化的大画。

这对画坛并蒂莲，早在 1957 年就同在西安美院附属中学学习绘画和雕塑。1961 年，又共同考入该院大学部——杨力舟学油画，王迎春学国画。1978 年，他们又一起考入中央美院国画系人物画研究班深造。毕业后，两人被分配到文化部中国画创作组工作，并参加筹建中国画研究院。

学海无涯苦作舟。在研究班学习期间，他们联手推出的水墨三联画《黄河在咆哮》获中央美院叶浅予奖学金。两颗心碰撞，迎来创作的春天。他们合作的作品多次获奖，国画《太行铁壁》获全国第六届美展优秀作品金质奖、北京市建国35周年文艺作品荣誉奖及中国人民解放军第二届文艺评奖大奖；连环画《小二黑结婚》，获全国第三届连环画二等奖。此外，他们各自的创作颇丰，为更多收藏家所关注。杨力舟的《黄土情》、《奔腾》、《赛马》等作品，画风雄健泼辣；而王迎春以女画家特有的细腻手法创作了《慈母手中线》、《金色的梦》、《三羊开泰》等作品，将绘画的写实写意巧妙地结合起来。他们多次联合出展，并赴香港、日本、澳大利亚、莫斯科、新德里、巴黎等地举办画展。

此次来黔采风，杨力舟夫妇很感谢贵州茅台酒厂为中国文联的艺术家提供了一个很好的创作基地。杨力舟为该厂品酒大师许明德所作的画像，神韵、气势都展现了茅台人的品性和雄风。王迎春的速写本上，也画满了速写，有《贵州茅台镇》、《黄果树大瀑布》等。对贵州由了解到喜爱，成为他们此行的最大收获。杨力舟夫妇认为，这儿的一切都有着线条美，有很强的视觉冲击力。就连一个小小的天桥，都具有强烈的现代感。他们希望贵州的画家能在中国美术馆举办展览，让更多的人了解贵州，热爱贵州。

杨力舟，中国美协副主席、中国美术馆馆长。王迎春，我国著名画家。

原载《贵州日报》1999年5月21日第8版

结缘幽默

——访我国著名漫画家方成

82 岁的方成是中国新闻漫画研究会会长，然而，在人们面前，他却没有一丝架子，是一位令人尊敬的长者。可掬的笑容透露出善意和机智，缩短了人与人之间的距离。

与普通人家的孩子一样，他打小就喜欢画画。早在中学时代，就在学校学生会负责宣传画，并利用宣传画进行抗日救国活动。1937 年，方成考入武汉大学，在学校，刚满 20 岁的方成对文学、声乐、戏剧产生了兴趣。那时，他整天跟着学校剧团导演季耿跑。当时季耿交给方成一个任务，让他每周出一次纯文艺的壁报。于是，方成发挥他的漫画特长，画了一些生活气息很浓的作品。就这样，方成坚持了两年多，一共出了一百多期。这一段特殊的经历，使方成受益匪浅。武大毕业后，方成到了黄海化工研究社，一干就是四年。工作之余，方成仍坚持画速写画漫画。1945 年日本投降后，方成偶然看到一份英文报转载的英、美政治讽刺画，后来又看到上海许多报纸都刊登漫画，当时，许多著名漫画家如丁聪、张乐平等人的漫画屡屡见诸报端，方成按捺不住内心的冲动，认为这样的漫画他也能画。于是，他谢绝了社长的挽留，执意去上海求发展。

当时上海失业的人很多，找个工作很困难。一天，方成从报纸上看到当时上海最大的一家广告公司招聘一名绘图员的启事，方成高兴地前去应聘。考试时，方成画了一张漫画，刚画了一个人，这位绘图室主任就连忙打住："OK！就是你了！"此时，方成的后面还站着一群等待考试的人。

他和正义的人民一样，看不惯美国兵在上海横冲直撞，于是，画了一个美国士兵，上面用英文写道："美国兵滚出去！"这幅漫画发表后，激怒了公司领导，方成也因此被辞掉工作（这幅漫画现收入山东画报社编辑的《老漫画》第二期，成了那个时代的一个缩影）。

1949 年，方成进了新民报，后来华君武劝他到人民日报，便从 1951 年起干到现在。当时华君武当美术组组长，对方成的要求就是专门搞漫画，所以几乎每个星期他都要画一张。漫画是一种用图像和文字协同表现的语言形式，不是一般直叙的语言，而是曲折、含蓄的语言。干了几十年漫画的方成这样来说明他所进行的工作。方成认为，漫画是幽默的艺术，所以充分吸取了姊妹艺术——相声的营养成分。他与好朋友侯宝林曾多次交谈探讨什么是幽默艺术，结果是谁也说不出来，最终，这个任务交给了方成。

"幽默是怎么出来的？"许多人都回答得不确切不完整。通过研究，方成最后认为，幽默就是一个曲折的语言方法。它不同于单纯的修辞，也不是天生的，幽默与机智连在一起，与滑稽分不开，它有着一种美感。是作者与读者之间的一个传达，或是两人之间的一个传递和沟通。

近年来，方成出版发行有关漫画和幽默的书籍三十多本，美国哈佛大学等多所大学图书馆均收有他的著作。

在商品经济时代，方成支持关注广东中山老家的文化事业，把他多年收藏的名人字画一百二十多幅全部捐献给当地文化教育部门。他认为，这些字画是人类文化的艺术珍品，个人保藏能力是有限的，只有奉献给社会，才能充分发挥它应有的作用。为了使中国漫画有一个较大发展，他除了身体力行创作参与新闻漫画的各项活动外，还到武汉大学新闻系开讲新闻漫画课。方成这样说，报纸永远都是漫画最好、最忠实的媒体。新的生活，新的时代，将给漫画的发展提供更广阔的前景，漫画家要努力！

方老80年代来过一次贵州。对贵州，他有一种特殊的情感。

他在北京就读的私立宏达中学，国文老师是蹇先艾，蹇老已逝，令方成几多怀念。在贵阳方老还有许多武大校友，原省政协副主席唐弘仁就是其中一位。岁月如流水，回忆当年，方成充满了激情。九天的来黔采风，方成收获颇多。人缘极好的方老，是热爱生活珍视生命永远年轻的人，因为，他实实在在拥有一颗年轻的心。

原载《贵州日报》1999 年 9 月 10 日第 8 版

苦乐皆因漫画

于化鲤，是全国著名的漫画家之一，1999 年 8 月来黔采风路经重安江就餐时，一位跑长途汽车的山东师傅一眼就认出于化鲤。可见，于化鲤的作品及其人早已被人知晓。

于化鲤从小喜爱美术，主要靠自学。1952 年到天津美术出版社工作，1956 年，于化鲤参与天津画报的编辑工作，同年欣逢机会到北京漫画编辑部学习。当年二十多岁的于化鲤如饥似渴地学习，还破例参加编辑部每一次编委会的编前会，当时，华君武、张光宇等大漫画家每期都参加，听到对漫画不同的见解，使于化鲤受益匪浅。不久，他创作的作品《快马加鞭》深得漫画编辑部主任米谷赞赏。1957 年，他创作了《谁说我目中无人》，米谷认为这幅漫画成功的关键部位是瞳孔，该作品发表后反响强烈，国内诸多报刊转载并获全国第一届青年美展一等奖，国外一些刊物也相继转载。但他万万没有想到这幅获奖漫画，给他政治生涯带来灭顶灾难，他被下放劳动，"文化大革命"期间又翻出"老账"，挨整挨批比 1957 年更惨。直到粉碎"四人帮"后，于化鲤才真正感到漫画春天的来临。

随着国家对知识分子的尊重，人民群众对漫画家的信任，他强烈地感受到自己身上的那份不可推卸的社会责任。此时，他的作品《谁说我目中无人》被中国美术馆收藏。他以不可遏止的激情创作了《蝶恋花》、《大合唱》、《丰收舞》等大量作品，用漫画艺术表现国家重大问题，为振兴中华而高歌。在《蝶恋花》里，于化鲤把中国的版图画成一个大花园，台湾岛则画成一只蝴蝶，他所显示的是一种互相融为一体的精神和意境，表现出人民渴望祖国统一的殷殷之情。在《大合唱》里，56 个民族唱出了振兴中华的主旋律。他的笔下，激情四溢，形象丰满，又充满了昂扬的时代精神。

于化鲤苦从漫画始，乐从漫画来。作为一名漫画家，他认为，好的漫画要历经时间的考验，因为他概括的是思想，针砭时弊，做人民群众的代言人，对人生、对社会有一个基本的态度，才能从思想深处真正观照生活，才能得到社会承认。

于化鲤当了十多年的天津市人大代表，担任过天津美术出版社社长兼总编、编审，中国漫画艺术委员会委员，1985 年曾与华君武一行赴日本进行文化交流。《贵州日报》的《喀斯特》漫画专刊问世以来，于化鲤在此发表过漫画作品数十幅，有的还在全国获奖。此次来黔采风，于化鲤深切感受到贵州"山美水美人更美"，在他的笔下涌出许多反映贵州风光风情令人回味的佳作。

原载《贵州日报》2000 年 2 月 17 日第 4 版

毛铭三：坚守漫画阵地

读高二的孩子拿着教科书对我说，现在的高中政治课本有漫画配文，好像就是您前段时间采访的毛铭三编画的。仔细一看，毛铭三是主要编委之一。我忽然想起离开贵阳的那一天，他对我说，他去不成黔东南了，要赶回北京编画吉林大学出版发行的漫画、辨析图典。一位年届七旬的老人对事业的执著追求，不由使人想起他在《喀斯特》漫画专刊研讨会上的发言：坚守漫画阵地不易。

1930 年生于黑龙江海伦县的毛铭三自幼喜爱画画，抗日战争、解放战争时期，他作为一个小宣传队员用漫画打击敌人，发动教育群众。1955 年，他来到北京，先后在《大公报》、《经济日报》做副刊编辑，曾任《经济日报》副刊部主任，美术仅仅是他的业余爱好。或许是长期从事副刊工作的缘故，毛铭三主张漫画工作者要有较好的文学素养，他喜欢杂文、小说、历史、诗词书画，这些，都为他画漫画奠定了很好的基础。在长期的艺术实践中，他主张生活以内找内容，生活以外找形式，这样产生出来的作品含蓄而幽默。《多日照》这幅作品，地上画了一盆花，天上有十个太阳，意在对孩子不要太溺爱，画上引用"后羿射日"的典故，射下九个太阳，留其一日，让花儿不被烈日烤焦，引人深思。他的另一幅作品《混合双打》画的是一个小男孩考试得九十多分，父母不满意，爸爸一只手揪着他的衣领，一只手拿着打孩子的物具，妈妈则拿一个擀面杖气势汹汹，孩子大有招架不住之势。活画出应试教育带来的弊端，给人以启迪和警醒。收入高中政治课本的《四伯乐相马》，大胆新颖，其用意在告诉人们，与其等待伯乐，不如自求发展，社会舞台永远是为那些敢于奋斗和拼搏的人准备的。

谈到当前中国漫画的现状，毛铭三说，努力提高漫画的质量是漫画发展的根本。漫画绝不是乱画。构思、寓意的巧妙和深刻，是它的真谛所在。现在的一些漫画还显得单调，有些形式未被广泛利用，比如剪纸、照片剪贴、木刻、集邮漫画等可以争取相当一部分读者。总之，漫画有阵地就有发展。

毛铭三已有 1100 多幅作品在中央和地方的报刊上发表。

原载《贵州日报》2000 年 3 月 26 日第 3 版

在北京看李可染画展

每一次去北京，我都怀有一种新鲜而特殊的感情，京城散发出来的巨大文化能量，使我永远如醉如痴。

这次在北京待的时间只有三天，除了要完成的采访任务外，我还如以往一样，希望能留下一份珍贵的记忆。那时不知怎的，我突然记起到贵州采风过的北京画院院长刘春华。我拨通了他的电话后，刘春华老师便相约翌日一同去中国美术馆观看李可染艺术展。这对于我来说，无疑是一个极好的观赏机会。

美术馆圆厅前，竖立有李可染先生的画像，画像的两边有先生生前刻的两方印章，左边是"可贵者胆"，右边是"所要者魂"。这寄托着他追求的最高理想境界，是他敢于突破传统中的陈腐框框，追求创作具有时代精神意境的坦言。

过去，我只是从一些画册和年历上看过李可染的作品，而此次看到上百幅真迹，真使我大开眼界。

与潘天寿、傅抱石齐名的李可染，是中央美术学院创立期间的中国画教授。幼时，他便常流连于民间艺术场所且酷爱戏曲绘画，每每用碎碗片在地上画戏曲人物，都博得邻人围观。十岁那年，他进入徐州吴氏小学，老师喜其"孺子可教，素质可染"，为之另取学名"可染"。青年时代的李可染考入西湖国立艺术院研究生班，深得校长林风眠器重，并师从法籍教授克罗多专攻素描和油画，同时自修国画和研习美术史，这为他以后的发展打下了坚实的基础。

李可染先生以山水画为世所知。他的山水画，每幅都有不同的意境，总让人觉得诗味浓，很快就能把你带进一个有情、有景、有趣的艺术世界。《春雨江南图》使人感受到画家那激情的荡漾；

《山静瀑声喧》又使人置身于一个宁静、自然、纯美的世界；《千岩竞秀万壑争流图》气势磅礴一泻千里，给人以震撼；《清漓天下景》里千百奇峰罗列两岸，江水清碧澄澈见底，百舸争流，以此歌颂祖国河山壮丽。在他的笔下，不管是雨后的渔村，还是黄海烟霞；不管是异国山水，还是祖国的自然风光，随处可见闪烁着的鲜明的时代精神。

他的人物画《春放图》中牧童骑牛放风筝的那怡然自得的神情，既是客观的表现，又是画家深挚感情的抒发，是画家热爱劳动人民、热爱大自然的内在感情的形象化。李先生的人物画，题材多样，除牧童题材之外，还有历史典故以及现实生活的题材。他的《钟馗送妹图》就是传统的大写意画法。这幅画用的是泼墨法，在黑白、浓淡、丑俊、刚柔的强烈对比中，人物生动传神，又似有夜色朦胧的气氛。在如此众多的画中，我被《山顶种田》所深深吸引，也许是生活在贵州这片土地的情愫使然，我似乎感到画中展现的是花溪的高坡，当我不自觉地按下相机的快门时，才意外地发现刘春华老师手中拿的画展简介封面选用的就是这幅画。也许是先生1939年曾到过贵阳的缘故吧，他的这幅画，使人感到亲切和自然。

李可染曾在80年代中期镌刻一方印章为"东方既白"，表达了他在东方艺术世界的上空看到曙光的心境。正是怀着这样的信念，李可染以对中国绘画艺术前所未有的使命承担，"以最大的功力打进去，用最大的勇气打出来"，成为他早年有心变革中国画的座右铭。这不得不使人想起了"五四"与中国美术，五四运动作为一场深刻的思想文化革命，曾深深地影响着美术。陈独秀继1917年发表《文学革命论》之后，把美术革命的对象定位于"学士派"（指文人画）鄙薄院画，专重写意，不尚肖物的积习，并以清代文人画家王石谷为靶心，认为"若想把中国画改良，断不能不采用洋画写实的精神"。蔡元培于1917年提出"以美育代宗教说"的同时也表达了与陈独秀相近的观点，认为"今世为东西文化融合时代，西洋之所长，吾国自当采用"，更直接体现了"五四"的科学精神。

李可染受齐白石、黄宾虹、徐悲鸿、林风眠等人的实践影响，在继承传统的同时，实现了同大众审美趣味衔接上的向现代色墨并重的形态转化，对日后的创作产生了深刻的影响。正如先生生前坦言的："传统对我们来说是血缘关系，继承关系，外来是营养关系。二者万万不可倒置。历史上我们不断吸收外来文化，但都消化、转化为中国文化。假若我们丢掉了自己的传统而扎根于外来，或企图用西方文化改造中国，不仅有害于中国文化的发展，也有害于世界文化的发展。"正是致力于探求根植于民族文化并融通中西艺术的创作道路，才使他登上了可以鸟瞰世界艺术的高峰。

李可染，1907年3月26日生于江苏徐州，1989年12月5日去世。这位艺术大师创作出众多瑰丽绚烂的艺术作品，享誉海内外。生前曾捐赠10万美元给中国艺术节基金会，捐赠10万元人民币给"马海德基金会"，他把义卖山水画《雨过泉声急》所得的4万美元捐献给修复长城、拯救威尼斯委员会。

原载《贵州日报》1999年11月19日第7版

春华秋实翰墨香

——记北京画院院长刘春华

提起刘春华，人们并不陌生。他，就是大型油画《毛主席去安源》的作者。当时，他只是中央工艺美术学校四年级的学生。

如今五十开外的他，已是任期十年之久的北京画院院长，同时还是北京市美术家协会的副主席。

刘春华说，油画《毛主席去安源》是那个时代的象征，是一片红海洋潮流的动作，因了这幅油画，他一举成名，还奠定了他在当代中国美术界的一席地位。

岁月封尘但记忆犹新。谈及往事，刘春华显现的更多是反思。反思和感悟，或许就是一位艺术家的第一要素。

刘春华出身于黑龙江省太来县一个贫穷的家庭里，没有多少文化的父母勤劳善良，他们节衣缩食在五个孩子中培养出四个有高级职称的国家人才，这当然也包括刘春华自己。这位靠助学金读完大学的画家热爱党热爱新中国，1968年毕业后，他怀着满腔热血服从国家分配，在北京新华印刷厂照相制版岗位上一干就是四年。能留在北京工作，当然也有他在1967年7月至9月创作出油画《毛主席去安源》的原因。

回想起那个年月，刘春华告诉记者，除了整个创作过程是主动的，一切都是偶然的。这幅宽1.8米、高2.2米的油画，把他带入了一种特有的境界。由此，他成为北京团市委委员、团市委书记。1971年，成为北京出版局领导小组成员之一，也是北京市最年轻的副厅级干部。

当了干部的刘春华一半时间做行政工作，一半时间搞创作。创作和行政常常碰撞，为此，他曾陷入苦恼之中。

刘春华庆幸在自己最苦恼的时候，敬爱的周总理对他十分关心，周总理告诫刘春华，人生之路会有各种困难，要对困难有所认识，才能迎接困难的挑战。几乎所有的人都知道这个道理，而在那个时候，总理的话在刘春华的心里却重如千斤。

粉碎"四人帮"后，被江青一口咬定是坏人的刘春华从农村工作队回到北京，他挣脱了多年的精神桎梏，在政治上获得了新生。不久组织上通知他到日本访问，还任命他为北京出版社副总编，他尽心尽力干好这项工作，但对艺术创作仍是一往情深。

1979年，刘春华多次向组织提出的要求获得批准，他以一个普通画家的身份走进北京画院，他潜心创作，作品曾到美国、加拿大、日本、新加坡展览，他蓄存已久的创作激情得到宣泄，在人才济济的北京画院里，刘春华仍是一名佼佼者。

1986 年，刘春华出任北京画院院长，多年的人生探索，使得他在扮演这个社会角色时有了自己独特鲜明的个性风格。

他快人快语肝胆一片。在北京画院，刘春华不以院长自居妄自为大，在老、中、青三代同堂的画院中，他善于听取同行意见并善于化解各种矛盾，有人还戏称他是"话院"院长。在处理政治和艺术的关系时，刘春华不以说教似的大道理让人生厌，他倡导主旋律和时代精神，积极主张画家在继承传统时有所创新突破，形成自己鲜明的艺术个性，在他的影响下，画院创作氛围浓郁，艺术创作日趋繁荣。几十名画家都曾在国际、国内办过画展，获奖者众多。能够在北京画院站稳脚跟，这得益于他对"名利身外物，宠辱两不惊"的深刻领悟。为了搞好北京画院的工作，他以身作则，当高级评委拒收礼金，多年来住房仍是 52 平方米，母亲去世，因事务缠身，竟没尽孝道。他敢说敢为坚持原则不负众望，如今的北京画院拥有七十多位画家和一批学科带头人，王培东、石齐、阎振锋、李问汉、文关旺等，都在花鸟、人物、山水、油画上有较高建树。

十年来，北京画院还为全国各地培养美术人才六百多人，为弘扬优秀的民族文化起到了带头作用。

刘春华 1995 年曾到贵州采风，今年 7 月，他作为中国文联第二次赴贵州采风团的团长带领北京画家再次赴黔采风。他对记者说，贵州这两年变化太大，新通航的龙洞堡机场、新建的立交桥、新开发的旅游景点都令他兴奋不已。他为贵阳龙洞堡机场、黔东南州和省文联留下了他的珍贵墨宝，"柿柿如意图"，代表了他的深情厚爱。

在离开贵州的头一天晚上，他为同行唱起了《三套车》，深厚的男中音渗透着他对生活的体验，而现实的他，虽历经沧桑却豁达明朗。

刘春华，风采依然不减当年。

原载《中国艺术报》1997 年 8 月 1 日

一个版画家的石头情结

贵州多山，贵州有石。山和石形成喀斯特典型地貌，山和石，为这里的广大生民提供了不竭的生活资料，也构成了贵州一道奇特的景观。

贵州版画家滕维平刻刀下的石头就是他心中的永远追求。

滕维平从小生活在贵州安顺市平坝县，安顺奇特的山上给予了他精神上的极大滋养——神奇的世界第二大瀑布黄果树，秀美的安顺龙宫，引人入胜的天星桥，还有全国重点文物保护单位安顺文庙。尤其是文庙内剔透精雕的一对龙柱，不但是我国石文化中的瑰宝，还体现了安顺人对艺术的审美和追求。生活在大山，成长于大山之中的滕维平对这块神奇的土地寄予无比厚爱，并以极大的艺术热情投入到创造艺术的过程之中。

当今艺术门类品种繁多，究竟还有多少人在执著追求版画？版画，需要艰苦的劳动和创作。从平坝县文物馆馆长到贵州民院艺术系的版画教师和该系版画教研室主任，二十多年来，滕维平几乎把所有时间都放在教学和创作上。早在 1988 年他就成功举办过个人版画展，此后又有系列作品问世。其中，《芦笙舞》等版画作品参加全国第九届、第十二届、第十四届版画展；《夜郎古戏》等版画参加全国第七届、第八届、第九届美术作品展；《震动》等作品获省展金奖、银奖等五个奖项；《葵花地》等作品被深圳美术馆、神州版画博物馆、全国政协等收藏；《红缨》、《石屯》等作品赴澳大利亚、西班牙等国家展出。2002 年 9 月 26 日至 10 月 7 日在北京炎黄艺术馆举办的中国美术家协会第 16 次新人新作展览中，滕维平的《石屯系列》之九受到全国版画界的好评。

滕维平熟悉家乡的山山水水、屯堡文化、石板房和独特的民族风情。在画家的眼里，石头有情、山水有意，越是深入其中，就越能激发起他的创作热情。在画家的心中，贵州安顺的石屯不但古朴，而且有厚重的历史文化底蕴。六百多年前，朱元璋调动南征的部队借助安顺的风水宝地，繁衍了一代代屯堡人，他们至今仍顽强地保留了自己的服饰、语言和文化。他们用一双双勤劳的手，借助于石头盖起了防御的城门和碉堡，也建起了赖以生存的家园。他是江南的，也是北方的，但今天属于贵州安顺。每当滕维平走进天台山、走进本寨、走进云峰乡，看到那斑驳残损的石墙时，他仿佛听到当年屯堡军队坚定雄壮的步伐声，感受到历史的悠远和悲壮，这使画家自然想到长城、古堡、斜塔，联想到人类的过去、现在和将来，联想到人类的生存创造和文化。滕维平对家乡石屯的感情通过对石屯的认识了解进入了表现和研究的阶段。

自 2000 年进入中央美术学院研究生班学习以来，在认真回顾总结过去的基础上，把反映贵州特色的民族文化作为创造点和课题，画家全身心地投入创作，积累了八百多张石屯写生，创作了近百幅黑白木刻、套色木刻、铜版画等。尤其是他的《石屯系列》，无论创作手法还是表现形式都将版画艺术表现得淋漓尽致。正是通过石屯的形象图式和强烈的版画艺术语言表达了画家对人类生存状态的感受和独特的思考，无论是黑白木刻、套色木刻和铜版画都日趋显示出画家细腻凝重且有丰富文化内涵的个性特色。他的套色木刻《石屯》之二参加全国第十四届版画展，被神州博物馆收藏，并到西班牙展出。《石屯》之五（铜版画）荣获"当代版画学术探索展·2002 贵阳"金奖。在热爱版画、苦苦追寻的奋斗中，滕维平实现了自己在创作中新的飞跃。

原载《文化月刊》2003 年第 1—2 期

走向未来的贵州美术

正值西部大开发，贵州美术该怎样描绘未来？9 月 15 日，《美术》杂志社总编辑王仲、副编审周昭坎以及省、市美术界和大专院校美术系的专家教授就贵州美术的发展进行了广泛深入的研讨。

省文联主席杨长槐认为，当前贵州美术的发展要充分认识美术与西部大开发的关系，围绕贵州开发搞创作。美术作品作为不可缺少的门类，对宣传贵州有着不可估量的作用。在刚刚结束的北京贵州文化活动周上，贵州画家饱蘸激情的画在宣传贵州上获得巨大成功就是生动的说明。省文联党组书记陈伟说，贵州山美、水美、人美，民族文化艺术在美术作品上展现得淋漓尽致，进一步发展艺术生产力，培养更多的人才，是今后贵州美术发展之路。

《美术》杂志总编王仲先生说，《美术》杂志作为国家级的美术权威刊物，以往对边远地区的画家接触太少，这个问题会在西部大开发的美术发展事业中得到解决，他们将关注贵州美术事业的发展。

研讨会上大家发言踊跃。

省国画院画家陈争认为，贵州美术长期以封闭的心态谈传统，一部分画家固守自己的表现模式，抵御外来的影响，造成了艺术形式的单一，坚持传统的意义应在于创新。

70 年代末到 80 年代，贵州版画在全国及省内刊物大量集中发表，翻开了贵州美术在新时期崭新的一页。80 年代中后期，一大批贵州画家到北京连续不断地举办个人画展，引起北京美术界的广泛关注。90 年代初，贵州油画大展规模空前，作品呈多元状态，思想观念跟上整个艺术的发展，是贵州油画发展的高峰时期。贵州省著名画家董克俊在阐释贵州美术现象时说，时代感是西部开发中贵州美术的首要问题。面对今天的社会问题，艺术家们该怎样表现？每一个人都与时代同欢乐同悲伤，作为画家，我们不能仅仅去表现小桥、流水，更多是要关注整个社会。

粉彩画家饶湘平在研讨会上平静而客观的发言，引发了人们的深思。他说，在热闹而纷繁的商品经济中保持自己的那份创作心态，不被物欲所左右，本身就是一种奋斗，我们需要的是自己的个性在美术天地中闪烁。贵州省画家、师大副教授田军说，每一个时代都有每一个时代的痕迹，当代性是艺术家的个性。田军认为贵州美术应着彩描述现代生活，以及更加丰富地道的少数民族风情，从创作的连续性来讲需要深入挖掘，使民族艺术与时代同轨。

省美协主席李昂的发言既充分肯定了全省广大美术工作者所取得的成绩，同时，又要求大家面对新的世纪在西部大开发中与时代同舞，在推出精品，推出新品上下工夫。

原载《贵州日报》2000 年 9 月 15 日第 7 版

美在意境之中

——访花鸟画家蒋明泽

在贵州省花鸟画家中，省国画院国家一级美术师蒋明泽是佼佼者之一。他的画风，清新、幽静、纯净并擅长抒情，其画总能给人以美的享受和遐思。

蒋明泽是名城遵义人，遵义那一方热土，孕育了画家丰富的情感和追求。在遵义四中读初一时，他就迷上了画画，特别喜欢齐白石、徐悲鸿的画片，每每爱不释手。后来又迷上了连环画，临摹张飞、赵云、岳飞等惟妙惟肖。蒋明泽的艺术追求似乎就在这种自然的兴趣爱好中增长。1956年夏天，贵州省国画展在遵义劳动人民文化宫展出，宋吟可、王渔父、孟光涛、方小石的画让他眼界大开。令蒋明泽高兴和值得回忆的是，看完画展的次年，他意外地在贵阳新华书店买到了一张王渔父先生的《月夜飞凫》的年画，他非常喜欢这张画，迷人的月夜下，有倒垂的荷叶，婀娜刚劲的长草，一群飞向遥空的凫雁打破了寂静，似乎听到了它们嘎嘎的鸣声，它是一首无声的诗，又是一曲抒情的小唱，把蒋明泽带进一个水光月色天宇茫茫的境界，给年轻而又烂漫的心以宁静的神思，影响极深。事后才知道，这张画是王渔父先生的代表作。

1959年，蒋明泽考取贵大艺术系大专班。在学校里，受业于名师，得益于浓厚的学风熏陶，专业知识有了显著提高。当时，北京画院著名画家王雪涛、娄师白等来贵州采风到贵大表演作画，蒋明泽作为学生代表观看。在校四年，受益匪浅。毕业后的蒋明泽从事艺术教育工作。1980年，作品《春讯争先》获全省文艺创作二等奖，1984年，任遵义地区美协副主席的他调入贵州国画院任专职画家。

中国的花鸟画，从某种角度讲，如花纹的运用，比人物、山水画还早，发展到宋代，更是繁花似锦，其中不乏卓越的大师。要在继承传统的基础上有所创新并形成自己的风格绝非易事。蒋明泽尤喜任伯年和当代南岭派代表赵少昂的作品，从中汲取了丰富的营养，加上自己的勤奋，在不断地探索中形成了自己特殊的绘画技巧和语言，这种技巧和语言与其说是表现形式还不如说是画家内心世界的袒露。在蒋明泽的眼里，真正心静入画的画才是真正的画。在他的笔下，花鸟被赋予了有情有形的色彩，在拟人化的再现中，蒙蒙的春雨，秋日的景色，窃窃私语的山雀，成双成对的白鹭和夜里翘首期盼的鸬鹚，它们在春、夏、秋、冬的自然变化中神态各异，充分体现了大自然的和谐纯美。作品《禽鸣翠谷》、《月是故乡明》、《芦塘晨雾》、《竹雀图》、《柳荫深处》、《秋水》等数十幅画参加全国、省内外画展。多幅作品被北京人民大会堂、京西宾馆、台湾高雄曾氏艺术中心等收藏。他的画，经常被省、市有关领导和部门作为文化礼品赠与外国朋友。1998年，联合国国际禁毒署罗纳德先生首次抵筑考察，贵阳市政法委员请蒋明泽作花鸟画一幅赠送给罗纳德先生，深受罗纳德赞赏。作品《春雨》、《盛夏图》、《山花小鸟》、《荷塘深处》等被省政府和省文化代表团访问新加坡、马来西亚、泰国、菲律宾时作为礼品相赠。挪威王国驻华大使馆大使白山先生及夫人1998年3月由省政府有关同志陪同到省国画院参观画展，作品《月光朦朦》、《花荫下》、《雪里山禽》被其收藏。近年来，他的创作颇丰，作品《竹韵》入选《当代中国画院中国画》画集，《秋月》入选中国美协举办的迎澳门回归精品展并出书成集。作为一名画家，蒋明泽深知自己的社会责任，近年来，他积极参加省作协"希望工程义书义画"活动、省救灾捐赠接收办公室组织的向受灾地区捐赠书画活动、中国青少年发展基金会举办的纪念"希望工程"实施十周年《中国当代画家扇面作品专集》捐赠书画共达二十余件，深受社会各界的好评。

蒋明泽坦诚地告诉记者，他的画永远追求的目标是雅俗共赏，让人们能接受画家，让画家能走进人们的精神生活中，这是他的最大心愿。在他的眼里，花鸟画描写的对象是五彩缤纷的奇花异草、啼鸟、飞禽等，但离不开画家意志的融入、凝结。21世纪是世界呼吁环保和回归自然的世纪，蒋明泽的画，会在更加明净的天空和世界中，找到最好的说明。

原载《贵州日报》2001年1月12日第6版

立足本土，扩大交流

——评"当代版画学术探索展·2002 贵阳"

12 月 7 日，贵州省举办了"当代版画学术探索展·2002 贵阳"，在省内外美术界产生了强烈反响。

当代贵州版画与中国版画一样经历了中国社会的变迁，在一些历史阶段，当代贵州版画清晰地折射出中国社会的现状与时代的文化思潮，有时甚至于领时代风潮之先，如 20 世纪 80 年代的贵州版画，以其强烈的形式主义特征和本土特征应合了寻根热，在被中国美术界称道的"贵州现象"中，当代贵州版画扮演了重要的角色。20 世纪 90 年代中后期，中国社会发生了巨大而深刻的变化，当代贵州版画在转型期的社会生活中未能及时找到自己准确的定位，未能对变化的社会生活做出相应的反馈，缺乏对现实生活深层次的人文关怀，缺乏对版画语言、版种及技艺的深入研究，更缺乏拓展性与新媒材相结合的新兴版画品种，这使得原有的资源优势不再具有新鲜活力与锐气，而技艺及敏锐思维的缺损，使得艺术家的个性不能在作品中得到彰显。在一个资讯发达的社会，所有的社会资源都可以成为每一个艺术家的创作资源，这包括一些地域性的文化资源，而这样的情景中，只有独具个人特色的语言方式，独特深入地观察事物的角度，才能构建版画中的深邃语境。在版画创作中既要有新锐的开拓精神，反映我们的社会生活与时代的变化，更要利用我们民族几千年积淀下来的文化精华，作为我们创作的资源。具有这样的视野，我们才有可能构造一个多样的、独具个性的、新的当代贵州版画。从钱筑生、滕维平、董众等画家的获奖作品可以看到，贵州的一些版画家正在从不同的角度向这一目标努力，一些画家的作品已经具有相当的人文语境与形式深度，版画的技艺也日渐精纯。

通过"当代版画学术探索展·2002贵阳"这样一个活动，为贵州画界、美术界提供了一个直观的视觉平台，直接观赏中国当代优秀的作品，也为贵州版画界及美术界提供了一个交流比较的机会，无疑将推动贵州版画的发展。

原载《贵州日报》2002年12月16日第7版

创新的追求

——贵州省国家一级画家钱文观印象

贵州这块神奇而又多情的土地，孕育和锤炼出许多优秀画家，贵州省国画院国家一级画家钱文观就是其中一位。

钱文观，1946年生，祖籍浙江嘉兴人，幼时随父入黔。父亲是一位不可多得的舞美设计师。他自幼在剧团长大，耳濡目染，便喜爱美术。在艺术的道路上，钱文观对自己追求的事业执著而勤奋，终于，多年自学路上，有了一次提高自己的机会。1992年，他以优异的成绩结业于浙江美院中国人物画高级研修班，那是他艺术生命里一个闪光的起点。多年来，他用心对艺术规律进行深入的研究，他再一次用理性的梳子把过去的追求梳理了一遍，为的是充满自信地走自己的路。

钱文观身为贵州画院人物画家，中国美协会员，贵州省文史馆特聘研究员，多年来的艺术探索和实践，使他养成了对创作认真负责、求实创新的风格。钱文观的作品，淡雅中蕴涵浓情，传统笔意中洋溢着现代意趣和国画特有的神韵。一幅《走进侗寨》，细腻大胆的笔墨构成一种油画效果；《天星桥景色》，显然打破了中国传统画的构成而独具西画构图。在人物画的追求中，钱文观运用线的勾勒已显成熟。但近年来，他大胆地运用宿墨、积墨自然和谐地构成灿如烟霞的气韵，使得传统的笔墨产生了一种意境之外的悠远，赏心悦目中得到美的满足。这些，都可以从他的画中品出真味。

中国人物画，能否保持艺术的本质和责任感两方面传统的同时并举，是每一个人物画家事业成功与否的中心问题。强烈的社会责任感和使命感，驱使着钱文观不停地奋斗。他在第七届全国美展上获奖的《"马寅初"的忧虑》，就是一件从思想到内容都极有社会意义的好作品，该作品现在为上海美术馆收藏。他在浙江美院完成的《寒冬——王若飞在狱中》参加贵州省 1995 年人物画展，荣获一等奖。这两幅作品编入 1997 年由人民美术出版社编辑的《中国现代美术全集·中国画》第二卷，填补了贵州人物画在现代卷中的一个空白。2000 年，作品《寒冬》再次编入《中国当代美术·中国画》上卷，此巨型画册系中央美术学院研究部编辑，由浙江美术出版社出版。与此同时，《寒冬》入选全国画院在西安举办的首届双年展，同时荣获第一届贵州省文艺三等奖。

获奖并非是画家的目的，但获奖可以说是社会及同行对画家探索成果的认可。然而，画家的眼睛远远超越获奖。近年来，钱文观先后创作了集中营旧址陈列馆《历史的见证》，这一作品表现了张露萍等七烈士在集中营面对敌人无畏不屈的精神，画面气势恢弘，颇得好评。为纪念红军长征胜利 60 周年创作的《忆往昔》，在喜迎香港回归之际创作的《中英街档案》受到社会各界好评。2001 年 7 月，他参加由中国美协、浙江美协等共同举办的为纪念党的一大召开 80 周年创作展，其历史画《遵义付方》由嘉兴市政府收藏，并编入《红船颂》画集。我国著名人物画家卢沉特别欣赏钱文观的作品《天边的一团红云》，这幅在浙美创作的大画是他对那段来之不易的学习岁月的见证。钱文观说，每当想起那段生活，他的胸中就燃烧起火一样的激情，驱使他不知疲倦的探索。又是几年过去了，他的画如何？熟悉和知道他的人都会这样评价：

独上西楼，独领风骚！

原载《文化月刊》2003 年第 1—2 期

多彩歌海

满腔激情奉献给这块热土

——访贵州省音乐家协会名誉主席冀洲

2011 年 6 月 11 日，走进贵州省音乐家协会名誉主席冀洲的家，看到好长时间不见的贵州音乐界的老领导。谈起贵州音乐，他依然充满激情。窗外的小河潺潺而过，屋内的书房色彩绚丽、散发着高原泥土气息，我看到一位忠诚于党和人民的音乐事业的老人对贵州的一片深情。

军旅生涯的印记

知道和了解他的人，都知道他十岁参加革命，但从来不知道他的父亲就是一个老八路。父亲贾靖五 1937 年参加革命，1938 年到延安，在抗大学习毕业后回老家组建游击队，后遭反动派追捕。冀洲跟着父亲干革命，父亲在冀洲的心目中就是一个革命者的榜样，他不畏艰险、不畏牺牲的精神一直激励着年少的冀洲为新中国贡献自己的青春和热血。新中国成立后父亲曾任交通部秦皇岛港务局局长、中国交通学院院长，但是他从来没有从父亲的身上得到任何权利的恩惠，而是靠自己扎扎实实的奋斗坚守共产党人钢铁般的信念：一切为了人民，一切为了热爱的祖国！

冀洲原名贾玉，山东茌平县贾寨村人。1939 年，在八路军运东挺进大队里，他的工作主要是贴标语、发传单、送情报，部队休息时为大家唱歌跳舞，鼓舞士气，宣传抗日。就在这些工作和活动中，他博得了大家的喜爱。行军中走不动了自然会有人把他抱到马上；晚上宿营了，也会有大哥哥或大姐姐把这个小弟弟搂着。说起这些往事，冀洲童稚般地笑了。他说，战争年代，讲究的是战友间的相互关爱，那才叫人间真情！1942 年，部队开始精兵简政，游击队编入了正规军。因年龄太小而应予精减的冀洲，经部队首长杨得志、余克勤特许留下，小小的冀洲被送到了抗大，学习一年后被安排到冀鲁豫文工团，从此开始了他的革命文艺生涯。那时，他才14 岁。在文工团里，副团长丁芬、老师戈一说他聪明好学，艺术感觉好，便把他作为重点培养对象，教他学习乐谱，学习作曲。冀洲也的确不负老师的苦心，凭着天生的音乐素质和刻苦学习的精神，很快便掌握了作曲的基本技法，试着谱写了《反法西斯战歌》、《四季歌》等抗日歌曲。令人惋惜的是，1943 年，丁芬在鲁西南一次反击日寇扫荡的战斗中光荣牺牲了。冀洲目睹了丁芬牺牲的情景，悲痛至极。在掩埋了丁芬的遗体后，他根据诗人田兵的歌词，含泪写下了《祭丁芬同志》一歌，以永远悼念他的领导、他的战友、他的恩师！

经过艰苦的磨炼，1944 年，他就加入了中国共产党，次年即升为连级干部，当上乐队队长。1949 年解放军渡江南下到了江西，他便挑起了赣东北军区文工团（后改为二野五兵团文工团）副团长的重担。随着二野五兵团西进贵州，冀洲和他的文工团战友们扭着秧歌，打着腰鼓，欢天喜地进了贵阳。贵州解放后，兵团文工团更名贵州人民文工团，冀洲和他的战友们随即投入地方的"五大任务"中，也从此结束了他的军旅生活。

与贵州的不解情缘

1949 年冀洲随二野军团来到贵州，1952 年春天才离开，他对贵州有感情，而这种情结总让他不能释怀。

1952 年，冀洲被调到中央文化部，在艺术局局长、著名戏剧家田汉，副局长、著名音乐家张光年，处长、音乐家周巍峙属下任歌曲编辑。1954 年，他又被调到著名音乐家杨荫浏、李元庆创办并领导的民族音乐研究所任办公室主任，直至 1956 年回到他心系的贵州。其间，他曾考上中央音乐学院，但因服从工作的需要而毅然放弃。回顾这段历史，冀洲深感可惜。但他说，失之东隅，收之桑榆，正是在这几年，他广泛接触了当时文艺界的精英、大艺术家、大学问家们，耳濡目染，学到了不少东西，视野开阔多了，特别是在音研所工作期间，他不仅对传统民族音乐艺术文化价值的认识有了深化，还学到了用科学方法采集民间音乐的技术，这给他回到贵州后的工作和创作奠定了坚实的思想和业务基础。

在文化部工作期间，爱人李舒秀到文化部民研所当办公室主任，她发现人们对贵州知之甚少，更谈不上了解。其中有一个现象深深地刺痛了他们的心，当时民研所和办公室所订的全国报刊中根本就没有《贵州日报》，他们通过打听，得到的情况是《贵州日报》当时没有文艺版，因此就没有必要订。冀洲从贵州到文化部工作，他知道贵州有丰富的民族音乐和民族文化，而外界一无所知，贵州文化的荒漠让人感到一阵阵的凄凉。这期间他选编出版了《苗族民间歌曲选》（上海新音乐出版社），这是新中国成立后最早出版的民族民间音乐资料之一，也是冀洲在贵州少数民族地区采风、创作的初步成果。

1954 年，时任贵州省委宣传部部长的刘子毅到北京开会，专程到冀洲家看望他，并动员冀洲回贵州参与贵州艺术事业的发展，希望他到贵州好好干，担任贵州省歌舞团的团长，为贵州增光，为贵州文化添彩。1956 年 1 月，冀洲受命返回贵州。冀洲上任团长后，首先想到的是省歌舞团今后的走向问题。当时的"省歌"，演出的大部分节目是引进的，不少人甘愿当"二贩手"，一些人满口贝多芬。冀洲想，一个表演艺术团体，不可能不引进外来的节目，但如果没有它自己创作的有特色的作品，无异于少了一项看家本领，演得再好也没有多大出息！但是如何才能办出自己的特色呢？他记起 1953 年在北京观看波兰马佐夫舍歌舞团演出的盛况，他们演出的大多是波兰民间歌舞，每个节目都充满田野的芳香，民族特色十分突出，因此在京城引起轰动。仿效他们的路子，兴许能在贵州歌舞上闯出一条新的发展道路。于是冀洲决定走民族化道路，创贵州特色。

"走向"确定后，冀洲干的第一件事便是带领大家深入少数民族地区生活。他们自背行李，自带器材道具，几乎走遍了贵州所有少数民族地区。在少数民族聚居的村村寨寨，他们与群众同吃同住同劳动，参与群众的节日活动，为群众演出节目。正是在这些共同的生活中，他们同少数民族同胞结下了深厚的情谊，收集整理了不少民间音乐的资料。冀洲说："那一段日子，可是够艰苦的了！交通不便，有时一天得步行好几十里，爬高山，过大河，晚上还得挑灯演出，卫生条件也极差，不少人身上都生了虱子。有时还会遇到危险。青年作曲家张柯有一次就碰上了老虎，差点就丢了命。但大家的心情又都是十分舒畅的，我们既像一支开发民间文化宝藏的'勘探队'，又像是一个送货上门的'货郎担'。"在贵州省歌舞团，他和全团同志一起奋斗，组织全体演职人员深入黔东南苗族、侗族地区采风。通过搜集整理，在省歌建立了民族民间音乐资料档案室，派专人管理，把历年来人们搜集、记录和录音的民族民间音乐加以分类整理，积累保存了一批珍贵的第一手资料。虽然这些资料在"文化大革命"中遭受严重破坏而散失殆尽，但给那些为之拼搏的人们留下了最珍贵的财富和不灭的记忆。就在那个年代，冀洲将省歌舞团的发展定位为：挖掘贵州民族文化，展示贵州多民族的艺术形象。

通过近半年的努力，贵州省歌舞团以一台完整的、丰富的民族歌舞，于1956年8月参加第一届全国音乐周展示给北京的广大观众。《中国青年报》以一篇"贵州音乐周，让人重新看贵州"的报道引起了更多人对贵州的关注，之后文化部、广电部、中央民委把其中的《光印阿信常》作为国家收藏精品。

没有想到贵州有如此好的节目！这是全国音乐家们发自内心的感叹。贵州音乐周在北京引起的轰动，更激发了冀洲走民族音乐的发展道路。1956年文化部点名六个省到京举行全国小型歌舞会演，不言而喻，是想通过这样的小型会演，了解少数民族地区民族音乐的走势及现状。广西、福建、新疆、内蒙古都在积极地做准备，贵州也不能示弱。通过下乡采风，集中精兵强将，创作排练了小型苗族舞剧《筛娘》等优秀节目于1957年元月进京，在民族宫和工人文化宫演出，贵州代表团富有贵州少数民族风格和鲜明地方特色的歌舞节目再次引起强烈反响。这些土色土香的原生态民歌经过精心挑选、编排与组合有了时代特征，如黎平侗族民间合唱团演唱的侗族大歌和其他品种的侗族民歌；阿泡演唱的苗族飞歌、夜歌；吴应明（苗族芦笙师）演奏的芦笙叙事曲《偖德仲》等；有的是根据少数民族民歌和民间乐曲创作改编的，如冀洲改编的无伴奏女声合唱《吉哟》、《蝉虫歌》，女声表演唱《那青年多可怜》，男女混声表演唱《光印阿幸常》等；还有东单甘演奏的芦笙舞曲和郑寒风创作的合唱《贵州好》等。50年代中后期的这些创作、演出使贵州的民间音乐和民族歌舞在全国大放光彩，引人注目，也使贵州歌舞团达到了一个艺术高潮。1959年，贵州歌舞团以一台芦笙组舞《欢乐的苗家》再次亮相北京，这台不用乐队的苗族舞蹈，以欢快、明亮、恢弘的气势让人感到贵州前进的步伐和美好的前景。当时，《人民日报》在头版发表消息，时任贵州省省长的周林同志看了以后很激动，他很高兴地对大家说："这次，我们排到云南的前面，你们回去要好好地总结，再加一把劲，把贵州的艺术搞上去！"随后，侗族《琵琶歌》又应邀到人民大会堂演出，再次刮起贵州风。

三次亮相北京，给冀洲增强了信心，紧接着，回贵州着手创作大型舞剧《蔓萝花》。

"省歌"当年的很多节目，都是大家多次深入少数民族地区生活的结果。比如至今仍为"省歌"保留节目的大型芦笙组舞《欢乐的苗家》和大型民族舞剧《蔓萝花》，这两台节目标志着歌舞团自创节目的高峰。剧照当时上了《人民日报》头版头条，后者被中央文化部电影局选中，由海燕电影制片厂推上银幕，获得了瑞士洛加诺国际电影节荣誉奖。那时的"省歌"，几乎每年必有节目上京参加调演，有的节目还专门调到中南海请中央领导观看。《民族画报》1958 年第 5 期破例以三个版面的篇幅，刊登了该团深入生活的图片。冀洲作为该团的代表，同该团的主要演员一起，多次受到过中央领导特别是周恩来总理的接见。说到这里，有必要介绍一下冀洲两次见到周总理的情况：1956 年 8 月的一天，周总理在紫光阁举行欢迎南斯拉夫访华艺术团和参加首届音乐周各省代表团团长酒会，冀洲应邀去了。在酒会开始之前，文化部副部长夏衍特意把冀洲介绍给总理，说这是贵州的冀洲同志，搞作曲的，他们节目不错。总理巨大而温暖的手握住了冀洲，问贵州去了多少人，节目是"土"的还是"洋"的？冀洲激动得几乎说不出话来，只回答说五十多人，节目是"土"的。夏衍同志急忙补充说，他们节目非常有特色。总理会心地笑了，还含蓄地说了一句：若飞同志不在了，没人替你们说话了！在向大家敬酒的时候，总理每到一桌都是用的绍兴黄酒，但当他走到冀洲面前时，突然说，贵州的，喝茅台！服务员立即拿来茅台酒斟上，总理同冀洲一饮而尽。1960 年总理来贵州，看了舞剧《蔓萝花》后，又一次接见了冀洲和参加演出的同志，还参加了"省歌"为他组织的小型舞会，点名与女主角罗星芳跳了第一支曲舞。总理的两次接见，成了冀洲后来工作和创作的巨大动力。

贵州音乐发展的领头人

"省歌"当年的兴旺繁荣，还同冀洲重视人才有着密切的关系。作为一个艺术团体的决策人，他深谙人才兴团的道理。他私下把当时团内创作人员分为两类：一类是那些从专门院校分来的大学生，这些人业务上有专长，要努力调动他们的积极性，有些方面还得向他们学习，当他们的学生。本着这种诚恳的态度，冀洲很快和他们交上了朋友，将他们的积极性调动了起来，有些人甚至成了冀洲的忘年之交，共同创作了不少音乐作品。另一类是有实践经验但专业知识有待提高的人才。冀洲积极在团内组织各种培训，请那些水平较高的同志讲课或辅导，在排练《欢乐的苗家》时，他甚至请来了舟溪芦笙队，让那些"土专家"手把手教演员。这一做法颇为有效。冀洲的那双眼睛，成天想要发现的就是歌舞艺术人才。歌舞界一些老人回忆说，当年的"省歌"经常"人进人出"，业务上行的，冀洲会千方百计把他们留住，不行的，他也总有办法将其安排到合适的单位去。阿旺进团时，被分到舞蹈队，但跳舞不是她的专长，正当她被列为精减对象准备离开时，上任不久的冀洲问她会不会唱歌，阿旺姑娘当即唱了一首苗族情歌，冀洲一听，被阿旺那难得的嗓门、真切的"苗味"感动得几乎跳了起来。"天哪！我还到哪里去找唱歌的人才，这不就在眼前吗？"冀洲当场宣布："你留下！"随即又带她上北京参加全国音乐周的演出，就唱这首苗族情歌，一炮打响，被录制成唱片全国发行。后来团里又将阿旺送到上海音乐学院进修，师从著名音乐家王品素教授。在不断的学习和艺术实践中，阿旺很快走进了著名苗族女歌唱家的行列。至今回忆起那难忘的一刻，阿旺仍然十分感慨。她说正是冀洲的"你留下"三个字，决定了她这一生的命运！冀洲是重视人才的，但在对人才倍加爱护的同时，要求也是非常严格的。罗星芳说，她在主演《蔓萝花》出名后，各种各样的荣誉不期而至，外面的各种活动也多了起来，有时甚至无法应付。冀洲生怕毁了星芳的艺术，主动为她挡驾，推辞了一些不必要的社会活动。冀洲坦然地告诫星芳，你是搞艺术的，你的活动天地应该多在排练厅、舞台上。冀洲的选拔人才，是不拘一格的，"省歌"有些知名的演员，是他在民间发现后当即拍板招进团里培养出来的。当年"省歌"誉满国内外，就是因为它聚集了一批精通民族艺术的歌唱家、舞蹈家和演奏家，而在聚集人才的工作上，冀洲功不可没。1960年8月，贵州省歌舞团的《蔓萝花》到广州演出，受到广州文艺界的好评。1960年5月，贵州省歌舞团《蔓萝花》的演出专题向周总理汇报，周总理在1960年5月4日，访问印度后到贵阳休息的时间里，专门观看了《蔓萝花》，此后拍成了电影，一时间，家喻户晓，妇孺皆知。《蔓萝花》的出名再次展示了贵州民族音乐的魅力，节节的胜利让冀洲有了一丝的欣慰，他说："我终于干了一件事，干了一件对贵州民族音乐有益的事，没有白吃贵州人民的饭！"从而更加坚定了走贵州民族民间音乐的道路。

粉碎"四人帮"后，1978年文化部举办全国民歌调演。当时冀洲任省文化局副局长，负责组团参加这次调演，他把贵州省部分知名词曲作者、歌手等集中到惠水县，在远离贵阳的郊区进行了一个多月的创作、改编、排练和培训，然后赴京演出，甚获好评。这次活动，发掘、整理、改编、创作出一批新民歌和风格独特的歌曲作品，如黔西北盘县普古区彝族歌手甘明娟演唱的《感谢毛主席》，苗族歌唱家阿旺改编并演唱的《李子歌》和《清水江夜歌》，以及遵义地区歌手演唱的富有黔北地方特色的《红军来到遵义城》，等等，都在首都舞台上充分展现，给人以清纯的美感。冀洲与张柯合作改编的《迎春歌》（钟华词）就是这次民歌调演的作品之一。这些民歌当时都被中央电台选去录音、播出，在全国产生了广泛的影响。

1981、1982、1986、1989年，冀洲主持举办了第一、二、三、四届"苗岭之声"音乐节，其中第一、三届是综合性的，第二、四届分别是单项的独唱及合唱比赛。音乐节的主导思想很明确，就是反映、歌颂社会主义新时期贵州各族人民的新生活与精神风貌，弘扬民族音乐文化，繁荣发展贵州的音乐创作和表演艺术，出作品出人才。这几届音乐节涌现出不少好作品，冀洲创作的《请看侗寨花盛开》（吴少光、龙廷才词）就是其中之一。

1982年，冀洲带队到南宁参加全国部分省区少数民族多声部民歌座谈会，带去一个侗族民间歌队在会上演唱，使人们对侗族大歌的艺术魅力有了切身感受，引起热烈反响。于是便有了1984年在贵阳召开的全国民族音乐研讨会——后被中国少数民族音乐学会确认为首届中国民族音乐学年会。贵州作为东道主为这次研讨会作了大量的筹备组织工作，冀洲和当时健在的萧老（家驹）、潘老（名挥）以及朱石林等同志一起，主持了这些工作，为这次盛会的成功召开和中国民族音乐学的发展作出了奠基性的贡献。

走民族化道路，是冀洲一贯的思想。"文化大革命"结束后，他调任省文化局副局长，之后又当了省文联副主席、党组副书记、顾问及省音协主席直至离休，无论担任什么职务，他总是念念不忘民族文化艺术。

坚定不移走民族化之路

冀洲的创作生涯，始于参加革命早期。在京工作期间，他选编过《苗族民间歌曲集》，但他真正的创作旺盛期，则是在他主持"省歌"工作之后。从 1956 年到 1960 年短短几年间，他就创作了《吉哟》、《那青年多可怜》、《光印阿幸常》、《蝉虫歌》等十多首歌曲，还组织并参与了大型歌剧《秦娘美》、大型民族舞剧《蔓萝花》的音乐创作。当年那首流行全国、连笔者这样并不善于唱歌的大学生都会跟着哼几句的《那青年多可怜》，就是他根据侗族民间歌词，采用与侗族大歌大体一致的调式创作的。这首歌，幽默风趣，艺术地体现了侗族青年乐观向上的生活态度，1956 年 8 月，全国第一届音乐周在北京演唱后，引起了首都观众和众多媒体的关注。《中国青年报》、《歌曲》等刊物争相发表，中央人民广播电台多次播出，马思聪等音乐界权威人物也大加赞扬。同样受到观众和媒体好评，并被中央音乐学院选进合唱教材的《吉哟》（葆强作词)），其素材也源于侗族大歌。冀洲他们到黔东南，发现很多侗寨的歌队都会唱"嘎吉哟"，那曲调尽管有些单调，但很优美，特别是那模拟蝉鸣的曲调，让冀洲嗅到了浓烈的春天气息。"蝉噪林愈静，鸟鸣山更幽"的意境，让冀洲生出了无尽的遐想。凭着灵感，他很快形成了一个既保持原有风格又有较大提升的曲式框架，然后再请词作者填词。在排练演唱过程中，又根据大家意见作了多处修改，特别是在强化歌曲的诗情画意、民族特色上下了不少工夫。这首歌，终于又在1957年全国部分省区小型歌舞调演中一炮打响，为"老远的贵州"争得了荣誉。

遗憾的是，正当冀洲步入盛年，创作渐入高峰的时候，"文化大革命"期间作为"走资派"被关进了"牛棚"，历经批斗，受尽折磨，创作的权利被剥夺殆尽。但这丝毫打不垮从战火硝烟中走过来的冀洲。"阴霾"过后，他又像高飞的海燕，在音乐的天空里翱翔。此后的创作，在题材上更多地转向了歌颂革命历史，讴歌老一辈无产阶级革命家，歌颂各条战线上的劳动人民，歌颂贵州的山川风貌等方面，比如《敬爱的周总理永垂不朽》、《敬礼，敬爱的周总理》、《遵义儿女想念毛主席》、《香樟献给毛主席纪念堂》、《饮马乌江河》、《红军卫生员》、《侗寨花盛开》、《贵州好》、《黄果树瀑布》，等等，这些歌曲，以其感情充沛，旋律优美著称，不少早已唱遍大江南北，有的还唱到了大洋彼岸，受到了国内外听众的好评。

1995年，《冀洲歌曲选》由贵州人民出版社出版发行。据有关专家统计，该歌集中的近60首作品，属贵州各民族民歌改编创作的达20首，加上具有贵州民族地域特色和风格的歌曲合计30多首，占全部曲目的60%以上。"这种特色的形成并不是刻意雕琢的结果，而是作曲家的艺术道路和音乐观使然"。80年代以来，冀洲还担任了《中国民歌集成·贵州卷》主编，团结率领贵州一批民族音乐工作者，最先采用统一布置、分工承包的办法，长期坚持艰苦奋斗，经历并克服了重重困难，终于完成了选编、交稿、终审、付印出版的重任。该书共分上、下两卷。这项国家重点科研项目的完成，是贵州几代音乐家连续奋斗，共同努力的结果，是贵州民族音乐发展史上的一座丰碑，也是冀洲一生为民族音乐事业奋斗的一个高峰。

冀洲一辈子同贵州的民族民间音乐打交道，对此有着不解之缘，他长期接受民族民间音乐文化的熏陶和滋养，在浓厚的民族民间音乐氛围中生活、工作和创作，这便使他的作品染上一层民族民间的色彩。民族风格和民间气质是冀洲歌曲创作最基本的特征，他在不同历史时期创作、发表、演出而流传下来的一些主要作品都带有这种风格特色，尤其是他在五六十年代创作的一些歌曲，包括《吉哟》、《那青年多可怜》（侗族民歌词）、《光印阿幸常》、《蝉虫歌》和《牡丹芙蓉一起开》（布依族民歌词），以及 70 年代末 80 年代初改编创作的《迎春歌》、《请看侗寨花盛开》等。这些是他主要的代表作，是精华部分，这部分作品较集中而鲜明地体现了冀洲歌曲创作的艺术风格和表现手法。

在音乐创作上，他充分运用原型引用的民间音调、表现民族风格、追求民族神韵，代表作是混声表演唱《光印阿幸常》。这里采用了北部侗族的两支"玩山歌"与"和平话"（一种民间朗诵调）的音调进行精心编织、巧妙组合，较好地运用不同的音色对比，多样的声部结合以及速度力度变化，并根据歌曲内容的安排使音乐有逻辑有层次地展开，富有生动的舞台演出效果。其次，局部引用的手法，如无伴奏女声合唱《吉哟》的开头和结尾部分以及中间合唱的低声部曲调所用的两音动机来源于贵州南部侗族的"声音歌"（大歌的一个品种），经过引子陈述后，在节奏上作些变化处理，中间部分压缩，结尾部分则伸展开来，将这一极富特色的民歌"动机"贯穿于全曲。领唱声部的曲调似是创作的，但与侗族民歌有血肉联系，同合唱声部紧密结合，相当谐美。

具有彝族风格的独唱歌曲《迎春歌》是对黔西北的一首彝族民歌《阿喽喽》进行改编加工而成。主要表现在拓宽原民歌曲调的音域（3—2）和节奏的伸展变化上，使歌者获得更大更好的发挥空间，又保持了民歌原有的风格特色，有着大胆的继承与创新。

冀洲坚持走民族之路，但从不引用任何现成的民间曲调，而是在充分掌握、深入研究和"吃透"大量民族民间音乐作品的基础上，使之变为自己的音乐语言，从而创造出新的民族音调和新的音乐形象，去表现新时代下的贵州人民的精神风貌。如《那青年多可怜》和《牡丹芙蓉一起开》，这两首歌曲都没有采用什么民歌原型作依据，很难举出它们是根据哪首民歌进行改编和加工的，但它们却分别具有鲜明可感的侗族和布依族特色。这两首歌都较短小，都颇有意境和特性；而《那青年多可怜》却表现出浓厚的侗族民间风格，《牡丹芙蓉一起开》则具有精彩的布依族韵味。作曲家根据两个民族不同的风格、不同的审美习惯与情趣，前者风趣幽默，后者抒情优美，把侗族、布依族青年对爱情的追求表现得惟妙惟肖，恰到好处。

冀洲现已年过八旬，但他的音乐创作尚未画上句号，他还将继续为贵州歌唱。在冀洲《热土》的后记中，他满怀信心地写道，我们应该认真学习研究古今中外一切优秀的文化传统，特别是我国民族民间优秀音乐传统，必须使自己和时代和人民的脉搏一致起来，用自己满腔的热情，去拥抱我们伟大的时代，伟大的人民。不要把自己闭锁在狭窄的小天地里"孤芳自赏"，要投入时代的洪流中，去观察，去体验，去思考，这样才能写出与人民的呼吸、脉搏相一致的作品。

在冀洲的眼前，一条金灿灿的民族音乐之路仍在不断向无限遥远的天际延伸，延伸到那更加辉煌灿烂的明天！

应该说，这不仅是冀洲对于个人音乐创作的总结，也是一个老作曲家对整个贵州音乐的明天的冀望。

原载《音乐时空》2011年第2期

歌词作家王健印象

这不就是王健吗？她专门为作曲家谷建芬写歌词；她是1986年第一届全国民歌通俗歌曲大赛上《妈妈的小屋》的获奖者；她是毛阿敏在南斯拉夫通俗歌曲比赛中，得了第三名的那首《绿叶对根的情意》的词作者。王健年近六旬，容颜已衰，可与她在一起时，那不断的思考、不尽的话语使你感到空间、距离的缩小，使你感到她对生命和艺术的炽热追求。

王健7月下旬从北京来安顺，是应安顺地区文联之约，为拍音乐风光片《夜郎山水情》深入创作采风的。

她记得，6岁时，她从垃圾堆里拾到一张唱片。从那里面，她知道了什么是半音。从此，爱好伴随着她进入了文工团、音乐学院，以后虽在中国音乐家协会词刊、歌曲编辑部干了十多年，繁忙紧张的编辑工作并没有使她放弃对艺术的追求。粉碎"四人帮"后，她写了一首歌词叫《生命的星》，歌词表达了她对十一届三中全会以来的政策的拥护。这首歌曲在1982年经谷建芬谱曲，由歌曲家施鸿鄂在上海演唱后，广为听众喜爱。谷建芬在自己的歌集上标出副标题，称这支歌是"自己的歌，中年人的歌"。与王健交谈得知，这几年她几乎是在搞"业余创作"，在编辑工作的空隙中写歌词。倒是1984年8月离休后才成了"专业词作者"。王健的歌词风格明快，轻松自然，既带有艺术歌曲的风格，又蕴涵着生命的感召力。歌曲《美丽的大海》、《留下一片荫凉》、《登山套曲》、《歌声与微笑》、《妈妈的小屋》、《跳吧》等为广大青年所喜爱。你听过她的《结伴同行》吗？歌词中这样写道：你何必这样说，我是属于你，我何必这样说，你是属于我……你不必为了我，塑造另一个你，我不必为了你，塑造另一个我……噢，我们结伴同行，走一走人生之路，我们携手同游，渡一渡岁月的河……这歌词，像是人生一个闪光的片段，又像是对社会的深沉思考。

当我问王老师十年间写了多少歌词时，她幽默而又风趣地回答了我："我不知道，等于零。"

原载《贵阳晚报》1987 年 8 月 8 日第 4 版

你从雪山走来

——访《长江之歌》词作者胡宏伟

1983 年的夏天，是一个令人难耐的季节。然而，就在一台黑白电视机旁，我一集不漏地看完了由陈铎、虹云演播的电视纪录片《话说长江》。不知是因为从小就钟爱朗诵，被老师的艺术感染力所折服，还是对那奔腾不息的长江神往所致，我久久不能平静。

这部纪录片播出不久，中央电视台开始在全国征集"话说长江"主题音乐歌词的活动，据说全国参加者逾 5000 人，可见该片的魅力。结果，最后登台领奖的是一名年轻的解放军战士，他的名字叫胡宏伟。

因为这首歌，他成为沈阳军区前进歌舞团的创作员。当然，这是前几年的事了，胡宏伟 4 月中旬到贵州为拍摄《布依女人》作词时，我得知这位 1973 年入伍的战士已是沈阳军区前进歌舞团副团长、国家一级词作家。

我告诉他，我也当过兵，是 1970 年的兵，也许有这段兵情的缘故，特喜欢军营的歌。谈到他这首成名作的创作时，胡宏伟冷静的话语中掠过一种激动。他说："与青春做伴的军营生活，充满了诗的律动。那时，在内蒙古当兵，体验到了一名边防军战士的艰苦。我没有到过长江，却从祖国辽阔的边疆看到了士兵奔腾不息的追求与生命。为了这份理想和神圣，我找到了感觉和触发点。如果说我今天得以成名成家，要感谢那段边疆的士兵生活。"

胡宏伟调入沈阳军区前进歌舞团后，通过考试到沈阳音乐学院深造。基层的锻炼加上系统的理论学习，使他如虎添翼。《雷锋组歌》家喻户晓；《中国共青团团歌》更是一首为全国青年所传唱的歌。

近些年来，胡宏伟每年都要拿出一半的时间深入生活。从珍宝岛到老山，从漠河到黑河，从新疆到嘉阴，今天，他又来到贵州高原。

或许是军人的缘故，胡宏伟谈得最多的是兵的生活。谈及当今流行音乐的走势时，胡宏伟略略沉思回答说："流行向传统挑战是对精品的呼唤。写出战士的情怀，追求战士的时代审美理想，是我为之努力的方向。不然的话，自己就无立身之地。"

说着，胡宏伟又谈起他去年创作并获奖的一首歌曲——《士兵走在高高的山冈》，这首歌，经沈阳军区前进歌舞团作曲家冯一谱曲后，在全军广为传唱。

"士兵走在高高的山冈，刀刺上挑着一轮夕阳，来不及抖落两肩的硝烟，用弹壳又把家乡的小调吹响。采一束山花祝福妈妈，祝愿您早日进入梦乡……"听了这首歌，我似乎又回到了久别的军营，又感受到了战士对祖国和人民的深情。这首歌，跳动着兵的旋律和脉搏，真实而又凝练，丰富而又多彩。人们都熟悉董文华、宋祖英等歌手，却不一定知道他们演唱的《我的心并不遥远》、《欢乐今宵》、《当我们成为战士的时候》、《献给军嫂》等歌的词，皆出自胡宏伟之手。

在贵州跑了几天，去了不少村寨，胡宏伟说，他喜欢贵州的山山水水，他真希望贵州秀美的山川为他的歌词插上飞翔的翅膀，从而让更多的人了解贵州……

原载《贵州日报》1995 年 4 月 29 日第 8 版

情有独钟唯音乐

坐在我对面的，是一位白发苍苍的老人。

摆在我眼前的，是全国各地那些音乐爱好者的来信。

这些来自祖国四面八方的信，绝大多数都是向省艺专副教授傅天满求索再版的《歌曲作法》一书的，细读傅老一封封认真的批注和答复，对傅老多了一份尊重和理解。

傅老理解写这些写信的音乐爱好者，就像理解自己的孩子，谁让他自己本身就是音乐的孩子呢？

早在青年时代，傅老就迷恋音乐。1952 年他到贵阳后，先后在师范学院、民族学院、贵州大学、省艺专等院校搞教学工作，深深热爱着他所从事的艺术教育事业。他内心深知：没有音乐教育的国家和民族是没有前途的，没有美育的教育，也是不完整的。于是，1980 年他团结全省各地音乐教师发起成立了省音乐教育研究会筹委会。在条件困难的情况下，他力争各方大力支持，终于在1982 年成立了音乐教育研究会。

为改变贵州音乐教育的落后面貌，他到处奔走，在省教委、省音协的支持下，先后举办了不同规模的培训班，培训中小学及幼师音乐教师千余名，他还在全省开展班级歌咏比赛和"班班有歌声"等活动，并以自己丰富的教学经验在学校实施艺术教育，让青少年得到全面和谐的发展。

傅老不相信音乐会沉默，谈起他曾经编写的《合唱写作》、

《钢琴伴奏写作》、《调式和声讲授提纲》和一百多篇民族器乐合奏文章与一百多篇音乐评论文章，他仿佛看到了自己走过的路。近十多年来，他先后四次编写修改贵州中、小学音乐课本，他从心里希望孩子们从内心发出微笑。

提及音乐教育，他很感叹如今有些音乐学校对音乐的冷漠，他希望那些跳动的音符走进一个个富有血性的灵魂。

傅老从教育岗位退休转眼已有八年，八年来他一天没有闲过。他整理再版发行的《歌曲作法》，深受全国中、小学音乐教师和广大音乐爱好者的青睐，也受到国内音乐专家的好评。

在我的眼里，傅老永远是一个不知疲倦的人。

原载《贵州日报》1995 年 2 月 25 日第 8 版

乐团走进百姓家

日前外出办事，在紫林庵省交通厅逗留，见邻近的桂圆酒家门口乐声大作，喜气盈门。原来，是一对新婚夫妇办喜事，乐团正为他们奏响人生最美的篇章。

站在人群中，我先后听到了"土耳其进行曲"、"骑兵进行曲"、"希望的田野上"等乐曲，萨克斯的浪漫、银笛的悠扬、小号的激情和长号、圆号、双簧管的美妙配奏，把我带进一种艺术的氛围里。最后，一曲"婚礼进行曲"把新郎、新娘带到宾朋面前。乐声，这时像一个主婚人庄严而神圣。

见到如此水平的演奏，我采访了乐团的负责人。经了解方知，此乐团叫"维也纳军乐团"，演奏人员多系省、市文艺团体的专业演奏员，队伍水平不低。该团艺术总监、省京剧团的乐队队长欧翠

刚就是有名的"黄金小号",曾辅导训练过省武警军乐团、贵阳市
女子职业学校军乐团,培养的学生有的还考取中央音乐学院、广州
乐团等。萨克斯演奏员王傅,从小就热爱音乐,写诗作画天赋极
高,他的演奏,往往能抓住萨克斯的性能淋漓发挥,使人感受到音
乐的多彩变化。年龄最大的赵家骥老师,是省歌舞团的演奏员,当
年抗美援朝慰问志愿军时,就是军乐团的团员,如今,活力依然不
减当年。贵阳市文艺界鲜为人知的陈家平、吴之筑、黄德兴、付延
毅、石佐国等,也曾训练过省武警军乐团以及省公安、交警、警
校、矿山机械厂和市青少年宫等的乐团,实力不凡。

乐团团长、贵阳市越剧团演奏员王健告诉记者:"目前文艺滑
坡,专业文艺团体的演奏人员大多相应地转向,一些到歌舞厅演
奏,一些受聘当教练,而相当一部分失去舞台、失去群众,无所适
从。严肃音乐需要社会的理解和关注,需要寻求新的知音。为此,
大家推出我当团长,目的只有一个,让艺术的生命得以延续,让个
人的艺术才华在社会的变革中得以展现。"

乐团悄然进入市民生活中,无疑是对市民文化艺术生活的一个
提高。而在某种意义上说,这是艺术带着商品的性质进入流通。据
了解,贵阳市有多支乐团活跃在市民文化生活中,为了统一管理,
该团还主动申请办理了执照,照章纳税。堂堂正正地演艺,堂堂正
正地找钱,这或许正是这帮"教头"的心愿。

原载《贵州日报》1995 年 3 月 25 日第 8 版

为了心中这份挚爱

——贵州省首位获中央音乐学院硕士研究生学位的 青年歌唱演员洪英奋斗记

1997年6月6日晚，贵阳市云岩区少年宫剧场座无虚席，由省文化厅文艺处和省歌舞团主办的省歌舞团青年歌唱演员洪英独唱音乐会在这里举行。

省歌舞团交响乐队的奏鸣，拉开了音乐会的序幕。

洪英行台端庄大方，将她那并不宽阔但厚实流畅优美的嗓音奉献给了久违的观众，无论是中国歌曲《阳关三叠》、《蝶恋花·答李淑一》，还是意大利传统风格的歌剧《塞维利亚的理发师》和德国作曲家门德尔松的《乘着歌声的翅膀》、柴可夫斯基的《正当初春的时候》等，她那种对声音的感情表现，给观众留下了美好的印象，观众不知不觉进入了欣赏高雅艺术的境地。这是洪英多年来辛勤耕耘但不期待多少回报的一次收获。听着台下观众给予的掌声鼓励，洪英，禁不住热泪盈眶。

洪英独唱音乐会的成功，在贵州省音乐界荡起了一阵涟漪。省音协副秘书长、青年作曲家崔文玉听完音乐会激动地说："没想到在贵州还有这样痴迷艺术的奋斗者，令人震惊使人佩服。"洪英的演唱成功，无疑是她艺术生涯的崭新起点。

当今的文艺正面临一个变化迅速时期，在这个充满竞争和机遇的时期，难免有喧闹之中的浮躁和不安。当人们在商品大潮中去淘金拾贝时，当艺术被视为商品进入社会时，洪英她毅然告别家乡和亲人，只身北上，开始了长达五年的艺术之旅的艰难跋涉。

孩提时代的洪英就能歌善舞，她虽不善言语，但内心充满着无数天真的幻想。有一个梦想是她无法舍弃的，那就是要当一名优秀的歌唱演员。即使是在下乡当知青的三年艰难时期，她仍满怀希望放声歌唱，山间的小道上和孤灯寒夜里，音乐，成了她生命的全部寄托。

1978年，洪英终于迈出了可喜的一步，她考入了省艺校省歌舞团团代班，师从沈建坤副教授学习声乐。1981年，毕业后留团任声乐演员，在舞台演出的实践中也曾担任过独唱、领唱、对唱及歌剧角色，还在"苗岭之声"音乐节上获过奖。

声乐艺术，或许是世界上最令人捉摸不透的艺术，演员自身条件固然重要，但要找到一条正确的发声之路更为重要。洪英学的是美声唱法，这种唱法自18世纪由意大利音乐家创造出来后，作为人声的独特艺术几乎统治了世界。美声声音容量大，来自胸腔共鸣，其音色辉煌灿烂，几乎成为世界音乐文化的全息载体。要攀登这个艺术高峰，绝非易事。

洪英十分清楚，艺术事业，没有捷径可走，唯一的就是老老实实把基础打好。这，不能仅靠灵感，需要的是智慧和坚忍不拔的意志。

1991年，洪英到北京进修，师从我国著名男低音歌唱家杨化堂教授。

1992年，她又转入中央音乐学院教授、著名女高音歌唱家、中国美声协会主席郭淑珍门下继续深造。至此，以前一直被认为是女高音的洪英科学系统地进行女中音的训练，声乐艺术，从此便对她打开了一扇亮丽的大门，她忽然感悟：这声乐艺术就像一个长长的通道，一旦破除了种种阻力，便有了一往无前的力量和信心。

北京的冬天寒风刺骨，为了节约时间和费用，洪英骑自行车风雨不误。一次，为了去买两个馒头，她放在自行车上的提包不小心被小偷拿走，两千多元的学费不说，所有的证件和一年多的学习笔记和录音机不翼而飞，她放声大哭，多么希望学习笔记和录音带能出现在眼前，因为，这里面凝聚了一年多来学习的收获和心血。然而，她失望了。于是，她拼命加班加点整理复习，之后，又投入到紧张的考试中。

1993年，洪英考入中国音乐学院歌剧系，1995年，以优秀的成绩毕业，与此同时，为打下良好的基础，她又继续在郭淑珍教授处上声乐课。其间，她又幸运的得到来我国讲学的莫斯科大剧院艺术指导尼娜·阿伏娜希耶娃的亲切教诲。1995年经郭淑珍教授推荐，进入中央音乐学院音乐学系硕士研究生班学习，攻读硕士研究生音乐理论、声乐、中外音乐史、中国传统文化、民族民间音乐等课程。她以顽强拼搏的精神取得优秀成绩，在法语、德语、意大利语的演唱中掌握了演唱技巧，艺术表现力获得较大提高，受到院长王士昭的赞扬，1996年底毕业返回阔别多年的贵州。

洪英，凭着对艺术的热爱和执著的追求，摘下了音乐殿堂的一枚橄榄，如同当年的彭丽媛成为我国的第一个声乐硕士研究生一样，洪英成为贵州省声乐界第一位获得声乐硕士研究生学位的青年歌唱演员。她们以自已的实际行动，捍卫了高雅艺术，实现了心中的凤凰涅槃。省文化厅副厅长曹雨煤激动地对记者说："在贵州文化事业发展举步维艰的今天，洪英的独唱音乐会告诉我们，倡导为真正艺术进取拼搏，这对推动我省的音乐事业的发展将起到积极的促进作用。"

原载《贵州日报》1997年6月9日第1版

真正用心去歌唱

——歌手许晓印象

如果说音乐能使歌词插上飞翔的翅膀，那么，成功到位的演唱能使作品锦上添花，将人带入趋于完美的境界。

贵州省年轻歌手许晓演唱的《最亮的星，最好的人》留给我的便是如此一个感觉。

和大多数歌手一样，许晓也曾走过一段模仿的道路。或许是因为太爱这门艺术，从新光厂技校毕业工作不久她便索性当了一名歌手。

从新添寨到贵阳，从乌当、水城到北海，唱歌不仅成了她安身立命的需要，也成了她精神的寄托和希望。每当鲜花和掌声向她涌来时，年轻的许晓都会多一份清醒，她要不断地唱出好歌，成为一名真正意义上的歌手。

默默前行的道路上没有指导教师，唯有刻苦伴她踏出坚实的步履。梅花香自苦寒来，她终于在1995年的"花溪之夏"贵阳市歌舞厅乐队大赛中，以一首《一样的月光》引起大赛评委、省电台文艺部邓承群老师的注意。在邓老师的指导下，她又以一曲《月亮代表我的心》走进了贵州电视台"乐在今宵"中秋演唱会，旋即以《春的怀抱》亮相贵州电视台经济频道开播仪式，并为电视连续剧《乌蒙情》演唱片尾曲。

演唱《最亮的星，最好的人》，是许晓向艺术也是向人生的新挑战。

要入选"五个一工程"奖，从题材、音乐创作到编配、演唱，每个环节都必须相当完善。许晓说，为了唱好这支歌，她花去了整整一个月的时间，因为从过去的模仿到首唱原创作品，需要付出更多的理解和精力。

为了让许晓唱出最好的感觉，第二次录音时，邓承群老师特地为她请来了贵州省著名作曲家罗斌。罗斌老师的现场指导，使她准确地理解了歌词音乐的意境，找准了演唱这支歌的基调：唱出如泣如诉的深情。

说到这儿，许晓情不自禁地又唱了起来："雪峰上落下一颗最亮的星，牵动着亿万个流泪的人，这世上少了一个最好的人，叫雅鲁藏布江也分外伤心……"随着音乐高潮的到来，许晓的演唱也到了高潮："孔繁森，不朽的炎黄魂，孔繁森，不死的民族根，两次进藏鞠躬尽瘁，为国为民操碎了心。"听得出，歌唱中她已将自己的全部感情倾注。她以忧郁宽广的声调，自如地把握着气息的运用，因而使得整首曲子在处理上充满着内心的颤动，流露出一种浓浓的怀念之情。听着这首歌，让人的灵魂会在瞬间得到一种净化升华；听着这首歌，情绪会在瞬间激荡起来，仿佛在接受一种文化的洗礼。

只要真正用心去歌唱，便会迎来一次又一次机会。

这是我的祝愿——

也是许晓的心愿！

原载《贵州日报》1996 年 11 月 15 日第 7 版

步入黄金岁月

——访贵州大学艺术学院副教授王海平

对于 46 岁的王海平来说，2001 年无疑是他的收获季节。

跟他学了多年的学生周勇、杨弦、马成今年以优异的成绩分别被中央音乐学院萨克斯专业、广州星海音乐学院大管专业、上海音乐学院大管本科专业录取，雍丽、杜明被贵州大学艺术学院萨克斯本科专业录取。另外三名学生录取学校为省内艺术中专和贵阳师专。

还令他高兴的是，当年的学生邓韬从武汉交响乐团考入厦门交响乐团，著名指挥家郑晓瑛发现邓韬的特殊表演技巧，本应试用三月的他在两周内正式签约。还有刘浩，那个充满朝气的小伙儿，考入上海音乐学院管弦系一年后胸有成竹地走进了太平洋交响乐团⋯⋯

学生们取得的成就，远比在台上演奏萨克斯和大管令他兴奋得多。

这或许就是人们所说的成熟吧！人到中年的王海平淡淡地说。

王海平出身于一个音乐气氛浓郁的家庭，受父母影响，兄妹五人都喜爱音乐，并相继从事专业演奏和音乐教育工作。王海平自幼开始学习竹笛和二胡。上中学时，又喜爱上了中提琴并师从王世湘先生。1973 年，在安龙县兴隆镇下乡的他考入凯里市京剧团，任中提琴手兼大管演奏员。一个偶然的机会，省艺专的高化龙老师在凯里发现了正在刻苦练习的王海平。高老师建议他专攻大管，并主动承担了教学的责任。从此，王海平的演奏水平有了长足的进步。1977 年，他调入省歌舞团，担任首席大管。后多次赴京，向中央乐团大管演奏家刘奇学习。1981 年，王海平获省首届"苗岭之声"音乐独奏节独奏奖。1982 年，他考入上海音乐学院管弦系，师从赵准教授学习大管演奏，在学院的音乐会上多次表演独奏节目，受到中外专家的好评。

如果说，是大管（亦称"巴松"）这种难度较大的演奏乐器让他感受到"神秘乐器"诙谐深沉的魅力的话，那么，比利时人阿道夫·萨克斯在一百多年前发明的低音萨克斯管则使他领略到爵士乐优雅潇洒欢快活泼的魅力。

王海平说，之所以喜爱这种外来乐器，要归功于改革开放后我国音乐文化生活水平的提高。王海平以一个艺术家的激情开始了萨克斯的学习演奏，由于萨克斯与大管都是采用波姆式长笛结构原理设计，加上王海平扎实的大管基本功，为他学习萨克斯铺平了道路。在贵阳乃至西南，王海平的萨克斯演奏颇有名气，他的演奏挥洒自如，音色圆润甜美，舒缓乐段深情而不愠，激昂乐段热烈而不躁，全面的音乐艺术修养，使他向艺术的高峰不断攀登。

贵阳，是一个音乐文化气氛浓郁的城市中，在这个日新月异的城市中，活跃着许许多多爱好音乐的年轻人。由于贵州省经济和文化水平的不断提高，萨克斯管这种乐器已不仅仅局限于舞台表演和歌舞厅的应用以及军乐队的演奏，它悄悄地走进人们的家中，人们已经从欣赏的角度转为学习演奏。

许多人慕名求教于王海平。许多学习萨克斯管的年轻人报考贵州大学艺术学院萨克斯管专业。王海平针对不同人的特点因材施教，充分学习美国著名萨克斯管演奏家、教育家拉里·蒂尔的《萨克斯管演奏艺术》，国际著名萨克斯管大师波尔·博柔笛的《萨克斯管演奏曲集》和我国著名的萨克斯管演奏家、教育家杜银蛟、高明道、吴雍禄、李梅云编著的《萨克管实用教程》、《萨克管教程》，等等，并通过了解不同时期的萨克管的演变和发展过程，总结前人的经验形成自己的演奏和教学体系。他针对为数不少的业余爱好者的加入，除对他们进行口型、口腔、吸气的特殊训练外，还采取了首调与固定调相结合的方法进行教学，解决了萨克斯管演奏者长期讨论的一个问题，推动和加大了萨克斯管学习和普及的力度，弘扬了高雅艺术。王海平在认真完成教学任务之余，热心社会教学，他曾先后担任省武警总队、贵阳市公安局交通警察、贵阳市青少年宫、贵阳市粮食局、贵阳市工人文化宫等十余家军乐团专业指导老师和顾问，为贵州省群众文化事业的发展作出了自己应有的贡献。

如今，在贵州大学艺术学院萨克斯专业，许多学生都非常珍惜与王海平相处的每一天。他善于发现学生各自的特点，总是以"扬"的方法鼓励他们大胆演奏和创造性学习，这是王海平"焊接"雅与俗的一种方式，也是一位艺术教育者面对市场经济大潮对高雅艺术的真正捍卫。作为一名教师的他也清楚自己的职责，他一直在摸索如何培养有较高水准的学生的途径，为搞好教学，王海平每年都到北京、上海与专家同行学习交流教学经验，提高教学水平。自1997年以来，学生王喜洋等20多名被武汉音乐学院、上海音乐学院、中央音乐学院等省内外艺术院校录取，因教学科研成绩显著，1999 年被评为学校中青年学术骨干，今年，又通过了贵州大学首批中青年学术骨干考核，由于教学方面有突出贡献，学校还投资 5 万多元为他添置了德国史莱勃名牌大管。最近，王海平又入选中国国际人才交流中心《二十一世纪人才库》，王海平之路，正越走越宽。

王海平，贵州大学艺术学院音乐系管弦乐教研室主任，中国音乐家协会会员，萨克斯、大管专业副教授。音乐作品（曲）《啊，一九九七》入选中央台"你好，香港"专题节目。贵州东方音像出版过个人演奏专集《渴》。论文《对萨克斯管演奏的几点看法》、《萨克斯管教学中首调与固定调的应用》、《军乐在贵州》等和作品《贵阳，我可爱的家乡》、《让我们自己去寻找》、《米兰颂》等在多家刊物上发表。

原载《贵州日报》2001 年 9 月 14 日第 7 版

"小花"香飘香港

——贵州广播"小花"合唱团参加
第二届中国童声合唱节散记

新世纪新年的盛夏，国际童声合唱的盛会——"中国第二届国际童声合唱节"在北京、贵阳、广州、香港四城市巡回举行。7 月 25 日到 7 月 31 日，贵州广播"小花"合唱团代表中国西部到香港参加主会场演出，此次盛会，还邀请了美国、阿根廷、斯洛文尼亚、丹麦等十多支来自世界各地的当今顶尖童声合唱团，世界合唱联盟会会长保罗·伟拿，世界文化交流基金协会主席、国际奥林匹克合唱委员会主席刚特·泰特，中国合唱协会会长聂中明，香港童声合唱协会会长唐少伟，中国合唱协会秘书长孙志芬等五十多名国际童声合唱专家、指挥也欣然赴会，场面之盛，为近年合唱界难得一见。香港之行，让"小花"再次展现独特的神韵，也给"小花"全体团员留下许多难忘的回忆……

成功的喜悦

"小花"合唱团的夏辉在"小花"合唱团学习四年了，这次，他通过严格的考试参加香港演出，也是这一次，让他尝到了"成功"的滋味。

7月27日，香港文化中心音乐厅，来自阿根廷、美国、丹麦、斯洛文尼亚和中国等国家的合唱团在这里演出。

"小花"合唱团最后演出，指挥唐少伟一曲终了，全场爆发出阵阵掌声，许多观众伸出大拇指，连声夸道："小花，真棒！小花，了不起！"

7月28日，香港葵青剧院演艺厅，圣士提反书院、北京中国儿童中心少儿艺术团合唱分团、美国高巴、元朗合唱团和贵州广播"小花"合唱团再次同台演出。指挥孙荫亭、王琴，钢琴伴奏干秋莎。"小花"在25分钟的演出中，演唱了《梦中的火把节》、《都柳江水》、《摘菜调》、《嘎轮母》、《高原，我的家》等七首曲目。此场演出，群情激昂，发挥出很高的水平，评委一致认为：第一，"小花"演唱的作品有特色，有自己的演出风格，美如诗画；第二，"小花"的每位孩子嗓音甜美，感情纯真；第三，"小花"在整个演出活动中，守纪律懂礼貌，集体观念强，人漂亮，队伍也漂亮！成功，给孩子以信心与快乐，每当"小花"出现在人们中间，大家都会兴奋地说："贵州小花，小花贵州。"

意外的惊喜

孙荫亭，是"小花"合唱团的首席指挥和艺术顾问，在忙完贵阳分会场的活动后又马不停蹄与"小花"前往香港。

此次合唱节，国内外指挥专家、音乐家汇聚，孙荫亭的《贵州民族音乐艺术与"小花"》专题讲座吸引了国内外听众。

孙荫亭1991年与"小花"结缘。"小花"合唱团的成名之作《大山之子组歌》在中国第三届合唱艺术节中获一等奖。此后，他被中国合唱协会破例增选为理事，并担任中国童声合唱委员会常委。在此之后，他与贵州省不少词曲作家及音乐教育工作者为培训优秀的童声合唱团做了大量工作。孙荫亭在讲座中，面对来自世界各地的十多支劲旅和著名指挥家们，由衷地表达了一个艺术工作者对贵州这片神奇土地的热爱，表现了对贵州独特民族民间音乐艺术的深层次理解，通过彝族、苗族、侗族、布依族等传统名歌素材及地方民谣和创新编写的合唱曲目的讲解演示，让更多的人了解到贵州各民族作品精美质朴的韵律和真挚的情感，也让人们了解了"小花"合唱团的发展成长，正是在弘扬优秀的民族文化之中走出了一条自己的发展道路。

孙荫亭的讲座和指挥，受到了来自世界各地合唱团和观摩者的好评。最近，在国际童声合唱会议上，孙荫亭被国际合唱联盟吸收为正式委员并被国际文化基金会和国际奥林匹克合唱委员会暨国际合唱比赛委员会聘为国际合唱比赛评委委员。奥林匹克合唱委员会主席、世界文化交流基金会主席刚特·泰特邀请"小花"合唱团参加明年在韩国釜山举行的第二届国际奥林匹克合唱节。

"小花"的收获

对于"小花"的孩子们来说，最大的收获莫过于精神的充实和心灵的震荡，高度的文明和纯洁的友情像清泉，滋润着一颗颗幼小的心灵。

"小花"团员齐令闻在回来后的作文《排练》中写道："放假的时间，全都花在赴港的封闭式排练上。发声练习单调又枯燥，练得非常辛苦。《嘎轮母》是一首侗族大歌，无伴奏很难唱好音准；《高原，我的家》是一首非常好听的歌，但我们唱这首歌时感情运用得不好，老师再三启发，我们终于唱出高山的雄伟与水一般的柔情……"

戴玮小朋友感受最深的是，香港观众看演出时最遵守纪律。他认为仅此一点说明香港观众的综合素质高。在演出时，他发现，有人突然有事要出场，都要等到一个节目完了以后才出去，再入场时也要等一个节目完了以后才进场。这和贵阳不一样，戴玮希望贵阳观众也一样文明高雅，贵阳将会更加美丽。张雪娇小朋友返筑后一直忘不了那个带"小花"团的导游汤阿姨。7月29日，当大家演出完毕上车后，汤阿姨拿出两盒朱古力发给大家，她红着眼睛说："亲爱的同学们，这是我们在一起的最后两天了，我十分舍不得你们，送你们一份小小礼物，希望你们的歌声永远甜美动听。"回想这些，张雪娇的眼睛湿润了。

"小花"广播合唱团常任指挥、声乐老师王琴对记者说："'小花'虽然扬名海外，但与世界最顶尖的合唱团相比，在声音、体能等训练方面还有自己的不足，我们一定要好好学习他人经验，变唱歌为歌唱，让'小花'飞翔得更高更远……"

原载《贵州日报》2001年9月21日第7版

多彩歌海

寂静中的升华

——黔籍旅美作曲家瞿小松印象

十年的国外生活没能在瞿小松身上留下太多的异域情调，倒是那一腔地道的贵阳话让人感受到这位黔籍旅美作曲家心中对故乡深深的情缘。

重返故里，瞿小松或许体验更深的还是那寻常的乡情、亲情和友情。眼前是瞿小松最熟悉的土地，瞿小松无法忘记这神奇的地方给他的最初的创作冲动和灵感。

1952 年出生在贵阳的瞿小松和众多的同龄人一样，当过几年知青。在黔东南州黄平县的一个村寨里，他度过了自己最寂静的青春时代。寂静和平淡留给瞿小松的是一笔如今想起仍无法忘却的财富，从那时起，他便试着走进音乐的圣地。1972 年，他成了贵阳市京剧团乐队的一名中提琴手。在专业剧团的工作和学习，令瞿小松受益匪浅，也增强了他继续学习深造的欲望。1978 年，他以优异的成绩考上中央音乐学院作曲系，师从杜心鸣教授。1983 年毕业后留作曲系任教，直至 1989 年出国。

作品，是作曲家生命和灵魂的体现。瞿小松早期的作品《Mong Dong》、《大提琴协奏曲》、《第一交响乐》等，就有一种强烈的戏剧性的天性显露。他表现了人们在一种特殊的年代对苦难的感受和不易的生活。出国后，他在荷兰、巴黎、布鲁塞尔、瑞典、日本等多家艺术团体致力于室内音乐和歌剧的创作。他的作品室内系列九首《寂》（现已完成七首），在认识古中国和古印度的传统文化中，充分感觉音与音的暗示与寂静。谈到《寂》的创作时，瞿小松说，感觉自己掉进了时间的海洋，似乎触摸到了地球的心跳，体会到老子所说"大音希声"的境界。

走一种全新的路子，不否定别人也不重复过去，这是瞿小松的追求。自创作打击乐三重奏《Lam mot》、打击乐六重奏《日羲》等作品后，这位选择从事室内音乐的演奏家，开始了室内歌剧形式创作。

1994年，由荷兰艺术节制作的瞿小松的独幕歌剧《俄狄浦斯之死》，给批评界和观众留下了深刻的印象。该剧通过极为有限的舞台语汇和最少的灯光效果，以许多中国式的音乐和舞台处理，将索福克勒斯精致的希腊戏剧改编成强有力的现代歌剧。

瞿小松此次回筑，跟许多朋友谈到西方音乐发展趋势，带回了他1997年至1998年创作的独幕歌剧《命若琴弦》录音带。许多同仁听完之后发出一番感慨。系统地接受认识掌握西方音乐之后的瞿小松，走的是一条完全不同的中国之路。《命若琴弦》是以我国著名作家史铁生同名短篇小说改编而成，讲述的是一个富有哲理和意蕴的故事，有着浓厚的神秘色彩。在此剧中，瞿小松第一次坚持用中文写歌剧，任何人都没能动摇他的信念。在这里，没有宣叙调和咏叹调，而是以中国的打击乐和川剧的帮腔以及演员独自一人的说书人的形式通过单线条音乐来描绘戏剧的进展，既有戏剧的紧张度同时也充满了激情，这是一种地道的中国民族音乐。

瞿小松认为，音乐是生活感受的真实流露和自然体现，不管对西方音乐的古典主义、浪漫主义领悟得有多深，也只是自己作品的一种形式上的装饰和陈设，最终要形成自己独特的艺术个性。瞿小松自信地以为，走自己的路就是要创造性地进行艺术创作，因为音乐是为心灵的，而非头脑。

我们相信，这位黔籍旅美作曲家会以一种全新的姿态跻身于21世纪的世界乐坛，实现他心中神圣的梦想。

原载《贵州日报》1998年7月24日第8版

苗女风姿靓蓉城

1997 年 11 月 2 日晚，第五届中国艺术节少数民族优秀歌舞演出引来众多观众。尽管一个多月前该台节目的票就被预订一空，但四川歌舞剧院前仍站满了热情的待票者，希望能有退票以一睹全国优秀民族歌舞的风采。

距演出还有一个多小时的后台，贵州省歌舞团的年轻演员们正忙着化装，大家只有一个愿望，要发挥最高水平展现贵州新形象。

分别来自黔东南、黔南、黔西南州歌舞团的阿桑、阿依和阿多三姐妹更是激动而忙碌。为了参加这次艺术节，三姐妹各自花了五千多元赶制了一套漂亮的"行头"。阿依激动地对记者说，能参加国家级的艺术盛会非常不容易，我们要尽情地装扮自己，展现我们苗家儿女的风采。

三姐妹的项圈、手镯在灯光下闪闪发光，内蒙古自治区直属乌兰牧骑代表队的乌日嘎和吉日格拉两位青年男演员情不自禁地围到三姐妹身旁欣赏。乌日嘎问："你们那边的服装都这么美吗?"阿多回答道："我们贵州苗族服饰有些比我们穿的还要美，不信，你们到贵州去看看。"两位内蒙古同胞待三姐妹化好装后，立即邀请她们拍照留念。

帷幕徐徐拉开，来自天山脚下雪域高原和大西南、大西北的民族歌舞把人们带到了祖国辽阔的边疆。贵州参演的舞蹈《苗女》一上台，鲜明的鼓点和着婀娜的舞姿引起观众浓厚的兴趣。人们说，这舞蹈真像"东方迪斯科"，很有味道。紧接着，三姐妹一曲《大家笑哈哈》征服了众多观众。这首由贵州省作曲家邹秀武创作、经邓承群改编的女声三重唱，曾荣获 1996 年中国音乐电视铜奖、中国西部音乐电视银奖和贵州"五个一工程"好作品演唱奖。

阿桑、阿依和阿多的演唱自然奔放，配合默契，多声部的和声似蝉鸣似欢快奔腾的泉水，表达了她们内心的喜悦和对艺术的无比热爱。台下的观众不时赞叹：想不到贵州姑娘这么漂亮、嗓子这么美。当晚，江苏《新华日报》、文化部《文化月刊》杂志向记者约稿，中央电视台立即作出决定，邀请三姐妹参加1998年的春节联欢晚会。

三姐妹此时高兴地笑了，让更多的人了解贵州，是她们最美好的愿望。对于她们来说，美好的歌声既是艺术的展现，又是通向友谊和明天的桥梁。

原载《贵州日报》1997年11月6日第1版
此稿江苏《新华日报》、《文化月刊》、《中国民族博览》转载

民族民间音乐：贵州的丰厚财富

——第七届全国少数民族音乐学术研讨会侧记

多彩的民族民间音乐，是贵州一笔丰厚的财富，这是最近在贵阳召开的第七届全国少数民族音乐学术研讨会期间，与会代表一致的看法。

8月15日晚，贵阳市乌当、花溪、云岩、白云四区少数民族青年，在甲秀楼翠微阁表演的苗族花鼓舞、唢呐独奏、芦笙双人舞、苗族猴鼓舞，演唱的布依族四平调、布依山歌等节目，精彩的表演，博得大家阵阵掌声。代表们纷纷按下录音机，举起照相机，记下这令人难忘的一瞬。

8月17日，代表们来到花溪镇山村考察民俗民间音乐。布依族

姑娘为远方来的客人献上醇香的米酒。花溪文工队和村里的青年男女为代表表演芦笙、姊妹箫、吹木叶、唢呐独奏，并演唱了多声部布依山歌。演出结束后，中国少数民族音乐学会常务副会长、著名民族音乐家袁丙昌与木叶演奏者亲切交流技艺，一些代表买了芦笙、姊妹箫。房前屋内，自然形成数十个小组采风录音，民间艺人的歌声此起彼伏，久久在人们心中荡漾。

8 月 18 日晚，在师大学术交流中心三楼会议室，来自毕节、六盘水的民间艺人给代表们表演了彝族、苗族歌舞。代表们说，贵州民族民间艺术丰富多彩，真是一笔宝贵的人类民族文化精神财富。

中央音乐学院十多名自费参会的大学生兴奋地对记者说，他们愿意再跑些地方，想看到、学到更多的东西。参会的专家田联韬、樊祖荫、陈自明、袁丙昌、杜亚雄等都多次来过贵州。他们说，贵州这块神奇多情的土地令他们流连忘返。

中央音乐学院博士生导师田联韬 1950 年随费孝通率领的中央访问团来贵州演出采风，一待就是八个月，以后又来了七次，每一次都是那么亲切。中央音乐学院原院长樊祖荫多次到贵州，他出版的《中国多声部民歌概论》，详细地介绍了黔东南、黔西北的多声部民歌。中央音乐学院原党委书记、音乐家陈自明说，贵州少数民族音乐丰富，是一块民族音乐的宝地。袁丙昌教授则认为，贵州的芦笙在全国少数民族器乐中形象鲜明，是贵州民族音乐的典型代表。

多姿多彩的贵州民族民间艺术，成了民族音乐理论界写不完的一个课题。会上，仅贵州少数民族音乐家提交的论文就达 25 篇，占整个学术交流会论文的 1/4。中国少数民族音乐学会会长、著名音乐家冯光钰说，第七届中国少数民族音乐学术研讨会在贵阳召开，在中国少数民族音乐发展史上有着里程碑式的意义，贵州在这方面的工作走在全国的前列，对于其他民族的音乐保护和发扬都是一个借鉴，本次学术研讨会的最重要的议题就是要完成 55 个民族的音乐史，以更好地交流、拓展民族音乐家和音乐家学术研究的视野，有效地促进音乐创作的繁荣。

原载《贵州日报》1997 年 8 月 24 日第 2 版

情系民族音乐

——访著名音乐家吕骥

"黄河之滨，集合着一群中华民族优秀的儿女……"这首《抗日军政大学校歌》，当年不知激励了多少热血青年投身祖国的解放事业。近日，在筑召开的全国第七届少数民族音乐学术研讨会上，我见到了这首歌的作曲者——我国著名音乐家吕骥。

吕老是湖南湘潭人，早在 20 年代末，就从事音乐教育工作了。30 年代初，他曾进入上海国立音专学习。家庭贫苦的吕老，学习特别刻苦，他先后系统学习了钢琴、作曲和声乐的专业课程。

九一八事变后，吕老受进步思想的影响，积极参加了中国共产党领导的抗日救亡运动。他不仅与聂耳、沙梅等人在上海组织了抗日业余合唱团，还组织歌曲研究会，发动更多的音乐家投身抗日救亡运动。

长期领导革命文艺工作，吕老积累了革命音乐的创作经验。1938 年，他担任延安鲁迅艺术学院音乐系主任兼教务主任时，与著名音乐家冼星海等人一起精心育人，使这所革命的大学校走出了郑律成、安波、马可、时乐、庄映、刘炽等一批革命的音乐家。

在延安时，吕老曾为郭沫若的《凤凰涅槃》创作大合唱。这一作品，不仅在继承传统上有所创造，还寄托了作者对未来中国充满希望的激情。这支大合唱曲，之后很快在延安流传。

新中国成立后，吕老长期做领导工作，曾任中央音乐学院党委书记和副院长，尔后，又长期担任中国音协主席。他以一位老一辈革命音乐家的胸怀和卓识，指导着我国音乐事业的发展。他认为，音乐创作不但要有中国作风和中国气派，还要为中国的老百姓喜闻乐见。

他还批评中国音乐界存在的全盘西化和复古守旧的错误倾向，主张弘扬优秀的传统。

吕老长期从事音乐理论研究，一本《〈乐记〉理论探新》便是他辛勤耕耘二十年的收获。该书不但对《乐记》这部先秦时期留下来的经典著作的作者以及成书年代进行了考证，还对《乐记》的版本作了科学的整理和注释。他以大量的事实，说明《乐记》与《老子》、《孙子兵法》一样，在世界上是令人惊奇的著作，今天对我们仍然具有一定的参考价值。他说，音乐应是一种社会精神文明的反映。任何时代的艺术，都离不开那个时代的社会生活的道德准则，否则，这样的艺术只能是形式主义的游戏或低级庸俗的赝品。

吕老非常关注中国的民族音乐的发展，1984年7月，75岁高龄的吕老赴筑参加了第一届中国少数民族音乐学会，并就少数民族音乐研究的问题作了学术报告，时隔13年，这位88岁的老人又自始至终参加了研讨会。吕老说，贵州少数民族音乐工作者为保护、发掘、发扬民族音乐，做了大量工作，在全国很有影响，通过学术交流，可以促使今后的工作做得更好。

在吕老的心中，一直有着这样一个梦想，就是通过全国少数民族音乐工作者的共同努力，真正有一部涵盖55个民族的中国少数民族音乐史。

吕老相信，实现这个梦想已为期不远。

原载《贵州日报》1997年8月22日第8版

当代传播下的贵州文化

132

不屈的尊严铸乐魂

——音乐人李永昌印象

一位小伙子拿着话筒，随着动人的音乐节拍，深情地唱着那首为悼念死难的中国记者所创作的歌曲：《不屈的尊严》。雨中的观众，被动人的旋律和歌词感染。

这是 1999 年 6 月 25 日上午展现在省博物馆的一幕，这里，"呼吁和平，反对战争——北约轰炸南联盟图片纪实展"正如期进行。

演唱的小伙子，正是创作《不屈的尊严》一歌的作者李永昌。

这首歌 5 月 13 日清晨出现在中央电视台"东方时空"特别节目"祖国·祝你平安"中。这是以美国为首的北约对我驻南使馆进行轰炸之后，国内推出的第一首充满呐喊和义愤、浸透悲伤和悼念之情的音乐作品。目前，该稿创作原件已被中国革命博物馆永久收藏。这是新中国成立以来的第一件音乐收藏作品。

李永昌说，这首歌的创作，使他的灵魂和精神得到了净化和升华，是他多年追求艺术的一次力的爆发和喷涌。他是在街上买报时知道这一重大历史事件的。作为一位音乐工作者，他按捺不住内心的激动和愤怒，5 月 10 日晚，他开始了创作。

"是谁悍然扼杀了你才华未尽的英年？是谁轰然夺走了你和善的笑脸，你已经听不见我们愤怒的呐喊，你已经看不见我们流着泪的怀念……"通宵达旦的劳作，歌词出台。李永昌与妻子反复商量，于 11 日清晨直奔中央电视台，将歌曲无偿交给中央电视台采用。"东方时空"总制片人反复读了几遍，请李永昌赶快谱曲并制作，要求他 12 日送中央电视台。

忘了饥饿也忘了时间，通过近十二个小时的创作，李永昌完成了谱曲。经过一夜的紧张工作，《不屈的尊严》录制完毕。12 日上午，李永昌将录音带送到中央电视台。当天，这首悲壮的歌曲作为新闻的背景音乐播放了二十多遍。此时此刻的音乐，奏出了时代的最强音。中央电视台著名主持人水均益采访了李永昌，音乐界对这首歌的创作成功，予以高度的评价，一致认为，这是一首体现时代和民族精神的歌，是一首令人振奋的歌。而年轻的李永昌却十分谦虚："我做了一个平民音乐人应尽的努力。"

今年 34 岁的李永昌是山东青岛人。1998 年到北京寻求发展，曾是青岛市歌舞剧院一名演员和乐手。进京半年多，他创作的以下岗工人为题材的歌曲《老王》在北京家喻户晓。他应团中央、公安部、国家禁毒委等单位之邀创作的《保护母亲河》、《一场玩不起的游戏》、《写在他乡的日记》、《老爹》等歌曲已制作成 MTV。

原载《贵州日报》1999 年 6 月 25 日第 8 版

高山流水有知音

1999 年 4 月 27 日晚，贵大艺术学院迎来今年的第一批外国朋友——芬兰艺术家赴黔采风团。师生们精心准备了一台精彩节目，希望在联欢晚会上尽情展示东方文化的神韵。

贵州省古筝演奏家陈音走上舞台，她演奏了我国著名作曲家朱晓谷创作的古筝曲《春潮》，人们屏住呼吸，那时而宁静时而奔腾的乐音从她指下弹拨而出，人们仿佛看到了一个春潮涌动的时代。紧接着，该院音乐系二胡演奏家范斌为观众献上了一曲《壮别》，娴熟的弓法有回肠荡气之感。乐音渐远，一阵如雷的掌声响起。

台下，芬兰国家歌剧院著名歌唱家马蒂和十多位书画家控制不住内心的激动，大声说道："中国艺术，OK！OK！"当他们得知台上的这两位演奏家是一对夫妇时，投来赞羡的目光。

是音乐，使陈音和范斌走到了一起。在音乐的海洋里，他们相濡以沫，琴弦与心弦共通。

天资聪颖的陈音，六岁随父学琴，1985年考入省艺专音乐系，次年，赴上海音乐学院借读，毕业后留校成了一名古筝专业教师。古筝，中国民族器乐中古老的乐器之一，陈音爱之如痴，每一次拨动，都能使她的心灵得到洗礼和升华。周而复始的苦练和不断的求师学艺，使她单纯的日子过得很充实，艺术上也有了长足的进步。她多次参加学院举办的音乐会，1992年在上海获第二届海内外江南丝竹大赛三等奖。1993年，应邀访问法国、德国、西班牙、比利时、荷兰等国，在荷兰演出期间，还应邀灌制在欧洲发行的古筝独奏激光唱片。1994年，她再次应邀访问比利时、荷兰、德国。1995年，应美国电视台邀请，她赴美演出，她的古筝独奏、柳琴独奏及节目主持，受到美国观众的热烈欢迎，还被美国达拉斯市市长授予美国荣誉市民称号。她为祖国和贵州赢得了荣誉。

在教学上，陈音也毫不马虎，她最大的愿望是让学生超过自己，让中国民乐发扬光大。贵州省艺术教育的专业资料和作品很少，为此，她就自费赴上海、北京等地找老师求教，尽力让学生在校期间学到真正的知识。这位布依族古筝青年演奏家，把艺术的生命托付给了黔山秀水。1997年，陈音的四位学生中有三位以专业第一的好成绩考入四川音乐学院等省外高等艺术学院，学生陈维则成为中国音乐学院的研究生。身为小花艺术小学特聘教师的她，教出的孩子们以合奏《欢腾的苗寨》和古筝曲《将军令》获1998年文化部、团中央的二等奖。

范斌的艺术之路似乎更坎坷，但成绩不凡。粉碎"四人帮"后，他13岁即以专业第一的成绩被省艺校破格录取，1981年，毕业留校。因中专毕业生须两年后才能报考高一级学校，范斌失去了报考省外院校的机会。1985年，他考入省艺术专科学校音乐理论专业，毕业后留校从事二胡教学。在民族音乐处于低谷的今天，他坚守自己的事业，并努力改进教学方法，使其更富表现力，让学生从内心深处产生对民乐的热爱。1994年，范斌考入省委党校现代经济管理专业。他认为，教师不但要有精湛的技艺传授给学生，还要注重文化素质的提高和为人师表。他身体力行地证明了他自己的想法。

范斌八年来免费教小女孩罗瑞雪的事迹，在社会上已传为佳话。今年已就读于贵阳六中的罗瑞雪，一降临人世便被重男轻女的父亲抛弃，她和母亲相依为命。母亲下岗后，罗瑞雪学琴成了一个奢侈的梦想。范斌免费收留了这个学生，一学就是八年。罗瑞雪遇上了一个好老师，坎坷人生路变成通往艺术殿堂之路。如今，在范斌的认真指导下，罗瑞雪这棵好苗子渐显艺术的才华。她曾到新加坡等地演出，省电视台播过她的独奏节目，省电视台"东方女性"栏目还为她做了专题。看到罗瑞雪一天天成长，范斌感到由衷欣慰。他所做的这一切，得到妻子陈音的大力支持。他们之间早已有一个心灵的契约：共同构筑一个繁星闪烁的音乐世界。

为了这些艺术天空的群星，他们会加倍地努力和付出。

陈音，贵大艺术学院音乐系教师，中国东方古筝研究会会员，省政协委员。范斌，省音乐家协会会员，贵大艺术学院教学科研处副处长。

原载《贵州日报》1999年5月7日第8版

听大师演奏

听殷承宗演奏，唤起了人们对往事的回忆，同时，也勾起了殷承宗的无限感慨。

他说，到中国西部为广大人民群众演奏，是多年的愿望。他还说，没有想到贵阳的观众欣赏水平之高，有点出乎他的意料。

殷承宗出生于有"音乐摇篮"之美誉的厦门鼓浪屿。父亲是一位新加坡华侨。受家庭影响，自幼喜爱钢琴。在他九岁那年，兄姐们在教会学校为他举办了一次钢琴独奏音乐会，手写的海报贴出去后，300张门票全部售完。在这台音乐会上，他演奏了肖邦、舒伯特、帕德列夫斯基的乐曲，还有他自己配和弦的中国革命歌曲《团结就是力量》、《解放军进行曲》等。当时，厦门市音协主席杨杨听完后十分兴奋，便热烈推荐他报考上海音乐学院附中去接受正规训练和学习，并由音协资助50元车旅费。1954年，12岁的殷承宗以第一名98分的成绩考入上海音乐学院附中，当年报考人数有2000多人，只录取40人，显示了他在演奏方面的实力。但入学后，老师发现由于过去缺少正规训练，他的技术在音乐表现力上有一定的差距，同时还发现他的小手指短。面对困难和不利因素，殷承宗加倍努力，每天坚持在琴房练十多个小时，经过刻苦的努力，他很快补上了技术基本功训练课，增大了手指的张力，出色地演奏了拉赫玛尼诺夫《第二钢琴协奏曲》、李斯特《F小调奏鸣曲》等难度较大的作品。在他的文化课还在初二年级时，苏联专家克拉夫琴科到上海讲学听了他的演奏后，惊叹其音乐天赋，建议将他转到中央音乐学院跟他学习。60年代，殷承宗先后毕业于列宁格勒音乐学院和中央音乐学院，曾获维也纳世界青年钢琴比赛第一名，莫斯科柴可夫斯基钢琴比赛第二名。

1963 年，他从苏联回国不久，毛主席听他演奏改编的钢琴曲《秧歌舞》和肖邦《诙谐曲》时，高兴地称赞他弹得好。1965 年，周总理听他演奏自己改编的《洪湖水，浪打浪》，兴奋地对他说，过去对钢琴如何民族化、大众化的问题感到信心不足，听了以后又有了信心。1967 年 5 月，他自发地采取了一个大胆行动，在一些琴友的帮助下，把一架立式钢琴搬到天安门广场，他开始弹奏《白毛女》、《洪湖水，浪打浪》等群众喜爱和熟悉的歌曲，大家报以热烈的掌声。接着他请大家随意点奏，三天下来，听众越来越多，点奏的内容也从单一的语录歌到京剧。当时，群众提出要听京剧，是他没有想到的，他不懂京剧，更没有唱过京剧，幸好他听过京剧《沙家浜》，便凭记忆弹了一段沙奶奶的唱腔，博得观众喝彩。

从工农群众"点奏"京剧，殷承宗开始了钢琴演奏民族化的探索之路。从排演钢琴伴唱《红灯记》开始，到创作适合钢琴演奏的中国第一部钢琴协奏曲《黄河》、《十面埋伏》、《春江花月夜》等民族乐曲，深受广大群众喜爱。

殷承宗 1983 年赴美深造，旅居美国 18 年。他每天坚持练琴六小时，凭着自己的刻苦和实力，他进入了只接待世界一流音乐家的纽约卡内基音乐大厅，他那富有表现力的优美如歌的演奏，赢得了世界的赞誉。

原载《贵州日报》2001 年 5 月 25 日第 8 版

用歌声拥抱生活

——访著名合唱指挥家孙荫亭

新世纪的第一个春节到来之际，贵阳，这座朝气蓬勃的城市，迎来了中国电影乐团。《梦回红楼》大型交响乐，一时间引起筑城人的关注。

为了更好地使广大观众认识和理解此部作品，也为了让更多的人热爱高雅艺术，除独唱由郑绪岚、谢林担纲外，五首歌曲的合唱均由贵州省合唱团完成，此次任务，经中国合唱协会推荐，决定由贵州省著名合唱指挥家孙荫亭来执行。孙荫亭接受任务后，与贵州铝厂银花艺术团的四十多名团员一道，进行了半个月的紧张排练。距 2001 年 1 月 5 日演出还有两天，我国著名作曲家王立平还是放心不下，专程从北京赶到贵州铝厂进行实地考察，从《葬花吟》到《枉凝眉》、《聪明累》、《晴雯歌》以及最后的《大海呀，我的故乡》，令王立平没有想到，走遍全国许多大城市，如此"大家风范"的高手竟然在贵州，他高兴地对随行人员说："从孙荫亭的第一个手势落下去和合唱团员的第一个声音出来，我心中悬挂的一块石头已经落地。"

熟悉和了解孙荫亭的人都知道，他是贵州合唱艺术的带头人，是他对合唱艺术的热爱，推动了贵州省群众合唱艺术事业的发展。孙荫亭 1958 年结束上海音乐学院声乐学习后自愿来到贵州省歌舞团，曾在歌剧《雪里红梅》、《贺郎与小姐》、《江姐》、《红梅岭》、《红珊瑚》、《赤叶河》、《酒干倘卖无》等十余部歌剧中担任男主角及各种正、反派人物，有时一部歌剧演出达一百多场，上千场的艺术实践，使他积累了丰富的表演和歌唱经验。孙荫亭受益最多的是歌舞团每年到民族地区深入生活，那时，一年里有近半年的时间在黔东南等地，贵州第一个少数民族合唱团——黎平县侗族合唱团就是在黎平深入生活带团三年的结果。20世纪60年代初，该团参加全省民族文艺调演一炮打响，当时还被中央电影新闻制片厂录成专集放映，给年轻的孙荫亭以极大鼓舞。

这或许就是孙荫亭合唱艺术的源头？其实，孙荫亭的强项是表演，在歌剧的表演中，剧中的任务通过演唱、语言和形体动作三者的有机结合，拓展了演员本身的舞台，也更有深度地塑造人物和把握人物的内心世界，对他来说，艺术就好像是他的生命。然而，歌剧在贵州的遭际，使孙荫亭提前告别舞台，幸亏早年就喜欢作曲和玩键盘，为合唱艺术打下了坚实的基础。

改革开放，文艺百花盛开，群众性的合唱艺术蓬勃兴起。20世纪80年代初，孙荫亭以一个专业文艺工作者对艺术的追求，开始了真正的合唱生涯。而他知道中国有一个合唱协会，还是1991年带"小花"去北京开始的。

那是1991年的6月13日，在贵州省音乐家协会里，孙荫亭看到一份通知，知道全国第三届合唱艺术节将在北京举行，而报名截止日期是6月15日，这个信息，给孙荫亭意外的惊喜，他怀着欣喜的心情积极与有关部门联系，希望能带上自己训练的"小花"合唱团和贵阳市群众艺术馆合唱团到北京参加比赛。征得有关部门的同意后，他带上录像带和录音带自己出钱买了机票赶到北京，几经打听，在中央乐团找到了中国合唱协会。在有关专家的初审之后，两团均顺利通过初赛，尤其是"小花"合唱团的《大山之子组歌》获得好评。同年10月，"小花"在中国第三届合唱艺术节上获得一等奖，在"小花"结束演出时，世界著名指挥家苏联的杜马塞夫激动地跑上台亲吻来自贵州大山的孩子，我国著名指挥家秋里高兴地说："小花合唱团训练得很好！"著名指挥家严良堃则说："小花的出现，使我们看到一种先进而科学的训练方法，童声的真、假声的使用，达到了国际水平！"著名指挥家司徒汉这样评价孙荫亭：

"他的指挥富有激情，线条清晰，对作品处理细腻，他不是用手势语言，而是用身心来进行艺术形象的创造。"

1992 年 8 月，秋里专程从北京到贵州，向"小花"合唱团颁发了出国演出的证书（全国总共只有 7 个），严良堃亲自为"小花"题词："云岩大山之子，乐坛一束奇花。"与此同时，孙荫亭改编的《解放区的天是明朗的天》混声合唱作品收入《中国合唱作品精选》，他本人被中国合唱协会破例增选为理事，并担任中国童声合唱委员会常委，由此，真正走入了合唱艺术的天地。

孙荫亭与贵州合唱艺术由此结下不解之缘。近十年来，孙荫亭先后指挥培训了"小花"、贵阳市教师合唱团以及省体委、省保险公司、贵阳烟厂、贵阳六中、贵阳十三中、省老干部合唱团等十多个合唱团，他"因队而异"，根据各个团队的特点精心准确地选择作品，积累了丰富而宝贵的经验。

孙荫亭指挥的合唱团员们普遍有一种感受，在他的指挥带领下，歌唱演员容易激发一种情感和想象。他带的多个合唱团数十次参加国内外大赛并屡获佳绩。1999 年，他率领"小花"代表中国参加在西班牙巴塞罗那举行的第 14 届国际音乐节，获得民歌合唱组的大奖和最佳表演奖，他本人也被中西友好文化交流协会聘为特约理事。2000 年，他与贵州省音乐家刘致民改编创作的《夕阳红畅想》在全国第二届夕阳红电视大赛中获得改编部分最高分。他先后多次获得优秀指挥奖，北京、广州、烟台、武汉等十多个城市还邀请他去讲学，受到广大合唱艺术爱好者的好评。

出了名的孙荫亭整天总是在忙碌。工厂、农村、学校、机关都能看到他指挥的身姿。许多人劝他，有了名气最好带"好"团，否则会砸自己的牌子。他则认为，只要是发展群众合唱艺术，什么样的队伍都可以带而且还要想办法带好。贵阳十三中相当一段时间发展缓慢，为提高该校教学质量和学生素质，孙荫亭下决心在此义务进行合唱艺术教学。在他的指导和老师同学的努力下，2000 年，该校合唱团参加全国城市少儿童声合唱比赛获一等奖，同时荣获全国优秀童声合唱称号并成为全国 12 个童声合唱训练基地之一，素质教育的开展，提高了教师和同学们的积极性，克服了自卑心理。去年该校一些同学中考获得 500 多分的好成绩，令社会刮目相看。去年 11 月，还被贵阳市命名为贵阳市音乐教科基地，配备了电声教学板、钢琴等器材，提高了音乐教学水平。多年来，孙荫亭义务为省老干部合唱团指挥训练，去年 10 月，该团参加由文化部、中央电视台举办的第二届"夕阳红"电视合唱大奖赛，荣获金奖。在许多老同志心中，合唱艺术已成为晚年生活的精神大餐。

年届六旬的孙荫亭身心年轻，对合唱艺术执著热爱，他说，是贵州这片热土培育了他，是贵州合唱艺术的实践和丰富的民族音乐滋润着他。"没有不好的合唱团，只有不称职的合唱指挥。"为了追求合唱艺术的最高境界，他愿不断努力。

原载《贵州日报》2001 年 2 月 16 日第 8 版

高雅艺术走进少管所

1995 年 7 月 10 日。贵定县少管所礼堂座无虚席。

不是开会，也不是听报告，是省音乐家协会组织的由省艺专小提琴副教授姜筑和省民院艺术系钢琴讲师伍晓原联合演出的中国小提琴作品独奏音乐会，在这里拉开帷幕。

早就听说姜筑副教授为振兴高雅艺术的一份执著和奉献，今天，能在这种特殊的场合里欣赏这样的音乐会，心头别有一番感慨。

台下的观众多是不满 18 岁的少年犯，姜筑心里早有准备，演奏前的一番话使"特殊观众"鸦雀无声。"孩子有了错误，母亲应当责罚。但孩子需要教育，需要全社会的关心和爱护。我衷心希望你们珍惜时光并等待你们重返社会。"亲切的话语如淙淙溪流淌进枯萎的心里。少年犯凝视着台上的姜筑，随着旋律，进入了音乐的世界。

姜筑老师演奏的以世界名曲居多，面对这些"特殊观众"，姜筑和伍晓原认真排练了具有民族风格的音乐会。不言而喻，他们是想通过这台音乐会，让孩子们感受到民族音乐艺术的魅力，唤起他们对生活的热爱。

"《春节序曲》，是我国东北地区的代表音乐，曲子欢快，抒情优美，如同人们在叙家常，浓郁的节日气氛给你一种亲临其境的感觉……"姜筑演奏前简明扼要的讲解，是让观众能够理解音乐，让人们进入音乐世界的意境，感受到浓烈的乡情和淳朴的乡音以及那热闹的场面。

蒙古族代表作品《牧歌》宁静优美，广阔深远，姜筑揉弦连弓的演奏，让人仿佛看到在月光下那一望无垠的草原，弓上的力，弦上的情，一起糅进了人们的心中。

以大海为背景的广东音乐《丰收渔歌》抒情悠扬，仿佛就是一幅画，人们因幸福而陶醉，为丰收而欢唱，点点渔舟，带走的是人们的希望和憧憬。

《梁祝》、《苗岭的早晨》、《花儿为什么这样红》、《苏北之春》等十多首曲子丝丝入扣引动了孩子的真情。每首曲子演奏完毕，台下总是发出阵阵掌声。

一位曾在贵阳市"小花"艺术团受过训练，因犯抢劫罪判刑七年的孩子听完音乐会后告诉记者："听了这些曲子，觉得心里静得很，听得让人想家。"

少管所艺术班的雷涛是学拉提琴的，他说他第一次听到这样好听的曲子，心里觉得很舒畅。

来自六枝的孙正强原来很喜欢流行音乐，不知为什么，他慢慢感到厌倦。他特别喜欢《梁祝》、《花儿为什么这样红》，两位老师的演奏让他眼界大开。

已过天命之年的姜筑和伍晓原，今年在安顺、毕节、六盘水等地义务演出了16场，少管所是第17站。谈起这次演出，姜筑满含深情地说："作为一门艺术，高雅音乐应该有它存在的空间。这些年来，流行音乐充斥生活空间。流行音乐仅仅是一种本能欣赏，而高雅艺术却是智能欣赏。孩子们需要高雅艺术的熏陶，从中净化心灵，培养高尚的情操。"

音乐大师舒曼说得好："照亮人类心灵的深处，乃是艺术家的使命。"

一场演出，并不奢望能起多大的作用，但作为艺术教育工作者，他们是在尽一份心去演奏。如果孩子们多多少少能从中悟出点什么，这便是姜筑、伍晓原老师的希望。

原载《贵州日报》1995 年 7 月 12 日第 8 版

聆听肖邦

是傅聪为我们带来了肖邦，从异国他乡、从夜的深处。

清风临水一般掠过琴键，那美妙的琴声便像是荡漾起一圈圈清澈动人的涟漪，坐在钢琴前的傅聪，和肖邦叠印着，变成了一位诗人，他将肖邦的作品演绎成为一首首透明的诗，鸟儿一样扑扇着翅膀从黑白键中飞出来，那些才华横溢、乐思简练、情调丰富的前奏曲，那最富有诗意、被誉为"抒情诗篇"的《波洛涅兹》二首，如歌如诉、如怨如慕的 G 大调《第一叙事曲》，挥洒自如的马祖卡，还有《第三叙事曲》……

聆听肖邦，能够听到天籁般纯净的自然、色彩缤纷的田园，听出静谧，听出飘逸，听出华美，听出典雅，听出夜色如水、心律如歌，听出和风送香、竹露滴清，但是，听肖邦，毕竟还能听出阴郁、痛苦、焦虑和庄严。

听肖邦，其实也就是在听傅聪。他是用肖邦的乐曲在钢琴上诉说着自己，或者是在和肖邦诉说着彼此，只不过钢琴上的肖邦是年轻时的肖邦，他去世时还不到四十岁，而钢琴旁的傅聪已是年近七十的老人了，听傅聪便多了几分沧桑和达观。除了年龄的差别，他们的命运、情感、天性和对音乐的感悟、感觉，使我想起二十年前傅聪自己说过的话："我觉得，肖邦呢，就好像是我的命运。我的天生气质，就好像肖邦就是我。"

肖邦的一生里，创作出的所有作品都是钢琴曲，最大部头的便是那两首钢琴协奏曲了。一般来说，一个音乐家，在他的艺术走向成熟的时候，都想尝试一下交响乐和歌剧，就像一个作家在他写了短篇、中篇小说之后，都想染指长篇小说一样。在人们的评价和意识里，辉煌的交响乐、歌剧和长篇小说才是一个大师的标志，是艺术的里程碑。

肖邦偏偏不这样认为，他自己说过，淳朴发挥了它的全部美丽，是艺术臻于最高境界的标志。因此，他不会背弃自己这个信条，将他认为最能够同时又最适合作为标志的钢琴让位于交响乐和歌剧。他用他全部的生命致力于他最热爱的钢琴音乐中，从未心有旁骛，专一而专制，这是别的音乐家所无法比拟的。

由于受到父亲傅雷的影响，傅聪对中国的文化也十分精通。这使得他把东方文化很自然地融于西方音乐之中，从而丰富了西方音乐。傅聪先生一生热爱音乐。即使他的手疾时常给他带来干扰，但也阻挡不了他每天坚持练琴数小时。他为人谦和，他常说："第一做人，第二做艺术家，第三做音乐家，最后才是钢琴家。"此次傅聪 2002 年中国行已在沈阳、西安、重庆、成都、贵阳等地演出，这些城市是傅聪从未到过的地方，他希望让更多的人热爱音乐，也了解他这样一位无愧时代的音乐大师。

原载《贵州日报》2002 年 11 月 22 日第 8 版

章铭绩和他的黔灵歌咏队

周末，逛市西路小商品市场，走在熙熙攘攘的人流中，附近的市西路小学有阵阵悦耳的歌声飘来。

寻歌而去，找到市西路小学二楼教师办公室里，满屋子坐着一群鬓发斑白的老人。原来是贵阳黔灵歌咏队的队员们在练歌。一位戴着眼镜，神情专注的老人正在聚精会神地弹钢琴伴奏，还不停地指教。他就是这个歌咏队的创立者兼教练章铭绩老师。

四年前，章老师带头成立了这个歌咏队，手把手教队员唱歌到今天。说到章老师和歌咏队，洪群宣老人充满了感激之情。

1992 年，洪群宣从工作岗位上退了下来，老年生活该怎么过？她一时也说不清楚。她不愿打麻将，也没其他爱好。亲友们劝她说还是去黔灵山锻炼一下身体吧！1996 年的一天，她到了黔灵山的弘福寺，看见一群与她年龄相仿的人在唱歌。她驻足静听后又仔细打听。教唱歌曲的章铭绩老师告诉她，只要你想唱歌就可以加入歌咏队。于是她成了歌咏队的一员，参加了音乐初级班的学习。令她感动的是，爱人得了重病，歌友们不约而同地到家中看望并伸出了援助之手。

原贵阳市五交化工会主席李泽民在没有退休时就加入了歌咏队，理由是这里有一个教学经验丰富的章铭绩老师。四年多来，他在章老师的指导下，音乐知识和音乐理论以及唱歌技巧都有了长足的进步。他觉得唱歌不是年轻人的专利，经历人生的风风雨雨后，唱出来的歌会更加有滋有味。比他更自信的是七十多岁的老人姚培义，这位老人年轻时喜欢拉二胡但不怎么会唱歌，在园林科研所工作的孩子对他说，黔灵山有一支歌咏队，何不去听听看看？这一听一看，老人从此不再闭门拉"病中吟"，而是与歌友们唱起了"光明行"。

诸如这样的故事还很多。

章铭绩老师退休之前是省艺专声乐系副教授，在贵州省声乐界颇有影响，何以喜欢上一群离退休的老人？这要从他退休以后的生活谈起。

1987年，章铭绩退休以后常到黔灵山爬山锻炼身体。在空气清新的黔灵山，偶尔听到有人唱歌，他的心就激动起来，他心想，要是这里常有人来唱歌该多好！一次，遇到在黔灵山锻炼的熟人，都是音乐界的同行，大家就商量办起了歌咏队。就这样，闻讯而来的人络绎不绝。有离休的老干部，有刚退休的小学校长、大学教授、党委书记，就连在外地工作退休来到儿女身边的老人也纷纷加入。他们中间，小的五十多岁，年龄最高的八十多岁。

章铭绩从此与这些老人结下了不解之缘。他从自己订的《歌曲》、《音乐周刊》、《音乐周报》等十多种音乐刊物中精选出适合老年人唱的歌曲，自己刻印复印分发给队员。章老师还根据歌友的水平办了普及班和提高班。如今，队中一百多名学员都听过章老师系统的讲课。原《贵州日报》退休编辑曾凡国说，过去几十年都忙着工作，没有时间唱歌，科学发音更谈不上，在这里一年，还真的学到不少音乐和声乐知识。

虽年过七旬，但每次为歌友们伴奏时，章老师都忘情地投入，有时一弹奏就是好几个小时。有人笑他，说培养点儿年轻人以后还能出名，围着一群老头老太太，唱得再好又有什么用？章老师却说，我们建队时的宗旨就是老有所为、老有所乐、健康身心、自娱自乐，这一点是无法改变的。几年的风风雨雨，章铭绩老师悟出了一个"淡"字，淡泊生活，淡忘年龄，淡于名利并乐在其中。

快到中午一点钟了，老人们仍恋恋不舍，在章老师的伴奏下，大家唱起了《1999 的祝福——澳门歌谣》：举起一束金色的迎春花，献给 1999 年，唤来一群欢唱的百灵鸟……那歌声一直在我的心头荡漾……

原载《贵州日报》1999 年 8 月 27 日第 5 版

姜杰印象

3 月 2 日，是北京市手风琴钢琴学校校长姜杰捐资 21 万元而建的中央音乐学院计算机语音测听教室落成的日子，这是中央音乐学院竞争全国重点大学的必备硬件。当学院师生期盼着姜杰出席落成典礼时，姜杰却收拾简单物品，登上了北京至贵阳的飞机。

姜杰此行到贵州，是为了看望他去年 6 月在清镇办的姜杰手风琴希望班的孩子们。

乍暖还寒的季节，高原上空飘着毛毛细雨。比起北京明晃晃的阳光，姜杰微感寒意。顾不上到商店购买需要的毛衣，下午就乘车来到清镇市红枫湖儿童文化园。

手风琴希望班的孩子们听说姜杰叔叔要来的消息，早早地就在文化馆里翘首等待，家长们更是喜出望外，早就想看一看为孩子们提供帮助的姜杰校长。

1998 年 10 月，姜杰应贵州省手风琴学会邀请，专程来贵阳市群众艺术馆讲课，身为中央音乐学院手风琴考级的专家主任，对贵州手风琴的教学取得的成绩给予了充分的肯定并提出了中肯的意见。在贵阳市百花影剧院四楼的音乐厅里，他看到家长的期望和孩子的渴求，他没想到，远离北京的贵州，会有如此众多的音乐爱好者。然而，使姜杰为之动容的是他去遵义娄山关的山道上。

崎岖的山路上可见巍然耸立的山峰，山峰的隐处可见户户农家。10月，是收获的季节，田野里一片金黄。使他激动的是在山峰深处的小学里飘动着的鲜红的五星红旗，那时姜杰胸中涌起的不止是毛泽东那气势磅礴的《忆秦娥·娄山关》，还有对祖国母亲的热爱。这热爱，包含了对祖国未来的期望。

也正是有了这样的感情，他决定向边远的贵州捐献他的第一批姜杰牌手风琴，希望这里的孩子能像首都的孩子那样，接受音乐教育。贵阳市群众艺术馆收到姜杰捐赠的七台漂亮的手风琴后，决定送给红枫湖儿童文化园。于是，市群艺馆音乐教师韩树林、贵州民族学院音乐系教师殷琪、贵大艺术学院音乐系教师陶然义务为该园的孩子们上课。日复一日，月复一月，功夫不负有心人，当看到十多位孩子在短短的几个月时间里学会了一些基本指法和曲目进行现场表演时，姜杰的眼里充满了激动。当众多的家长赞扬姜杰校长为清镇培养音乐人才而作出的努力时，姜杰谦逊地说，他最多起到了三分作用，四分作用是贵阳市群艺馆的同志们，另外三分则是聪明可爱孩子们的努力。

无须过多的语言，姜杰无声的行动证实了一位追求者的无私奉献。姜杰这样对记者说，这是他应该做的。

姜杰对发展群众文化，似乎有一种天然的情缘。他的父亲曾是大连市群艺馆的领导，在艺术氛围中长大的姜杰，对音乐产生了极大的热情。1971年，他考入中国人民解放军总政军乐团，当上了一名专业手风琴演奏员。大概是16岁就到文工团和19岁就加入共产党的缘故吧，年轻的姜杰每每演出时，总有一种气定神闲的自信。许多人还记得20世纪七八十年代，多次在电台里播放的用木琴和手风琴演奏的乐曲《小骑兵》、《小松树》、《我爱北京天安门》和《快乐的女战士》等，担任手风琴演奏的便是姜杰。在军乐团学员队，他自学完中专音乐课程，参加演出近千场，随后毕业于中央民族大学音乐系。部队，似一座冶炼人的熔炉，使他的思想、人格、业务得到磨砺而趋成熟。

"三十而立"之际,姜杰脱下军装,进入北京市文化局,成为北京市群艺馆的音乐教师。不久创办北京手风琴学校,发展至今。如今,这所学校除在繁华的西单高登大厦劝业场四层有学校总校和姜杰钢琴城外,还有航天桥、方庄、东城区、石景山区、海淀区、燕山、平谷、河北涿州等九个分校。学校有教师三百多人,员工五十多人,学生六千多人,融购琴、学琴、考级、比赛、演出、讲座等于一体,他亲自监制的"姜杰"牌手风琴以风箱严密、声音优美在全国手风琴界独树一帜,他的作品《姜杰手风琴录音、录像、文字、乐谱系列教程》、《手风琴演奏教学法》被众多师生采用并获好评。

姜杰让人很难分辨出他是音乐教育家还是企业家。但他说自己永远是一名音乐老师。他喜欢将音乐教育事业和发展经济结合在一起,而且声称:要做就做最好。姜杰非常喜欢雨果的名言:"文字、数字、音符是开发人类智慧的三把钥匙。"主张学生学习和演奏乐器要表现思想、精神、方法、意志和情感,达到古人所言:"演奏乐器,可通天下之志。"他的办学目的是:"我们培养的人,不仅要送往音乐学院,而且还要送往北大、清华等高等院校。"让他们的思维、想象、表现等综合能力在音乐造诣中发展,让音乐能给他们以丰富的想象力、严谨的思维能力和大胆的发现。

由于办学成绩突出,学校还荣获国家文化部"全国少年儿童文化工作先进集体"称号。令中国手风琴界大为赞叹的是,姜杰个人出资一百多万元举办了六届中国国际手风琴艺术节,今年8月,在北京世纪坛还将与中央音乐学院、文化部的外联部主办第七届手风琴艺术节,除此,还在北京成功举办了两次手风琴千人大合奏。最近,在中央音乐学院领导和手风琴老前辈的支持下,经过姜杰的努力,我国的最高音乐学府中央音乐学院2000年首次设立了手风琴专业大专班,并希望以后设立本科班,将来能和巴黎、伦敦音乐学院一样设立手风琴系。姜杰自称这是他一生中做成的最重要的一件大事。

姜杰相信未来时代是以实力发言的时代。他认为，整个世界的文化、经济在交流、变革中发展进步。奋起直追是当前首当其冲的任务，他信奉奋斗哲学，要发展事业。要多做事情，把壮志豪情的英雄主题融于凝重深情的宣言之中。

姜杰在离开筑城的那个夜晚说过，他还要为贵州捐上第二批手风琴，让更多的孩子们能从此走入音乐世界。因为，这是他在北京、河北涿州之后的又一个点，情系贵州，是因为他心中有一个红色情结——神往革命圣地遵义、娄山关。

姜杰，中国手风琴协会副会长，北京市手风琴协会会长，北京民族大学艺术系主任，中央音乐学院手风琴考级专家主任，我国第一所手风琴学校校长，被音乐界誉为靠音乐本身发展文化产业的成功之首。

原载《贵州日报》2000年3月24日第5版

小号伴随他走向世界

——瑞士小号演奏家聂影印象

10月14日，阴雨，一个稍有凉意的夜晚。周末的街头，没有往日喧闹繁杂的人群，街头闪亮的霓虹灯、广告牌点缀着省会贵阳。在省文联九楼，一台别具一格的演奏会吸引了不少音乐爱好者。瑞士小号演奏家聂影娴熟流畅的小号演奏，让人们度过了一个愉快而又难忘的夜晚。

他的演奏，让人们认识了小号是一种多么诱人的乐器。短短的两个小时，他所演奏的曲目横跨了两百多年，从斯泰格尔斯的《威尼斯狂欢节幻想曲》到亨德尔的《快乐的铁匠变奏曲》，还有19世纪意大利作曲家贝利尼的歌剧《诺玛》主题与变奏，到比才的歌剧《卡门》主题与变奏，他的气息在音乐的旋律中跳跃奔流，使人们感受到与时代背景吻合的作品里表达的音乐形象。他用地道的贵阳话向家乡的广大小号爱好者讲述作品，丝毫没有"家"的傲慢。格什温的《蓝色狂想曲》表达的是美国黑人作曲家对生活理想的憧憬，是对那个贫富不均的社会的抨击。人们随着他的演奏进入了美国花花世界的大都市，一股沉郁悲切的美国黑人爵士之风，使人联想到那令人不平的生活。他轻轻地加上了弱音器，小号的声音变为一种升起的希望，给人以心灵的慰藉和安宁，给人以理想光明的希望。短短的时间里，他向筑城广大音乐爱好者尽显他的艺术才华，又一次给自己留下了难忘的回忆。

聂影拿着心爱的小号说，走进文联的大楼，面对无数张熟悉而又亲切的面孔，为家乡的父老乡亲和朋友、观众们演奏，是他最幸福的时刻。他说，他是从这里飞出的，这里给他太多太难忘怀的记忆，而此时此刻，他的眼眶满含泪水。

聂影，1963年生于贵阳市，在文联大院里长大。小时候，每天最让他开心的事情就是站到大院楼上吹小号。他就读的科学路小学（现达德小学）的许多老师和同学都知道他是一个小号迷。1977年，14岁的聂影考入中央音乐学院附中，1982年，考入中央音乐学院本科。1986年聂影代表中国参加在匈牙利布达佩斯举行的国际小号比赛并获奖。聂影以优异的成绩毕业于中央音乐学院留校任教。1987年获英国政府的奖学金赴英国留学并获英国皇家音乐学院文凭。1989年至今定居瑞士从事小号演奏和教学工作。

谈起自己事业的发展经历，聂影除不忘他的老师范由群等外，最难忘怀的是他的成名引路人菲利浦·琼斯。这位老师是聂影参加匈牙利比赛时的世界小号评委之一，当时中国有四名选手参加，日本也有四名选手参加。当听完日本选手和中国选手的演奏后，他发出连声的赞叹：中国小号选手的演奏有着自己独特的个性，他们的感情以及对艺术的理解完全是出自内在的东西。但从技术方面看，日本在演奏上有较先进的技法，尽管他们的模仿性很强。琼斯当时是英国皇家音乐学院院长，他看上了聂影的发展潜力，动员聂影到英国留学。

聂影说，正是这位老师，交给了他一把打开小号演奏大门的钥匙，他的吹、吐音以及气息的把握，让聂影很快进入一个新的领域。聂影和老师通过多年的探索，还准备出一木《R班小号教程》，这本被人们称为"小号圣经"的书即将由北京人民音乐出版社出版时，琼斯老师不幸在半年前患了癌症，他连这本书的序言都没来得及写就离开了他所热爱的小号。说着，聂影痛惜地流下了热泪。聂影说，这位没有孩子的老师一直把聂影当作是自己的儿子，听说聂影要买一把小号，他就把自己心爱的最后一把小号赠予聂影，就连他手上戴的一块瑞士名表也在去世之前留给了聂影。表的背面刻下了他和聂影的名字和他去世的日子——2000年1月17日。

聂影从老师那里学到很多的东西，知识、艺术和生活。国外的教学和演奏，使他有机会与世界级的大师们交流学习，但他更大的愿望是回到家乡，让家乡的孩子们多得到一点信息。在筑的一段日子里，许多学习小号的小朋友前来请教，他毫不厌烦，他还为大家举办小号演奏讲座，使大家受益匪浅。

说到演奏和教学，聂影更倾心于教学。他认为，商品社会，演奏大多成了机械的赚钱，只有在对孩子们的教学之中，他才感到艺术和心灵的沟通，因为，艺术毕竟是感情和精神的再现。面对无数单纯可爱的学生，聂影说，他的学生才永远是他真正的老师。

贵州省著名小号教育家范由群这样评价聂影：他的演奏，达到了世界小号演奏的高度，他所选择的作品有扎实的功底和丰富的表现内容，聂影在向西方学习中更找到了自我，这就是一个中国人为艺术而献身的奋斗激情。

原载《贵州日报》2000年10月20日第8版

演绎一个真情浪漫的花溪之夏

——贵阳维也纳礼仪军乐团庆"八一"
花溪之夏专场演出侧记

　　8 月 3 日晚，贵阳花溪公园游客如织，为庆祝建军节，花溪之夏艺术节系列活动、贵阳维也纳军乐团专场军乐音乐会在公园音乐广场举行。这是继 7 月 13 日和 29 日在花溪举行的盛中国、濑田裕子小提琴、钢琴独奏音乐会，花溪公园音乐广场落成庆典及贵阳市歌舞剧院、省民族歌舞团民族歌舞晚会，浪漫花溪泼水狂欢活动之后的又一重大活动。

　　盛夏的花溪公园喷泉如雨，河水欢歌，给人遐思和畅想。音乐会上，军乐合奏《中国人民解放军进行曲》、《走进新时代》人们耳熟能详。而德国作曲家理查德·瓦格纳的代表作《双鹰旗下》则是中世纪浪漫乐派的象征，该曲成为军乐常奏曲目后常奏不衰，每一次演奏总能给人以鼓舞。勃拉姆斯的《匈牙利舞曲第 5 号》由巴罗编为管弦乐后，在全世界为人所接受。而此时军乐团的演奏，以雄壮奔放激越的乐声划破夜晚天空的宁静，把人们带进了弦乐艺术的柔美世界。贵州省著名萨克斯演奏家王付的萨克斯独奏《梁祝》和《回家》以及江忆年的长笛独奏《忧思》以哀婉缠绵、酣畅淋漓的表现，使人如临梦幻，如痴如醉。还有小号四重奏《巴比伦河》，乐手们把这首美国歌曲表现得恰到好处，从气息的控制到音色的展现，如泣如诉，我们仿佛听到那遥远而又清晰的歌唱："歌唱你巴比伦，我心上的河，故乡的河，你从我的心上缓缓流过……"听到这优美的乐声，你的心还能不为之陶醉？可以说，整台演奏，洋溢着军乐的皇家气派和高雅艺术的典雅，是贵阳维也纳军乐团一次真情浪漫的奉献。

　　成立于1995年3月的维也纳军乐团汇集了省、市专业演奏家和军乐爱好者。团长、法人兼该团指挥、司鼓的王健热爱军乐艺术，在他的带领下，七年多来，为满足社会各界的文化需求而乐此不疲。该团多次承担省、市、区政府及有关部门组织的庆典活动，如人们熟知的"5·28"、"8·28"、"8·18"系列全国乡企贸洽会、贵新高速公路贵阳至都匀段通车典礼、首届围棋节贸洽会、省政府贵州人口奖电视电话颁奖大会、西电东送第二批工程项目开工典礼、株六复线、内昆铁路全线开通通车仪式暨表彰大会。今年，还参加了甲秀广场开放仪式、世界人口日宣传、税收与公民、魅力飞扬等宣传活动，在参与省消协、云岩区消协及工商部举行的"3·15"国际消费者维权打假等活动中，分文未取，取得了很好的社会效果。该团还参加了全国新闻界新天杯乒乓球赛、贵阳海信30万台大屏幕彩电生产线竣工投产、海信工业园奠基等千余次活动，他们以威武之风和精湛的演奏，谱写了贵州省两个文明建设的新篇章。正因有了这种奋进的团队精神，吸引了一批优秀的军乐人才。曾在昆明军区、昆明世博会、武警军乐团的周青、陈静、王雨佳等在离开部队军乐团后直奔维也纳军乐团。她们的爱好和追求在这个广阔的舞台得到了展示。目前，该团已成功举办了五届贵阳市军乐演奏比赛，还为贵阳市南明区政府干部职工军乐团、清镇市团委、惠水民族中学等几十个单位培训了军乐人才，为贵州省军乐文化事业的发展作出了积极的贡献。团长王健对记者说，目前，该团正积极筹建贵阳市青年管乐演奏团，为更多的青少年提供锻炼和演出的机会。

原载《贵州日报》2001年10月20日第8版

歌海拾贝人

灯下品茗读罢王淳琰的歌曲专集《依依握别在深秋》，感觉到有一种清新的韵味。

王淳琰是贵州省音乐家协会常务理事，省文联《苗岭之声》副主编。他的创作十分严谨，作品旋律流畅优美。在音乐语言、曲式结构及音乐风格上，也处处洋溢着鲜明的民族特征和地方色彩。因而，他的作品很容易让人陶醉。专辑中，作品多以独唱式的抒情歌曲为主，舒缓的歌曲较多。由于受贵州民歌的影响，这些作品在体裁上还继承了民歌短小、精练及用音节省、曲调流畅上口等特点。读歌集中《依依握别在深秋》、《海峡夜歌》、《无名花儿开》等作品，就感觉这些特点较多地注入其中。这些作品，有的收入了他的《爱之梦》盒式磁带专辑中，有的被省电台作为"每周一歌"播放，有的被制作成 MTV 节目在电视上播出。鉴于他的成就，电台还专题介绍了他的创作经历和他的作品。

王淳琰是与新中国一起成长的新一代音乐工作者。在贵州生活的几十年中，贵州这块神奇的土地使他受益颇多。可以这样说，音乐是他生命中最宝贵的一部分。为何？因为从中学时代便开始学写歌词和尝试谱曲的他，就是在当知青的那段艰苦岁月里，也没有放弃对理想的追求。

他用歌曲这一形式倾诉自己的情感，他用歌曲这一形式抒写对生活的体验。看他收入专集中的作品，有的赞美了少年时代纯真的情怀，有的赞美了慈祥的母亲，有的是对甜蜜爱情的咏叹，有的是对锦绣山川的歌唱。

不知是否可以作出这样的结论，这本集子既有他人生旅程的生活轨迹，又有他的艺术激情凝结其中。

王淳琰是从坎坷的逆境中走出来的，因而对艰苦的生活有着深刻体验，这就使得他在创作中能为其作品注入深厚的内涵。生活中有苦也有甜，所以他对生活的那种深深的挚爱，又让他的作品蕴涵着一股浓浓的情怀。这一切，正如中国音乐家协会书记处常务书记、著名音乐学家冯光钰为该书作序时所言："淳琰能写出这么多佳作，是生活给予他最好的馈赠。他的创作得益于他能深层地了解和熟悉生活，因而他的歌曲既生动又好听。"

原载《贵州日报》1997 年 5 月 16 日第 6 版

园丁之歌

——听贵阳市教师合唱团音乐会

1997 年 12 月 19 日晚，贵阳市云岩区少年宫剧场座无虚席，省音协、省合唱协会和贵阳市教委、市教育工会在这里联合举办了贵阳市教师合唱团合唱音乐会。从一曲曲动人的歌声中，人们领略到了一种迷人的风采。

成立于 80 年代初的贵阳市教师合唱团，现有团员六十余人，分别来自贵阳市各院校。这是目前贵州合唱艺术中的一支劲旅。多年来，该团提倡高雅艺术，推广严肃音乐，多次在全国和全省合唱节中获奖。

听这样的演唱，是一种享受。从混声合唱《啊！老师》、《把我的奶名叫》、《祖国颂》中，我们强烈地感受到了歌声传递的情感。女声合唱《美丽的梦神》，是美国作曲家福斯特的一首名曲，柔美而富有弹性的女声，音质纯净清澈，透过歌声，我们仿佛看到了异国女性对生活和爱情的向往与追求。无伴奏合唱在合唱艺术中占有特殊的地位，因而欣赏教师合唱团的无伴奏合唱《撒麻歌》、《牧歌》、《卡林卡》，可以从不同民族的音乐风格中感受到自然和谐的人声之美。听这组歌曲，可以看出教师合唱团力图学习中西方传统文化的一种实践和探索。

合唱团近年来还演唱了由贵州省作曲家创作的歌曲，这对促进贵州省音乐创作起到了普及和推动的作用。杨小幸、孙荫亭、崔文玉等创作的《踩鼓》和《高原，我的家》，就在其中。这些富有浓郁的贵州气息和时代精神的贵州本土音乐作品，通过他们的演唱，会让更多的人了解贵州。

判断一个合唱团成熟的标志之一，是能否演唱不同风格的合唱作品。不管是混声合唱《小夜曲》还是男声合唱《含苞欲放的花》，不管是《娄山关》还是《怒吼吧！黄河》，教师合唱团的演唱都轻松、自然、朴实，它不但向观众显示了合唱艺术的多样性，更通过对声音的驾取显示了教师合唱团对音乐作品本身的理解和审美，让人们认识到高雅艺术本身就具有经典性的含义。

教师合唱团不愧是园丁的合唱团，他们不仅通过合唱艺术本身，提高教师的形象，还通过这次活动，纪念贵州省音乐教育家、该团的老团长余德玲老师。

原载《贵州日报》1997 年 12 月 26 日第 8 版

含英咀华谱心曲

——访贵州省"五个一工程"音乐作品奖获得者罗斌

"雪峰上落下一颗最亮的星，牵动着亿万个流泪的人。这世上少了一个最好的人，叫雅鲁藏布江也分外伤心……"

山东词作者吕永清这首歌颂孔繁森的歌词，通过小小的《歌词月报》，深深地打动了贵州作曲家罗斌的心，于是，齐鲁大地与贵州高原合奏了一曲时代的颂歌，这就是 1996 年入选"五个一工程"的音乐作品《最亮的星，最好的人》。这首歌，不但在全国入选的 21 首歌曲中排行第七，而且最近还荣获 1996 年中国广播歌曲金奖第一名……

一

这是一条奔流不息的生命长河，它的源头在喜马拉雅山。创作这首歌曲，倾注了罗斌对音乐事业的满腔热情，是他对雪域高原那份真爱的升华。

1955 年，从部队文工团下到地方的罗斌以优异的成绩考入四川音乐学院作曲系。当又一次告别家乡石阡时，罗斌内心深处发出激情的呐喊："我是大山的儿子，我要成为真正的作曲家!"

1958 年，罗斌毕业，分配到西藏歌舞团。

"那时，西藏生活极苦，可我热爱西藏的音乐，便觉得一切都是美好的。"随着这深情的追忆，罗斌生活的雪域之旅便在小屋里弥漫开来。

为收集音乐素材，他曾弃马登上终年积雪海拔 6300 多米的前沿哨所。之后，他的第一首西藏民歌《歌唱共产党》在《音乐创作》上发表，并随之在国庆 10 周年的中央人民广播电台的节目里播送。

罗斌爱西藏的民族民间音乐，弦子的悠扬、锅庄的雄壮、山歌的高亢及踢踏舞的欢快、明朗，一次又一次激动着他。他先后收集的千余首西藏民间歌谣，为日后的音乐创作打下了坚实的基础。

著名文学家雨果说过这样的话：艺术家永远不回避生活的挑战。而罗斌创作生命里的一处处关山，便是在这种"不回避"中从容度过。

不少中年人都熟悉那首以毛泽东《黄鹤楼》为词谱写的歌曲，曲作者正是罗斌。在作品中，他吸取了丰厚的藏族音乐，歌曲在1960年第1期《音乐创作》上发表后，立即被全国二十多家刊物先后转载。1990年，这一作品不仅入选《百唱不厌歌曲》，还选入全国音乐院校声乐教材。

正当他满怀激情投入创作时，人生的旋律却降到了低调。他莫名其妙成了"内控对象"而被调到沿河自治县。这一去，就是13年。

生活在罗斌心中，痛苦和欢乐都是相伴而来的财富，罗斌同时还清晰地记得，当年一位姓肖的同志对他说道："小罗，你现在不是专政对象，要好好干。"妻子的关心与老肖的话，对罗斌是莫大的鼓励，不久他便打起背包到了沿河最边远的塘坝区搞社教，与群众同吃同住同劳动，并利用业余时间收集整理了一千多首土家族民歌和花灯调。

粉碎"四人帮"后，罗斌调入铜仁地区文化局搞创作。当时的他，充满了对新生活的渴望和对美好理想的憧憬，当年创作的一首《献茶歌》再次在全国打响。

1988年，罗斌调入贵阳市歌舞剧院任专业作曲，生活向他露出了笑脸。从此，他心中"燃烧着欢乐的火焰"，拼命地赶路，拼命地创作。

三

到目前为止，罗斌先后获奖88项，是贵州省获奖作品最多的作曲家。而第88个奖，便是罗斌视为创作生命最高奖励的"五个一工程"奖。

一首词，就像一个椰子，当音乐这把刀将它劈开时，香甜的椰汁才会如泉涌来，但这需要作曲家非凡的功力和才华。

离开罗斌家时，已是夜晚11时，而他又坐到了钢琴前开始了他的创作，因为年过花甲的罗斌老师有一个愿望：争取拿到100个奖。看来，这个目标已为期不远。

原载《贵州日报》1996年11月8日第5版

为高原发出内心的喝彩

——记贵州省青年作曲家崔文玉

继贵州省作曲家罗斌《最亮的星，最好的人》荣获第五届全国精神文明建设"五个一工程"作品奖后，贵州省一级作曲家崔文玉作曲的歌曲《高原，我的家》，以其高昂奔放充满情感的动人旋律，获得1996年全国广播新歌金奖和第六届全国精神文明建设"五个一工程"作品奖，为贵州省音乐创作和精神文明建设再添辉煌。

深情缘于真爱

《高原，我的家》的词作者韩文英，是贵州艺专的钢琴教师，也是崔文玉的妻子，他俩缘于音乐，音乐的魔力使这对夫妇的生命里多了些情感的音符和载体。

或许是太热爱自己的家，也或许太爱这块多情的土地，在相互的结合中便多了一个话题，想通过音乐创作表达对家乡的热爱和赞美。他俩都生于斯长于斯，讲起贵州的山山水水风土人情，都是那么投入地流露着真情。一提到高原，一提到贵州，在一般人的眼里是偏远和贫穷，更有一些人出了远门不愿说自己是贵州人。掩饰自己的后面是一种强烈的自卑感。激起人们爱家乡的情感，扬起人们的自信心，让更多的人了解和热爱贵州，是艺术家的使命。酝酿许久，一曲《高原，我的家》歌词诞生，韩文英在歌词里这样赞美心中的家：回家，我要回到高原我的家，我要回到梦中的家，那里的山水特别绿，那里的太阳特别暖，那里的姑娘多么美丽；那里的小伙实在壮，那里人民心好又善良，那片土地深厚又宽广，这里就是我的家。回家，我要回到梦中的家，那里春光特别明媚，那里四季美如画，那里芦笙多么悠扬，那里飞歌格外亮，那片高原神奇又灿烂，那片土地深厚又广，这里就是我的家，我要回到高原的家，回到梦中的家。

如果说，一首好的歌词是一个成熟的胚胎，那么，插上音乐翅膀就能展示生命的飞翔。为了这腾飞的翅膀，崔文玉投入了艺术的激情和对生活的爱。

执著,有着更高的追求

熟悉崔文玉的人都知道，这位作曲家是以擅长交响乐的创作而立足于贵州音乐界并走向全国的。1987 年，崔文玉一部《第一钢琴奏鸣曲》在上海国际音乐比赛中荣获第二名。之后，其作品《两支长笛与钢琴组曲》、《苗岭随想曲》、《韵》、《黔岭素描》钢琴组曲等多次在省内外获奖，一批以贵州高原为题材而创作的歌曲令人喜爱，并被多家电视台和音像出版社录制和发行。崔文玉对这片热土所寄托的情感难以割舍。

1968 年，崔文玉毕业于贵阳十三中，"上山下乡"的热潮催动着这颗少年的心。背着母亲，他把家中的户口簿"偷"了出来，来到偏远的黔南荔波县插队落户。那年，他才 16 岁。艰苦的生活、繁重的劳动没有磨灭他对艺术的热爱，他多么想有架属于自己的扬琴，在远离家乡的深山之中寄托对亲人的全部情感。他不好意思张口朝母亲要钱，却给在望县林业局工作的哥哥写了信，哥哥给他寄了 20 元钱。后来，母亲又给他一个存折，上面仅有 30 元存款。崔文玉的父亲于 1961 年去世，是善良的母亲含辛茹苦抚养大几个孩子，这 30 元钱，是母亲对儿子的一片厚爱和希望。50 元钱，使崔文玉欣喜若狂，他终于有了一架属于自己的扬琴。

1970 年，他参加县宣传队后又参加了全省样板戏会演，尔后留在了黔南州歌舞团，那是他艺术生命里一个崭新的起点。踏进艺术大门的崔文玉幸运地遇到许多从音乐院校毕业出来的大学生。如曹昕华、江德英、李继昌等。在这浓厚的艺术氛围和学习环境里，他又接触了钢琴和手风琴，他如饥似渴地吸取丰富的艺术营养，打开了他认识音乐世界的视野。

1978 年，崔文玉以优异的成绩考入四川音乐学院作曲系，神圣的梦想变为现实，他全身心地投入音乐的海洋，把过去无数闪光的感性认识上升为理性认识，为他步入音乐殿堂打下了坚实的基础。有了这份积淀，他以不凡的音乐才华走进贵州省音乐家协会，成了一名专业作曲家。

艺术,需要献身的激情

文化转型期是一个变化迅速的时期,是一个充满竞争和机遇的时期,同是也是一个喧闹浮躁的时期,令崔文玉兴奋和不安。一味地追求金钱,那将会失去"自我",不去吸收当今现代音乐的方式和技巧,势必会落伍。近些年来,崔文玉大胆借鉴现代音乐,在对电声和高科技的运用上做到与时代同步。目的只有一个,利用现代音乐手段为创作更好的作品服务。面对高雅音乐的寂寞,他似乎又多了一份成熟和冷静。培育观众,就要寻找让观众接受的方式。近几年来,崔文玉陆续写了一些歌曲。歌曲对于作曲家来说,算是音乐中的"小品"了,但小品却反映了作曲家基本的美学思想和艺术追求。在创作中,崔文玉力求将音乐中的器乐与声乐、通俗与严肃、传统与现代融合在一起,使其作品不仅在音响上具有较新颖和丰富的效果,又创造了新的音乐语言,形成了个人风格。《高原,我的家》,乐曲主体由电声部分组成,女声奔放洒脱自然的通俗音域里,放声抒怀高亢嘹亮,背景部分的男声伴唱则为美声唱法,浑厚悠远的音域深沉多情。歌曲中,我们看不到对家的伤感和离绪,而是充满了热情和朝气。整首歌曲,保留了民族民间乐曲和歌曲的韵味,从结构、和声到力度,紧扣贵州这个"家",在音乐形象的塑造中,做到情中有景、景中有情,高度概括了改革开放的贵州奋进多彩的精神风貌和山水风光的秀美,表现出现代贵州人对美好生活和未来的追求。在1997年中国贵州合唱节中,来自香港、海南、广州等地的合唱团听了贵阳市教师合唱团演唱的《高原,我的家》后,纷纷向崔文玉索要总谱。贵州形象,通过音乐这个载体,已被更多的人所青睐和神往。

已过不惑之年的崔文玉在艺术的追求中显得更成熟和自信,成绩的取得,并没有使他放慢前进的脚步。笔者在采访他时,又见到最近于北京录制完毕的另一作品《老支书》。这是今年他和同行们去大关村体验生活后创作的另一佳作。听到这首歌，仿佛走进生命与自然的交响乐中，作曲家通过音乐形象的立体塑造，把一个新时期带领人民脱贫致富的老支书刻画得神采照人。"山里人有你这样的铁汉，就是千年的石头也能谱写丰收的篇章，共和国有你这样的儿郎，就是万古的荒野也能铺满金色的霞光。"全曲一个呼喊式的旋律，荡气回肠。看得出，作曲家倾注了对祖国对人民的真诚热爱。用音乐描写故乡的山水和精神，使得他的作品中有着鲜明的艺术个性和风采。

原载《贵州日报》1997 年 10 月 10 日第 8 版

巴扬琴手风琴大师夏洛克倾倒筑城观众

8 月 17 日，一个连日雨中难得晴朗的天气。贵阳市云岩区少年宫剧场座无虚席，来自省内手风琴界的业内人士和手风琴爱好者在这里倾听了一场具有世界一流水平的精彩演奏，演奏者是俄罗斯顶级的功勋艺术家，当今世界最杰出的巴扬琴、手风琴大师奥列格·夏洛克教授。

大师演奏的自由低音巴扬琴，我们还是第一次看见。琴的右键与左边一样，算盘珠似的排了密密麻麻的一堆。看他手指轻滑移动的幅度，显然比国内传统的键盘式手风琴小得多。据省手风琴学会秘书长韩树林介绍，国内键盘式手风琴一个八度在这里可安三个三度，左手键盘也有三个半八度，因此，排列非常科学，演奏也很方便。难怪，巴扬琴发出的乐音那么有冲击力。

从夏洛克先生的第一个乐音蹦爆而出的那一瞬，整个剧场顿时悄然无声。紧接着，就是美妙的乐曲轮流鸣奏，如潮起潮落。全场观众此时如听涛者，无外行内行之分，全都被这汹涌而来的音乐潮水所陶醉、所震撼！仿佛被一个无形的领航人推行着、诱引着，潜入到一个幽蓝幽蓝的深渊中，在那里毫无畏缩地自由自在地漫游，如同进入古人"欲辩已忘言"的极妙境界！

整场演奏，夏洛克似乎一气贯成，如黄果树大瀑布垂流直泻，不论是《蓝色多瑙河圆舞曲》，还是李斯特的《匈牙利钢琴狂想曲》，不论是柴可夫斯基的芭蕾舞音乐，还是人们熟悉的两首俄罗斯民歌变奏曲《伏尔加船夫曲》、《三套车》，上、下半场的近二十首名曲让观众领略到大师的风采和巴扬琴那独有的魅力。当最后一首乐曲——俄罗斯民歌《红莓果》和加奏的《野蜂飞舞》奏响时，整个剧场的激情已全部化为整体的掌合节奏。此时，我分明看到人类的情感在这里会师，从而融合成一个新的巨大能量，一种本真的善和美的能量，它升腾而起，飘到无边无际的苍穹……就连台上的夏洛克先生也被这欢乐的狂潮所鼓舞，他激动地说："贵阳观众的乐感真是太好了！"

演出获得成功，人们由衷地感谢主办单位省民族学院音乐系、贵阳市群众艺术馆和省手风琴学会。是他们，为了发展和提高贵州省青少年和手风琴爱好者的音乐水平，引进了这样一台世界级的手风琴独奏音乐会，它为广大观众开眼洗脑，精神为之一振。由此我们看到了贵州省手风琴事业发展的美好前景和希望。

省手风琴学会会长殷琪和秘书长韩树林是这次音乐会的积极组织者。1996年10月，他俩曾在四川音乐学院听过夏洛克先生一个星期的讲课，眼睛为之一亮。从而认识到，手风琴是一个发展中的乐器。我国引入手风琴有六十多年的历史，但巴扬琴的引进，始于近些年。夏洛克先生曾在中国进行过四次讲学，贵阳的观众就是第四次的受益者。省民院音乐系和省群艺馆在经费极其有限的情况下各投入3000元，云岩区少年宫无偿提供场地，目的只有一个，让贵州省广大青少年和手风琴爱好者在学习的过程中少走弯路，多接受世界级的新事物，从而缩小与国内外的差距，看到贵州省巴扬琴手风琴教学和人才培养的晨曦……

奥列格·夏洛克1946年生于圣彼得堡，8岁开始学习音乐。15岁毕业于圣彼得堡音乐学院，并获得民主德国克林根塔尔国际手风琴比赛大奖。1973年以来，夏洛克一直是圣彼得堡里姆斯基·科萨科夫音乐学院的手风琴高级教授，担任国际比赛评委，并出任每年世界手风琴节日——波罗的海艺术节主席，在国际手风琴界享有很高的声誉。

原载《贵州日报》2002年8月23日第8版

欢聚筑城

7月注定是欢快的日子，因为来自香港、广州、海南、重庆和贵州的32支合唱团欢聚贵阳，参加了20日开幕的"'97中国·贵州合唱节"。

成立于1981年的香港屯门儿童合唱团此次应邀参加合唱节，全团人员兴奋不已。他们不顾旅途的疲劳，开幕式结束后便抓紧时间走台。当晚的演出，他们精彩的演出引来阵阵热烈的掌声。舞台上，小朋友手中的一支支蜡烛、一面面五星红旗和紫荆花区旗，把人们带入了那难忘的岁月。当两名男孩举起五星红旗和紫荆花区旗昂然走上舞台时，全场欢声四起。手足心，民族情，再一次把人们紧紧连在一起。该团总指挥区品贤先生说："在香港回归祖国的日子里，我们有机会参加'97中国·贵州合唱节'，与不同风格的合唱团交流学习，是值得珍视的。"那个"黔港情浓"的幅标，代表了他们最真诚的祝愿。

此次合唱节中，年龄最小的团队，要数中国民航广州幼儿园的小朋友了，他们当中，最小的只有三岁。建团两年，已多次在广东电视台亮相。团长周毅东告诉记者，为了使这次演出顺利，21名孩子有19位母亲自费跟随，支持孩子参加这样的活动。小朋友们的演出，活泼可爱，南国清新之风扑面而来。

这些孩子，在领略了贵州的真山真水及民族风情后，逢人便说："此行来贵州，印象不错！"

此次合唱节，著名指挥家马革顺、赖广益应邀出任评委。今年84岁高龄的马老完成此届合唱节评委工作后说："没想到贵州的合唱基础这么好。不仅有各行各业的领导支持，而且群众积极性极高，演唱水平，感觉也不错。"为帮助贵州的指挥家提高，马老不顾年迈，7月21日作了一次有关合唱艺术的专题讲座，使大家深受鼓舞。

中国童声合唱研究会副主任赖广益说，来贵州多次，每一次都有新的感受。他祝愿贵州群众性的合唱艺术花开四季。

原载《贵州日报》1997年7月23日第8版

为了热爱

——记贵阳市歌舞剧院歌唱演员王莉莉

细心的贵阳观众近年来都会有这样的发现，在省、市大型文艺演出中，总有这样一位嗓音圆厚宽广的歌唱演员向大家献出优美的曲目，给人留下难忘的印象。她就是贵阳市歌舞剧院优秀的美声唱法歌唱演员王莉莉。

"远去的大雁终有一天飞回自己的故乡。"熟悉王莉莉的观众和朋友们都这么说。1972年，14岁的王莉莉考取贵阳市曲艺团并从事京韵大鼓的学习，勤奋好学的她凭着一副好嗓子很快脱颖而出。业余时间，她还学习声乐。在省歌舞团胡大舜老师的鼓励下，1977年，她赴中央音乐学院成都考区考试并获得第一名，由于种种原因，她未被录取。同去考试的瞿小松、聂影走进了音乐殿堂。好强的她并未灰心，1978年，她再次赴京报考中央音乐学院，获得北京考区第一名。虽然最后又没通过政审未被录取，但她那优美淳厚的嗓音给考官们留下了深刻印象。同年，文化部所属艺术团体中央歌剧院调王莉莉并要她在歌剧《阿依古丽》中担任女主角，由于此时贵阳市要成立歌舞团，王莉莉便留下进了市歌舞团。抓住了这来之不易的机会，王莉莉更加刻苦，在宋树秀老师的指导下，在美声唱法和技巧上有了长足的进步。1980年，她首次在花溪之夏、苗岭之声艺术节上获第一名。1980年，她到中央音乐学院师从周美玉教授学习声乐，在学习西方音乐的同时广泛地学习本国优秀歌剧，在业务上有了质的飞跃。1982年结束学习后，她连续多年获花溪之夏、苗岭之声艺术节的一等奖。1985年，她参加全国聂耳、冼星海声乐比赛，以一首《黄河怨》获特等奖。之后，她参加本团排演的歌剧《芳草心》并担任女主角，荣获1985年花溪之夏艺术节最佳女主角奖。正当事业走入正轨时，商品经济大潮冲击着文艺舞台，没有戏演，失去了观众，王莉莉的心在流血。彷徨困惑之后，王莉莉作出了离乡的决定。她先是去了香港，后来又到了新加坡。为了心爱的艺术事业，她与新加坡新金国歌剧院签约，一天少则一两场，多则三四场，受到新加坡许多歌迷的欢迎。为了艺术的发展首先必须解决如何生存，王莉莉打工经商为事业的发展奠定了基础，可她梦里所思所想的还是歌唱艺术。《茶花女》咏叹调、《小夜曲》、《塞维利亚理发师》等终日在她心中盘旋。

　　王莉莉或许与生俱来就有一种忧郁感伤的情感，幼时父母离异，带着她的父亲未娶却离世而去，是姑姑把她带大。在她的心里，在现实的人生面前，有时更多的是无奈。终于，她抵抗了死亡，寻找到了新的生命之岸。当你真正体验痛苦、欢乐和失败，你的生活才真正开始。在王莉莉的心中，音乐，是旅行的另一种方式，人往前走的过程，其实也是向着起始之地的回返。1999 年，王莉莉带着希望回到了贵阳。在贵州省庆祝建党 80 周年大型文艺晚会上，她以一曲《英雄赞歌》让观众折服。在贵阳市世纪回响音乐会上，她那深情的《我爱你中国》赢得观众赞许。在歌剧经典音乐会上，她演唱的《江姐》系列曲目，让人们领略了歌剧艺术的魅力。

王莉莉说，回到贵阳，才觉得贵阳的变化是这么大，清新的空气让人整天都想唱歌。贵阳市文化局和团里的领导都为她创造了许多演出的机会。随着文艺舞台的繁荣，观众对演员的要求会越来越高。她最大的愿望是搞一次个人演唱会，用更多更好的歌回报广大观众。

原载《贵州日报》2002 年 5 月 31 日第 7 版

江德英和她的山韵合唱团

——访贵州省著名指挥家江德英

骄阳似火，江德英的艺术生命也在火中燃烧。不是吗？生命就是在这贵州高原上不知不觉又异乎寻常地度过了 67 个春秋。晚霞似火，江德英的艺术生命在山韵合唱团得到了恰如其分的展现，找到了自己精神的归宿。

1953 年，不满 18 岁的江德英凭着对艺术的热爱，在成都从数百名考生中脱颖而出考取了中央歌舞团。1955 年，中央歌舞团分出成立中央乐团合唱队，江德英以自己出色的女高音幸运地成为合唱队的一名队员。当时，著名指挥严良堃是该团指挥，但因去苏联学习，便由著名指挥秋里带队。艺术的实践和学习，加上名师的指导和训练，江德英业务上有了明显的提高。1959年，江德英以优异的成绩考取沈阳音乐学院作曲系指挥专业，一学就是五年。当时，正值国家三年自然灾害，虽然生活十分艰苦，但学习的激情始终如一，偶尔一次考试得4分（当时考试实行满分5分制）都会大哭一场，老师们都私下交流说，江德英的身上有一股拼劲，是干事业的料。当时，指挥专业的学生与作曲系的学生都要学作曲、和声、复调、作品分析和配器，她几乎把所有的业余时间都用在了学习上。如果说，中央乐团的艺术实践给她更多的是艺术感性的话，那么，大学五年的系统的理论学习为她音乐事业的发展打下了坚实的理论基础。1964年，江德英大学毕业服从祖国分配来到贵州。一个月后，分配到黔南州歌舞团任乐队指挥。一待就是八年。那时，团里经常排演歌剧和民族歌舞，常下乡演出，背包一背，下去就是半个月，全州的每个县都跑遍了。正是在这种努力下，她的指挥水平有了显著提高。1985年，成立贵州艺专急需专业教师，经严良堃老师向艺专校长朱石林推荐，江德英成为艺专音乐系的专业老师。

20世纪80年代末，贵州合唱艺术初见端倪。蓬勃兴起的群众性合唱艺术，使江德英的老本行得到了发挥。她曾为小花、苗苗、贵阳市政府、贵阳市教师、工商、税务等多个合唱团排练指挥，多次获得省内外奖项。与山韵合唱团结缘，完全是为一群热爱声乐和合唱艺术的人们所感染。贵州省化工医药设计院的黄焰就是发起人之一。她们很希望江德英出任该团指挥，只要江老师答应，剩下的事情大家来做。在省文联、省音协、省合唱协会的大力支持下，省合唱协会秘书长李润洲出任团长，2000年10月成立。正逢新中国成立51周年大型庆祝演出，合唱团一炮打响筑城，给广大团员增强了信心。合唱团没有专项经费，所有团员每月交20元作为复印资料费，江德英和钢琴伴奏魏士元不领分文报酬。每周两次的排练自成立至今雷打不动。团员中，有大学教授、机关干部和企事业单位的文艺骨干。两年下来，山韵收获颇丰。前不久，在无锡举行的第六届中国合唱节和在重庆举行的西部之声合唱艺术节上，江德英以自己对音乐作品的领悟和极其专业的处理，以干净、有音乐力度的指挥使合唱团的水平得到超常发挥，受到评委和专家的一致好评。正是在这种艺术的交融中，江德英感到作为一名指挥的分量。而每当大家在艺术上有成绩有进步时，她都很谦和地说："这要感谢我的老师严良堃，正是当年的这位大师偶像，才使我有了今天的艺术展现。同时，成绩的取得与领导的重视和团长的真抓实干、搞好服务以及全体团员的努力分不开。"至于指挥，江老师笑着对记者说，没有很高的艺术素质，不可能对乐曲有深的理解和融化，手上的东西只是一个工具而已。难怪，在她的手下，你会感到大山的磅礴、夜的深沉、情感的遨游以及自然、生活、理想和爱情的交融，她的指挥，把整个心都融化在音乐作品中，把人们带进了一个欣赏高雅艺术的完美境界中。

原载《贵州日报》2002 年 6 月 8 日第 8 版

同台共演　满目生辉

——贵阳仲夏夜交响音乐会观后

如今的贵阳观众，对精神和文化生活的要求越来越高，一台音乐会远远满足不了众多观众的需求。这不，8 月 16 日晚深圳交响乐团才为花溪之夏艺术节落幕画上句号，8 月 17 日晚又为筑城音乐界和广大音乐爱好者奉献了一台高水平的仲夏交响音乐会。对于业内人士来说，这无疑是一次学习观摩的极好机会。

受益最大的、感受最深的应该是贵州省青年钢琴演奏家，贵大艺术学院钢琴教研室主任、副教授，省钢琴学会会长王小星。该场音乐会，以深圳交响乐团演奏的威尔第歌剧《命运之力》序曲拉开序幕，在这首经典曲目里，熟悉威尔第作品的观众会从富有艺术感染力的演奏中感受到音乐家经典歌剧《茶花女》、《假面舞会》、《阿伊达》的永恒艺术魅力。从抒情而又悲壮的叙述中，我们强烈地感受到雷奥诺拉与阿尔法格的相恋是那么艰难和壮美，音乐的表现撞击着人们的心弦，罗西尼、马斯卡尼、安德逊、约翰·施特劳斯和吴祖强、王西麟的作品，淋漓酣畅地展示了该团娴熟精湛的演奏风格。曲目终了，全场向优秀的著名指挥家俞峰和全体演奏家致以热烈的掌声。王小星与深圳交响乐团合作演奏的是莫扎特的 d 小调第 20 号钢琴协奏曲中的一个乐章，这是王小星为纪念莫扎特诞辰 100 周年精心准备而奉献给观众的礼物。演奏的这首也是该协奏曲最长、最好听的一个乐章，王小星非常清楚，指挥俞峰是留德的，这个乐章，能酣畅地展示出莫扎特这位奥地利作曲家的古典风格，而且在音乐的理解和处理上有把握。长达半场的演奏，王小星与指挥和整个乐队配合默契，凭着良好的音乐素质和娴熟的技艺向观众展现了她成熟的演奏风格。而为了这场演出，王小星准备了一个多月，还在演出前专程赴深圳与交响乐团合了两次乐，两次共一个半小时。令王小星高兴的是，指挥俞峰与她共同就如何处理音乐进行了探讨，最后双方达成共识配合默契，使演出获得成功。

与深圳交响乐团同台演出，这是王小星多年来的愿望。原来，在王小星的艺术经历中有一段深圳情结。1982 年，王小星以优异的成绩毕业于四川音乐学院钢琴系，并在贵州大学艺术学院钢琴系任教。1991 年，王小星到深圳艺术学校担任钢琴教师。任教期间，她潜心钻研，善于发掘学生潜能，并集教学、演奏为一体，受到学校的好评。在深圳期间，她还举办了两次独奏音乐会。学校希望王小星在深圳发展，但由于种种原因，王小星还是回到了贵州。当年的一些同学和校友如今都成了深圳交响乐团的台柱，第一提琴中的衡化丁、第二提琴中的樊蓉，还有长笛张兵、圆号林仪等，他们的演奏水平随着乐团的发展而提高。2000年，王小星去深圳看了他们的演出后十分兴奋，并答应要与之合作办一次音乐会。此次借贵阳市两节一会之风，王小星的愿望得以实现，当然，这离不开社会各界和亲朋好友、家人的大力支持。多年从事教学的她认为，艺术人才的培养只有在相互的交流中才能得以提高，贵州省受经济的制约和限制，要走出去很困难，只有千方百计地寻找机会并积极创造条件，我们的艺术教育和演奏水平才会有较大的提高。为了这次演出，王小星可谓用心良苦。一曲终了，掌声四起，观众不但为深圳交响乐团精湛的演出而折服，而且，也为贵州省有这样一位优秀的钢琴演奏家而自豪。演出结束后，王小星将公派赴俄罗斯继续专业深造。她对记者说，贵州的艺术教育之路还很长很长，为此，她将不断地提升自己，为贵州的艺术教育作出新的贡献。

原载《贵州日报》2002年8月23日第8版

寻找失落的音乐

——观全国电视歌手大奖赛有感

2002年5月12日晚，终于放弃了打乒乓球选择看全国电视歌手大奖赛民族唱法决赛。女儿从北京打来电话问我看了没有？多年来，每当歌手大奖赛开始，我们都会一同观看。女儿一段时间里追星，从正面积极诱导，我把一些民歌放给她听。听了电视大奖赛的歌后，她说歌往心里走很好听。这以后，每届我们都是忠实观众。记得上届大赛，我们还为几位喜欢的歌手打热线投票，其中，就有贵州籍的歌手龚琳娜和中国歌剧舞剧院的王燕等。那激动的心情不亚于自己在歌唱。

和以往一样，我们都在关注这次比赛。在观看的过程中，我们不仅欣赏和了解到当前我国民族音乐的创作、演唱和发展，也从综合素质的考核中学到知识，几乎在同一时间里，我们的思维和反应都得到了锻炼，因此，也可以说，我们是在欣赏中得到了提高。此次大赛没有贵州歌手参加，但没有影响情绪，赛场上，不也是有些省空缺吗？然而，就在此时，遗憾出现了：来自安徽的选手刘松唱完《西部放歌》，他抽到的艺术素质考核的听力判断有一题是贵州的侗族大歌，他答错了，但点评老师滕矢初也错了。滕老师说，这是云贵山区的无伴奏合唱，刘松非常想知道是哪个山区的，滕老师也没有说出，仍然说是云贵山区，给我们贵州广大观众留下了深深的遗憾。眼睁睁地看着一次宣传贵州的机会流失了。其实，仔细一想，失去的仅仅是一次机会吗？否！滕矢初是我国优秀的音乐家和著名指挥家，他不知道贵州的侗族大歌 1986 年在巴黎演出的轰动情景吗？就算他不知道，但这几年，在中央电视台举办的春节联欢晚会上都多次亮相，这也不知道吗？我不禁想起几天前，贵州电视台"贵州人"栏目的制片人徐晓燕高兴地给我打电话说，2001 年她们与贵州省政协联合拍摄的《侗族大歌》近日获得电视星光奖，唐亚平代表贵州电视台去领奖了。这部音乐片集中展现了侗族大歌的神韵，从男声到女声，从青年到少年、从老年到童声，十多首曲目中就有刘松碰到的那首《布谷催春》。我想，如果不是滕老师一时糊涂的话，这样一个区位明显的民歌不会不知道。

　　这不由使人想起了我国民族音乐发展的漫长历程。就说我国第一部诗歌总集《诗经》吧，收入自西周初年至春秋中叶五百多年的诗歌 305 首，又分风、雅、颂三个部分，其中，风就是带有地方色彩的音乐。这些民歌所表现的"饥者歌其食，劳者歌其事"的现实主义精神对后世的文学和民族音乐的发展影响很大。《诗经》以铁的事实证明了劳动人民的艺术创造才能。它有力地启发和推动了后世艺术家去重视民歌，从民歌中汲取丰富的营养。近年来，我国在提高人民群众文化生活的同时，也注重在民族地区发展民族文化事业，使许多濒临消失的民族文化得以挽救。其实，这项工作并不难做，各省出版的《中国民间歌曲集成》就是一个丰富的信息库，像贵州侗族大歌这样罕见的民歌多声部无伴奏合唱，应该有介绍，这样，会使喜欢它的人进一步加深对它的研究和了解，对这方面工作给予重视。2000 年出版发行的《侗族大歌》光盘就是其中一项。但是，这样的工作还是不够的，我们真诚地邀请滕老师和刘松有机会到贵州实地考察，我愿意做向导。目的只有一个：让侗族大歌真正为人们所了解。

原载《贵州日报》2002 年 5 月 17 日

远方的客人请你留下来

——访贵州省著名词作家范禹

今年五月黄金周，有时间随乌当区青少年宫红蜻蜓艺术团赴昆明参加首届中国舞蹈节，热浪翻滚的花城更滚动着情感的波涛。昆明，不管初次光顾还是多次游览，你都会被云南的那股奔放、自然和纯善所感染。尤其是那首《远方的客人请你留下来》，不管你是进了世博园还是到了民族村，不管是到了饭店还是商场，这首歌总能在你的耳畔回荡，随时在人们的心中荡起漪涟，真的想留下来多看看多走走，饱览云南美丽的风光和风情。只有在此时此地此情此景中，你才会感到一首歌产生的如此巨大影响！

或许你真的还不知道，这首广为流传的歌，其词作者并不是云南人，而是贵州省著名词作家范禹。

从昆明回来，就一直想见见他。7 月 12 日是星期五，在省音协主席马伯龙的带领下，我们走进了范禹老师的家。

范禹的家并不宽敞，三间小屋就有两间是放书和各类资料的地方。清瘦硬朗的他思维敏捷，如泉的话语中展现的是已逝岁月的一幅幅动人的图画，很难想象，坐在我们面前的是一位快满八十的老人。

范禹祖籍山东诸城，1923年生于辽宁省沈阳市。从小喜爱艺术的他考取了沈阳艺术学院演剧科。抗日战争爆发，即开始在沈阳、天津从事话剧艺术活动。新中国成立后，在天津乙风评剧社从事戏剧工作。1950年冬转入北京人民艺术剧院。1952年，又由中央实验歌剧院调入中央民族歌舞团创作室从事文学创作。1962年下放到贵州黔南文学艺术研究室从事民族民间文学研究工作至今。提起当年创作的《远方的客人请你留下来》，范禹感慨万分："说到底，我与贵州有缘，是贵州救了我一条命，是贵州，让我有一首歌得以诞生。"范禹清楚地记得，刚到中央民歌不几天，团里组织采风团赴祖国各地。他与麦丁、曾繁柯、梁泳等人作为歌舞团西南工作队的成员10月5日从北京出发，11月中旬来到贵阳，与省歌李惟白、张柯等骑马走了一天到了丹寨，一待就是两个月，全体同志共创作了两百多首歌。回到贵阳后，队里开了一次总结会，只保留了三首。这使范禹受到了极大的震动。难道我们没有深入生活？为什么深入生活又没有东西呢？范禹百思不解。1953年5月初，西南工作队又到昆明随后下到石林。白天深入生活，晚上串寨子，收集了不少民歌，还发现了阿诗玛长篇叙事诗。这使他兴奋了好长时间。转眼过去了两个月，都快走了，还没有找到新的突破点，范禹想起了贵阳的总结会，会上强调艺术工作者深入生活之后的创新问题。最后一天上午，麦丁都把总谱拿出来了，就等范禹的词儿，范禹坐不住了，索性把笔一揣，帮老乡打麦子去了。蓝天白云下，欢乐的歌声、笑声在田野回荡，人们又迎来了一个收获的季节。累了，就躺在扎好的麦垛上躺着，那惬意、那种回归自然的放松和一种从未有过的体验流过他的心田。是啊，短短的数月，在深入生活中，范禹感受到民族地区人民的善良和热情，要不是返回北京，他真的想多待些日子。仰望蓝天上飘浮的云彩，范禹的心也在游动。

到处盛开着鲜花，睡在帐篷里，都听得到成熟果子掉在地上的声音。看眼前，路上来往人群一片匆忙。生活就是这样唤起人们去为之努力。像这样美丽的地方，能让远方的游客留下来，那该多好！

人生，只有求助于审美才能获得意义。而真正的美，则牵涉着对生命意义的感悟，美是自然的但又是人赋予的，是由人对生命意义的感悟之升华所决定的。

在麦堆上一躺，找到了感觉。这感觉，像触电似的一闪，顿时思绪打开：路旁的花朵正在盛开，树上的果实等人去摘。远方的客人请你留下，老圭山在万山丛中欢迎你来。丰润的谷穗迎风荡漾，期待着人们收割的时光。远方的客人请你留下，这是我们互助劳动的希望。姑娘们追赶着白色的羊群，踏着晚霞放牧归来，远方的客人请你住下，为了祖国的明天共同欢唱。有一个魂牵梦绕的目标，又如何激荡不起追求寻觅的豪情？整首歌词创作只用了三十分钟，他拿着歌词飞似的奔回驻地。而此时，麦丁构思的曲子也已基本成熟，吸收了当地一小学教师金国富《我们撒尼是一个贫瘠的地方》一歌的四个小节，经过修改，使词曲相配，一试唱效果不错，然后又作了具体修改写成了多声部合唱曲。此歌曾获1957年在莫斯科举行的第六届世界青年联欢节国际音乐作品赛金质奖章。此后，他还创作了合唱曲目《大山之歌》、《节日的早晨》、《收割之歌》、《十三陵水库大合唱》，歌曲《种瓜谣》、《今晚阿麦姑娘要出嫁》等，同时，还在大型舞剧《凉山巨变》中担任文学脚本和全剧伴唱词的创作等。回忆这首歌的诞生历程，范禹深感贵阳总结会上对他思想上的触动，真正意义上的创作是一项非常艰苦的工作，要有灵感更要创新，而创新的真正含义是不因循守旧、故步自封，是打破原有的小我而进入真正意义上的大我，融入艺术的真实与生活的自然，创作的历程，实际上就是不重复别人也不能重复自己的心路历程。可见，这首歌对范禹的影响之大。

身居贵州，但歌声会使范禹插上飞翔的翅膀。范老说，这首歌唱得最好、最有影响的有那么几次。1954年在北京举办的新歌试唱会上，连唱三遍大幕难关。第26届世乒赛的四百人合唱，让世界的宾朋感受到了中国歌曲的魅力。还有在云南举办的中国第三届艺术节上，三千人的合唱把这首歌的热情燃烧到极限。在北京举办的第四届妇女代表大会和北京大学百年校庆大型文艺晚会上，这首歌都以其热情、奔放、欢快的曲调和自然优美的歌词，表达了中国人民团结友好珍视友情的那份纯美的感情。一个人一辈子不就是在追求这份美好的感情吗？

范禹说，退休后的日子，都在致力于旅游和中日民间文学的研究。黔南州还特聘他为该州歌舞团的艺术顾问。在对外交流上，为扩大贵州知名度作出了自己的努力。年近八旬的他每天上网三个小时了解各方信息。去年9月都匀市在争创全国先进旅游城市的过程中，把这首歌作为演唱曲目，州文化局也作出决定，在任何州市的大型演出中要播放该歌。但是，都有一种说不出来的感觉。这些年，他多次去云南，深感一首歌对旅游发展所起的作用。云南石林县把《远方的客人请你留下来》作为县歌，不仅在石林家喻户晓人人传唱，而且在各种演出活动中，在舞厅、饭店等处作为背景音乐，就连该县的宾馆里用的餐巾纸上和该省办的旅行报上都大张旗鼓地印上"远方的客人请你留下来"的醒目大字和整个歌曲，更令人感到可笑的是，由麦丁编曲、范禹作词的这首歌竟然堂而皇之地换上了金国富的名字，这种无视著作权法的行为令范禹十分生气。其实，早在1958年5月由人民音乐出版社的《远方的客人请你留下来》的总谱，就明确地注明根据金国富演唱的民歌和阿诗玛的音调改编，明确写的是范禹词、麦丁编曲，这已是中国音乐界无须争论的事实。这首歌在云南省连续几届的歌曲评选中也获大奖。尽管如此，作为该词作者和版权所有者之一的范禹却从未得到过任何报酬。令他伤心的是，前年黑豹乐团在昆明世博会周年晚会的演唱，竟擅自将原歌词的远方的客人改为远方的朋友等，种种明显的侵权行为已让范禹到了是可忍孰不可忍的地步。鉴于以上情况，他已通过中国音乐著作权协会向石林县转达了他的意见，并早在1998年8

月 16 日向该县县长王光华致信，表明同意将此歌纳入县歌但版权除外。并要求在今后使用该歌曲时，按照著作权法行事。但时至今日，仍然不见任何具体行动。目前，范禹正做好充分的准备，将通过正常的法律程序维护自己的合法权益。

贵州是一块热土，有着丰富的民族民间文化资源，因此，漠视本土文化的现象是应该遭到摒弃的。其实，贵州有好歌，《桂花开放放幸福来》就是最具代表性的一首，除此，布依族民歌《好花红》等都独具特色，并不亚于《新疆好》和《乌苏里船歌》等。但由于种种原因，在贵州，很少有人唱，甚至许多人不知道，就连中央电视台歌手大奖赛中，一有类似的题目出现，人们回答的却是广西、云南，等等。这种现象，令人深思。

范禹自有满腔激情。他的追求和他对艺术的真正思索，都决定了他将为艺术奋斗终生。而完成的方式是希望的诉说和燃烧的过程。他想为贵阳写一首歌，那种真诚而素朴的爱恋、真诚而素朴的希冀和憧憬，最后变成曲调，永远地跟着心走，贴着山走，沿着水流。因为，他是如此地热爱这片土地和热爱生活。

原载《贵州日报》2000 年 6 月 26 日

让铜鼓发出声响

——贵州师大青年音乐教师蒋英铜鼓探秘之旅

2003 年新年钟声敲响的当晚，贵州师大音乐系青年教师蒋英刚从扶贫点石阡县回到贵阳。一年的扶贫工作就要结束了，蒋英心中仍有不少牵挂，那里的乡亲、那里的孩子和那里的一草一木如刀刻般地印在脑海里，让他挥之不去。

贵阳的冬天似乎比往年来得早，冬天的来临意味着春天的开始。蒋英在扶贫工作结束后，最想做的事情就是下乡进行铜鼓采风调查，因为，假期和春节是最好的时机。

提起蒋英对铜鼓音乐的研究，还得从1988年说起。1988年7月，蒋英还是贵州师范大学音乐系一名大三学生，为完成大学毕业论文，只身深入贵州贞丰县龙场镇调查布依族铜鼓音乐。蒋英清楚地记得，那是一个夏夜犹酣的日子，当他对老人余雁祥说明来意后，老人从村口买来两斤包谷酒对蒋英说："要看铜鼓和听我演奏鼓点，喝完酒明天再说。"喝酒和铜鼓到底有什么联系，蒋英不得而知，但他与老人对饮，用折耳根拌盐巴下酒，直到两瓶酒下肚酩酊大醉后，老人发出了一串舒畅爽朗的豪笑。翌日清晨，老人把用黑布包着的铜鼓小心翼翼地打开，将铜鼓悬挂在屋檐下，做好各种准备之后，来到床前说："小蒋，起床吧，我已将铜鼓挂上啦。"蒋英听后立即翻滚式地爬起来，凝视着这位热情质朴豪爽的老人，一种感激尊重的心情油然而生。老人毫不保留地将余氏家族祖传的铜鼓十二则演奏了两遍，老人演奏技艺娴熟，得心应手，段段分明，蒋英记忆深刻，录音、拍照非常成功。为进一步挖掘铜鼓十二则的有关内容，蒋英又多次到该镇进行调查，令蒋英深感遗憾的是，余雁祥老人已于1997年去世。老人带走了多少有关铜鼓的故事蒋英无法得知，目前，当年老人用过的铜鼓还保存在余学端老人家中。1998年5月再次前往时，蒋英听到的是余学端的长子余雁伟演奏十二则的第一则，此时，蒋英意识到铜鼓十二则面临消失和失传的危险。因为，余学端父子的演奏水准及演奏意识远远不如余雁祥老人，蒋英再也体味不到余雁祥老人那种挥洒自如的演奏风范。而此时的蒋英，已在师大音乐系从事教学多年，于是，他更加坚定了保护铜鼓十二则的信心并下决心：决不让布依族铜鼓十二则在这一代音乐工作者手上迷失。

蒋英生长在望谟县，虽不是布依之家，但从小就受到布依族人的民俗文化、生活情趣的熏陶，会说一口道地的布依话。在他的身上，洋溢着布依人的豪爽、热情和开朗。或许就是与生俱来的特质使他对布依族文化有了一种偏爱，这种偏爱的过程就是执著的追求。

布依族是贵州省人口较多的少数民族，现人口有247.81万，居苗族之后。其祖先自古以来就生息、繁衍在南北盘江、红水河流域及其以北地区。布依来源于古代的濮越人。据《华阳国志》记载：蜀之为国，肇于人皇，历夏商周，武王伐纣，蜀与焉，其地东接于巴，南接于越。是古夜郎国的主体民族之一。据文献记载，百濮、百越皆系使用铜族的民族。布依族普遍使用麻江型铜鼓，几乎所有的布依族寨都有一面铜鼓。布依族珍爱铜鼓，关于铜鼓有许多神奇美丽的传说。由寨老和族长保存的铜鼓只在隆重节庆、丧葬、祭祀时才使用。而蒋英考察的贞丰县这面铜鼓是少数民族中唯一一面属两广类型的灵山型鼓。据考证，这面鼓是灵山型铜鼓中的晚期作品，时代可能在唐代。目前，布依族村寨仍保留了使用铜鼓这一传统习俗，铜鼓对他们来说，不仅作为器乐保存，两且蕴涵着深厚的民族文化、民族荣誉和尊严。从铜鼓声中，人们可感受到民族的历史和人间的悲欢离合，只有当铜鼓发出声响时，铜鼓才能获得灵魂的永恒和生命的长驻。正是铜鼓音乐无可破译的神秘性和丰富多彩的内涵，才驱使蒋英一次又一次地跋山涉水深入其间。

在布依族人中流传的铜鼓十二则是布依族民间艺术中最具神秘性和传奇色彩的音乐文化。十二则是什么？据《续资治通鉴·长篇》记载：家中铜鼓，子孙秘传，仲家……富者争购，即百牛而不惜。据当时余雁祥老人介绍，学习演奏十二则是老人一边念口诀，一边教演奏，以口传手授的方式延续下来。至于铜鼓十二则的历史，已无法考证了。2002年2月春节期间，蒋英与同学一行五人来到普定县对布依族铜鼓十二则采访调查。回到县城已是夜晚十点。听当地布依老人介绍，离县城大约十公里的一个布依村寨有一位姓廖的老人会演唱《布依族铜鼓民歌》。这对蒋英来说，是一个莫大的振奋，心情激动不已。因为在十多年对布依族音乐的研究和布依族铜鼓文化的调查过程中，一直梦寐以求在现实生活中收集到一首专门歌颂铜鼓的民歌，但未能实现。蒋英顾不上一天下来的疲劳，立即赶往这个村寨。到寨子时已是深夜十二点，寨子一片漆黑寂静。通过当地一位朋友联系，村民们打着手电筒把蒋英带到廖老家。而此时，整个寨子都知道了蒋英的到来，汇集到老人家中。

廖老家并不宽敞，只有六平方米左右，屋中央挖有一个火塘，火上熏烤着一串串腊肉和香肠。老人听说有客人来，立即穿上衣服点上油灯，在昏暗的灯光下，蒋英把老人看个仔细：老人面容和善，清癯的脸上有缕缕皱纹，一双眼睛并不昏花。老人清了清嗓子，演唱了布依族铜鼓民歌并介绍了民歌的来历和演唱内容。离开寨子时，已过子夜，那一晚对蒋英来说，又是一个不眠之夜。这样的难忘情形对他来说还有很多很多。2002 年，紫云县水塘镇听说蒋英到此调查，县民族中学音乐老师潘壁增和团委书记焦辙、县志办主任伍朝林、县工会主席伍登华、农民击鼓手陈奎华等十余人与蒋英热情交流，并为他提供线索，他们都有一个强烈的愿望：要让民族文化得以保留和弘扬，希望蒋英在这方面能取得新的突破。

功夫不负有心人。蒋英在历经 14 年的铜鼓音乐考察挖掘、整理研究的过程中，足迹遍及黔西南、黔南、安顺、六枝特区的近百个县、乡和村镇，现已分别整理出《贵州贞丰布依族铜鼓十二则鼓谱》和贵州普定县布依族铜鼓十二则《补陇嘎分云》（陇嘎铜鼓谱）等，并于 1998 年 10 月携论文《贵州贞丰县布依族铜鼓十二则初探》参加中国南方及东南亚地区古代铜鼓和青铜文化第四次国际学术讨论会，引起极大的反响。2001 年以《贵州布依族铜鼓音乐文化的调查与研究——"布依族铜鼓十二则"比较分析》对鼓调、演奏方法、谱式、音乐表现、表达内容、结构等方面进行深入研究，同时整理了大量的图片、音响和文字资料，使濒临失传的布依族铜鼓十二则鼓谱得以抢救。2001 年 11 月，贵州省版权局已向蒋英颁发作品登记证。蒋英并未满足，他对记者说，铜鼓十二则来自民间植于大地，经过整理、加工制谱后再送回民间，并希望能使之广泛流传，这对丰富少数民族音乐文化，继承和弘扬民族音乐文化具有重大的现实意义。为此，蒋英的探索仍在继续进行之中。

铜鼓是我国南方以及中南半岛古稻作民族的地域文化载体，乃宗教信仰、礼仪司俗、生活理想、审美要求之积淀物，与少数民族的生活息息相关。云南是铜鼓的发祥地，我国对铜鼓的研究起始于20世纪中叶，起步较晚。墨格尔于1902年曾出版著名的《东南亚古代金属鼓》，随后，其研究中心由西方转入东方，日本、越南的铜鼓研究日趋活跃。随着我国考古事业的发展，目前，云南、广西、贵州、四川的田野工作收获颇丰，但中外学术界对铜鼓的研究仅限于历史源流、考古、锻造工艺等有关考古学、民族学、民俗学方面的研究，而从音乐文化的角度进行研究目前微乎其微。

原载《贵州日报》2003年3月8日第8版

倾听涛声

到厦门鼓浪屿是我心中的一个愿望，每当《鼓浪屿之波》在我的耳畔回响时，我的心都会掀起阵阵波澜，仿佛身入烟波浩瀚的大海，心飞向远方……

2002年10月，我有机会来到厦门鼓浪屿，来到全国王牌景点。夜幕降临，时针已过十点。在厦门轮渡的船前遥望鼓浪屿，但见岛屿被五光十色的霓虹灯装扮得如同金碧辉煌的圣殿，阵阵微风吹拂，岛上传来施特劳斯的《蓝色多瑙河》，虽然只有五分钟的轮渡，但恨不能即刻飞向小岛，亲睹她的风采。

承蒙《厦门日报》副刊部主任武阳滨的联系，我们一行几十人住在岛上的鹭海宾馆。该宾馆与对面的日光岩相望，与菽庄花园内的鼓浪屿钢琴博物馆毗邻。办完手续，已近子夜时分，踏着庭院的草坪，来到院内。面对隔岸的涛声，忽轻忽重、忽远忽近地，富有节奏和变化地扑面而来。这涛声好像伴随着莫扎特的钢琴协奏曲《拉赫马尼诺夫》，越来越清晰又越来越亲切。我的脚步在那里伫立，久久地、久久地不愿离去。在这两个多小时的时光里，我的心随着潮起潮落而起伏不平，思绪宁静但又飞向很远很远。我的山东烟台老家是浩瀚的渤海，而我出生之地的广东汕头则又是涛涛珠海。我钦佩的大海是我生命的源头，也是我生命激情的源头。久久地倾听涛声，直到月亮钻入厚厚的云层。月亮下去了，海洋静寂了。此时，时针已指向深夜两点。海上的涛声渐渐地平静下来，就像一位母亲催着躁动的孩子入睡。四周在那一瞬间是那么宁静，宁静得只听得到自己的心跳。而此时的心跳是那么均匀富有节律。那一晚，我一觉睡到天明。

翌日晨六时，我起床推窗而望，东边微露一线晨曦，又是一个阳光明媚的日子。为了能多看些鼓浪屿的美景，我与《广西日报》文艺部的同志吃完早餐便开始"探美行动"。先到菽庄花园参观了钢琴博物馆。钢琴博物馆设在菽庄花园的听涛轩内，面积450平方米，共展出鼓浪屿旅居澳大利亚收藏家胡友义先生毕生收藏的30台世界名古钢琴，其中有19世纪上半叶美国制造的士坦威钢琴，奥地利博森多福钢琴，德国制造的专供皇室使用的皇家钢琴。还有稀世珍品镏金钢琴，有世界上最早的四角钢琴、最大的立式钢琴、最老的手摇钢琴、脚踏自动演奏钢琴和八个踏板四套琴弦的古钢琴，这些钢琴体现了一百多年来世界钢琴的制造技术和发展水平。如此规模如此众多的世界名古钢琴聚于一馆，这在中国是独一无二的，而且，在世界上也是少见的。只有音乐之岛才有分量承载这么多的盛誉，给人留下难忘的一课。从这个小岛上，走出了李嘉禄、许斐星、许锦嫒、殷承宗等中国著名钢琴家，正是他们为中国的钢琴音乐增辉添彩。

随后，我们登上了鼓浪屿著名景点日光岩，秀美的日光岩游人如织。只要登上最高峰，你会想起那首脍炙人口的《鼓浪屿之波》，面对祖国宝岛台湾，人们心中会升起一种乡思。使我难忘的是一个中年人，他目光神注嗓音雄浑，目无旁人地在那儿唱着这首魂牵梦绕的歌，只有在此时，你才会读透余光中的《乡愁》：小时候，乡愁是一枚小小的邮票，我在这头，母亲在那头。长大后，乡愁是一张窄窄的船票，我在这头，新娘在那头。后来啊，乡愁是一方矮矮的坟墓，我在外头，母亲在里头。而现在，乡愁是一湾浅浅的海峡，我在这头，大陆在那头……在广远的时空中，诗人提炼的邮票、船票、坟墓、海峡四个特征鲜明的物象，深沉细腻婉约地表达了诗人那种难以捕捉的恋国思乡的情思，让人心碎。这种情绪在我游完大岛后上升为极致。遥望岛上那些士兵，全船游客都在倾力呼喊，此时，在呼喊中我的泪水模糊了双眼，祖国在我心中变得如此神圣。这呼喊声，在明晰的时空流程中凝固，组成了一曲倾吐不尽的乡愁……

原载《贵州日报》2002 年 11 月 8 日第 8 版

用音乐搭起友谊的桥梁

——挪威小号专家阿勒教授印象

岁尾年首，在贵州大学音乐系，一周来热闹非凡。来来去去的管弦乐爱好者和音乐系小号专业的学生，显得格外兴奋，因为挪威小号专家阿勒教授的授课，使他们受益匪浅。虽然语言不通，但跳跃的音符沟通了彼此之间的情感。音乐，架起了一座友谊的桥梁。

阿勒教授此行自费赴黔讲学，还得从该校音乐系范由群教授与阿勒的友谊谈起。

范由群教授50年代初毕业于上海音乐学院管弦系，后分配到北京中央乐团，1958年为支援贵州来到贵大艺术系，从事小号专业的教学。1990年，已退休的范老师应上海音乐学院之聘，在上海音乐学院管弦系上了一年的课。在这里，范老师认识了来自挪威的阿勒。两人一见如故。初到上海的阿勒不熟悉上海，业余时间，范老师就带着他到处走，兼当翻译和讲解员。然而，更多的时间是在一起谈论和研究小号艺术的发展以及吹奏法。在范老师眼里，阿勒不摆大家的架子，更从心里喜欢阿勒教授吹奏小号时所显示出的欧洲古典的风格，以及对艺术的敏感和理解，欣赏阿勒那轻松自如的潇洒演奏。而阿勒，也从范老师身上看到了中国音乐教育家的谦和与善良。阿勒教授在完成自己授课的同时，还帮助范老师辅导他的学生。小号，把他们之间的友谊紧紧地连在一起。临别时，阿勒邀请范老师到挪威，范老师因为身体欠佳没去成，于是，范老师发出邀请，希望和阿勒能在贵阳见面。

执教一辈子的范老师为贵州培养了一大批优秀的小号人才，聂影、欧翠峰、殷竟平、周正荣、欧翠刚、吴宏毅等，都是其中的佼佼者。他们有的走向全国，走向世界，为贵州争了光。但这些年来，贵州与发达省区相比，音乐教育和基础设施相对薄弱。范老师一直有一个心愿，就是让阿勒教授这位小号专家亲临贵州授课，范老师将这一想法告诉学校领导后，立即得到大力支持，于是，阿勒携女儿从挪威来到贵州。令全系师生感动的是，阿勒教授此行不计报酬，费用自理，算是真正的"文化扶贫"。

来到贵州大学音乐系，阿勒被浓郁的中国民族文化所吸引，音乐系的学生为他的到来作了古筝、琵琶、芦笙、钢琴、小号独奏等专场表演。兴奋的阿勒激动地对记者说，在这里，他汲取了好多艺术养分，也学到了很多的东西。

连续一周的时间里，阿勒教授为该系小号专业的学生授课。听了阿勒教授两节课的陈亮告诉记者，阿勒教授对乐曲强弱技巧的掌握，以及对作品背景的分析和理解，都令他眼界大开。阿勒教授在指导陈亮演奏德国作曲家霍赫的《爱之梦幻想曲》时，对小号的华彩部分以及华彩过后的处理，使陈亮较为准确地掌握了这一乐曲的意境。茅塞顿开的陈亮异常兴奋。

令同学们敬佩的，还有阿勒教授对中国学生的那份挚爱。学生刘伟在吹高音时有些困难，阿勒教授因为要到贵大演出还提醒系里老师改时间，最终单独给刘伟上了一节课。

初到贵州，因气候不适，13 岁的女儿拉蒂发烧不退，原计划抽两天时间看看贵州风光又成遗憾。就要离开贵州，阿勒心里有好多话要说。他说，小号演奏的方式取决于不同国度的文化积淀，每个民族都有着自己独特的文化和习惯，一味地模仿和追求金钱成不了真正的艺术家。对于一个艺术家来说，感受比表现更重要，因为，音乐最终表现的是生活，而生活，是一种向往，一种意境。

原载《贵州日报》1998 年 1 月 4 日第 8 版

二十年后再相会

——张贵华教学成果音乐会侧记

9 月 15 日晚，贵州师范大学新礼堂内霓虹闪烁，掌声、欢呼声、音乐声交汇成欢乐的海洋。由贵师大音乐系主办，省音协艺术表演委员会、民盟师大支部协办的张贵华声乐副教授二十年教学成果音乐会在这里隆重举行。

晚 8 时整，2001 年贵阳市第四届"蓓蕾杯"声乐比赛一等奖得主、贵师大 2001 级成人本科在校生马关辉以一曲古老的信天游《峨嵋酒家》拉开了音乐会的帷幕。

2001 年全国大学生艺术歌曲演唱比赛专业组三等奖得主、贵师大音乐系 99 级统招本科在校生石春轩子凭借陕北民歌《兰花花》一曲，表现了她宽广的音域和游刃有余的高音技巧。

从齐薇演唱的劳莱达咏叹调《我亲爱的爸爸》到肖景红演唱的《渔光曲》，整台音乐会十几个节目，乐曲或欢快或舒缓，或庄严或抒情，大学生们都听得十分专注，听到熟悉的旋律时，他们脸上显出会心的神情，有人还下意识地随着乐曲节奏打拍子。演出停顿瞬间，整个礼堂安静极了，曲目演奏完后，场内爆发出雷鸣般的、经久不息的掌声。当贵阳市 25 中音乐教师黄正红用意大利风格演唱著名的《我的太阳》时，全场在座的观众为之倾倒，演出达到了高潮。整台音乐会上，他为观众献上了《情姐下河洗衣裳》、《新走西口》和《你是这样的人》三个节目，他那浑厚嘹亮的高音飞到礼堂的每一个角落，激起观众热烈的掌声。

师大音乐系声乐副教授张贵华女士，1982 年毕业于西南师范大学音乐系，之后师从上海音乐学院刘若娥教授、贵州省著名声乐教育家宋树秀老师，曾任师大音乐系声乐教研室主任，现任中国音乐家协会会员，省音乐家协会理事。张老师在二十年的高师音乐教学中，辅导的学生多人多次在全国及省市的声乐大赛中获优异成绩，如今这些学生不少成了省内大中专院校的声乐教育人才。

来自全省各地的"学生们"的演唱或委婉动听、或高亢激昂、或轻快活泼、或悲愤哀婉，这是张贵华老师教学二十多年成果的一次大回顾，也是对贵师大教学成就的一次大检阅。歌声中渗透着张贵华老师的辛勤汗水，也展示了师大音乐系声乐教育的丰硕成果。

音乐会最后，演职人员邀请他们的老师宋树秀、张贵华同台唱起《再过二十年，我们来相会》。演出结束了，台下观看演出的学生迟迟不肯离开，他们手捧早已准备好的鲜花献给培育过他们的老师。此时，人们看到的不仅仅是鲜花和笑脸，更看到了他们那一颗颗追求音乐教育的火热之心！

原载《贵州日报》2002 年 9 月 20 日第 8 版

多彩歌海

189

承教育家的责任　秉艺术之爱心

——贵州著名音乐教育家宋树秀探析

宋树秀老师是贵州省著名声乐教育家、女高音歌唱家，贵州大学艺术学院硕士研究生导师。她 1950 年以前就读于前贵州大学外文系。1953 年以主修钢琴，副修声乐、大提琴毕业于贵阳师范学院艺术系并留校任钢琴助教。1954 年至 1957 年在四川音乐学院师从著名声乐教育家郎毓秀教授进修声乐。1957 年至退休，先后在贵州民族学院、贵州大学、贵州高等专科学校、贵州大学艺术学院担任声乐教师、声乐教研室主任等。宋老师从事高等教育事业五十余年，她以扎实的专业基础、严谨的学风、深厚的艺术修养和积极的敬业精神，培养出一批又一批优秀的声乐人才，有的跻身于国际舞台，有的成为国内知名歌唱家及声乐教育家。宋老师的教学成果受到国内外专家的赞誉，美国堪萨斯州密苏里大学音乐学院声乐部主任理查德·克诺尔教授称宋树秀老师值得被看作是中国的杰出的声乐教授之一。文化部曾聘请她担任全国专业大赛美声组评委。宋老师的生平事迹已列入《中外歌唱家辞典》、《中国音乐家名录》、《中国文艺界传记》。

初中毕业时，宋树秀有缘在贵阳天主教堂跟一位外国传教士学钢琴。高中三年，有幸在学校的一架旧钢琴上自学，能弹奏简单的钢琴曲及一些小奏鸣曲。中学时期，她喜爱唱歌，在学外语的哥哥的影响下，能够唱许多英文歌。1949 年反饥饿运动时，学生们为教师开尊师音乐会，她在音乐上表演了独唱节目。读大学时，虽是贵大外文系的学生，钢琴和唱歌仍然是她的爱好，从没中断过。1950 年从外文系转到师院艺术系，从此走上了专业的学习道路。

在师院，她的主科是钢琴，副科是声乐和大提琴。师院毕业后以优异的成绩留校当了钢琴助教。1954年通过高教部的考试，进入四川音乐学院进修三年，主要课程有声乐、钢琴和马列主义基础，结业时获全优成绩，并举办了个人独唱音乐会。

在四川音乐学院进修的三年，宋树秀才真正系统地、扎实地、全面地学习了声乐艺术。在恩师郎毓秀先生的教导下，她学到了不少东西，无论是歌唱发声技术还是歌唱艺术的全面修养，恩师都让她打下了扎实的基础。在恩师那儿，她接触了不少意、德、法的艺术歌曲和歌剧咏叹调，意大利语、德语和法语的歌唱语音打下了较好的基础，为以后的继续提高提供了重要的保障。

此后数十年，她的教与学都是在不断实践与不断学习中得到提高的，她不仅依靠文献资料和音像资料，更珍惜任何可能得到的学习机会，埋头钻研，努力实践，不问收获，只重耕耘。几十年的努力成就了她的事业天地，在近五十年的音乐教育生涯中，宋树秀除主教声乐外，还曾担任过钢琴、英语、正音、意大利语语音及德语语音的教学，发表了《运用汉语语音规律解决吐字问题》、《论歌唱演员的基本功及全面艺术修养》等论文，编、撰、译了《咬字正音》、《意大利语语音》、《德语语音》等教材和专著，为国家培养了一批优秀的声乐人才，1996年，应文化部聘请担任了全国声乐专业比赛美声组评委。人们通过宋树秀的学生知道了贵州，了解了宋树秀老师。1991年10月30日，国际研究生与奖学金学者协会声乐部主席，美国堪萨斯州密苏里大学音乐学院教授理查德·克诺尔先生从遥远的大洋彼岸给贵州省文化厅副厅长钱荫愉先生寄来了一封信，信中这样写道："我很荣幸接收了一位来自中国中央音乐学院的学生杨晓萍。晓萍是我工作以来的所有学生中经过最好的基础训练的学生，她的老师宋树秀是一位了不起的人物，一个伟大的教师，她值得被看作是中国杰出的声乐教授之一，你们幸运地有着这样一位培养青年歌唱家的人才，保证了他们的成就。"一封海外飞鸿，在宋树秀心里曾荡起多少涟漪啊。

　　了解美声唱法的人们都知道，美声唱法难度要高于其他唱法。有着扎实外语功底、文学修养和艺术造诣的宋树秀并不满足于自己的个人感受，深感一名声乐教师身上的担子有多重，这就是你可以塑造完美的艺术珍品，同时也可以毁掉一块洁白的玉石，在工作中，稍有不慎，一棵稚嫩的幼芽就会被扼杀。在声乐这门实践的学科中，宋树秀知道空谈理论是行不通的。作为一名教师，凡与声乐教学有关的学科，她都努力钻研，一本本扎实的备课本和教案，记录着她的探索和奉献。

　　1976年，宋树秀以检验自己在教学上与国内先进地区的差距有多大为目的，把为女儿结婚筹集的费用作川资，带着当时的艺校毕业生夏珊到北京报考部队歌舞团。途经上海，宋树秀拜访了上海歌剧团著名歌唱家施鸿鄂。当他听完夏珊的演唱后，十分惊讶地说："这是山沟里飞出来的金凤凰。"并对宋树秀说："你教的学生很不错，照这个路子走下去，千万别道听途说，改东改西。要自信，坚定地走下去。"这第一次的考验，给了师生二人极大的鼓励和信心。到了北京，在总政歌舞团与海政歌舞团的应试中，反映很好。当夏珊在中国歌剧院应试唱完《一道道水来一道道山》时，考场爆发出热烈的掌声。这掌声，是对学生的肯定和教师教学实践的认可，后来，夏珊顺利地被海政歌舞团录取。那年，宋树秀49岁。

　　1984年，宋树秀又与朝夕共处了六年的学生杨晓萍话别。此行，杨晓萍要报考上海音乐学院和中央音乐学院。当两校的录取通知书都展现在她的眼前时，宋树秀高兴得热泪盈眶，多少年的心血在杨晓萍身上有了结果。声乐基础不错的彝族学生杨晓萍有一段时间不愿学外语，宋树秀循循善诱对她说，学美声唱法不学外语，就会缺少一只眼睛观察和学习世界。于是，她每周用两个晚上辅导杨晓萍学外语。同时在专业课上，对音乐知识和基本概念的掌握和建立、发声基础训练、乐曲的分句分段，节奏共鸣、外语演唱语感的培养，她都一字一句、一声一调分别授课和示范。面对深奥浩如烟海的古典派、浪漫派和现代派的作品，她总是千方百计引导学生逐步接触、熟悉，宋树秀宁可自己辛苦，也要首先在自己身上使劲。舒伯特的《水上吟》有三段德文歌词，为了准确理解德文歌词的含义，她想方设法找英语资料，翻译成汉语，又借助英语查德语单词的动词和逻辑重点在哪里，要求学生朗诵时接近语调、语感和逻辑重音，对歌词本身深入理解，以便恰到好处地把握演唱风格。

　　杨晓萍成长路途上的每一个脚步都离不开宋老师的提携，她也以自己的努力回报她的老师。1989 年，杨晓萍以优异的成绩毕业于中央音乐学院。1991 年赴美留学深造，攻读硕士于密苏里大学音乐学院。1992 年获得克萨斯玛格丽特声乐比赛最美的声音特别奖。1993 年参加 nats（芮兹）比赛获第一名。在美期间，在威尔第歌剧《茶花女》等六部歌剧中饰演女主角，受到广泛好评。1996 年回国在中央音乐学院声歌系任教。每次回到贵阳，都还要到宋老师处学习，在宋老师那里总有学不完的东西。殷文霞、王莉莉、张贵华、王松雪、成莉等都是宋树秀的学生，和宋老师相处的日子里，总有许许多多让她们难忘的成长故事。1985 年，全国星海聂耳声乐作品演唱比赛是一次由文化部、中国音协举办的全国性高水平的比赛，为了让殷文霞、王莉莉赛出好成绩，宋老师作了充分的准备。经过激烈的竞争，贵州队的四名选手有两女一男进入了复赛，殷文霞还获得了铜牌，为贵州省争得了美声唱法专业比赛的第一次全国性奖项。当时任评委的杜矢甲和中央音乐学院的沈湘说，贵州两个女生的演唱取得了爆炸性的胜利，此次比赛，边远贵州成绩突出。此后，殷文霞多次参加全国比赛并获奖，宋老师都为她参赛精心辅导，鼓励她取得优异成绩为贵州争取荣誉。王松雪、成莉连续两届参加全国青年电视歌手大赛日渐成熟，今年，贵州代表队还获得团体总分第八名。在刚刚结束的全国西南片区和全国中等艺术教育委员会举行的青年教师声乐比赛中，学生成莉和赵青获一等奖，谭松获二等奖。如今，宋树秀老师的学生柳洪林、周媛媛、孔文惠、夏珊都是中央艺术团体优秀艺术人才。贵州省大专青年教师和省市专业团体骨干张贵华、邹光友、谢丹、刘玉、颜家佳、成莉、赵青、王莉莉、罗长平、王松雪、周蓉等仍然在宋老师的指导下学习声乐。他们中间，有的已是国家一、二级演员，有的是副教授，但倾听老师的指导和教诲，仍然是必需之课。身为贵大艺术学院硕士研究生导师的宋老师每天都为学生排满了课，教授这些学生，成了她一项长期的义务劳动。她只希望，学生们把学到的东西用到工作和艺术实践中，为贵州的声乐艺术发展作出自己的努力。

宋老师对记者说，之所以有一个很好的工作氛围，得益于丈夫龚克的理解和支持。龚克是贵州省著名小提琴艺术教育家，曾获文化部全国少年儿童先进工作者、国务院政府特殊津贴。在这个温暖的家里，走出了一双优秀的儿女。儿子龚汉祥是中央音乐学院聘请的室内乐客座教授，1992 年应邀出任爱乐乐团的室内弦乐团的首席兼指挥，现任比利时交响乐团副首席。女儿龚妮丽是贵州大学艺术学院艺术系主任。一个艺术的家庭，使得他们的事业如添双翼，前程似锦。

1986 年，宋树秀曾拿到中央音乐学院的一份聘书，为了贵州的声乐艺术，她毅然留在贵州而且一干就是几十年。如今，面对她的学生，宋树秀无怨无悔，因为，她热爱贵州，更爱她的学生。

为中央音乐学院输送了好几个优秀学生，她们是杨晓萍、柳红玲和周媛媛。她们分别在1984 年、1993 年和 2001 年以第一名的成绩考上了中央音乐学院声歌系，三人在就读的五年期间成绩都名列全班第一名，以优异的成绩毕业于该校。杨晓萍毕业后赴美留学，获硕士学位后回到中央音乐学院工作，现在是该校的青年骨干教师，她所教的学生周晓玲于今年的中国"金钟奖"声乐比赛中荣获了美声组金奖。柳红玲现在是中央歌剧院的国家一级著名歌剧演员，她在歌剧舞台上扮演了《艺术家生涯》、《乡村骑士》、《图兰朵》和《蝴蝶夫人》中的女主角，成了当前中国歌剧界一颗耀眼的新星，还多次在国际声乐比赛中获大奖。周媛媛在英国皇家音乐学院以优异成绩获得了高等艺术家 A 级文凭，在国外继续深造多年后，现已回国，在中央民族大学任教。看到她们今天的成长和成就，宋树秀欣慰，她们是从贵州这个山窝里飞出去的金凤凰，贵州人的骄傲。此外，还有一个她教的中学生熊宴文于 2008 年也考上了中央音乐学院声乐系，这大概是她最后输送给中央音乐学院的学生了，宋树秀希望她能像三位姐姐一样，努力学习，争取好成绩。

除了为国家培养一流人才外，宋树秀更多的学生是在贵州服务，他们都为自己的家乡作出了贡献。如省歌舞团的现任团长，国家一级演员、歌唱家殷文霞，1985 年在全国第一届星海聂耳声乐作品比赛中获铜奖，在 1996 年电视大奖赛中获美声银奖，在 1996 年文化部举办的全国专业声乐大赛中获美声三等奖，1998 年获全国金龙杯专业声乐大赛美声银奖。省歌舞团的国家一级演员王松雪，在 2006 年多彩贵州大赛中获金黔奖，近年来代表我国频频出访各国演出获好评，为国争光，成绩卓著。市歌舞剧团的国家一级演员王莉莉在 1985 年全国星海聂耳声乐作品比赛中获特别奖，在贵阳市多次比赛中获一等奖。国家一级演员周蓉多次在全国和省市比赛中获奖。声乐教育界的如贵州大学艺术学院副院长张贵华教授、副教授吴克兰、成莉、赵青及青年骨干教师青科、王姗等，贵州师范大学艺术学院副院长刘媛教授、陈兰副教授，贵阳学院的副教授颜家佳、讲师刘玉，贵州财经大学艺术学院副院长李丽亚，毕节学院的杨世敏讲师，铜仁地区音协主席铜仁学院的刘洪英副教授，等等，如今都在本职工作中努力奉献，学生们不凡的成绩，使宋树秀感到非常的欣慰。

宋老师之所以有这么多优秀的学生，是因为她对学生倾注了足够的爱心和耐心。有许多学生是从较小的年龄开始学习声乐的，如贵州省艺校 1972 年入学的夏珊才 14 岁半，1978 年入学的杨晓萍才 15 岁半，而殷文霞和省艺术专科学校的周媛媛也都是年龄较小的学生。作为启蒙老师，她细心呵护，认真耕耘，还有针对性地展开对她们的教学。她的教学有以下一些特点：首先是注意保护她们的嗓音特色，建立良好的歌唱习惯，严格按照"循序渐进"的原则进行教学，绝不利用她们自然或天然的嗓音条件"滥"唱超过她们负荷的大作品，耐心地训练中声区。教学的重点不是为了唱几首"大歌"，而是细心地诱导她们打开咽腔、放下喉头，塑造良好的声音管道，建立发声的良好状态，建立正确的声音概念。从音质上下工夫，追求美好的音质，诱导他们体会歌唱时呼吸支持的运动感觉，建立正确的弹性呼吸支持点。在初学阶段，先使用 ABT、Siber 等简短的声乐练习曲，以学生把握较好的元音进行练习，逐渐引进其他的元音或带辅音的字做练习，也是循序渐进地发展嗓音。到二年级以后逐步加入其他如 CONCONE Op. 9 等声乐练习曲，提高学生的发声演唱能力，同时适当地选用较简易的乐曲，意大利歌曲或中国歌曲均可，配合训练。除了让学生明白歌曲所要表达的内容和主题思想情绪外，十分注重培养学生认真读谱的习惯，对谱面上的一切音乐术语，都要认真读懂，对乐曲的结构、乐句的分句、气口的安排，都要明确并做合理的安排，同时严格把握音准、节奏、语音的准确，不论是中文歌还是意大利歌曲，都一丝不苟，意在为今后的演唱建立良好的习惯和扎实的基础。

她认为启蒙教学是非常重要的阶段，必须为年轻的学生打下良好的基础，才能使他们今后有广阔的发展前程。打基础应是基础教学的首要目的，如果忽视这条原则，只顾当前的"辉煌"，即拔苗助长的假"辉煌"，必然会在学生的歌唱生涯里埋下祸根和"定时炸弹"，这种违反科学规律的做法是声乐基础教学的大忌。我们看见无数的声乐人才，走到一定程度的时候，因为从前养成的某种不良习惯而无法前进，或因为忽视一些最基本的要求而形成发声、呼吸、共鸣和语言的严重障碍致使无法继续提高，痛苦地离开了歌唱事业，着实令人痛心，这种事例实在是不胜枚举。

美声教学中会涉及许多西方的著名作品，在美声唱法的歌唱教学中，宋树秀常常会使用古典意大利歌曲作为基础教材，在声乐训练的进程中，还会使用更多的外国艺术歌曲和歌剧咏叹调作为教材，它们包括意大利语、德语和法语等语种。在贵州这个边远地区，不像我国的几所著名音乐院校那样，配备有外语歌唱语音的专门师资，为了使学生能够正确地运用意、德、法语的语音进行学习，宋树秀无法依靠他人，只有通过自己的力量来完成这个任务，才能让学生与全国乃至世界接轨。

宋树秀读的大学第一站是新中国成立前的贵州大学外文系，当时学校聘请了一位德籍女教师鲍克兰（Beauclaire）教授第二外语——德语。"我在她的德语课中学习德语语音，我们几个同学还经常在星期五晚上到她的住所去听音乐，加强德语的听力训练。我的意大利语是向我的恩师郎毓秀先生学的，在跟随她学习的三年中，我还学习了不少法国艺术歌曲。借助我的这些外语基础以及我三次到比利时专门学习法语歌唱语音的收获，在几十年的声乐教学中，我先后编写了《意大利歌唱语音》、《德语歌唱语音》和《法语歌唱语音》三种教材，提供给学生们学习，使他们能够以正确的歌唱语音歌唱。艺术学院的学生成莉在 1996 年参加文化部举办的出国选手选拔赛中得到了周小燕教授、黎信昌教授等评委们的肯定，说她外国语歌词的歌唱语感不错！她当时是西南地区参赛的唯一选手，还荣幸地进入了复赛。不但验证了她深厚的艺术功底，还向外界展示了贵州声乐教育的风貌。"

针对目前艺术院系的学生厌倦和害怕外语，基础差的状况，宋树秀认为艺术院系的学生应加强文化修养和专业基础课的学习。最使宋树秀终生受益的是，从恩师我国声乐界具有近现代开创性意义的老一代的著名声乐教育家郎毓秀先生那里不仅学到美声唱法的歌唱技术和丰富的艺术修养，更重要的是学到了她豁达而乐观的性格、对事业的执著追求与高度的责任感以及对待学生的慈母般的爱心，这个爱心和责任心是宋树秀一辈子勤学苦练、不断追求、不断进取的动力。这些给了宋树秀今天的艺术生命，她希望这生命能够在学生们的身上继续繁衍生长，从而真正体会到一个教育家的责任心和爱心。

原载《音乐时空》2011 年第 2 期

放歌世界歌坛尽展贵州风采

——黎平侗族大歌少年合唱团、普定仙马苗族农民合唱团参加厦门第四届世界合唱节侧记

7月的厦门，激情似火；7月的厦门，歌海如潮！

经文化部批准，由国际文化交流基金会和厦门市人民政府共同主办的世界合唱比赛（原国际奥林匹克合唱节）于2006年7月15日至26日在厦门举行。

世界合唱比赛是全世界规模最大的合唱比赛，每两年一届，前三届分别在奥地利、韩国、德国举办。

2006年7月15日晚，在厦门会展中心福建历史上最大的舞台上，来自80多个国家的270个国外团队，以及140多个中国内地、香港、澳门和台湾的团队近2.5万人参加了第一阶段开幕式。

胡锦涛主席在向本届大赛发来的贺信中预祝选手们"歌唱和平发展合作，歌颂团结友谊祥和"。国务委员陈至立等领导及世界各国驻华使节百余人出席了开幕式。

开幕式上首先亮相的是代表澳洲的坎特伯雷学院如歌合唱团的姑娘们。接下来亮相的有匈牙利奥林·来昂尼卡拉合唱团、美洲美国国际童声合唱团、南非吉尔斯尼学院合唱团。代表中国也代表五大洲最后一个出场的是贵州黔东南黎平侗族大歌少年合唱团。身穿侗族服饰的姑娘们演唱的原生态无伴奏民谣《布谷催春·蝉之歌》模拟了自然界的各种声音，让人们仿佛看见了春意盎然、万物生长的景象。她们精彩的亮相，向来自世界各国的嘉宾和参赛选手展示了侗族原生态音乐——侗族大歌这一中华民族支声复调音乐"活化石"的风采，让人惊为天籁。

这是人们期待已久的时光，更是孩子们心中的渴望。为了这一天，人们付出太多太多……

黔东南黎平县侗族大歌少年合唱团的前身是黎平县岩洞、口江童声合唱团。为了保护弘扬侗族大歌，2004 年 4 月，贵州省民族民间文化保护促进会组织专家学者深入侗族大歌发源地岩洞等乡镇，组织选拔培训该县第一支侗族大歌童声合唱团参加中国第三届童声合唱节，一举夺得演唱金奖、优秀指挥等六项大奖。正是这一成绩为进入第四届世界合唱比赛决赛拿下"入场券"。省民族民间文化保护促进会于 4 月 28 日至 5 月 10 日，派专家在该县各乡镇选拔队员并进行培训排练，充实提高合唱团。按照组委会要求，对参赛曲目进行研究和筛选，对乐谱（中英文和五线谱）和 DVD 音像的整理和制作，使组委会和国际评委对侗族大歌和合唱团有了全面的了解，终于取得了代表亚洲和中国参赛队参加开幕式演出的资格。该合唱团 60 名成员平均年龄 14 岁。

7 月 17 日，在本届比赛决赛中，孩子们以 81.15 分获得决赛金奖。当听到这一消息时，孩子们情不自禁相拥而泣。

本届比赛，参赛队最多的组别是第 24 组"无伴奏民谣"，共有 46 支合唱团，其他参赛队较多的组别还有第 8 组"混声合唱"，参赛队伍共有 36 支。黔东南黎平侗族大歌少年合唱团、普定仙马苗族农民合唱团进入第 24 组"无伴奏民谣"和第 8 组"混声合唱"，面临着种种挑战。澳大利亚坎特伯雷学院如歌合唱团、匈牙利科达伊学校奥林·来昂尼卡拉合唱团、美国国际童声合唱团等带来具有浓郁地域特色和民族风格的精彩曲目，这些合唱团不仅在演唱方面具有很高水平，而且也是非洲、亚洲、欧洲、美洲和大洋洲颇具代表性的合唱团体。

贵州黔东南侗族大歌少年合唱团在众多的合唱团中脱颖而出，一举夺得金奖，中央电视台、香港凤凰卫视、《中国文艺报》、《福建日报》、《厦门日报》、《厦门晚报》等多家媒体竞相报道，一时成为焦点。

安顺普定仙马苗族农民合唱团的出现，再次成为赛事的热点。这是本届世界合唱比赛唯一的以苗族村寨村民组成的合唱团，"参与就是最大的成功"，这是普定仙马苗族农民合唱团和全体村民最大的心愿。以"和平、友谊、合作、发展"为主题的国际合唱节是世界上规模最大、规格最高的国际性合唱比赛。普定仙马村民不会忘记，当贵州省民族民间文化保护促进会的专家和老师们向他们传递参加第四届世界合唱比赛的消息时，整个村子的男女老少激动得彻夜未眠。安顺普定仙马苗族农民合唱团成立于 2002 年，因仙马村而得名。仙马村是一个苗族村寨，海拔 1600—1800 米，由六个自然村寨组成。合唱团的成员均是仙马村的村民，为了参加这一赛事，在省内外打工的二十多名村民请假返乡，参加为期三个月的集训。集训期间，正值农忙，白天干活，晚上打着火把上山练歌。在最后集训的十多天里，48 名团员就在乡里的会议室打地铺，贵州省民族民间文化保护促进会连夜从贵阳请去钢琴调音师为全乡仅有的一架钢琴调音八个小时（这是一位中学老师买的二手琴）。

本届合唱节上，该团演唱欢呼歌颂、圣赞颂、踩鼓等四首曲目，还与克罗地亚男声合唱团、匈牙利女子合唱团、上海音乐学院女子合唱团同台献艺，他们纯净优美和真情的演唱赢得阵阵掌声。在本届合唱节上第 8 组的激烈竞争中，取得复赛银奖。

原载《贵州日报》2006 年 8 月 4 日第 5 版

梨园春秋

安顺地戏在国外

1986 年 10 月 7 日，安顺县华严区蔡官村农民地戏团一行十七人，应法国秋季艺术节的邀请，在首都北京乘飞机前往法国巴黎。此时此刻，这些农民们都在想些什么呢？

毕竟，地戏太古老了，迄今已有五百多年的历史。现代的人们会喜欢这种只用一锣一鼓伴奏，佩戴面具演出的粗犷浓烈的民间艺术吗？有的人说，派任何一个文艺团体出国，都比看这地戏强！朋友，你错了。正如众多美好的事物存在于人们周围而不被人们发现一样，安顺地戏，被称为中国地戏的"活化石"，被压抑了多少年才被人们刮目相看。

10 月 13 日，十七位农民在号称"世界艺术之都"的巴黎北方滑稽剧院向首场五百多位观众演出了《薛丁山征西》中的《三擒三放》一折戏。三棒击鼓，响似雷鸣。军旗开道，小兵大将顺次而出，盔明甲亮。喜怒哀乐，和盘托出。当演出结束，十七位农民摘下面具，拿下黑纱，露出一张张敦厚、淳朴的笑脸时，观众全体起立，向他们报以热烈的掌声和喝彩声。当场，法国蓬皮杜总统夫人和演员合影留念。

有谁能想到我们的农民会有这样的机会出国？又有谁想到我们的农民会获得这样的成功?! 在法国演出期间，法国著名"中国通"专家，巴黎大学的雅克·班帕诺教授亲自给他们当翻译。他们白天参观巴黎名胜，从凡尔赛宫到巴黎圣母院，从凯旋门到埃菲尔铁塔，从农庄到农学院，班帕诺教授高深的艺术、历史造诣加上他那娴熟的汉语，把一个个优美的故事展现在中国农民眼前。当了解到法国人为事业为祖国历史建立众多的博物馆时，他们感慨地说：

"回去以后，应该让自己古老的地戏面具有一个展览馆，让更多的人了解中国古老的艺术。"

西班牙首都马德里。为了迎接地戏演出团，在雷蒂罗公园水晶宫布置了特殊的演出场地。华侨天府大饭店四川籍杨老板得知地戏团到达时，急忙打电话给远离马德里七百多公里的贵州籍三都县人石文宣，石文宣接到电话，专乘八小时的火车赶来看望贵州老乡，并设宴招待，谈话持续到凌晨四点多钟。

是啊，古老、悠久的中国地戏艺术，象征着中国农民坚强刚毅、勤劳勇敢的性格。古老的地戏，此时该是她焕发青春的最佳时代。

原载《贵州日报》1987年1月3日第7版

艺术面对经济大潮

——谈《戏剧人生》人物形象塑造

真是一出斩不断情、割不断爱的人生悲喜剧。看完中央二台19集电视连续剧《戏剧人生》，剧中那一个个栩栩如生、有滋有味的人物形象深深印在我的脑海中。

人生大舞台，舞台小人生。《戏剧人生》情节并不复杂，但是相比那些主题看似重大，但内容空泛，人物苍白无力的电视剧，无疑是一部品位较高的艺术作品。

应该说，《戏剧人生》的人物群体刻画是有特色的，剧中的几个主要人物如姜显、周泱、潘兆君及丁啸等，都有血有肉，令人折服。被称为理想主义的艺术家姜显面对经济大潮对艺术的冲击不理解不适应，甚至有些无可奈何。可他执著的艺术追求，痛苦中有幸福，困惑中有潇洒，人品和性格有不少闪光之处。他得知自己平时十分看重的后起之秀周泱大病住院，急匆匆赶到医院和护士对话的一场，有个性色彩。姜显旁若无人抓起电话，遭到护士的责难。护士木然的表情，巧妙表现了年轻一代对艺术和艺术家的不理解。姜显在飞机场候机室对周泱那情感丰富动人心魄的独白，感动了在场所有人，也让周泱感动得潸然泪下。他相信他对艺术的热爱不亚于初恋情人，他对莎士比亚笔下的哈姆雷特倾注了一生心血，他不相信"哈姆雷特"会失去观众，他只记得50年代"哈姆雷特"演出时的盛况，观众在雪地里排队买票，人们在谈论艺术。在剧院43岁生日的晚上，作为发起人之一的姜显感慨万千，他深沉隽永、情真意切地吟诵李白"君不见黄河之水天上来，奔流到海不复回？……天生我才必有用，千金散尽还复来"的诗句，动情动心，此时此刻，恰到好处。

姜显这个人物源于生活，高于生活，是真实可信的。在艺术创作上对人严、对己更严，以致固执己见伤害到同行还不明白个中缘由。吴亚辉在周泱住院期间，主动承担电视台录制沙剧片段的女主角任务。当她在服装室寻找自己失去的青春，兴致勃勃来到姜显面前等待鼓励时，姜显竟直言不讳地说："不服老是不行的，唬得了外行，唬不了内行！"致使吴亚辉伤透了心。编剧无可奈何中写出剧本《女侠情史》，希望姜显说上一句得以排练，姜显却说什么不如一堆废纸等，深深刺痛了丁啸的心，丁啸夜不能寝愤然披衣将辛辛苦苦熬更守夜写出的剧本焚之于火。再如，周泱说，如今的观众不看戏，姜显却拉大嗓门说，是他们不懂戏！这一处处细小的情节，把个自恃清高、潇洒倜傥又不失艺术家风采的形象表现得淋漓尽致、入木三分。

"哈姆雷特"首场演出，姜显是在儿子突然出国的情况下登台的。再展艺术家辉煌的姜显，带着他一生的理想和追求，倒在了自己苦心营造的舞台上。姜显走完了他的人生之路和艺术之路，电视剧戛然而止，但《戏剧人生》留给观众的思考和回味却是无尽的。

原载《文化广角》1993年第4期

我喜欢布莱希特的《四川好人》

早在 1985 年时，就听说中央戏剧学院导演系的学生演出了《四川好人》，出于对话剧的热爱，很希望一睹为快。时隔五年，此剧被成都二团搬上银屏，总算了却了一桩心愿。

贝托特·布莱希特的《四川好人》，是一部内涵丰富而又趣味横生的作品，此剧以三位神仙下凡寻找好人为线索，引出一个发人深省的故事。贫穷的沈黛虽因生计所迫沦为娼妓，但尚未泯灭善良的心灵，即使身处绝境也尽力助人。神仙们认定她就是所要寻访的好人，于是资助她一笔金钱维持生活以便继续行善。谁知远亲近邻们闻风而至，赖在她家坐吃，很快又使她面临破产。在这个金钱支配一切的社会里，沈黛为了生存终于异变成一个性情凶恶、唯利是图的人。剧作家有意把沈黛的"表哥"外化成另一个生动的舞台人物形象，引导人们摆脱了对具体人物命运的关注。从而更进一步扩展视野，从社会角度对这种现象进行思考作出批判。让人们认识到：在金钱社会中不可能有什么抽象的好人。

我喜欢布莱希特的戏剧是因为它充满了辩证的哲理，从内容到形式上都是独特的，它不同于传统戏剧，强调戏剧演出的审美价值首先在于戏剧所传达的思想内容。除了善于揭示社会现实矛盾外，还善于揭示人物自身的内在矛盾。于是在此剧中出现了沈黛的善良、纯洁和献身精神与"表哥"的奸诈凶狠、冷酷无情的完全对立，让人在欣赏艺术的同时思考人生。

原载《贵州文化导报》1990 年 2 月 24 日第 4 版

为贵州京剧添光彩

——记《范仲淹》特邀导演沈斌

沈斌，是贵阳市京剧团《范仲淹》剧目特邀导演、上海昆剧艺术室主任、国家一级导演，他为《范仲淹》的夺魁立下了汗马功劳。

为《范仲淹》夺魁，沈导煞费苦心。他说，在上海导戏，条件优越，一个戏投资几十万元甚至一百多万元。在贵阳，一出《范仲淹》争取"五个一"工程奖和参加戏剧节演出，才花了二十多万元，原因是没钱。这次到成都演出两场，为达到预先设计的灯光效果和舞美效果，决定向剧场租借灯具两百个，一个灯二十元，桃花源一场"冰气雾迷"一分钟一千元，但达到了完美的效果，分获优秀灯光设计、舞美设计奖。善于调动人的内在潜力，激发演员对剧本角色的体悟，创造出令人满意的舞台立体形象是沈导的一大特色。闲时，总见他与演员交谈并向他们介绍现代戏剧的新发展新动向，以拓展演员思维。

面对《范仲淹》这样一个文化品位高的文学剧本，沈导调动了他对戏剧工作三十多年的全部积累，重新对这一历史人物进行阐释和思考。为此，他以突出范仲淹在戏剧中的行为举止为核心，紧扣"先天下之忧而忧，后天下之乐而乐"的主题，在贵阳市京剧团的演出史上，首次打破启幕落幕的格局，运用无场次结构的戏剧最新风格，使时空转换自由多变。在舞台结构处理上，用三组平台把演区拉开，中间一转台可随剧情和人物命运变化转动。在刻画人物心理上，沈导多次营造精神世界的意境，将范仲淹的人物心理和形象作出完整的归结，再现了中国知识分子忍辱负重、痴心不改的人格精神。作为一个在戏剧界有影响的导演，沈导不仅为贵州《范仲淹》夺得 1994 年度"五个一"工程奖立下大功，自己也在本次戏剧节获得优秀导演奖。

原载《贵阳晚报》1995 年 11 月 18 日第 8 版

从省京剧团借会议室开会说起

为了弘扬民族文化，繁荣贵州省京剧艺术，省京剧团上周末组织有关企业家和京剧爱好者召开了座谈会。要开会了，还没有落实开会的地点。于是，他们想到了邻居——省文联。在省剧协的支持下，这个二十多人的座谈会得以顺利召开。开头发言的是省文化厅曹雨煤副厅长。曹雨煤笑着对省文联党组副书记何光渝说："感谢省文联对我们剧团工作的支持，这个会就从借会议室开会说起吧！"

文艺体制改革，目前在贵州已进入实质性的阶段。几度春秋几度风雨，文艺终见一缕曙光，曾经被视为上层建筑的艺术，又将重新审视它的社会功能。

1995 年，省文化厅党组突出精品意识，省京剧团、毕节地区京剧团联合排演了大型新编历史剧《水西遗恨》，经过精心创作，把原来的黔剧本移植后搬上了京剧舞台，此剧作为省京成立三十多年来第一个自创节目，无疑为省京的生存和发展注入了新的活力。然而，摆在领导和演员面前的是，排练无场地，北京来的专家孙元意震惊了！一个省级京剧团没有排练厅、没有剧场，简直不可思议！但是，这却是残酷而又平静的现实。在科学路上，许多单位都有自己的牌子，唯独省京无任何标志，省京的办公室就是一个搭靠在宿舍边的小楼，总面积不足二十平方米，沿铁栏杆楼梯上去，使人联想到 30 年代的亭子间。多少年了，团里开不上一次整齐的职工大会，即使要开会，也得分批进行。

就说排演《水西遗恨》吧，第二场地是贵阳酒厂，酒厂离市区较远，仅有的住房留给外地来的同志，团里的同志每天跑几趟。第二站，是省艺校，时值 8 月，学校放假，京剧科给予大力支持，不仅腾出了排练厅，而且免收场租费，这关键时刻的支持，犹如冬天里的一把火，烧得大家心里热乎乎的。

戏架子拉起来了，排练厅无法满足导演的要求，剧组第三次搬家，到了甲秀影剧院。9 月，又搬到了朝阳影剧院。国家一级导演孙元意笑着对大伙儿说："咱们还往哪儿搬？""不搬了！不搬了！"大家敞怀大笑，笑声里，道出种种难言的酸楚和苦涩。三个多月过去了，为了《水西遗恨》付出辛勤劳动的人们，没有拿到一分钱补助，说到这儿，曹雨煤难过地对大家说："我这个当厅长的，对不起大家……"

1958 年 10 月，奉中央文化部和中央军委总政治部联合调令到贵州的广州军区南海京剧团（同年底经贵州省委正式命名的贵州省京剧团），已有 38 年历史。省京，曾拥有它的辉煌，不论是传统戏还是现代戏，质量均达到较高水平。著名武生楚蔚秀、旦角刘映华和诸效兰、小生聂蔚凌、武旦许湘生、著名琴师马利云等相继加入本团，之后又培养出一批中青年演员，卢小玉、杨得保、杨金鑫、陈建良、杨嘉陵、周百穗、姚萍、赵露霞等为广大观众所喜爱，他们与京剧艺术结下了不解之缘。大家忘不了 1995 年 11 月 18 日晚《水西遗恨》在天津首届中国京剧艺术节上的首场演出，那是一次该团全力搏击艺术的高度展。文化部常务副部长、中国文联党组书记听说剧组人员三个多月三班排戏，而全团上下一分钱补助费都没发时，对全体观众说："贵州是一个经济贫困省，但经济贫困不等于精神贫困，他们是精神的富有者！（全场热烈掌声）有了这种苦斗精神，就可以再创京剧艺术的辉煌！"

演员激动地流下了热泪。一位 26 岁的小伙子还拿出 10 年前省京在天津演出的《勘玉圳》、《乾坤福寿镜》两出传统戏的说明书要求卢小玉、周百穗为其签名留念。人的艺术生命是短暂的，但艺术本身却是永恒的，在与观众交流的过程中，人们强烈地感受到了真正艺术的魅力。

参加座谈会的私营企业家蒲学松再也坐不住了，这位痴迷京剧艺术四十年的中年男人发言感人肺腑。他为《水西遗恨》获首届中国京剧节程长庚演出奖而自豪，提起贵州当家老生曹剑文离黔赴湘，蒲学松甚感痛心。他真诚希望有志于京剧艺术的人们，不要嫌弃贵州、不要嫌弃自己的职业，要练出自己的功夫，拿出自己的好戏奉献给社会。

蒲学松目前的希望是把企业搞好，争取来年搞一次全省专业、业余京剧大奖赛，以此作为对京剧艺术的支持和对社会的回报。到会的企业家们纷纷发言表示，愿意为振兴贵州京剧艺术尽力献策，给与会者以极大的鼓舞，令人心情久久不能平静。

党的十四大以后，更加明确地指出了艺术表演团体体制改革的目标和要求。贵州省是内陆山区多民族省份，因历史及自然环境等原因，经济文化相对落后，艺术表演团体数量不多且底子薄基础差。严格来说，艺术表演团体内部运行机制一些深层次的问题尚未解决，省京剧团的"三无"状况，就是一个明显的例证。如何落实相应的文化经济政策，保持文化发展和经济发展的同步性、文化建设与经济建设的协调性，真正建立起既适应社会主义市场经济发展又符合艺术自身发展规律的新型文化实体，这种新型文化实体不是原有艺术表演团体改换招牌的简单再现，而是原有艺术表演团体在新形势下的转型，真正地脱胎换骨。这，不但需要勇气，更需要理解和精心的扶持。

惟其如此，我们的文化艺术，才能为社会所共同拥有。

原载《贵州日报》1996年4月22日第1版

《水西遗恨》动津门

11 月的天津，是一道京剧艺术的风景线。

因为首届中国京剧艺术节在津门的举办，这里打扮得绚丽多姿。

经文化部对全国 54 出剧目的评选，参加这次演出的剧目有：上海京剧院的《曹操与杨修》、《狸猫换太子》；湖北省京剧团的《徐九经升官记》；吉林省京剧院的《高高的炼塔》；江苏省京剧院的《西施归月》；山东省京剧院的《石龙湾》；山西省京剧院的《金谷园》；江西省京剧院的《长剑魂》；贵州省京剧团的《水西遗恨》；北京京剧院梅兰芳京剧团的《赵氏孤儿》；天津青年京剧团的《秦香莲》、《岳云》。除《赵氏孤儿》和《秦香莲》为示范演出外，其余 10 台戏均为参赛剧目。

好戏连台，强手林立，面对这浓浓的氛围，《水西遗恨》的演员们感到了一种压力。11 月 14 日晚抵津后，立即进入了紧张的备演状态。省文化厅厅长王恒富和副厅长曹雨煤坐守排练场，从上至下都有一个共同的愿望：要让爱京剧、懂京剧、唱京剧的天津观众了解贵州，让《水西遗恨》唱响津门。

能够参加首届中国京剧艺术节，是贵州值得高兴的事，因为全国数百家京剧团体中，虽入选剧目 54 出，但参与这次演出的剧目仅 10 出。

为了闯进津门，贵州上上下下不少人付出了心血。中国京剧院著名国家一级导演孙元意、中国戏曲学院音乐系作曲教研室讲师费玉平等为这出戏费了心；为扶持新人，著名演员卢小玉、周百穗甘当配角；紧张的三个多月，剧组全体人员同心协力，却没有拿任何补贴。

天津观众偏爱传统戏，但对新编民族历史剧《水西遗恨》也兴致盎然。进入剧场装台的第二天，售票的窗口已挂出"座满"的招牌；宣传橱窗前，站满了观看《水西遗恨》剧照的热情观众。

在 11 月 18 日至 19 日的三场演出中，近五千名观众看了贵州的演出。《水西遗恨》那特殊的服饰和舞美效果，使观众耳目一新。不少观众说，通过这出戏，我们了解到贵州彝族过去的一段历史。《水西遗恨》的浓郁民族风情和地方特色吸引了挑剔的天津观众，那不时为演员精彩唱段叫好的喝彩声，就是一种认可。

音乐唱腔的设计，无疑为该剧增加了不少亮色。那热情欢快的彝族音乐，糅进传统京剧的板式中，加之电声音乐，有力地烘托了这出戏的气氛。"祭慰"一场歌舞相伴音乐渐起时，不少观众由此领略到了现代京剧的神韵和风采。

扮演安坤、禄夫人、墨玉、阿木呷、威纳等角色的几位主要演员得到了人们的好评，尤其是姚萍扮演的禄夫人，按照人物的心理流程来塑造人物形象，突破了程式化的表演。她在本身梅派的特色中融入程派的特点，在唱腔处理上以真情实感来演唱，因而几场重头戏不时博得满堂喝彩。

文化部常务副部长高占祥、文化部艺术局副局长姚欣等领导，对贵州的这出戏予以很高的评价。《水西遗恨》这次荣获"程长庚演出奖"，位于 10 台戏的前 8 名，对贵州来说，既是零的突破又是一次新的挑战和考验。

原载《贵州日报》1995 年 12 月 1 日第 8 版

竞红赛绿

——九八贵州文艺调演纪略

金秋十月，九八贵州文艺调演在贵阳拉开帷幕，省城文艺舞台好戏连台，构筑了一道道亮丽的风景线。

从某种意义上说，九八贵州文艺调演是贵州省近十年来对专业文艺队伍的一次大检验和展示，是贵州省文艺界迈向 21 世纪的一次助跑和新的长征。

曾以《秦娘美》、《奢香夫人》等剧享誉全国的省黔剧团，此次排演的大型黔剧《姊妹崖》又与广大观众见面。这是一出从剧本到导演、表演、音乐、舞台美术都有相当创新的黔剧，剧本突破了贵州省表现红军题材的模式进入了超越历史的深层次思考，具有感人的力量和审美的内涵。黔西南州歌舞团演出的话剧《黑山汉子》，真真切切地讲述了一群普通老百姓的故事。该剧情节流畅、人物生动、高潮迭起，形象地展现了普通人对摆脱贫困和美好生活的追求与向往，演员表演朴实自然，给观众留下深刻的印象。被专家评为贵州省近年来戏剧创作中的优秀作品之一。

带着两台大戏参加全省文艺调演的遵义市，为本次调演添彩增辉，给观众一个意外的惊喜。遵义市文工团为能参加本次调演煞费苦心，选中剧本《包拯还乡》，并自筹资金二十万元进行排练演出，全体演员顶着三十多度的高温加班加点，体现了该团奋进拼搏的顽强精神。贵州省评论专家一致认为，该剧体现了编剧强烈的忧患意识，具有深沉的使命感和审美层次，是贵州省剧坛出现的一出成功的新编历史剧。遵义市川剧团是贵州省目前唯一的川剧团，该团在经费紧缺无排练场地的情况下，树立强烈的精品意识，根据优秀传统戏整理改编的大型川剧《潘金莲》一炮打响，成为此次调演的亮点。

省话剧团在排练条件极端艰苦的情况下，剧组全体同志体谅剧团的困难，纷纷拿出自己的衣服用品作为道具和服装。此次演出的小剧场话剧《巧妇可为》紧扣时代脉搏，在注重挖掘题材的思想深度的同时，努力提高作品的观赏性和通俗性，是省话剧团近年来推出的一部力作。

曾被文化部表彰的"出人出戏走正路"的好剧团——铜仁地区文工团，向观众奉献的大型方言话剧《吾土吾师》，向人们叙述了苗族教师田沛发及其亲人在艰苦的条件下为家乡的教育事业呕心沥血的感人事迹。曾在1995年全国首届京剧艺术节数十台竞选剧目中脱颖而出进入"十强"，并荣获首届程长庚演出奖的《水西遗恨》，经省京剧团和毕节地区京剧团联合复排后再次亮相筑城。贵阳市艺术中心的小品专场和方言话剧《只要你过得比我好》，展现了该团经过文艺体制改革后的新的群体形象，显示了演员的实力和精神风貌。

此次参加调演的三台大型歌舞，有省歌舞团的《山情水韵》，省花灯团的《灯华秋实》，黔南州歌舞团的《石榴花红》。这些歌舞，向观众多方面、多角度、多层次地展现了贵州汉、苗、侗、彝、水、布依等族人民五彩缤纷的生活。这些音乐舞蹈节目，有的在国内外多次演出并获奖，有的是多年加工提高的保留节目，但更多的是近年推出的新作。艳丽的民族服饰，浓厚的民族风情，强烈的时代精神，醉人的音乐舞蹈，是这几台节目的共同特色。

因种种原因，安顺、黔东南、六盘水未有剧目参演，但都派人或组织观摩人员前来学习和取经。黔南州的贵定、独山等县，派文化馆的专业人员来学习。一些省级专业团体的同志说，要把排练的剧目送到人民群众中去，因为戏剧自身的价值就是演出，群众就是剧团、剧种和剧目的生命。此次调演，省委宣传部、省文化厅还组织省表、导、演、舞等艺术专家组成专门评论组，对参演剧目进行专门研讨，并认真总结经验，找出存在的不足。专家们一致认为，虽然此次调演取得了一定的成绩，达到了预期的效果，但面对贵州实际，我们清醒地认识到，贵州文艺的现状是，编导匮乏，队伍老化，经费奇缺，设施简陋，这些，依然影响和制约着艺术精品和人才的出现。

省文化厅厅长张继增告诉记者，为了 21 世纪贵州省文艺的更加繁荣，我们要继续全面贯彻党的文艺方针，全方位地推进文化领域的改革，充分调动艺术工作者的积极性和创造性，达到"出人、出戏、出效益"的根本目的。

原载《贵州日报》1998 年 10 月 15 日第 5 版

梨园情结

带着几十号人登上上海开往贵阳的火车后，省京剧团副团长李祖辉终于松了一口气。他倒在中铺，一睡就是一整天。

他实在太累了，团里的同志们都这么说。

就说临走那天托运道具和服装一事，他就整整跑了一天，为团节约了一千多元。省京剧团目前无场地、无剧场，但为了生存，为了艺术上的发展，李祖辉跑遍了全国各大演出市场，拓展剧团演出业务。

传统剧目《四郎探母》、《王宝钏》、《红娘》、《宇宙锋》、《梅尤镇》、《燕燕》等四十多出戏在上海大世界频频亮相，均获良好的信誉。这中间，凝聚了李祖辉和他的伙伴们太多的心血。

1958 年，李祖辉随广州南海京剧团到贵州时，只有十多岁。如今四十年过去了，李祖辉仍在戏剧领域不倦地跋涉。他说："文艺团体的改革比较艰难，但不管怎样，剧团不能垮。剧团的发展，要以创作为中心，以剧场为基地，以演员为龙头，以此带动出人出戏出效益。"

如果说，当年李祖辉自己对京剧的爱流露于舞台上演出时的一招一式中，那么，如今李祖辉已将这种爱化成他孜孜不倦的追求。剧团的演出，给中青年演员提供了一个极好的锻炼机会。为参加首届中国京剧节，剧团排演了新编历史剧《水西遗恨》。这出戏中，起用的就是年轻演员。11 月初，省京剧团刚从上海演出回来，为提高剧团的业务水平和自我发展的能力，在经费紧张的情况下，他们又专派业务骨干观摩第五届中国戏剧节优秀剧目。李祖辉说，贵州虽然经济落后，但我们并不甘示弱。我们想方设法也要改善工作条件，力争排出好戏奉献给广大观众。

原载《贵州日报》1997 年 12 月 5 日第 5 版

再现巾帼英雄风采

陈泽恺，一个为全省乃至中国戏曲界熟悉的名字。1994 年，他创作的新编历史剧《范仲淹》经贵阳市京剧团演出获中宣部"五个一工程奖"。1995 年获第四届中国戏剧奖编剧奖。1999 年应文化部邀请进京参加新中国成立 50 周年献礼获"文华新剧目奖"。他创作的十余部剧作，还在湖南省湘剧院、新疆乌鲁木齐京剧团、广东粤剧院等公演并多次获省、市剧创作一等奖。在最近开幕的南京第三届中国京剧节中，他创作的新编故事剧《巾帼红玉》在参赛申报的 50 多个剧目中入选为此次京剧节 24 台优秀剧目，再次使贵阳市京剧团代表贵州走向全国京剧舞台。

为贵阳市优秀京剧演员写戏，这是贵阳市文化局近年来实施精品战略的目标，也是陈泽恺的首要任务。在陈泽恺心中，贵阳文化的形象是立体的、丰满的。提起艺术，便想到董克俊那句富有灵气体现无穷变幻的自然与生命的律动的话；讲起书法，自然首推戴明贤，其功夫造诣独树一帜。那么，京剧艺术的代表是谁？在陈泽恺眼里，侯丹梅是一个极具潜力和艺术功底的青年京剧表演艺术家。她文武兼备，花旦、青衣、刀马旦，唱、念、做、打俱佳。自丹梅1989年获电视最佳演员奖和1992年获中国戏剧梅花奖后，如何充分开发艺术资源，让其艺术生命放光，就成了他日有所思夜有所梦的问题。在深思熟虑之后，他把笔端倾注在巾帼英雄梁红玉身上。

巾帼英雄梁红玉是南宋的一员名将。《宋史·韩世忠传》、清钱彩编写的《说岳全传》都有详细的描写。晚清以来，各戏曲剧中都有反映梁红玉的剧目，直到去年南京艺术节，还有黑龙江省的龙江剧《梁红玉》。但陈泽恺在忠实于大的历史背景之下，发挥艺术家的创造力，对梁红玉进行重新塑造，并用当代人的新观念来阐述这位女英雄，强调和复原这位女英雄作为"人"尤其是"女人"的本质特征，充分展现梁红玉的同胞之情、夫妻之情、儿女之情和报国之情，使梁红玉一改传统戏曲中的武旦形象，而成为中国古代妇女的理想化形象。这个过程，既是对传统击鼓抗金故事的改造，也是对梁红玉这一古代妇女形象在美学上的升华，无疑，也是通过梁红玉这样一个普通的女人折射出作者"民本"的思想和观念。

谈起《巾》剧的创作，陈泽恺比喻自己"脱了一层老茧"，可谓"字字皆辛苦"。15岁考入贵阳市评剧团的他，当过演员、导演，体验到舞台的艰辛。剧作家心中有舞台，就是要有鲜活的人物形象。因此，从人物的塑造出发，梁红玉是一个活生生的、敢爱敢恨敢做的人，就应该有丰富的思想活动。她有擂鼓战金山的浩然正气，也应有思想的发展过程。于是，他精心设计了她的一段身世：其父淮南宣抚使梁定国因忤权奸，被诬问斩，红玉也罹难被罚充娼妓，后不堪屈辱，由青楼逃出，该习杂剧。这样，和一般杂剧演员不同，她具有一定的文化素养，她的爱国主义和家庭教育有着密切联系，这为她后来的一系列行动作了很好的铺垫。作者抓住一切可以利用的场合把戏做足，第一场痛揍童三郎表明敢恨，第二场慧眼识英雄决断许婚的 12 句唱，又展现了梁红玉敢爱的胆气。

用灵巧的结构和巧妙的穿插避实就虚，武戏文唱，全剧在跨度27 年（1102—1129）中，让观众看到了代表人民力量的梁红玉、韩世忠，代表投降势力的赵构、秦桧、童三郎，代表敌人的金兀术，穿插既调节了戏的节奏，又达到了艺术的真实和自然。

剧作者借助情感载体，使唱词华美流畅，给演员提供了充分展现自己才华的空间。如第四场"灯下裁衣"一段"秋声起思授衣柔情缱绻。剪征袍为娇儿缝制短衫……"连用四个"这一处"的排比唱段把一个女性在军旅生活中的艰难淋漓尽致地展现出来，也深刻地揭示了人物内心的丰富情感。又如对梁红玉痛失爱女彦芳时的处理，导演运用了多种手段。首先用激越的音乐，用大和弦来抒写梁红玉内心所受到的震惊，接着糅进河北梆子的一段"二黄"来倾诉她心中的悲痛。丹梅对这段高腔的处理，刚柔结合，声情并茂。配合唱腔，在做功上，以跑步扑向彦芳，拥抱而痛哭。此刻，背景上硝烟弥漫，灯光上大胆使用逆光，以强调梁红玉的形体动作，只用微弱的面光照出人物的面部轮廓。这场戏，赢得观众的满堂彩。

戏剧，要从历史的尘埃中淘洗闪光的金子，不能站在浮云下面仰望北斗星辰。陈泽恺以写历史剧见长，在历史剧中，他已从以往局部提炼上升到整体把握，由形式的雕刻转化为内容的化合，由现实的思考升华为哲理的开掘，我们称他的戏为"文化戏剧"一点也不过分。陈泽恺把《巾》剧的推出看成是一个"千人糕"，是剧组全体人员共同努力的结果。正如他自己所言："追求一种无我的境界……舞台艺术，就在强调以表演艺术为中心，把自己隐藏起来，'曲终人不见，江上数峰青'，就是最好的说明。"

原载《贵州日报》2001 年 12 月 8 日第 8 版

情系京剧

——访《巾帼红玉》领衔主演侯丹梅

2001 年 12 月 1 日，正值周末，与贵阳市京剧团副团长侯丹梅联系时，她正在团里练功。当我说明来意后，她说下午还要去输液，要采访就在上午吧。

2000 年 9 月，贵阳市京剧团服从城市建设需要，从繁荣地段喷水池搬至贵阳市小宅区贵阳制药厂。场地是租用的，办公室和练功房都是过去药厂的仓库，破旧而零乱。所租的 600 多平方米排练厅只占了 200 多平方米，为了充分利用每一个空间，团里花了几千块钱，用木板将过去吊车的部分隔开铺垫，才使排练空间显得大一点儿。团长孙浩烈带着我顺着车间的小路来到排练厅时，侯丹梅正在和几位年轻演员排练《巾帼红玉》中梁红玉与金兵开打的那场戏。只见她在练出手接枪时，面对四个金兵八条枪，没有一次失手，动作干净利落。无数次地练习，时针指向 11 点，丹梅说一声："今天的练习到此结束，回去以后认真体会和总结。"原想等了一个小时该接受采访了，只见她顺手拿了两块纸壳夹在腋下，急忙对我说："还有两拨练习在等着我呢！"

办公室里，茶几上放着几块纸壳。丹梅与苏威、李昶、兰壮、虞涛在练习司鼓朱连发射击的"鼓套子"，鼓点富有节奏感和乐感，这是该剧"击鼓抗金"中的一段，每一个鼓点都反复多次，直到满意为止。结束后，丹梅才告诉我，所有的道具都已提前运走，为了不间断练习，采用纸壳为鼓。从点点滴滴，看到了丹梅对艺术精益求精的追求。

侯丹梅是贵州省年纪最轻的著名京剧艺术家，今年 36 岁。

1987年，她参加中央电视台举办的首届中国青年京剧演员电视大奖赛，力克群英荣获"最佳演员奖"，一举成名。接着，在贵阳市京剧团组织的进京演出中，以一台唱做兼佳的个人折子戏晚会，征服了行家里手，成为贵州省第一位中国戏剧梅花奖获得者。她参与演出的剧目《范仲淹》曾获1994年中宣部"五个一工程奖"，她还获第四届中国戏剧节"优秀配角奖"等多项殊荣。自1993年获得梅花奖至今，她还赴台湾、南非、香港等地演出，好评如潮。作为一位有艺术追求的青年京剧艺术家，作为关肃霜的关门弟子，长期困扰她的问题是没有一台属于自己的代表作，她很感谢贵阳市委、市政府、市文化局、市京剧团的领导，把演员个人艺术才华作为珍贵的社会财富加以重视，才使她有了《巾帼红玉》的崭新亮相。

熟知丹梅的人都知道，她扮相俊美，嗓音宽厚清亮，武功扎实有绝活，是贵州省乃至全国京剧界不可多得的文武兼备的角儿。在陈泽恺先生创作的《巾帼红玉》中，丹梅倾注了她从艺多年的积累和才华。

刚接戏时，侯丹梅心里并无多大底。作为南宋与岳飞齐名的抗金英雄韩世忠和梁红玉，其故事已在京剧和其他剧种的舞台上演绎了数百年，京剧大师梅兰芳、欧阳予倩、尚小云所演的梁红玉已成为经典之作，难以企及。所幸的是，该剧的着眼点不限于抗金史实，更在于红玉这个人物的塑造。这为演员的二度创作提供了广阔的空间。

梁红玉的父亲因忤逆权贵被诬受斩，红玉亦因株连而被充为娼；不堪此命，红玉逃离妓院寄生江湖卖艺。在戏班到京都汴梁勾栏瓦肆演出之际，金人大举入侵中原，眼见国土沦丧、黎民涂炭，深明大义的红玉不再演粉饰太平的戏，改演《木兰从军》。太师童贯的侄子童三郎借机寻衅，欲霸红玉为妾；红玉巧遇困居山林的樵夫韩世忠，韩仗义相救。是夜，红玉与世忠在深山古刹再度相遇，经老僧撮合，二人结为夫妻，并携戏班伶人相约从军，征战中历尽千难万险，最终以寡敌众，以弱胜强，大取金兵。在情节与故事的铺垫下，一个丰满的梁红玉屹立在舞台上。其妩媚、名门闺秀的大气和教养，在与韩世忠的结合中表现得淋漓尽致；她深明大义，规劝韩世忠放弃个人恩怨，应以国家为重，临危受命抗击金兵；她为儿女缝制袄袄的针针线线，展示了作为女人、母亲的丰富情感；她手执双锤，击鼓抗金的气概，令大丈夫汗颜。无论是剧的开头与童三郎遭遇战的短打，还是高潮处"擂鼓战金山"的正规战，都干净利落、气势宏伟。尤其是结尾，从妙高台（两张桌子高）上翻下开打，以各种姿势推枪、挡枪、勾枪、踢枪，把关派在《铁弓缘》中的绝活作了新的发挥，体现了丹梅的武功造诣。在十多段唱腔中，尤其是第二场"决断许婚"的十二句唱、第四场"灯下裁衣"那段"秋声起思授衣柔情缱绻"的二十多句唱，女儿情、慈母爱、征战苦、报国志如泣如诉，唱得酣畅荡气；第六场点燃韩世忠心中烈火的"休看你终日里诗酒山水"，第八场登高远眺的那段"朝云飞霞"，既委婉亲切又豪迈大气。这些施展演员唱功机会的表演，无疑为剧作增色添彩，满足了观众的审美娱乐需求。

2001 年 8 月初，在首届中国（贵阳）国际围棋文化节上，该剧给广大观众留下了深刻印象。9 月初，文化部艺术司领导带领有关专家组成的剧目评审小组来筑审看，批准该剧入选参加 12 月在南京举行的第三届中国京剧节。为了不辜负广大观众的厚望，侯丹梅首次在全团实行个人剧组负责制，严格管理严格训练，实行奖优罚劣，奖勤罚懒，充分调动剧组全体人员的积极性。为此，她以身作则，每天 9 点以前进入排练房，父亲侯建光迟到一次当即扣 5 元，自己患重感冒两个下午输液，她算自己两天旷工，大家口服心服。爱人王雪峰把内蒙古的父母请来照顾孩子，让她排好戏。在她严格的带领下，青年演员周维佳、颜蓓、蒋松、杨明德等勤奋好学，天天坚持练功，功夫渐长。

谈起此次赴南京参加第三届中国京剧节，侯丹梅充满了自信。虽然强手如云，但她却更看重剧团的发展和锻炼。京剧，是国剧，是她心中的艺术，眼前的困难又算得了什么？她说，只要全团上下齐心合力，剧团的前景仍然乐观，她最大的愿望是率全团出国演出，让大家走出国门，为国家、为贵州争光。

原载《贵州日报》2001年12月8日第8版

《吏治惊天》挺进南京

10月28日，第六届中国艺术节将如期在南京举行，全国各省、市、区及国外一百多台剧（节）目将亮相宁城，贵州省新编历史（五场）京剧《吏治惊天》作为西南地区的唯一一台京剧，引起了观众的极大兴趣和关注。

贵州省多次选送节目参加中国艺术节，也有剧（节）目参加过首届中国京剧节和中国戏剧节，但以一台京剧参加中国艺术节，这在贵州来说，还是第一次。

正像运动员以参加奥运会为荣一样，作为一个艺术团体，能够参加中国艺术节，是令人欢欣和鼓舞的，因为中国艺术节展示的是一个国家和民族文化艺术的最高水准。

继2000年北京贵州文化活动周成功举办之后，京剧《吏治惊天》入选中国艺术节，是贵州省党政领导高度重视和广大艺术工作者努力拼搏的结果。

《吏治惊天》的编剧是贵州省作家赵范奇，毕业于北京大学中文系的他，长期工作奋斗在文化战线，熟悉了解贵州省文化工作，深知一个好剧本对一个剧团的作用。赵范奇1991年就被评为全国文化系统劳动模范，虽著有中短篇小说集《地磁》、散文集《黔西南风景线》（与人合作）等专著，但新编历史京剧，对他来说，还是第一次。一位优秀的剧作家最令人佩服的应该是他对社会、历史的强烈责任感，正是由于这种使命感的驱动，他充满激情创作的《吏治惊天》被赋予了神圣的使命。以铜为镜，可正衣冠，以史为镜，可知天下。该剧正是扬锐笔反腐败，张扬了时代的精神，昭示了人类美好的未来。

《吏》剧的导演孙元意是中国京剧院国家一级导演，七岁学戏，祖父是中国京剧名伶，父亲孙盛文和所有的亲属都从事京剧艺术工作，可谓真正的梨园世家。孙元意十岁考入中国戏剧学校，在京剧名师王瑶卿、马德成、尚和玉、程砚秋等人的指导下，1959 年以优异的成绩毕业到中国京剧院工作，在阿甲、郑亦秋、李紫贵的直接指导下于 1970 年开始导演工作，曾任京剧《红色娘子军》执行导演，影响全国的主要导演剧目有现代京剧《草原兄妹》、改编传统名剧全本《宝莲灯》、新编历史剧《梁山恨》等十部剧目，多次获全国优秀导演奖。谈起执导《吏》剧，孙导说，是《水西遗恨》，使他了解和关注贵州省京剧团。贵州相对的经济落后使文化艺术的发展受到一定的制约，但贵州艺术工作者不怕吃苦、不畏困难，敢于攀登艺术高峰的精神使他深受感动。继去年该剧在全省庆祝新中国成立 50 周年优秀剧目展演获得成功后，今年 8 月开始，孙导和该剧演职员共同努力，再次复排，在提高舞台整体效果、塑造人物形象、丰富剧情内容上下工夫。孙导说，《吏治惊天》得以闯进中国艺术节，是贵州狠抓重点剧目的结果，是贵州广大文艺工作者以豪迈的姿态迎接 21 世纪文艺的开端。孙导说，作为全国五台京剧之一的《吏》剧，将会在艺术节上引起观众的瞩目，成为艺术节的一个亮点。

《吏治惊天》一剧，起用了省京剧团优秀的中青年演员。扮演第一人物刘统勋的是贵州省少有的铜锤花脸演员杨嘉陵，他嗓音、音质、气质均佳，扮演的这一角色，使他在保留传统剧目的人物上有了创新。扮演皇太后一角的是优秀旦角演员李可甜，她嗓音甜亮，形象端庄，多次获奖。扮演主要角色蔡锦棠的是该团优秀青年花旦演员马英琪，她的嗓音甜润，行腔流畅，给人以人物美、艺术美的享受。扮演乾隆皇帝的郑少普、扮演五王爷的朱连阳，均从艺多年，具有扎实的艺术功底和表演才能。五位主要演员和全体演职员的合作，将为省京剧团的艺术发展史留下精彩的一笔。

原载《贵州日报》2000 年 9 月 22 日第 8 版

英语京剧进校园

2002 年 6 月 7 日晚 7 点 30 分，世界杯足球赛中国队正与巴西队交战。然而，在贵阳医学院礼堂里，千余名观众正在欣赏省京剧团英语京剧剧组的一台英语京剧晚会。《打瓜缘》、《赤桑镇》（唱段）、《苏三起解》（唱段）和《霸王别姬》不时赢得观众热烈的掌声。

省京剧团英语京剧剧组是全国唯一用英语演唱整出京剧的专业表演艺术剧组。1990 年，《打瓜缘》一剧曾应邀参加第 11 届亚运会艺术节演出，1991 年上了春节联欢晚会。1994 年，中央电视台"九州戏苑"栏目还对《霸王别姬》作了专访和播出，受到京剧界专家和广大观众的好评，被誉为"京剧界的创举"。此次复排的剧目，从剧本翻译到演员，对京剧的诗赋和内涵进行挖掘，在"英语"和"京剧"两个方面都达到了一定的水平，使许多外国观众第一次取得了与中国京剧观众的"平等地位"。

来自英国的贵州大学外教 Gene（简纳）和来自英国的贵阳医学院外教 Mary（玛丽）说，今晚在贵阳第一次观看京剧，很轻松地欣赏到了一个完整的小喜剧（指《打瓜缘》），一个完整的悲剧（指《霸王别姬》）。正如观看莎士比亚的戏剧一样，让人感到十分惊奇，十分震撼！来自美国的贵阳一中外教 Kate（凯特）说："演员的念白很清楚，悲剧（指《霸王别姬》）的感觉很好，十分庄重……表演滑稽幽默（指《打瓜缘》），非常感谢演员们给我们带来了一台别开生面的晚会。"

贵阳医学院原副院长何祥教授说："我们这几位都是学院里的京剧爱好者，今晚我们欣赏到了一场非常精彩的演出。"

贵阳医学院侯教授认为，英语京剧走进大学，演出十分成功。从剧本的选择上来说，戏剧性很强，《打瓜缘》很生动，很诙谐，通俗易懂，而《霸王别姬》则庄重严肃，流传久远，文化底蕴深厚。用英语表演，有深入浅出、回味无穷的效果。我们一直在说中国文化深远，却很少有人深得要领，更何况有着文化差异的外国人士，怎么交流，怎么让人明白无误，首先要突破语言上的樊篱。京剧的很多传统的东西，通过翻译及演员们的努力，生动地再现京剧的唱、念、做、打，增进了理解。

贵阳医学院医学系本科大三学生胡晓言、刘莹说，国粹艺术能用英语来表现，让我们这些初具双语能力的学生感受到民族文化的底蕴，这样的演出，对于我们很有帮助。

艺术的探索需要勇气，是文化的相撞和相逢，都能让人感受到一种温馨的快意。毕竟，我们的生活、我们的艺术都在与世界靠近。

原载《贵州日报》2002 年 6 月 12 日第 5 版

童语啁啾最动情

——访大型儿童舞剧《夜郎新传》编剧戴明贤

1999 年新春佳节，贵阳市百花剧院"百花盛开"，贵阳市青少年宫和云岩、南明两区少年宫少儿艺术团的六十多位小演员们，在喜气的节日里向筑城的小朋友们献上了由贵州省著名作家戴明贤编剧、吴保安任总编导、杨小幸作曲的贵州省第一个大型儿童舞剧《夜郎新传》。

熟知戴明贤的人都知晓他那洒脱旷达的书法，但对他早年就钟爱的儿童文学创作的印象却淡而忘之。大年正月十五，叩开戴明贤家的门，扯开话题与他交谈时，方觉他对儿童文学创作一往情深。

由于天生就喜欢小孩，初入文学之门，戴明贤就从事儿童文学创作。1979 年，其儿童文学集《岔河涨水》出版，其中的短篇小说《报矿》获全省首届儿童文学创作奖，全国第二届儿童文艺创作三等奖。当时，人民文学出版社资深编辑黄伊和王抉评这篇小说"情节曲折动人，人物个个跃然纸上"。戴明贤任省作协副主席以来，分管儿童文学创作，在主编《花溪》的年月里，发现了不少贵州省儿童文学创作的骨干。戴明贤喜欢孩子在朋友和同事中是出了名的。在他的眼里，儿童的游戏同成人的事业一样值得尊重和保护。儿童天真无邪，一切皆真情流露，是人间的一股特有的灵气。他说，现代人追求没有受到污染的水和空气，我向往没有受到污染的人，就是幼儿。

戴明贤对记者说，之所以萌发为儿童写剧本的念头，而且选择舞剧，首先是想发挥贵阳市少年儿童舞蹈的优势。贵阳市的"苗苗"、"小花"和市青少年宫"蓓蕾"艺术团成立多年，具备了逐鹿中原的实力。近二十年中，三个团演出的多是歌舞小品或组合节目，没有排演过大型节目，难以形成鲜明的印象和较大的影响。随即他又觉得最好是写一个舞剧，他认为，之所以偏重舞剧艺术，是因其最具诗性的艺术样式。一部舞剧，就是一首用音乐语言和形体语言写成的叙事诗。形式选定，就考虑题材。博学多才的戴明贤立即联想到让贵州蒙冤受曲千百年的"黔驴技穷"和"夜郎自大"两句成语。觉得用后者做一篇翻案文章，非常适合儿童舞剧。思路一定，剧本一气呵成。在抽屉里搁了一两年后，终于在1997年第二期《贵阳文化》上与读者见面。当时，贵阳市委宣传部部长许朗和副部长孙凤岐看后很感兴趣，专门邀请省、市舞蹈界的一些专家和几个少年宫的编导老师座谈。专家一致认为，充分发挥贵阳市少儿歌舞的优势，排演儿童舞剧《夜郎新传》很恰当。脚本结构分为夜郎、汉和世界文化的三个板块的展示，适合舞剧特点。该剧通过儿童演员富有童趣的表演，给这个千百年来的故事赋予现实的含义。通过夜郎主、汉使和小公主等系列形象的塑造，向人们撩开了历史的面纱，传递了真实的思想情感。

在千余年前，闭塞的山区人与外界互不往来，山民们刀耕火种，与自然融为一体。忽然汉使千山万水到了夜郎，夜郎主问：汉与夜郎哪个大？这在当时的历史条件下正常得很。秉笔记实的司马迁对此事解释道："以道不通，故各自以为一州主，不知汉广大"。并无嘲笑之意，倒是把这件事当成笑话的人，骨子里浸透了盲目的"汉自大"情绪。汉固然比夜郎大，但以为天下唯汉为大，也是"以五十步笑百步耳"。"新传"之意在于，任何自大和自小都不对，一个民族，只有保持自强自立的警醒，才能放眼世界，找准自己的定位，求得自身的发展。

不久前退休的戴明贤对退休生活极为适应且格外满意。他自己总结，退了休，喜欢的事情一样不少，不喜欢的事情一样没有。他还在一篇《儿童速写》前写了两行题句："问何物能令公喜？有闲书淡茶小儿。"这个为孩子们写的剧本能在舞台上立起来，他作为作者当然高兴。但他一再强调，舞剧的脚本远不如话剧、歌剧或戏曲的剧本那样重要，舞剧脚本不过是给作曲家、编舞、导演提供一个"货架"而已，五光十色的"货物"是要靠他们制作陈列的。艰苦的创造是这些"幕后英雄"和小演员们完成的。贵阳市委宣传部、市文化局把排演该剧列入今年该市重点剧目之一，对此投入了很大的人力物力。戴明贤深信，通过上下齐心努力，该剧会更加趋于完美，会受到众多小朋友们的喜爱。

曾从事过编辑、记者、教师、编剧的戴明贤如今已年过花甲，苏东坡的"人间有味是清欢"是他的座右铭。他以笔耕为乐，自认为"老路如今已惯，此心到处悠然"。他陆续写下了川剧《鬼捉》、诗剧《青松颂》、电视剧《双婚疑案》、木偶片《树苗》、木偶剧《燕楼惊豹》、历史长篇小说《九疑烟尘》、历史中短篇小说集《花溅泪》、散文集《残荷》以及《戴明贤散文小说集》，等等。书法也是他的爱好，他视其为同别人下棋、唱卡拉 OK、玩桥牌、打麻将一样的自娱方式。戴明贤现仍是省书协主席、贵阳书画院院长、中国书协理事和杭州西泠印社社员。

戴明贤退休后有诗句云："童语啁啾最动情。"看来，戴明贤喜欢书、茶和小孩是很自然的。

原载《贵州日报》1999 年 3 月 5 日第 8 版

逢盛会秦淮还看今朝

——第六届中国艺术节见闻

国庆的南京，被第六届中国艺术节浓浓的气氛所包围。街头大道，被大红的灯笼和五彩缤纷的彩旗装点着，各主要景点，鲜花簇拥，汇成了一片花的海洋。第六届中国艺术节9月28日在南京五台山体育馆拉开帷幕以来，一个个精美的展览和一台台多姿的节目吸引了广大观众。

30个演出场馆喜迎观众

充分体现"中国先进文化的前进方向"，把中国艺术节办成弘扬有中国特色社会主义文化的艺术盛会和人民的节日，是本届艺术节的宗旨。前五届艺术节，除了第一届、第二届在北京举办，其余的几届都是在边远地区内陆省份举办。本届是首次在沿海开放地区和发达地区举办的艺术节。江苏省委、省政府承办的本届艺术节，喊出的口号是"既要办出经济大省的特色，又要办出文化大省的风采"。为此，江苏建设、改造演出场馆投入7亿多元，除省政府筹资2亿元外，社会各界共筹资5亿多元。投资近亿元的紫金大戏院是第六届中国艺术节的主要演出场馆之一。剧场建筑气势恢弘，总面积达11571平方米，由大厅、观众厅、升降乐池、舞台、配套用房等多种功能的部分组成，可接待各类大型文艺演出活动。该剧院的落成，标志着江苏文化设施建设上了一个崭新的台阶，充分体现了文化大省的风采。紫金大剧院迎来的艺术节的第一个表演团体是北京京剧院，他们的《宰相刘罗锅》，赢得观众如潮的掌声。在如此气派的戏院演出，演员和观众同时都多了一份对传统文化深爱的情感，情景交融的场面令人难忘。据了解，本届艺术节江苏共有30个场馆开放，其中，南京主会场15个，苏州分会场4个，无锡分会场4个，常州分会场3个，扬州分会场4个。这些场馆新建、改造、维修总建筑面积约22万平方米，观众席位达44331个，场馆硬件设施的建设为艺术节100多台参演、展演的剧（节）目创造了良好的条件。

特点鲜明富有时代气息

　　我手上拿到的一份中央芭蕾舞团、交响乐团联袂献演的《胡桃夹子》（中国版）剧情简介，设计精美，而此台演出的主办单位则是南京新街口百货商场股份有限公司，这意味着此台剧目演出的费用由该公司承担。本届艺术节按照"政府运作与市场运作相结合"的办节思路使节目呈现了多元化的特点。社会各界，特别是企业的赞助和支持，使资金有了保证。买票看戏已替代发票看戏，成了无争的事实。参加本届艺术节演出的剧目在参评演出的同时，还将通过竞标方式，组织安排一定的场次进行商业演出，以此培育和带动市场。据了解，第六届中国艺术节还将引入竞争机制，设立"中国艺术节大奖"、"中国艺术节优秀剧目奖"等。同时，对祝贺演出及外邀表演团体演出分别设纪念奖和特别奖。该奖有组织专家成立的评奖委员会进行评比。开幕几天来，好戏连台，群芳竞放，从江苏省歌舞剧院的《好一朵茉莉花》到中央乐团的民族音乐会《金色旋律》，从前线话剧团的《虎踞中山》到南京市话剧团的《秦淮人家》，还有四川人艺的方言话剧《抓壮丁》、湖北荆门花鼓戏《闹龙舟》和《南京小红花》音乐歌舞晚会，这些充满了时代气息的艺术表演构成了艺术节绚丽夺目的风景线，给人以艺术的享受和美的愉悦。

尽展古都精彩风貌

　　开放的江苏以饱满昂扬的激情尽展古都精彩风貌，精彩纷呈的群众文化活动随处可见。记者9月29日、30日连续看了十余个展览，深深感受到金陵古都浓厚的文化风情。南京，迎来如织的游人。梅园新村纪念馆内，周恩来邓颖超藏书画展使许多观众流连忘返，人们从内心爱戴的两位革命家仿佛就在眼前。所藏书画中，有五六十年代齐白石、黄宾虹、刘海粟、何香凝、郭沫若等人的佳作，也有七八十年代陆俨少、关山月、赵朴初等人送给周总理、邓颖超的真品，绝大部分是首次展出。在南京博物院，除看到"江苏历代书画名家精品展"外，还看到了"石鲁艺术回顾展"，在江苏省美术馆看到了"非洲艺术大展"、"1999 聚焦中国——外国摄影家眼中的中国"、"丹麦潮——丹麦现代设计艺术展"、"海内外甲骨文书法艺术大展"。爱涛艺术馆展出的"中国工艺美术精品展"、"江苏首届国际艺术品博览会"、南京市文化艺术中心举办的"江苏省民间工艺作品博览会"、"江苏省群众美术书法摄影优秀作品展"和南京市图书馆举办的"馆藏精品展"等，这些展览不但体现了高品位、学术性的特点，也使众多的观众领略了"大美术"的观念，既向国内外展示了六朝古都的金陵神韵，又从不同的角度展示了世界艺术的丰富多彩，拓宽了观众的审美视野，显示出第六届中国艺术节的国际性和开放性，也是对我国文化艺术成就的一次大检阅。

原载《贵州日报》2000 年 10 月 6 日第 2 版

割不断的那份眷恋

——记贵州省京剧团青年演员姚萍

艺术，在艺术家心里是爱情，是生活，是生命，至少姚萍是这么认为。

姚萍高高的个头，匀称的身材，清秀中不失稳重，大方中透出柔美。

认识了解她，应该说是从观看京剧《水西遗恨》开始的。

在《水西遗恨》中，姚萍饰演安坤的妻子禄夫人。这出戏中，姚萍的表演富于层次和强烈的艺术感染力，因而给观众留下了深刻的印象。

姚萍是国家二级演员，父亲姚宝兴是省京剧团著名琴师，母亲诸效兰是省京剧团著名演员。受父母的影响，姚萍从小就喜欢京剧。小时候她家住人民剧场旁，每天放学做完功课后，就跟着大人们练功吊嗓。至今想来，步入京剧殿堂的第一步，父母给了她很大的帮助。

或许是与舞台有缘，最开始的一步，似乎也就决定了她人生旅途上的目标。

翻开姚萍一本本影集，从那些黑白与彩色剧照中，似乎能找到她为艺术奋斗的足印。

中学毕业，姚萍参加了贵阳铁路分局宣传队，主演了《红灯记》、《红色娘子军》等剧目。

影集中，有一张她在部队参加《杜鹃山》演出时扮演柯湘的剧照，照片上，姚萍齐耳的短发透出一种干练。这出戏，在部队演出了百余场，也为她积累了不少舞台经验。

1978年，姚萍调武汉军区政治部胜利京剧团，在这里她主演了该团自创的现代戏《刑场上的婚礼》，她扮演女主角陈铁军。

生活对她来说，似乎是一路顺风。

没有进过艺术院校的姚萍，在一次次艺术实践中不断地摸索。一次，在北京会演时，张君秋大师对她的亲自教诲，使她受益不少，一出《起解》，她至今难忘。又一次在武汉，姚萍还多次得到艺术大师俞振飞的指导。

机会一次一次对她微笑。

抓住机会，姚萍刻苦钻研。恢复传统戏后，她先后主演了《霸王别姬》、《凤还巢》、《宇宙锋》、《断桥》、《玉堂春》等折子戏及《秦香莲》、《新美人计》等大型剧目。

姚萍是1985年从部队转业到省京剧团的。不久即在《秦香莲》

一剧中亮相筑城。贵州京剧界纪念徽班进京 200 周年的活动中，她在《二进宫》中饰演的李艳妃，得到了人们的一致好评。

1981 年和 1991 年，姚萍在全国中青年京剧演员电视大奖赛中，两次荣获银屏奖。

谈起家庭，姚萍甚感欣慰。爱人杨小幸是贵州省著名青年作曲家，毕业于上海音乐学院，全心全意支持她搞艺术。

姚萍又要随团外出演出了。临行前，她对我说："对于一个演员来说，能有舞台和观众，是最大的幸福。"

姚萍，割舍不断的是那份浓浓的戏缘。

原载《贵州日报》1996 年 3 月 29 日第 7 版

《雷锋之歌》誉满浦江

1997 年 3 月 9 日，贵州省京剧团的演职员们赶到上海天塘京剧中心逸夫舞台参加 1997 年上海优秀儿童剧展演活动，舞台大厅，《雷锋之歌》将于 10 日上演的巨幅广告已制作展示出来。

"欢迎贵州省京剧团"的标语，醒目地映入演职员们的眼帘。

由上海演出家协会、上海文化发展基金会等数十家单位主办的 1997 年上海优秀儿童剧展演，会聚了上海、青岛、西安、济南、长春、武汉等地的 16 个艺术团体，演出剧目绝大部分是文化部获奖剧目，其中还有"五个一工程"获奖剧目。省京剧团的《雷锋之歌》，是作为特邀演出剧目参加展演的。

省京剧团是贵州省专业文艺表演团体中一个无剧场、无排练厅的团体，能走到这一步，实属不易。年前，在接受了上海的邀请后，还是贵阳市老干部活动中心和省艺专为其免费提供排练场地，才得以复排现代京剧《雷锋之歌》的。

《雷锋之歌》到上海演出，时逢毛泽东同志"向雷锋同志学习"题词35周年。35年过去了，今天，更多的中、小学生看到雷锋这一光辉形象，受到爱国主义教育和思想道德教育，无疑有着重要的意义。四川北路四年级三班的李锋、刘思扬看完《雷锋之歌》后对记者说："雷锋叔叔的高尚品格和助人为乐、艰苦奋斗的精神，值得我们好好学习。这个戏很好看。"

《雷锋之歌》演出形式活泼，有歌有舞，既保留了京剧的传统风格，又吸取了当代艺术的表现形式。全剧贯穿了这样一个主题：雷锋永远活在人民心中，雷锋精神是时代的精神。

饰演雷锋的是省优秀青年京剧演员杨嘉陵。他的表演真切、自然、投入，唱、念、做、打娴熟，深受小朋友们喜爱。每次演出结束后，少先队员们都要走上舞台，为他献上鲜艳的红领巾。

记者在上海看到，一天三场的演出，演员们每餐吃的是五元的盒饭，住的是化妆室，一间房要住十多人，生活工作条件极其艰苦，但全团上下并无怨言。因为，剧团的生存和发展，靠的就是这股拼劲。

1997年上海优秀儿童剧展演活动组委会副主任、上海演出家协会常务副主席李家驯，秘书长童本一等看了《雷锋之歌》后，高兴地对全体演员说，感谢贵州省京剧团给上海青少年们送来了一台好戏，它对指导学生树立正确的人生观，培养助人为乐的精神和集体主义精神，有着极强的现实意义和教育意义。

原载《贵州日报》1997年3月21日第7版

艺术节后的思索

大幕已拉下，耳畔仍响着掌声。没想到江西宜春地区采茶剧团的喜剧《木乡长》能有这样的感染力。一个名不见经传的地方剧团，能取得这样的演出效果，或许正是艺术的魅力所在。

《木乡长》用喜剧的表现手法，围绕一个乡长和他的妻子面对三千元红包的不同态度，以有情有趣的戏剧情节，塑造了一位勤恳正直、廉洁自律又幽默机智的农村基层干部木乡长形象。以喜剧的形式来表现严肃的主题，是该剧的特点。

生活化的表演，给观众很强的观赏性。据介绍，该剧创作于四年前，迄今已演出三百余场，曾荣获中宣部"五个一工程奖"和文化部"文华奖"，剧本还荣获曹禺戏剧文学奖。

在好戏连台的中国第五届艺术节上，像《木乡长》这样的戏很多。参加本届艺术节，常会为一台好戏、一场晚会激动不已。激动之余，对我来说更多的是思索。

宜春地区的采茶戏，在许多方面和贵州省的花灯戏相似。在音乐方面，花灯较之采茶调更为丰富。联想贵州花灯及戏剧的现状，《本乡长》的成功经验似乎很值得我们借鉴。

好戏来源于好的剧本。《木乡长》就因为有了一个好本子，奠定了它成功的基础。该剧台上演员只有八个，整台戏费用低，队伍精悍，演出形式比较灵活，城里乡下都能跑，加之是群众喜爱的喜剧，极易赢得众多的观众。这或许是贵州省地方剧可走的路子之一。

今年，省文化厅多次召开创作会议，对一些重点剧目要予以扶持。这无疑给省戏剧界带来了许多契机。如何抓住机遇，出精品、出好戏，是摆在眼前的重任。本届艺术节上，轰动蓉城的歌剧《苍原》在这方面也给我们带来很多启示。为了《苍原》，辽宁省歌剧院自筹资金，卖掉了剧院的轿车，演员不拿工资，还聘请了国内优秀演员。全院上下一条心，一个目标，那就是演好《苍原》，拿出精品献给观众。功夫不负有心人，观众经久不息的掌声，就是对他们的最好回报。

或许贵州省要拿出《苍原》这样的大型歌剧还有一定的难度，但我们需要的是那种为艺术而献身的精神。贵州的戏剧也曾有过辉煌的时刻。像《二月天》、《故乡人》、《母亲河》、《乌卡》等剧，也曾享誉全国。这充分说明，我们是有实力的，我们完全可以一搏。

原载《贵州日报》1997 年 10 月 28 日第 8 版

呼唤好戏

——观贵州省花灯团新创剧目《月照枫林渡》

省花灯剧团钟声、罗江禹、张孝先三位老艺术工作者凭着对花灯艺术的热爱，历时二载八易其稿，创作出五场花灯剧《月照枫林渡》。此剧是一部反映贵州省 20 世纪 20 年代末至 40 年代中后期黔北枫林渡口两家酒坊兴衰、情感纠葛和人性新生复苏的故事。这枫林渡口的故事虽然波澜不惊，却犹如甘霖沁人肺腑、催人泪下。三位作者共同努力的结果，是剧本的成熟与真情，它包含了作者对生活况味的体验、人生历练的积累和对真正艺术的追求。这个剧本不是用笔、用文字、用思想、用理智去写作，而是用心、用情、用善良的智慧和灵魂来完成。

《月照枫林渡》的创作是成功的。从审美层面超越了"以歌舞演故事"及词句的华美。它着重于人物性格、人物命运、人物心理层面的开掘，以清晰的线条，自然而又巧妙地将剧中人物月妹、荷荷、玉儒等人的命运铺陈在戏剧冲突、性格冲突和情感冲突之中，如清风吹拂、如泉水奔涌。

好戏是写人的，人的命运、人的性格和人的情感和人的灵魂。

立在观众面前的就是这样一群真实而又鲜活的人：

月妹：一个酒坊之主与丫头相爱的结晶，违反封建常规的结果导致她来到人世就伴随着灾难。随母颠沛流离的生活使她过早懂得了自立自强，而母亲全部的爱使她承袭了母亲的善良和宽容。她清新夺目，像一朵山菊花、像一只报春鸟，把对生活的美好憧憬和热爱带到枫林渡。

刘荷荷：一位出身显赫门第的千金小姐，门当户对的婚姻并没有使她获得真正的爱情。丈夫的背叛虽然使她对爱失望，然而孤独使她更坚强，她把情紧紧地锁在心中，忍辱负重地为酒坊的兴衰竭尽全力。

林玉儒：虽是富家子弟，却天生一情种，置礼教于不顾，置家规于不管，敢爱，一生为情所困，是那只报春的鸟润泽了他的心田，唤醒了他的勇气和良知，从而充满信心地面对生活。

还有易剪刀、陈幺、唐二叔和大龙，这些生活中的平凡之人，却都拥有人间的真情，他们的存在，使阴暗的生活变得滋润，使偏僻的山乡变得繁华，使整个世界变得如此美好。

在我国著名导演潘伟行的二度创作中，我们看到了他在向真正艺术朝圣的路上的探索与创造。看到艺术家思维、审美观念的进步和艺术的价值取向。演员汪信山、邵志庆、张黔霞、汤黔宁等在他的手下变得鲜活了，他们塑造的林玉儒、刘荷荷、月妹、唐二叔真正成为"这一个"。导演在写意的美学原则下，自由而又灵活地运用舞台的假定性，寻找凝练的诗化的舞台语汇，并以此为基础去结构舞台的时间和空白，创造出一个具有贵州地域特点和文化特点的时代性格。黔山秀水的神韵，酒乡美酒的魅力，春绿秋红的枫林、生生不息的赤水河和流淌的清泉，无论是舞台美术、灯光、音乐（伴唱）还是服装和道具方面，都使观众在有限的舞台上去驰骋去飞翔，获得了极大的精神享受，强烈地感受到该剧的艺术魅力。

贵州花灯由祭社及闹元宵的社火歌舞演化而来。明人曾有诗句云："管弦春色早，灯火夜街迟……"描写的即是此种歌舞形式，从明至今已有五百多年历史。贵州花灯艺术源远流长，已是贵州民俗文化的一个重要部分，有着广泛的群众基础。成立于 1956 年 7月的贵州省花灯剧团经历了 47 个春秋的磨砺，以其独具地方特色和民族风格的唱念做打的艺术风格为广大观众所欢迎，其造就的花灯表演艺术家罗江禹、张孝先、叶银裴等至今仍在观众心中闪光。在戏剧不景气的情境下和市场经济的大潮中，该团团结拼搏接受挑战，在贵州文艺舞台上不断地推出新创剧目，为振兴贵州花灯而努力。我们真诚地期待着，贵州花灯能走出贵州，冲向全国，走向世界，让更多的观众领略花灯艺术的神韵和风采。

原载《贵州日报》2003 年 6 月 20 日第 8 版

江头箫声不传悲

——贵州省花灯剧团《月照枫林渡》公演侧记

6 月 24 日至 25 日，当省花灯剧团新创五场花灯剧《月照枫林渡》，在贵阳市北京路影剧院演出闭幕时，来自四面八方的观众报以热烈的掌声，演员几次谢幕，这掌声，是对演员们成功演出的回报，也是对该剧艺术的肯定。

我国著名导演潘伟行止不住内心的激动走向台前，亲自为演员们献上一束束鲜花。著名灯光师周正平和舞美设计师季乔被一群群观众包围，称赞他们为贵州戏剧舞台献出的佳作。

已经很长很长时间，贵州戏剧舞台没有出现这样的场面了。不管是圈内还是圈外之人，人们都对这台戏投以关怀。从这些兴奋的目光中，我们似乎看到了贵州戏剧迎接黎明的曙光。而导演潘伟行说，此次到贵州拍《月照枫林渡》，在他的戏剧创作生涯中是个奇迹，在贵州投入经费极其有限，排练极其艰苦的条件下，三十天能拿下一个大戏，他强烈感受到贵州省花灯剧团全体演职员为了民族艺术的激情与奉献、无畏和坚强！

贵州要出戏，很难；贵州要出一台好戏，更难！经济发达省份，排一出好戏要数百万元，而贵州，每每提及排戏，总是尴尬羞涩。此次排戏，显示出剧团设备的老化与不足，灯光、舞美，几乎是靠信誉借用的，可该剧尚需投入经费八十余万元。

明知山有虎，偏向虎山行。不是固执，而是执著！不是痴迷，而是责任！

"谁叫我们吃艺术这碗饭呢？拿不出好戏，还要剧团干什么？"省花灯剧团团长汪信山演出后大汗淋漓地对记者说。

记者想起了两年前的一天。汪信山把《月照枫林渡》的剧本送到记者手中时，他那恳切的目光明白地说：看看吧，抽点时间读一读，你会知道是不是好戏。

我知道，又当团长又当演员的他要做的事情太多，然而，我何尝不知他求"本"若渴的心境，而当今中国戏剧舞台，只要有一个好本子，就可救活一个剧种和剧团！

贵州出不起大钱去买本子！但贵州就因此自甘落后吗？

于是，一群老艺术家按捺不住内心的冲动，他们生于斯长于斯，熟悉贵州的山山水水一草一木，热爱他们的艺术，一次次的打磨，一次又一次的碰撞，终于付出有了回报。罗江禹、钟声、张孝先这几位原先台上的英雄甘当铺路石，默默为剧团的发展奉献。

音乐创作沈米佳、张启弦曾多次合作携手共战，但此次，他们深感责任重大，声腔伴唱，奔放的旋律是他们心中的诉说。

还有关心和支持花灯艺术的同行，周蓉，贵阳市歌舞剧院国家一级演员承担了伴唱，陆俊莲，贵州省歌舞团国家二级演员也加入了伴唱激情投入。

还有许多不知名的幕后的演职员，乐队、伴唱、服装、道具，把一台演出看成是一桩伟大的事业。

剧团靠戏养人，也靠戏留人传世。

看戏的，看出了这台戏给观众的感悟——善待自己，善待他人，善待生活！

懂戏的，知道这台戏的分量——酒性、人性和真情。

这出戏我看了四遍，每每看完，总会掩面沉思，耳畔都会想起那如泣如诉的序曲、伴唱和私语，那些抒情的唱腔，无论是月妹月下认父的悲怆，还是林玉儒深情的思念和内疚，或是刘荷荷孤影自怜的内心呐喊，都似阵阵浪潮涌至胸中，让人回味不能入眠，在心海的漫游和神思中，你能感受到"江头箫声不传悲"的意蕴和愉悦。

贵州有好酒，贵州也应有好戏。此台戏还吸引了不少酒业之主前来观看，他们希望此台酒戏好上加好，酿成精品传给后人。

原载《贵州日报》2003 年 6 月 27 日第 8 版

有益的尝试

——观贵大艺术学院戏剧系 2000 级毕业演出

2003 年 12 月 26 日至 27 日，贵州大学艺术学院戏剧系 2000 级排演的苏联著名女作家柳德米拉·拉祖莫夫斯卡娅最具代表性的剧本《青春禁忌游戏》作为毕业汇报演出在贵阳市北京路影剧院与广大观众见面。除耳目一新外，令观众的精神和灵魂受到强烈的震撼，舞台上展现的人物和留给观众的反思令人久久不能平静。

《青春禁忌游戏》原名叫《亲爱的叶莲娜·谢尔盖耶夫娜》，是世界文坛20世纪最后20年到21世纪初最有影响力的剧作之一。这不是一部普通的戏剧作品，也不是"快餐文化"的产物，而是一部思想深刻、艺术性极高的作品。这部作品在最近十几年里，几乎被搬上欧洲所有国家的舞台，美国、加拿大也曾上演。

故事讲述的是，孤独、善良的数学女教师叶莲娜·谢尔盖耶夫娜，怎么也不会想到在一个寒冷的冬日，她的学生们竟会来为她庆祝几乎已被自己遗忘的生日，她更不会想到在她把学生们迎进家门的那一刻，就已经卷入了一场孩子们精心策划的"游戏"之中。这一切缘于刚刚结束的数学考试。瓦洛佳、巴沙、维佳、拉拉四名即将高中毕业但没有考好的学生，为了得到老师保管的存放试卷的保险柜钥匙，精心策划实施了一个残酷的"游戏"。这些学生运用了许多成年人才有的"智慧"和"哲学"以及所谓的"社会阅历"考验着老师的道德、观念和人生信仰。于是，叶莲娜·谢尔盖耶夫娜理想主义的情操与孩子们那与年龄不符的残酷、冷漠和极其功利与现实的行为进行了一场较量。"游戏"最终结局告诉人们：生活中，有理想；现实中，有原则；斗争中，才有真理。在剧烈的戏剧冲突中显现出叶莲娜·谢尔盖耶夫娜的人格魅力和坚守理想的苦苦追求。

应该说，这是一次很有意义的艺术尝试，也是一次艺术的挑战和自我的超越。贵大艺术学院戏剧系的老师们为此付出了艰辛的劳动。策划毕志忠、王明理早在一年前就着手并精心准备；导演王明理、陶江为了培养出优秀的毕业生不惜倾注他们所有的艺术激情。他们是想用行动证明，贵州的艺术教育是能够进入一个理想的境界，而培养出来的艺术人才是能够参与竞争走向市场的。

经过多组的训练和排演，最后走向舞台汇报演出的五位同学不负重望，他们在人物形象的塑造上准确地进入导演的表演范围，而且都有极其鲜明的个性和语言塑造。唐进饰演的叶莲娜·谢尔盖耶夫娜善良、真诚、果敢、坚定，那最后的一段台词，让人感到她的身上有着磐石一般坚定的人生信仰。池丹饰演的瓦洛佳聪明、世故、自私、冷漠，把人性的残酷一面刻画得有张有弛。耿涛饰演的维佳虽说是个帮凶，自私、麻木，但对人物逻辑性的把握和动作形体的塑造十分到位。齐颖饰演的拉拉和刘华饰演的巴沙既有青春的张力，又不失角色所赋予的任务，他们对人生的茫然、彷徨等等都表现得恰到好处。

该剧是伦理的、道德的、社会的，也是思想和现实对人生的直接反映。作为只经过大学系统和专业学习的学生，能较为准确地把握人物内心活动的变化，塑造出令人信服的角色，这是很不容易的。从毕业汇报的学生身上，我们能看到教师们为艺术而奋斗的身影和精神风貌。

近年来，贵州省话剧舞台较为冷场，除客观原因外，主观上，我们应该承认，队伍的青黄不接是其重要原因。2000级贵大艺术学院戏剧系的毕业汇报，使我们看到这股新鲜的艺术血液带来的意外欣喜。学有所长，必有所用，在新的一年开始之际，我们衷心祝愿贵州文艺事业发达兴旺，繁花似锦！

2003年12月31日，贵州省戏剧家协会与贵州大学艺术学院联合召开了话剧《青春禁忌游戏》专家座谈会。贵州省戏剧家、戏剧理论家王呐、井立民、沈敏、曹雨煤、汪华琦、赵范奇、王良范、张玉龙、蒲国昌、宋可兼等对此台话剧的成功上演给予高度的评价并提出中肯的修改意见。贵州大学艺术学院戏剧系1989年排演的《二月天》曾赴京演出获全国民族题材金奖，此次排演的《青》剧是继《孔繁森诗剧》之后的又一次整体亮相。

原载《贵州日报》2004年1月6日第8版

喜看黔剧绽新绿

——观侗族风情黔剧《秦娘美的后代们》有感

人们期待已久的黔剧《秦娘美的后代们》，在排练数月后终于在 4 月 12 日与省城广大观众见面。帷幕徐徐拉开，伴唱随之而来，优美的音乐沁人心脾，有如高原三月吹来的阵阵春风，绽开了黔剧艺术之花的新绿。

如潮的掌声和久违的观众不愿离去的神情告诉我们，黔剧不失为贵州人民的黔剧，为本土化的艺术喝彩，表达了贵州黔剧观众的心声和意愿。

实际上，黔剧在几十年的自身发展中，有着强烈的发展欲望。自 1960 年贵州省委将文琴戏正式定名为"黔剧"并成立省黔剧团之后，同年，省黔剧演出团赴北京汇报演出《秦娘美》，得到国家领导人和戏剧界专家的肯定。拍摄的戏曲艺术片《秦娘美》也在全国放映，传播海内外。1961 年至 1966 年初，黔剧广泛学习和吸收昆曲、京剧、川剧等传统剧种的艺术精华，同时在不断的艺术创作和艺术实践中逐步建立和完善黔剧音乐唱腔体系，黔剧音乐基本形成，基本完成了由坐唱音乐向戏剧音乐的过渡。

"文化大革命"期间，黔剧沉寂十年。粉碎"四人帮"后，黔剧开始复苏，首先上演了《秦娘美》、《团圆之后》等优秀剧目。1979 年 10 月，黔剧《奢香夫人》赴京参加新中国成立 30 周年献礼和观摩演出，荣获文化部颁发的创作、演出两个一等奖。同年底，受国家民委委托，赴西北五省（区）作巡回演出，所到之处，受到当地政府和观众的高度赞誉。

市场经济大潮中，戏剧受到冲击，然而在艰难条件下，黔剧广大艺术工作者凭着对艺术的执著，在创作、演出方面做了有益的探索，小剧场、"黔剧小品"等找回一些失去的观众。庆祝新中国成立50周年，省黔剧团推新作《姊妹崖》进京演出，受到社会各界的好评，被评为贵州新剧目优秀奖和省"五个一工程"奖。

由贵州省国家一级编剧王玉琳创作《秦娘美的后代们》，正是基于这种对黔剧艺术的执著再次为振兴黔剧竭尽全力。这位当年风华正茂的小伙儿，在黔剧团摸爬滚打几十年，深得黔剧神韵且熟悉他的队友。剧本的诞生经历了多少个不眠之夜。《秦娘美的后代们》之所以要起这个名字，其目的显而易见。坦率地说，要面对现在十分挑剔的观众，剧本和演员都或多或少地存在一些问题，侗族风情如何有机地在整个剧情发展中运用，人物的塑造如何更加丰满具有现代审美价值等，都不可能一次成功。振兴黔剧，需要更多的综合人才和资金的倾斜。

记者了解到，贵州省委、省政府对扶持省文化艺术给予高度重视。省委宣传部将该剧列为1999年、2000年全省"五个一工程"重点剧目予以扶持。令人高兴的是，许多已经退休的老同志听说团里要排练，坚决要求回团参加排演，国家一级演员刘玉珍等也甘当配角，进了伴唱队。该剧大胆起用新秀，除五位老演员外，其余皆年轻演员。除此之外，还打破团与团界限，实行艺术资源共享，这为年轻演员提供了崭露头角和锻炼的机会。王松雪作为省歌一位美声唱法演员大胆承担该剧女主角娥美，虽然在唱腔中黔味淡点，但给人耳目一新的感觉。在塑造娥美这一人物时，她动了心、动了情，唱得自然、唱得真诚。扮演奶珠的李咏梅在《姊妹崖》中扮演女二号，一出大戏的锻炼，使她的表演自然大方，逐渐走向成熟。扮演亚郎的朱宏，唱腔优美，保持了黔剧的本土化风格。老演员余重骏、袁德兴、余佩兰，表演自如更显深厚的艺术功底，给人留下了深刻的印象。音乐唱腔设计使该剧平添了几多神韵。

黔剧在百年演变发展中融汇了贵州地方音乐，创造了若干新的板腔，还兼用了"满江红"、"锁南枝"、"四平腔"、"清平调"、

"灯调"、"半边月"、"道情"等二十多个曲牌，形成了板腔体与联曲体共同运用的特殊音乐唱腔形式。这本是地方剧种的一大优势，此次该剧正是基于这一特点，大胆吸收了贵州丰富的民族民间艺术元素，引入了侗族大歌、蝉歌、琵琶歌等，有机地与黔剧结合在一起又不失黔剧本体的风格，令人耳目一新，可喜可贺。

黔剧在经历风风雨雨之后清新地跃上舞台，绽开了迎春的新绿。兴奋之余反思有之。自信是首位，有了自信，才会有拼搏的精神。当人们的文化生活已被"卡拉 OK"、"打麻将"所取代时，当人们在电视机面前津津乐道欣赏不伦不类的泡沫剧时，在戏剧不景气人们淡忘黔剧时，黔剧广大艺术工作者辛勤耕耘不负众望。其二，领导重视和社会各界的支持，使该剧得以顺利排演。尤其在贵州，文化经费投入严重不足的情况下，花大力气抓重点剧目，意义非同寻常。其三，培养一支年轻的队伍是黔剧发达的希望。该剧演员面貌新，正是她们的出现，使人感到了黔剧不衰的生命活力。我们深深感谢那些当年走红的艺术家，如今甘当配角忙上忙下，他们的无私奉献形成了全团的凝聚力，打出了一张漂亮的戏剧之牌。

周总理 1960 年曾为省黔剧团题词：为创造新黔剧而奋斗。我们期望着黔剧能走向全国走向世界，为贵州人民争光放彩！

原载《贵州日报》2001 年 4 月 27 日第 8 版

为崇高喝彩

——《迟开的玫瑰》在黔访问演出侧记

应贵州省政府特别邀请，陕西省戏曲研究院青年团创作的大型眉户现代剧《迟开的玫瑰》12 月 15 日至 19 日在贵阳北京路影剧院访问演出。

首场演出，赢得满堂彩；第二场演出，省军区武警总队组织了一千三百多名干部战士观看，许多热血男儿流下了热泪；第三、四场演出，省教委组织了省内高校三千多名师生观看，每场热烈的掌声达百余次。

12月19日，是该剧来黔演出的第五场，也是该剧公演以来的第184场，省千余干部和群众从该剧中感受到艺术的魅力。

这是一台很有感染力的好戏，讲述一个寻常百姓家庭的悲欢聚散，揭示出在当今社会大变革时期中华民族优秀的传统道德的精神凝聚力。剧中的女主人公乔雪梅19岁时家庭遭遇不幸，母亲突遇车祸身亡，她放弃赴京上大学的机会，为家庭勇敢地挑起重担，为病残的父亲分担忧愁，为在成长的弟妹开辟道路，为残疾的父亲养老送终。该剧没有说教，剧作家展示给观众的是一个多元化趋势发展的社会，而落点之处则是最宝贵的人间真情。导演恰当地运用戏曲的特定语汇，适度调动现代艺术手段，使整个舞台展现的是流动的生活和不衰的情感，使观众怦然心动，热泪涟涟。

贯穿全剧重要环节的"生日歌"、"读信歌"、"电话"、"祈福歌"，或情愫缠绵、或情深意长、或浪击心潮、或荡气回肠。"三十六春吐尽芳华"，雪梅的"八不亏"唱段，声情并茂，不但具有清新别致的戏曲韵味，还映照出深邃浓郁的思想光束，体现出燃烧自己、照亮别人的人生价值取向和平凡人的光辉与崇高。

贵州师大政经系党总支书记何康宁，历史系党总支副书记王亚筑对记者说，这出戏生动、感人、真实，具有深刻的教育意义，他们代表数百名师生感谢陕西艺术家送来的精神食粮，表示要组织学生开展讨论，树立正确的人生观和价值观。

遵义市文工团团长尚秉钊从《贵州日报》上得到该剧在贵阳演出的消息，于12月18日带领该团17名业务骨干到贵阳观看。他对记者说，此剧享誉全国名不虚传，是一次难得的学习机会，在学习观摩的过程中，我们看到了自身发展的差距，感到了作为一名文艺工作者所担负的社会责任。

罗曼·罗兰曾引用过歌德的名言——没有意义的人生等于提前死亡。《迟开的玫瑰》，让筑城人再次认识崇高和一种毫不媚俗的独立性，其光芒在热烈的掌声中经久不息⋯⋯

原载《贵州日报》2000 年 12 月 20 日第 1 版

如何让京剧走向青年

近日，我在上海观看上海京剧院新编的京剧《狸猫换太子》，颇受启迪。这出戏，由于上海京剧院重新采用了连台本戏这一拥有广泛群众基础的艺术形式，保持了与观众的情感沟通，所以很讲究故事的连续性和曲折性。这不但是对京剧艺术的革新创造，也是贴近时代所作的一次艺术探索。且不说这出戏中演员的精湛表演，就是那精美的背景设计和逼真的舞美效果也让人惊叹。

这是上海举办 1997 年京剧走向青年活动中的一幕，其目的在于让更多的青年人了解京剧，振兴京剧。从《狸猫换太子》这出戏里，可以体会到上海的京剧工作者对振兴京剧所倾注的极大热情和信心。他们正力图以当代人的视角和强烈的观众意识，重新审视和取舍过去，热切地关注京剧的未来。

"京剧走向青年"这一活动，自 1995 年底举办以来，激起了青年们争相欣赏民族艺术瑰宝的热情，吸引了大批青年学生。于是，上海京剧院于 1996 年 9 月至 11 月，组成百人演出团，携带优秀的传统京剧和现代京剧，开展了"上海京剧万里行"大型巡回演出活动。他们先后深入成都、重庆、西安、武汉等地，行程两万里，演出 38 场，观众达六万多人次。

《狸猫换太子》的演出和"京剧走向青年"活动的开展，向人们展示了在文化多元化选择的今天，如何发展京剧艺术、扩大戏曲形式，占领舞台、争取更多的观众等一系列问题，是令人深思和回味的。从这个角度来看，《狸猫换太子》的推出，意义已远远超出了戏的本身。

原载《贵州日报》1997年3月28日第7版

向世界亮相

——贵州省杂技团参加第 21 届世界大学生运动会闭幕式侧记

8 月 28 日，北京工人体育场。参加第 21 届世界大学生运动会闭幕式的全体演职员进行首次合成排练。省杂技团青年演员干祯在钻火圈起跳时因火圈出现断裂，不幸从圈上摔下，脸、手、胸、脚多处擦伤，但仍坚持训练，并出色完成了当晚的彩排任务。当即，在现场的中央电视台记者对他进行了采访。记者问受伤后能否继续练，干祯回答："是。""为什么?"答："因为我们不仅代表贵州，还代表整个中国，我们要向世界亮相，为祖国争光!"

带着贵州 3700 多万各族儿女的美好祝愿，受第 21 届世界大学生运动会组委会邀请，省杂技团一行 35 人在主持该团工作的副团长蒋跃进的带领下于 8 月 13 日赴京参加闭幕式的排练和演出。

大运会自 1959 年在意大利都灵首次举办以来，每两年在世界不同城市举办一次，它是世界上仅次于奥运会的大型综合性运动会，俗称"小奥运"。本届大运会是新世纪国际体坛第一个综合性大型运动会，也是我国首次承办的世界性综合运动会。北京举办世界大运会，为全世界所关注，对首都乃至全国的政治、经济、文化等方面，都具有重要意义。贵州省杂技团与中国杂技团以及湖南、湖北杂技团共 200 名杂技演员参加大运会闭幕式演出，责任重大。

　　杂技，是一种青春和力的象征，高技巧的杂技能充分唤起观众的激情和灵感，感受到生命的力量。为完成这一光荣而艰巨的任务，自 8 月 15 日，演员每天早上 6 点准时起床练功。由于气候及水土不适，许多演员感冒发烧引起急性肠胃炎，但他们都以饱满的热情认真对待每一次排练。保托老师何军，演员温文静、陆水莲、王小庆等手、脚多处扭伤，仍坚持排练没有怨言。在中国农业大学训练期间，大家互相关心、互相帮助，使排练达到如期效果，组委会闭幕式总导演甲丁对贵州省杂技团在排练、走台、彩排期间所作的努力非常满意，并给予高度的评价，认为是一支"吃得苦、过得硬、业务精"的好队伍。

　　9 月 1 日晚 7 点 30 分，第 21 届世界大学生运动会在首都工人体育场举行闭幕式。闭幕式后进行名为《青春新世纪》的大型歌舞表演。历时 60 分钟的演出共有六千多名职业演员和两千多名运动员代表参加，京剧、民歌、武术、民间艺术，时装劲舞、摇滚说唱，传统艺术与现代风格相互交映。向世人展示迈进新世纪的中国风采，共同演绎"中国文化体育精神与和平祈愿"的主题。省杂技团的 35 名演员在晚会上篇"欢乐现在时"、中篇"我们爱体育"中表演火流星、大跳板、跳绳、车技和钻火圈，尤其是富有独特技巧和风格的《木鼓钻火圈》被单独安排在表演区中央正对主席台处，演员动作干脆利落、精确到位，展示了扎实的基本功。顿时，许多国家运动员代表纷纷围看这一精湛的技艺，发出由衷的赞赏。

　　省杂技团参加如此大规模的演出，这对省演出团体来说尚属首次。演员们不负众望，在经历锻炼和考验中得到了全面的提高。大运会，给了他们奋力拼搏自强不息的精神动力，不但开阔了眼界，还了解到中华民族灿烂的传统文化与多姿的现代文明，传递了中华儿女对现代体育精神和世界和平的无限崇尚。

北京之行，是他们迈向美好明天的新起点！

原载《贵州日报》2001 年 9 月 11 日第 7 版

杜鹃花红六盘水

喜迎国庆，金秋乌蒙绽开了一张张笑脸。9 月 21 日至 23 日，六盘水市工人文化宫汇成一片欢乐的海洋，攒动的人头踊跃的观众，令参加第七届杜鹃曲艺节的各地州市参赛队的一百多名演员兴奋不已，他们说，热爱了多年的曲艺在六盘水找到了知音。

贵州省杜鹃曲艺节是为繁荣艺术创作，培养、发现曲艺创作表演人才推出的一项有效举措，至今已举办了七届，每届都推出了一批优秀节目，其中有些节目还代表贵州参加过全国的重大赛事和展演活动，取得了良好的成绩，向全国介绍了贵州的地域文化和民族文化，介绍了贵州的优秀作品和优秀演员，对贵州省群众性曲艺活动的开展起到了积极的推动作用。

为组织好本届曲艺节，省文化厅、省文联、省曲协、六盘水市文联共同努力，采取召开创作会，组织作者到生产第一线体验生活等措施，抓出了一批较有基础的作品，各州、市、地文化部门和曲艺组织也积极协助，有三十多个曲艺作品参加了 8 月举办的改稿班，经反复修改、打磨，在思想性和艺术性上都得到了进一步的提高，并投入了紧张而有序的排练。9 月初，各州、市、地选送的 22 个节目参加了复赛。经过层层筛选，有 13 个节目进入决赛。应该说，这些曲艺节目弘扬了社会主义的时代主旋律，内容健康，形式多样，且具有浓郁的生活气息和较高的艺术水平。

东道主参赛队的节目之一相声《乌蒙明珠六盘水》的一对演员是父子俩。在2001年第六届杜鹃曲艺节上，在六盘水市水钢工作的朱鸿宝与八岁的儿子朱耀斌在市艺术馆馆长卓英昂的鼓励推荐下第一次参加了比赛，结果不负所望，参赛的相声《如此家庭》获得三等奖。此次比赛，父子俩一上台就博得台下观众阵阵掌声，天时地利人和，加上父子俩的默契配合，他们的表演赢得观众和评委的好评，荣获本届曲艺节决赛二等奖。

这次曲艺节与往届不同，它有以下几个显著的特点：一是参赛单位到得最齐，九个州、市、地无一缺漏；二是第一次有少数民族曲种参加，如水族的旭旱、侗族的果吉等；三是有老、中、青、少四个年龄层次的演员参加，其年龄最大的86岁，最小的11岁。较之上届，无论创作和表演，还是品种和形式上都有了长足的发展。经过激烈的竞争，武警总队代表队的相声《从头再来》和六盘水市代表队的贵州琴书《伞下情》获得一等奖。黔东南州代表队的侗族果吉《说不尽的情和爱》、毕节地区代表队的方言顺口溜《四个老奶夸媳妇》、六盘水市队的相声《乌蒙明珠六盘水》、贵阳市代表队的评书《险区救战友》获二等奖。黔南州代表队的水族旭旱《朝霞情缘》和遵义、安顺、省直、铜仁等地七个节目获得三等奖。

省文联党组书记刘国治告诉记者，为繁荣和振兴曲艺这门古老艺术，贵州省广大曲艺爱好者作出了长期不懈的努力。这充分说明，贵州省曲艺界与全国一样，不仅有一支致力于曲艺探索的创作队伍，也有更加广泛的群众基础。此次活动，得到六盘水市委、市政府的大力支持，涌现出一批新的曲艺人才。

省文联副主席井绪东认为，此次活动，得到了六盘水市地税局的大力支持，使活动圆满结束，这说明，贵州省精神文明建设已被各级领导所重视，曲艺的繁荣正迎来又一个春天！

原载《贵州日报》2003年9月26日第8版

从大山走出的艺术家

　　2004 年新春伊始，省花灯剧团团长汪信山就忙个不停。年前送文化下乡，春节期间到普定演出，还要抓紧时间联系今年的演出，就连黔西南州在他家乡贞丰举办的新春联欢晚会，他都带着队伍助兴，每一场演出，他都那么投入，那么充满了激情。汪信山热爱花灯艺术，更热爱这个战斗集体，无论他走到哪里，他都自豪地对朋友和乡亲们说："我是一个农民的儿子，我永远忘不了生我养我的家乡，忘不了培育我成长的师长！"人们喜欢听他那发自肺腑充满情感的歌声，更从内心称赞他是一个从大山走出的艺术家……

　　汪信山的老家在贞丰县平街乡，1978 年，他下定决心，在端午节这一天，拎了四个粽子进省城考试，终于，叩响了迈向艺术殿堂之门……

　　盘亘绵延的花江坡之后的无数个山头，是汪信山从小砍柴赶场的必经之路。从平街到牛场这一段路，就要走两个多小时。幼时的汪信山小名叫"长江"，母亲 45 岁那年生他时，大姐已是近 20 岁。他出生时 21 岁的大哥不幸生病去世，因为老来得子，父母都十分疼爱他。

　　从小时候起，汪信山就喜欢听当地人唱山歌，他跟着大人们学歌一学就会，而且嗓子格外亮。上小学时，喜欢看电影《闪闪的红星》，尤其喜欢听李双江唱的那首《红星照我去战斗》。学着电影中的"潘冬子"，他一次又一次地来到北盘江边。江边，雾气弥漫，如云翻滚，站在峭崖上的汪信山亮开歌喉，一曲《红星照我去战斗》冲破险滩，横穿江边，飞向无边无际的山海！多美啊，他就是电影中的"潘冬子"，他就是唱歌的那个李双江！15 岁的他，做起了歌唱家的梦！

　　1974 年，汪信山初中毕业。他刚考进高中时，在一次学校搞的文艺活动被县文化馆馆长黄理忠看中，当时县里要排样板戏《沙家浜》，汪信山的那副好嗓子自然是演郭建光的材料，就这样，汪信山走进贞丰县文艺辅导队，一月工资是 25 元。汪信山一直干到 1977 年，这一年，恢复高考，汪信山考取了师范，但因政审不合格未被录取。1978 年，他下定决心，在端午节的那一天拎了四个粽子赴省城考贵州省艺术学校。当时，对于如何考艺术学校他什么都不知道。通过县里的一位老师杜湘礼介绍，他找到了当时在贵阳市曲艺团工作的安朝刚。在安老师的辅导下，汪信山知道了小品、朗诵，因为准备充分，而且当年贵阳考区只有他一个男生，汪信山几番轮战通过考试。省艺术学校校长朱石林说："这是一个好苗子，他的乐感极强，是唱民族唱法的料子！"进校后，他师从老师沈健坤和彭友珊、张铭绩。在他们的悉心教导和培养下，汪信山扎扎实实地走好每一步。音乐理论、视唱、练耳等基本功训练，他都认真对待，从不敢放松对自己的要求。

　　汪信山打小熟悉贵州民歌，而沈健坤老师在声乐方面的造诣又使他对花灯剧种和声腔有较深的研究，对汪信山的教学采取了一种美声与民族、美声与地方剧种相结合的方法。这块小小的"实验田"，果然收获颇丰。汪信山的一副好嗓子在这种有机的训练下，得到了全方位的提高。他的嗓音伸缩性极大，音域宽广且富有弹性。1981 年，他以优异的成绩毕业分配到省花灯剧团，在剧团又师从彭公彪老师，受益匪浅。1984 年，汪信山考取四川音乐学院，带着他的一份自信和成熟，当时唱的《好久不到这方来》和《槐花几时开》受到川音教授的一致好评。

　　贵州培养了汪信山，汪信山眷恋这块土地，他离不开省花灯剧团，离不开与他朝夕相处的亲人和朋友。他坚信，省花灯剧团一定能成为受贵州父老乡亲欢迎的剧团，而他自己，愿意为花灯剧团的发展贡献出力量……

汪信山的事业发展，碰上了改革开放的好年头。1987年，汪信山首次参加贵州省青年歌手大奖赛，以两曲优美动听的《飞来吧，黑颈鹤》、《三峡情》获得二等奖。此时，省音协杨惠云老师专门请上海音乐学院教授王品素来黔讲学，汪信山去听课时向王老师请教。听完汪信山的歌后王老师激动地说："没有想到，贵州还有这么好的男高音！"王老师建议他去上海音乐学院进修。王老师还为汪信山腾出一间房屋，让汪信山住在他家安心学习。一年的学习，使汪信山开了眼界，掌握和驾驭处理艺术歌曲的能力更强了。在老师的鼓励下，1988年他参加了全国"金龙杯"青年歌手大奖赛，在与宋祖英、张也、吕季红等歌手的角逐中一举获得金奖，为贵州争得了荣誉。汪信山还清晰地记得，当时沈湘、黄发奎、金铁林、李双江、郭淑珍、叶淑珍等17位评委为他评出的最后得分是9.62分。站在领奖台上，一个山里走出的孩子，终于圆了他的童年之梦！

捧金回黔后，汪信山被武警文工团选中，但他最终还是留在花灯剧团。汪信山自信地认为，凭着他的追求和努力，一定会走向世界！1988年，汪信山参加贵阳市中日友好交流活动到日本演出。在日本北海道、东京、大阪、名古屋，他的《拉网小调》和贵州民歌《太阳出来照白岩》受到日本友人的好评，尤其是那宽阔而富有磁性的48个拖拍几乎抓住了每位观众的心。每场演出，台上台下形成了一阵又一阵的热浪，那一次对外演出，使汪信山感受到文化外交的感染力。从东京返回祖国的飞机上，一位加拿大籍的中国人向他发出邀请，要为他办理出国的全部手续，面对如此的真诚和热情，汪信山还是婉言拒绝了。

1994年，35岁的汪信山当上了省花灯剧团的副团长。虽说省花灯剧团曾有过令人激动的辉煌，但受商品经济大潮冲击，地方戏剧的振兴和发展面临许多困难。回想当年，剧团先后推出的《拜年》、《打舅娘》、《七妹与蛇郎》、《典型人家》、《桔乡情》、《春嫂》等引来众多观众！1993年，《乌江云，巴山雨》参加成都中国艺术节西南片区调演时还获得文化部的九项大奖！而如今，一切的一切皆已成为过去，面对的只有市场的竞争和生存的挑战！当人们追逐金钱和名利时，捍卫艺术成了一份奢侈。也就是那个时候，汪信山重新拾起花灯，就好像捧着初恋情人的脸庞，再一次仔细地端详她……

花灯，是贵州农村中广为流传、群众喜闻乐见的一种民间艺术形式，较为流行的有东、西、南、北四路花灯，即黔东、黔南、黔西、黔北花灯。除在汉族地区流传外，苗族、侗族、布依族等少数民族地区也颇为盛行。花灯戏是在花灯歌舞基础上加入故事情节发展而成，而花灯音乐曲调明快而高亢，节奏灵活多变，集抒情、奔放、叙事、粗犷为一体。如迎合市场，必使花灯特色丢失而随波逐流，但要发展，场地、经费等限制又何其难！

终于，全团统一思想，团结拼搏，1997 年参加全省花灯调演以一台《灯花秋实》亮相省城。

1998 年，汪信山当上了团长，他仍然一如既往地为弘扬民族文化和地方戏剧而努力。1999 年，又以一台化灯剧《月儿弯弯》找回新的观众。为了实现全团近两百名老、中、青三代花灯人的梦想，2003 年，作为团长的汪信山下决心筹款近百万投排《月照枫林渡》。正当向中国戏剧节挺进时，汪信山突发心脏病住进了医院。在新的一年开始之际，汪信山想得最多的是，培养青年演员，复排《月照枫林渡》，让更多的观众认识和了解贵州独特的花灯艺术！

汪信山是团长，但他更多的是把自己当成一名实实在在的演员，在他的歌声里，饱含了对家乡父老的热爱，倾注了他对贵州的一片深情。他说，他就是一个农民的儿子，没有改革开放，就没有今天的汪信山……

采访汪信山时，我的眼前总是掠过他每一次演出的身影。印象最深的莫过于那一次随省慰问团到西藏的经历和随他回老家时的感受。

2000 年 6 月 6 日，贵州省赴藏慰问团满载贵州 3700 万各族人民对在西藏工作和战斗的贵州籍官兵和援藏干部的深情与厚爱，来到世界屋脊西藏。所到之处，都可以看到汪信山为官兵和战士们唱得最多、最动情。在海拔 4813 米的祖国西南第一哨所——堆拉哨所，积雪覆盖了山峰，缺氧让人喘气都很困难。面对二十多名戍边卫国的贵州籍官兵，汪信山的眼里噙满了泪花儿，他不顾自己身体严重不适，为大家演唱了《说句心里话》、《想家的时候》、《小白杨》、《骏马奔驰保边疆》。他的歌声给贵州籍的官兵以鼓舞和激励，高高的山峦上响起了官兵们的阵阵掌声。但演唱完后，他的嗓子哑了，一连吸了半个小时的氧。在拉萨、在日喀则、在亚东，无数次的演出汪信山都倾情奉献，给人留下深刻难忘的印象。

去年 11 月下旬，汪信山回贞丰平街老家。他最关心的是家乡的建设，家乡是个贫困乡，为了早日修好家乡通往镇上的 8.5 公里长公路，汪信山不知跑了多少回，如今，在他的积极努力下，老家平街乡通往北盘江镇的公路即将开工。家乡缺医少药，当年父亲为了供他到省城读书，把家里的房子以 5800 元的价格卖给镇卫生院，如今，卫生院也应该发展扩大，他又积极地奔走呼喊，希望镇卫生院的条件早日得以改善。他通过努力，为自己的母校平街小学和中学修球场、房屋捐献 20 吨水泥。随他走进平街，幼时的伙伴、小学的同学他都能清楚地叫出对方的名字，卖米的刘维云、修锁的卢启超、卖豆芽的王兴昌、卫生院的张芬，那一声声的呼唤，那一张张笑脸，永远激励着汪信山朝艺术之峰攀登！

汪信山，国家一级演员，贵州省文联副主席，省戏剧家协会副主席，省政协第八届、九届委员，省第九次党代会代表。

原载《贵州日报》2004 年 2 月 27 日第 8 版

相聚三岔河

——贵州省戏剧家协会与法国里昂伊力密托佛尔
剧社交流项目在黔启动侧记

11月1日至27日，风景如画的贞丰三岔河民族风情园迎来了法国里昂伊力密托佛尔剧社的艺术家。

这是一次真诚和友好的艺术交流，这是一次前所未有的心灵和艺术的挑战。更是载入中国戏剧史和贵州戏剧史的光彩夺目的篇章！

贵州省戏剧家协会与法国里昂伊力密托佛尔剧社的戏剧交流项目经中法文化年管委会复评后正式批准为中国政府2004年在法国举办的"中国文化年"活动项目。此项活动的主要内容是：中法双方各派11名戏剧家组成一个戏剧创作表演团体，利用情景戏剧方式表演。贵州艺术家到法国与法国艺术家共同演出以中国戏剧文化为背景的戏剧，共演出30场。

2005年，法国政府在中国举办"法国文化年"活动，法国艺术家到贵州与贵州艺术家共同演出一部以法国戏剧文化为背景的戏剧。

为保证此项目的顺利实施，省戏剧家协会主席张玉龙等与法国伊力密托佛尔剧社负责人贝尔特朗·德萨纳等于今年10月对贵州省进行考察比较后，决定将项目协议中的中法艺术家在贵州进行一个月排练的工作地点定在贞丰。11月1日，此项目正式在美丽的三岔河畔民族风情园实施。法国艺术家们对贵州戏剧家协会和贞丰县委、县政府提供的三岔河排练地表示满意。按照协议要求，为确保各项工作紧张有序地进行，双方确定了由省戏剧家协会主席张玉龙、剧协副秘书长石佳昱、法国里昂伊力密托佛尔剧社负责人贝尔特朗·德萨纳和岳瑟琳娜·奥叶尔以及省艺术评论家张建建共同组成的中法艺术工作小组，其中，张建建属于艺术协调人。

情景戏，是目前在法国流行、为广大观众认可的一种环境戏剧艺术。它与传统的剧场戏背道而驰。它渴望用自然朴实的表达，让演员回到生活的原生态之中，要求演员进入自然。在这个进入自然的过程中，让戏回到日常生活之中，让戏剧重新回到观众之中。它同时又是对生活的一种认知，也是对某种精神状态的表达，在表演的技能上体现高度的敏感性，情景戏要求排戏与训练结合、音响和音乐逐步加入，所有的部门工作同步进行，在即兴创作的基础上经过导演的筛选逐渐把剧本——包括对话、音乐、舞美定下来，是一种不断丰富完善，高度开放的表现艺术，也是一种建构型的排练方式。

记者 11 月 18 日至 23 日在排练场地看到，法国艺术家对工作一丝不苟，严肃认真。贵州艺术家们虚心学习但不甘落后。为了向情景戏剧表演方式靠拢，国家一级演员余重俊、严华萍、谭萍彻彻底底放下架子，从头开始。演员董渝、周明、邹海莲、苏捷、张玲、卜实也努力让自己尽快达到导演要求，排练认真。每天，他们都要寻找汉语和法语两种语言对话的感觉。在每一次训练中，都要准确把握高兴、哀愁、愤怒、恐惧、思考这五种情绪，随着这五种情绪的变化，既带动了身体也达到整体动作的协调统一。

贵州艺术家是初次接触情景艺术，有些以前都没听说过。陌生不说，几乎是一片空白。余重俊从艺 45 年，他对记者说，此次排练，是一次脱胎换骨的革命。他今年 61 岁，但要用 16 岁的心态全身心地完成这次任务。董渝左膝骨质增生加痛风，每次训练，他都咬牙坚持完成地上动作训练。谭萍来了十多天，每天训练全身痛，直到 11 月 14 日宣布角色，她思想上的压力才减轻。严华萍努力适应情景艺术的排练，克服了戏剧程式化的影响，在 11 月 21 日的即兴表演中，导演老贝高兴地给她端上茶水说："严华萍，你表现得很好!"经过一段时间的磨合，中法演员在工作和生活中建立了良好的关系，同时，经过演员的即兴碰撞，剧本的选择，贵州演员的成功具备了有利的条件。11月13日，中法艺术工作小组通过《中国参与》演员的角色安排，中国家庭部分：父亲由董渝扮演，母亲由邹海莲扮演，女儿（未婚妻）由苏捷扮演。大伯由余重俊扮演，大伯母由谭萍扮演，儿子由卜实扮演。姨父由周明扮演，姨母由严华萍扮演，女儿由张玲扮演。法国家庭部分：父亲由柯谨（法国著名剧作家）扮演，儿子（未婚夫）由艾马略尔扮演，女儿由苏菲扮演，舅舅由法国优秀情景剧表演艺术家塞里德瑞克扮演，舅母由马佳丽扮演，表姐由爱娃（兼中文翻译，在中国学习多年）扮演。同时，双方演员又兼李渔故事部分中的角色。

在排练中，记者见到伊力密托佛尔剧社负责人贝尔特朗·德萨纳、岳瑟琳娜·奥叶尔和贵州省翻译曹静不停地对演员进行引导式的训练。他们认为，这次在贞丰进行封闭式的训练，工作量相当大，这样一出戏，在法国要用半年的时间。在短短的二十多天时间里，双方演员在工作中逐渐建立起集体主义的艺术精神，还有曹静、沈晓丹出色的翻译，使双方的文化在共同的基础上得到表达，也使每个人的个性都得到创造性的发挥。在现代婚礼场景对话主题的探索、现代家庭的即兴表演及话题探索、现代家庭人物打磨、现代家庭和李渔戏的场景、探索演员与观众的关系等15场排练中，基本上完成了整个戏剧框架，同时，15场对话、故事文本、舞美设计、音响设计也如期完成。省戏剧家协会在任务重、人员少的情况下，按法方要求如期完成了800多件道具的购买任务。同时，还安排了艺术家到布依族村寨参加布依族婚礼和聆听布依八音，为法国艺术家深入地了解中国民族文化提供了极好的广阔空间，使舞台设计和音乐创作受到很大的启发，并成为大家一次难忘的经历。

省戏剧家协会主席张玉龙对记者说，此项目中方演员在转换思维定式上有困难，但通过努力，这种困难可以克服。中法艺术的交流会带来中法戏剧之间的交流，我们在实施的过程中，是尽量克服文化差异，而不是填补差异，最重要的是要呈现文化的个性，使之产生精彩碰撞，求同存异，使文化变得更精彩。经过努力，贵州艺术家在选择中国传统文化结构的同时，努力表现中国戏剧的优良传统得到法国艺术家的认可，这是很了不起的一件事！

原载《贵州日报》2005 年 11 月 27 日第 8 版

百花齐放在金陵

——江苏文化艺术一瞥

"如果你来江南，请你带上一把伞，吴侬软语，会化成雨，淋湿你的心……"在中国第六届艺术节，在浓浓的艺术氛围所环绕的日子里，你无时不被艺术的魅力所折服，沉浸在一个艺术的世界里。

忆江南，江南是答不完的长卷，江南是人民心中的天堂。东道主江苏呈献的一台台精彩的剧（节）目，赢得社会各界的赞美。

江苏省文化底蕴丰富，无论是江北的楚汉文化，还是江南的吴文化，都是灿烂的中华民族文化的重要组成部分。公元前 195 年，汉帝刘邦以一曲《大风歌》，首开我国百人合唱歌曲之先河。江苏大书画家和江苏籍大书画家在中国书画历史上一直占据半壁江山。"元四家"、"明四家"、"金陵画派"、"吴门画派"以及林林总总的书派、画派，极大地丰富了中国书画宝库。正因为有六朝时代文化艺术的灿烂辉煌，才为江苏以后戏曲、舞蹈、音乐的发展奠定了坚实的基础。被推为对中国戏剧产生深远影响的昆曲，就发源于元代的江苏昆山一带，对京剧的形成发挥关键作用的清代"四大徽班"，就是从扬州出发，沿京杭大运河北上的。

中国杂技史册上，江苏盐城的"18团"令人叫绝。即使在本世纪产生的中国话剧，其源头也还得从江苏南通说起。毋庸置疑，江苏的文化艺术，已不仅仅属于江苏，它是中国文化艺术史画卷上浓墨重彩的一笔。

本次艺术节上，参演剧目共62台，江苏有10台，而且每台都是近两届"文华大奖"或"文化新剧目奖"、"五个一工程奖"的获奖剧目。祝贺演出，全国共有50台剧目，而江苏就有27台，且都获江苏省奖。还有10多个规模大品位高的大型艺术展览以及500多场大型群众文化广场活动，令人目不暇接。

江苏的文艺舞台上，究竟谁最能代表江苏特色？本届艺术节上，很多省外艺术团体及新闻界的回答是"百花齐放"。

就剧种而言，江苏恐怕是全国最多的一个省。有丹剧、海门山歌剧、锡剧、苏剧、扬剧、淮剧、梆子戏、淮海戏等。曲艺南方有苏州评弹，北方有扬州评话、徐州琴书。每个剧种都有自己独特的魅力，都有一批脍炙人口、百看不厌的优秀剧目。在百花齐放的文艺舞台背后，凝聚着江苏文化人创作的艰辛。多年来，江苏省市县各院团一直把抓"一剧之本"作为工作的重点，每年初，省市文化主管部门都要邀请省内外专家，专门召开重点题材策划论证会，确定当年选题。江苏省政府每年拨出1500万元专项资金，专门扶持这些重点选题的创作。与此同时，省政府还同文化主管部门一起连续不断地举办全省和地域性的戏剧节、音乐舞蹈节以及锡、扬、淮剧节等，为各种剧种的充分发展提供了广阔的舞台。仅1999年，全省就有86台剧（节）目列入创作排练计划，其中有37台重点加工，艺术生产已形成每年创作一批、加工一批、推出一批的良好发展态势。

打破省与省、市与市之间的界限，围绕重点剧目生产，组织人才合理流动，是江苏文艺舞台繁荣的关键。刚获得文化大奖的无锡市歌舞团的《阿炳》取材于民间音乐家阿炳的故事，舞剧以阿炳的苦难生涯和音乐情怀为线索，以不朽乐曲《二泉映月》的诞生为最终升华。主要创作人员除本团业务骨干外，还汇集了国内许多优秀舞蹈家，排成后首先进入市场，一连演了六十多场。苏州市歌舞团的大型舞剧《干将与莫邪》，取材于一个流传久远的铸剑传说，该剧场面恢弘壮观，舞蹈方阵齐整有力，背景服饰古朴原始，男女主角舞艺精湛，透出一股"自古吴凤挂阳刚"之风，是我国近年来难得一见的优秀舞剧。该剧也同样吸收了国内舞蹈界的精英参加演出，成功塑造了干将、莫邪两个感人的艺术形象。旨在用京剧形式对名著改编创作的《骆驼祥子》，是江苏省京剧院根据老舍先生同名小说改编，其目的显而易见，一是想在继承和创新上有新的突破，二是在京剧现代戏的发展上争取新的观众。该剧 1998 年排演以来，三次应邀进京献演，1999 年获第二届中国京剧节金奖榜首，以及第六届中国戏剧节优秀剧目奖、第九届文华大奖等多项殊荣。领衔主演的陈霖苍（饰祥子）现为甘肃省京剧团团长，舞美设计黄海威，是张艺谋导演歌剧《图兰朵》的舞美设计，这种艺术上的强强联合，被江苏文化界称为"五湖四海"的人才配置战略，它极大地调配了艺术人才的合理使用，按艺术规律运作，极大地调动了艺术人才的积极性，也促进了艺术生产力的发展。从昆剧《桃花扇》到锡剧《窦娥冤》，从话剧《秦淮人家》到扬剧《王昭君》，从现代校园青春剧《青春放飞》到木偶戏《大禹治水》，还有南京军区前线话剧团的《虎踞钟山》、《"厄尔尼诺"报告》和优秀少年儿童锡剧《华罗庚》，等等，这些洋溢着乡土气息和民族文化之魂的戏剧，让人一次又一次地感受和领略江苏文化艺术无穷的魅力。

原载《贵州日报》2001 年 10 月 13 日第 5 版

《好花红》走向市场

11月24日晚8时30分，广州番禺区大石镇金碧辉煌的丽江明珠歌剧院迎来了贵州省歌舞团大型民族歌舞《好花红》的首场演出。这台歌舞，根植于贵州高原民族文化丰沃的土壤，融汇了贵州各民族民间艺术的精华，以苗、布依、土家、侗、彝、仡佬、汉等民族传统艺术为创作元素，集歌舞、风光、服饰、民族、工艺为一体，传达出贵州各民族昂扬的激情和对未来的期望。人们通过晚会加深了对贵州的了解和关注，激发了对贵州的神往。

由番禺大石镇私营企业家陈沐先生投资2亿多元修建的丽江明珠歌剧院占地2.3万多平方米，其装修和专业设计以及各项高科技设备，使其成为中国目前乃至整个东南亚地区首屈一指的现代化多功能歌剧院。该剧院极具魅力的高科技设备，使剧院成为全方位的立体多变舞台，在声、光、电、机械等当代先进设备的配合下，舞台上营造出神奇瑰丽的贵州高原。

音乐渐起，帷幕拉开，舞台上叠峦起伏、气势磅礴的"雷公山"电闪雷鸣，雄浑的男中音旁白"您见过雷公山的山顶吗？……"具有强烈的穿透力。合唱声中，大山在流动，由省歌舞团青年演员、副团长万光伟率领的一群小伙子——杨军、杨熙、罗林、罗航等表演的苗族舞蹈《雷公山》，以刚劲的舞姿展现了苗族青年一种顽强抗争，欲与天公试比高的精神风貌。随着舞台灯光的转换，苗家三姐妹引吭高歌，把观众带到苗岭山寨之中。由陶媛、杨军等表演的苗族舞蹈《喊山》，通过演员肢体的舞蹈变化，展示出贵州山高路遥的地貌特征。为了追求心中的爱情，他们敢于攀岩登石、艰难跋涉、隔山呼喊，呼喊的声音在山谷间回响，传递着思念和盼望、悲伤和快乐。苗族舞蹈《踩》、侗族舞蹈《姑娘树》、女声独唱《清水江夜歌》、侗族大寨《蝉之歌》、水族舞蹈《铜男铜女》把观众带进高原贵州斑斓绚丽的苗乡侗寨。布依族舞蹈《好花红》在追求舞台美学效果上将音乐、舞蹈、美术融为一体,将演出推向高潮。歌舞《太阳鼓》是此台歌舞的压轴节目,太阳鼓的鼓声响彻了山野,激荡着人们的心灵,这是古老民族在新时代里敲击出的强烈节奏,也是走向未来的动人心魄的脚步声。

神秘、变幻无穷的舞台艺术似阵阵热浪向穗城观众涌来。广州观众顾广平看了演出后发自内心地说:"这台节目真是与众不同、风格独特。贵州有山有水,民族风情浓郁,1998年曾去过黄果树、龙宫等风景区。看了这台节目,更加了解和认识贵州,这168元的票,值!"一位姓邓的女士一家六口人看完演出后一致表示要到贵州旅游观光。

广州军区政治部著名文艺评论家、广州军区战士报文艺主编郑宏彪曾多次为广州军区杂技团、歌舞团策划主笔,看了该台歌舞后,他激动地对记者说:"《好花红》是一幅绚丽的贵州民族风情和艺术的画卷,是鲜明生动的艺术符号,是贵州对外展示的艺术形象,在走向市场的演出中,一定会被更多的观众所认可。"

打造艺术精品的目的是赢得市场和观众。贵州省投资一百多万元的《好花红》倾注了广大文艺工作者的心血。去年,该台演出参加北京贵州文化活动周备受好评。今年9月进京参加第二届全国少数民族文艺会演荣获创作、舞美、演出三个金奖和组织奖等多项大奖,被视为近年来首都舞台上一出震撼人心、与众不同的艺术精品。载誉归来,省歌舞团认真总结演出经验,决定将这台节目推向演出市场,经受实践的考验。在省文化厅、省文化演出中心的积极组织和支持下,与丽江明珠歌剧院"结缘"。丽江明珠歌剧院自今年2月正式对外营业后,曾先后接待过俄罗斯芭蕾舞团、上海越剧院、广州南方歌舞团等数十个著名艺术表演团体,对演出团体的选择十分慎重。该剧院总经理说,贵州省歌舞团在此连续演15场,这在丽江明珠尚属首家。他们希望贵州丰富的民族歌舞常演常新。

省歌舞团团长张元均、书记童本正对记者说，连演三场以来，演员们情绪高昂，观众反响不错。有些热心观众还提了不少宝贵意见，因为到此来看演出的还有香港、澳门和东南亚国家和地区的宾客，他们建议歌舞节目也应该打字幕，介绍歌词大意等。言语之中，透露着热心观众对本台节目的厚爱和关心。

《好花红》作为一个精品推出，就要有强烈的市场和竞争意识。在走向市场的过程中接受锻炼和考验，才能使一个真正的表演团体走向成熟，才能不断地推出更多的艺术精品为广大观众所接受，以此产生良好的社会效益和经济效益，这不但是专业艺术表演团体的价值所在，而且，也是观众所期望的。

原载《贵州日报》2002年10月13日第5版

红蜻蜓在世博园放飞

——乌当区少年宫红蜻蜓艺术团参加首届中国舞蹈节侧记

5月的昆明，花海翻滚。在金灿灿的阳光之下，首届中国舞蹈节更使春城秀美。

带着全省人民的心愿，揣着家乡父老的祝福，贵阳市乌当区青少年宫红蜻蜓艺术团一行23人5月2日抵达昆明，参加首届中国舞蹈节5月4日、5日的校园舞蹈精品专场晚会演出。艺术广场是世博园大型文艺演出场地，占地一万多平方米，可容纳观众六千余人。广场依山势扇形展布，形成下沉式演出空间。广场以断崖为背景，结合绿化、美化处理和喷泉、瀑布、叠水的设置，形成恢弘壮观的舞台效果。面对这样好、这样大的舞台，艺术团的小朋友激动的同时又有一份压力。5月3日晚，走场后已是12点钟，为保证演出成功，随团老师嘱咐小朋友们早些休息，有的小朋友感冒流鼻血，老师还及时为她们买药，关心如同家人。

5月4日晚，突如其来的一场雨使世博园变得清凉，气温骤降至2度。在如此大的舞台上演出，要演出好的水平，没有多少演出经验的小朋友不禁捏了一把汗。编导杨开良老师和舞蹈老师给孩子们披上衣服，并为孩子们鼓劲。《心愿》排在晚会节目中的第九个，居中。前面的八个节目中，有辽宁、湖南、山东、山西等地的小朋友们表演的节目，都是全国小荷风采大赛获得一等奖的节目。当报幕员报《心愿》获得2001年第二届全国少儿音乐舞蹈大赛金奖时，全场响起阵阵掌声，许多云南观众说：怎么贵州都有节目参加，云南却没有？观众们对贵州小朋友的出现投以关注的目光。

音乐渐起，蓝色的灯光渐强，身着淡雅清新白底蓝花衣裙的布依族少女赤足涉过清澈的河水，她们怀着绿色的梦想和希望祝愿中国申奥成功，一张张蜡染从姑娘们灵巧的双手中画出了美好的心愿。如果说，前面的节目展现给观众的是童趣的话，那么，乌当区少年宫表演的布依族少儿舞蹈《心愿》则反映了贵州高原布依族少年对祖国的热爱及世界和平和友谊的神往。在舞蹈和音乐、服装以及思想内容上都给人耳目一新的感觉，给观众留下了美好的印象。首届中国舞蹈节组委会副主任、中国舞协常务副主席史大理高兴地说："贵阳市乌当区少年宫艺术团的小朋友能参加首届中国舞蹈节，是贵州少儿舞蹈事业发展的又一标志，希望大家珍惜这次学习机会，争取今后取得更大的成绩。"

省音协常务副主席、中国舞协理事、省舞协秘书长马伯龙随团指导工作并亲历了该艺术团的成长。马伯龙说，此次《心愿》在贵州省众多的少儿节目中脱颖而出，说明贵州省少儿艺术的发展打破了一统格局，出现了竞争的态势，这有利于贵州省少儿艺术人才的培养，也说明了乌当区委、区政府在精神文明建设工作上的真抓实干。贵州省著名编导杨开良认为，乌当区少年宫起步晚但起点高，成绩的取得是和大家的努力分不开的。

据乌当区副区长李以记、区教育局党委书记龙尚芬介绍，乌当区委、区政府坚持"两手抓，两手都要硬"的方针，以江总书记"三个代表"重要思想为指导，全区发生了巨大变化。去年，乌当区进入全国科技进步考核达标单位，是全省 20 个经济强县之一。该区国家高新技术开发区引进世界 500 强——日本京瓷株式会社，使该区有了质的飞跃。经济腾飞之日，就是精神文明建设之时。区委、区政府加大对文化建设的投入力度，塑造乌当新形象。其中，乌当区少年宫近年来在场地、人员、培训等方面加大了投入，而且还要在此基础上创办文化艺术学校。正是有了区委、区政府的支持，少年宫艺术团成立一年多来，全体老师忘我投入争创优异成绩。该少年宫主任冯容的孩子才一岁多，艺术团成立时，她正在"坐月子"，孩子不到三个月就上班，尽心尽责。在她的带领下，全体老师各负其责，每年培训书法、音乐、舞蹈等学生一千四百多人。目前，区委、区政府还将拨专款让艺术团排演一台反映贵州各民族文化的儿舞蹈专场《嬉山娃》，并在国庆前夕推出。我们希望这只"红蜻蜓"乘着强劲东风，飞向全国，飞向世界。

原载《贵州日报》2002 年 5 月 10 日第 5 版

在创新中凸显希望

——贵州舞蹈新作品展演侧记

11 月 25 日至 27 日，贵州省舞蹈新作品展演在贵阳市北京路影剧院举行。

来自全省各地、市、州的上千名演员相聚省城同台献艺，数千名观众捧场，这对于贵州广大舞蹈宣传工作者和爱好者来说，是一件令人振奋的事。这次展演，由省委、省文联、省文化厅举办，省舞协承办。主办者通过搭建平台，从中发掘人才和优秀作品，迎接2007年"多彩贵州"舞蹈大赛和中国舞蹈"荷花奖"赛事。

本次展演，除舞剧、舞蹈诗不被纳入外，独舞、双人舞、三人舞、群舞（20人以下）等舞蹈形式均被纳入，各地州市及省歌舞团、省民族歌舞团、省武警总队文工团、贵大艺术学院、贵州民族学院等拿出100多个节目参加。经初选，贵阳、毕节、六盘水、黔西南、安顺、遵义、黔南、黔东南、铜仁、贵州民院音乐舞蹈学院、贵大艺术学院、武警总队文工团等代表队创作的69个舞蹈节目入围半决赛。18个舞蹈节目进入决赛。

贵州，因丰富多彩的民族文化被誉为"歌舞海洋"。20世纪五六十年代的舞剧《蔓萝花》孕育了一代舞蹈艺术家，70年代的《红色娘子军》造就了一大批舞蹈爱好者，改革开放，丰富的群众文化激发了人们对美的追求，贵州独特的民族文化成为舞蹈发展的深厚基础。为了搞好此项活动，早在今年2月至3月，省文联就组织三十余名舞蹈编导、音乐创作、舞美设计深入民族地区采风创作，5月下旬，省舞蹈家协会举办了全省舞蹈编导培训班。特邀请中国艺术研究院舞蹈研究所副所长、舞蹈理论家罗斌，《云南印象》舞美设计孙天尉，中央民族歌舞团一级作曲家李沧桑，北京舞蹈学院客座教授、享受国务院政府津贴优秀专家、一级编导马文静，北京舞蹈学院编导系教授吴铭琦，中央民族大学原舞蹈学院院长、国家一级编导马跃前来授课。从编舞技法、舞蹈理论、舞蹈音乐、舞蹈舞美及服装设计等方面进行培训。

参加本次展演和进入决赛的18个节目及获得17个展演奖的节目，均是在2004年以后创作的，很多节目都是首次亮相。这些节目，在保持贵州传统的民族舞蹈的基础上，加入了不少舞蹈和音乐的新元素，堪称各地的优秀代表之作，而评选出来的一等奖苗族舞蹈《太阳鼓》（凯里学院）、苗族舞蹈《银项圈》（贵阳市幼儿师范学院），二等奖苗族舞蹈《山那边》（贵阳市北供电局）、现代舞《越野五公里》（武警总队文工团）、水族舞蹈《水书印象》（黔南州歌舞团），三等奖苗族舞蹈《山铃》（贵大艺术学院舞蹈系）、布依族舞蹈《走哇》（都匀市歌舞剧团）、苗族双人舞《游方花带情》、毛南族舞蹈《堆龚蛮》、布依族舞蹈《觉依》（贵州民族学院音乐舞蹈学院）和六个优秀奖，则是这些代表作中的佼佼者。

　　一台决赛节目，既凝聚了所有参赛者对此次活动所付出的艰辛，更饱含人们对贵州舞蹈的期望。这些节目在创作的理念上几乎都有一个鲜明的特点：要充分展示贵州省丰富多彩的民族民间文化！

　　综观本次展演，我们在看到贵州舞蹈发展和希望的同时，更有了一份清醒。这就是，发展贵州舞蹈事业，任重道远。贵州作品既要抓地方特色，又要采用最新的艺术表现手法，绝非一日之功所及。最能表达自己在作品中所赋予的思想感情的舞蹈艺术表现形式是最好的艺术形式。国家一级作曲、省文联副主席、省音协主席崔文玉对记者说："通过贵州省舞蹈新作品展演，让我们看到全省广大舞蹈工作者和爱好者对舞蹈的热爱之情，构建这个平台，目的在于发现人才，打造精神，推动我省舞蹈事业的发展。"

　　我们期待，通过广大舞蹈工作者的不懈努力，在2007年"多彩贵州"舞蹈大赛和中国舞蹈"荷花奖"赛事中，能有代表贵州的扛鼎之作及精品问世！

原载《贵州日报》2004年12月10日第5版

艺术再现布依族生活的成功尝试

——观大型布依族民族现生态舞剧《利悠热谐谐》有感

2010 年新春伊始，一台令人兴奋和发人思考的舞剧走进了贵阳观众的视野。它的出现，犹如早春的信使，让人看到了贵州艺术的曙光。

民族元素的民族原生态艺术如何再现于舞台，一直是艺术家苦苦的追求和探索，这台现生态舞剧，似乎就是艺术家把梦想变为现实的一张答卷。

苏时进和他的团队，用他们的努力说明了这一切。

苏时进，该剧导演，中国人民解放军南京军区前线文工团著名编导，国家一级编导，创作的作品多次在全军比赛中获奖，代表作《再见吧，妈妈》1980 年获全军全国第一届舞蹈比赛创作一等奖，《黄河魂》，1986 年获全军全国第二届舞蹈比赛创作一等奖，1994 年获中华民族 20 世纪舞蹈经典作品金奖，担任编剧导演编舞的《功夫传奇》至今已演出一千多场，盛演不衰，数十台舞剧担任总导演，多次担任全国舞蹈比赛和 CCTV 舞蹈大赛评委。

出任这台舞剧，对于苏时进来说，无疑是一种挑战。苏时进对自己过去的辉煌作了一次庄严的告别，军人特有的气概和眼光让他敏锐地关注古老而年轻的民族——布依族。

令人欣慰的是，苏时进以大的文化视野进入微观的生态，于是，让我们更为惊奇地看到一台大舞剧的底料是册亨县委，县政府，贵州省戏剧家协会，而拼盘搭建的班子是四川大学艺术学院，北京城市当代舞蹈团，册亨县幸福亨通艺术团。这是一个奇妙的构思，更是一个大胆而浪漫的结合。

深入布依族地区后，苏时进被这个民族的生活习性所感动。

布依族独特的生活节奏和生活方式，让他看到了布依族人民向往美好生活的内心世界，他们与世隔绝，与人无争的状态和宗教式自然崇拜，在如今喧闹纷扰的世界中，形成了巨大的精神和物质的反差，这种反差给人强烈的冲击和无尽的遐思，这就是人们在心中久久寻找的东方伊甸园。

这是东方式的理念，苏导称之为东方大浪漫主义，它超越了政治观念和世俗的价值观念，表现了人类社会对未来可持续性发展的美好憧憬。

一个小民族，一个大理念——一个具有世界性的大理念，灵感由此触发。

这是一个与时俱进的链接。只有这种有形无形的转变，才能对主题性和美学理念有一个较为准确的把握和充分的表现。

熟悉和了解布依族的人都知道，布依族以歌为多，舞蹈较之苗族显弱。没有更丰富的舞蹈基础，要打造一台舞剧，实在太难。

从人文的原生态、从布依族性格、从固有模式去认识和思考，从而抓住人文原生态的民族元素，通过艺术的整理更充分地还原它，通过舞蹈这种艺术方式去创造一种艺术化的布依族人民的生活，打破固有的沉闷，表现出独有的清新和亮色。

这是一次自我解放的挣扎，只有将这些元素打碎，融入心血，注入活力，才能让更多的人下这种决心，不经痛苦的蜕变，根本无法从生活当中去创造一种新舞剧。

于是，我们在舞台上看到了唯美清新的舞美，看到了变幻莫测的灯光，听到了布依古歌，感受到了布依人民借先祖之激情繁衍生息亘古不改的信念。从编剧到演员，从舞美到灯光，从音乐到服饰，我们都见到了一种和美的力量，听到了布依人民前进的步伐，铜鼓声声，舞者高歌，布依人的精神气质展示得淋漓尽致。

这就是正在发生和发展中的艺术生态——现生态。

我们关注贵州民族文化的发展，更关注民族文化保护之下的继承和发展。发展和变化是艺术家们思考的主题。大型布依族民族现生态舞剧《利悠热谐谐》积极尝试，无疑对整合艺术资源，拓宽视野开拓进取，发展原生态民族文化起到积极的促进作用。

写于 2010 年新春贵阳

影视贵州

《布依侠女》拍摄花絮

1995 年 5 月 4 日，贵阳乌当新堡乡香纸沟村。山泉流淌，炊烟袅袅。水车飞转带动的碾子也在转动，作坊前，一位美丽的布依姑娘面对着善良可爱的王妈诉说着心中的不快，眼里含满委屈的泪水……

这是中央电视台《布依侠女》拍摄组在贵阳拍摄的一个场面，浓郁古朴的香纸沟，为拍摄组提供了天然的场景。

《布依侠女》是一部反映贵州省少数民族题材的电视连续剧，素材由省政协副主席王思明提供。该剧以惠水县政协常委程莲珍为生活原型，以当年毛主席义释女匪首为重大历史背景，塑造了陆翠珍这样一个鲜明的人物。剧中有陆翠珍带领布依村民与土匪抗争场面，又有其沦为女匪首后被我军抓获的情节，尤其展现了毛主席闻讯后决定释放她使其后来成为剿匪英雄的过程。

一部优秀的电视剧，需要优秀的导演、摄影师和演员。《布依侠女》摄制组的演员均来自北京、天津、承德、大连等团体，有的还是影视界的佼佼者。扮演陆翠珍的女主角徐一萍，就是前不久在电视剧《太阳·女人》中担任女主角的二号角色。徐一萍今年 29 岁，是中国铁路文工团话剧演员，从事演艺已有十多年。

由于时间的限制和拍摄的需要，有些戏需要在同一时间、同一地点拍摄，这就需要演员控制好自己的情绪，把握较好的分寸。5 月 8 日下午，陆翠珍丈夫被害死祭奠的一场戏，就是在结婚之前拍摄的。灵堂前，陆翠珍没有失声痛哭，在哀悼亡夫的悲剧时刻，她所表现的就是在灵堂前默默地烧着纸钱。这样，一种无声的怒吼被化为熊熊烈焰。

毕业于中央戏剧学院、北京电影学院的伊琳、于立清导演，是获得全军一等奖电视剧《士兵今年十八九》的搭档导演。为了让演员更好更快更准确把握布依族的民风民俗，两人经常与演员探讨剧本，理解剧中角色。拍摄电视剧《东方商人》的摄影师程生生，在拍摄《布依侠女》中对艺术一丝不苟，为选好一个角度，有时一个镜头要反复拍摄多次，直到导演满意为止。

《布依侠女》自 4 月中旬开机以来，已经拍摄近一半的镜头，预计在 6 月中旬可拍摄完毕。

原载《贵州日报》1995 年 5 月 9 日第 7 版

骑在龙背上施展才能的人

他成绩斐然。短短的几年之中拍摄了十多部电视片。有人问他："你这么能干，干嘛不想办法出国？"可他说："我不在乎出不出国，骑在龙背上施展才能更符合我的个性。"

骑在龙背上施展才能，够味儿！他就是中国当代影视最年轻的导演——尤小刚。

1967 年初中毕业的尤小刚下过乡，当过兵，上过北京电影学院，进过导演进修班。在生命的坦途上，他以惊人的毅力和非凡的才华成为这一代人的佼佼者。几年的时间，他先后拍了《猎鹰》、《空中小姐》、《紧急起飞》、《凯旋在子夜》、《狂潮》等十多部电视片，获全国性奖 6 个，1987 年成为北京市十大新闻人物之一，1988 年被定为北京 55 个国家级专家之一。

与其说他是一个"名导演"，还不如说他是一个冲锋陷阵的爱国主义战士。看到尤小刚那大方利落的装束，就想起家喻户晓的

《凯旋在子夜》，他那奔放与激烈的思绪、坚实的理论和雄辩的色彩。

9月中旬，他从北京来到安顺，正是为了拍摄电视专题片《古夜郎之谜》。一口流利的四川话，缩短了北京与安顺的距离。这部片子将从历史、文化、地域等多种角度反映安顺的昨天、今天、明天，他想借助历史这条主线找到自己宏观与微观、理论与实践、传统与当代理性思考和再现与表现的交汇点，为这神奇秀丽的山川献上自己的热情和忠贞。

在这部专题片的拍摄中，他行动急速，工作时严肃认真，但他专横暴躁，工作时全听他的！他善于打破人为的封闭自我，走入一种自然状态。循循的诱导常使人佩服，从而悟出干事业的道理。

特邀演员，来自黄果树宾馆服务部的董梅，录像时反复多次进不了角色，尤小刚当着大家的面冲董梅发脾气，小董受不了，哭了。哭中带有委屈，但也得到了新的刺激和意识的觉醒。于是，她甩开去干，丢掉一个自我，"变成了"一个真实的布依女。据拍摄组的同志说，在尤小刚手下拍电视，很少有不掉眼泪的。但掸下真实的眼泪反而觉得舒服。

《古夜郎之谜》即将开拍。相信这位才气横溢的导演会踏入一条清新的河流，顺着这条河流游向大海走向世界。

原载《安顺晚报》1985年8月8日第4版

《雕花王》中的沿河姑娘

面前的杨晓玲清纯大方，我看过她在电视连续剧《雕花王》中的表演。

剧中，她饰演女主角梁秋萍。我没想到她是贵州人。杨晓玲是贵州沿河人，而且是地地道道的土家族姑娘。从沿河闯入上海滩的杨晓玲，如今已是影视圈令人瞩目的新星。在《雕花王》中，她的表演一扫影视圈中的那些矫揉造作，其表演颇让圈内外的人折服。

《雕花王》讲述的是浙江东阳木雕艺人悲欢离合的故事。剧中主要人物卢云清、梁秋萍，生长在东阳木雕艺人世家，自幼青梅竹马。云清从小拜师学木雕并成为远近闻名的木雕艺人；秋萍从小在艺班长大，因不满班主欺凌而出走，后流落上海沦为妓女。家道不幸的云清与家人离乡闯上海与秋萍相遇。在秋萍的帮助下，云清不仅在上海树立了东阳传统木雕技艺的形象，还挫败了日本人的文化掠夺阴谋。抗战开始，秋萍及云清等木雕艺人先后流落香港，因了秋萍的再次相助，云清使家乡木雕工艺得以发展。因日本人的破坏，公司毁于火灾。为让家乡传统木雕技艺光大，秋萍卖身于一老富商资助家乡艺人回家，而自己则继续漂流他乡。

这部长达11集的电视连续剧中，杨晓玲幸运地与我国著名演员王诗槐、王正军成为搭档，这对初涉影视圈的杨晓玲来说，无疑是一次极好的学习机会。

走进影视圈，并不偶然。她14岁考入四川秀山花灯剧团，在几年的艺术实践中主演过十多台话剧、歌剧和歌舞剧。此后借调贵州省歌舞团任主持人，为该团出色地主持了百余场歌舞节目。1987年，她考入贵州省艺专声乐系，毕业后又先后在上海音乐学院和上海戏剧学院进修。多年的艺术实践和学习，使她具备了一个演员应有的良好素质。

《雕花王》拍摄之前，杨晓玲曾在上影厂拍摄的电影《桃色新闻》中饰演主要女配角——警官之妻吴兰英。《雕花王》摄制组在上海物色饰演梁秋萍的演员时，导演吴建新在上海青年话剧团、上海人艺和上海戏剧学院的十多名候选者中经反复试镜挑选，终于认定杨晓玲为理想人选。

有人说杨晓玲长得很像巩俐，可她却不以为然，杨晓玲就是杨晓玲。人们问她从哪里来，她总是笑着说："我来自全国最边远、最落后、最贫困的沿河自治县。"

谈起家乡，杨晓玲一往情深。

杨晓玲生在沿河，是乌江水把她养大。母亲肖文英是一位勤劳善良的女人，在母亲身上，她学会了自信和无畏。在上海进修时，她边打工边学习。她自信自己最终能圆心中的梦。

杨晓玲的丈夫是浙江大学毕业的博士生，虽是学理科的，却喜爱艺术，很支持妻子搞艺术。夫妻俩一起灯下交流，已成为他俩生活中不可缺少的部分。《雕花王》的成功，为她在影视事业上的发展打下了良好的基础。如今，杨晓玲正面临许多选择，可她的希望只有一个：不断地塑造更多的艺术形象，奉献给父老乡亲。

原载《贵州日报》1996 年 4 月 26 日第 7 版

共抒西部开发豪情

——央视在黔拍摄特别节目《鼓楼议事》花絮

2002 年新春伊始，由国家民委、中央电视台、省委宣传部、省委外宣办联合拍摄的中央电视台 2002 年春节特别节目《民族欢歌·鼓楼议事》在国家级风景区红枫湖侗寨开拍，记者随行采访，所见所闻令人振奋。

阿果主持不容易

原中央电视台"半边天"栏目主持阿果以端庄、大方、思维敏捷闻名。自主持民族节目后，她因得益彝族之营养，受人欢迎。此次来黔，对阿果来说可谓一波三折。还好，老天有眼，让阿果饱览了红枫湖的秀美山水。阿果近来事务繁多，为了保证 2002 年 1 月 8 日在侗寨准时开机，她按领导的安排于 1 月 6 日乘飞机到贵阳。谁知"起个大早，赶个晚集"，乘坐的飞机到成都后，因大雾转而飞到重庆，无奈又从重庆飞到贵阳。赶到贵阳时，已是 1 月 8 日上午。阿果忙得早饭都顾不上吃，在车上抓紧时间背脚本，到 10 点时，她已全部记住，而且拍摄时没出什么差错。"要做好节目主持，要有好身体，还要有扎实的基本功。"自信的阿果这样对记者说。

贵州代表发言很精彩

一个将近 60 分钟的节目《鼓楼议事》在《民族欢歌》中特别重要。西部大开发，擂响了民族地区前进的战鼓，云南、广西、四川、贵州各族同胞会聚鼓楼，共商西部经济发展大事，同抒西部开发豪情壮怀。云南的代表抢先发言，广西、四川的代表也不甘落后。东道主贵州代表娓娓道来，振振有词。省交通厅总工程师周善棣在介绍贵州公路建设之后，向各位代表介绍了西南公路出海通道："贵州境段北起川、黔两省交界处的湾潭桥，南下大方、黔西、修文、扎佐到贵州省会贵阳市，转东经龙里、贵定、马场坪，再往南经麻江、都匀、独山到黔桂两省交界处新寨终至广西壮族自治区。贵州境段全长 539.08 公里，是贵州省公路网规划的'二横二纵四连线'高等级公路主骨架中的重要组成部分，该通道对我国西南乃至整个西部地区的开发和发展有着十分重大的作用……"如数家珍的发言，博得代表们热烈的掌声。

1 月 8 日一大早赶到拍摄现场的黔南州委常委、都匀市市委书记周建琨兴致勃勃地向各位朋友介绍了都匀市近年来经济的发展情况："都匀市是全国优秀旅游城市、中国十大名茶之乡……"说到此，导演插话："都匀毛尖是毛主席取的名字，还不给各位代表沏都匀名茶!"话音刚落，都匀市委办公室主任刘延学提着两盒毛尖与各位朋友见面。跟着周建琨书记一起来的深圳市政府共同富裕发展基金管理委员会办公室主任赵力锋生动形象的发言引得大家的笑声。他说："六年前到贵州都匀，坐汽车要七八个小时，而且手一直攥着车上的手柄，颠簸得厉害。而现在从都匀到贵阳，路边的风景还没看够，就到了省城贵阳。"贵州交通建设给人带来的实惠和好处溢于言表。

省旅游局副局长杨俊畅谈了西部开发给民族经济尤其是旅游业发展带来的巨大变化。贵州旅游得益于基础设施的改观而腾飞，他希望在座的各位朋友常来看看，尽览黔山秀水之风采。

鼓楼，是侗族最神圣的地方，对侗族人来说，所有重大的事情，都要在鼓楼中商议。在马年新春佳节即将来临之际，大西南各族各界的代表和嘉宾在鼓楼围着火红的炭炉而坐，还有什么比西部开发和民族团结的大事更令人振奋的呢?! 此时，记者仰望鼓楼，但见上联云：桥边风雨寄环球万缕情思，下联云：楼上鼓笙传古越千秋文化，横批：闻鼓而思。看来"鼓楼议事"非此地莫属，幸哉! 乐哉!

原载《贵州日报》2002 年 1 月 18 日第 8 版

独具魅力的贵州人

电视、报纸、广播都是面向大众的主要媒体，而为之工作和奋斗的人们可以说感受同之。你的情感、你的神经，甚至你每一次心脏的跳动都会为这个事业的发展而振奋，好的文章如此，好的栏目也概莫能外。

也是女性的缘故，自从唐亚平、徐晓燕在贵州电视台国际部新开辟的栏目"贵州人"担任制片人以来，我尤为关注这个栏目。这个栏目，带着西部人的精神和气魄，带着西部人的今天和未来走进了我的视野，通过一批有影响、有成就、有先锋榜样的贵州人，让人们能真正地了解贵州和认识贵州人。

龙永图，现任国家外经贸部副部长，他是我国入世谈判的首席谈判代表。我们在"贵州人"栏目开播时看到的他，是一个博学、幽默和平易近人的贵州人。节目虽然是在北京采访的，但却是从龙永图和澳大利亚驻华大使艾大伟到贵州安顺轿子山考察援助一个小学校的镜头切入的，随之还有农村的改水项目，通过一组镜头，我们了解了一位贵州人对家乡的关注，知道了他为贵州办的许多实事。龙永图从贫困的贵州走向全国，走向世界，对于贫困，对于受欺辱，有着自己深刻的理解。当他面对世界上最发达国家的谈判代表时，心里始终有一种非常强烈的民族感情，在龙永图心里，贫穷是现实，但在国格、人格、人的尊严上是平等的，正因如此，在世贸组织的谈判桌上，这位"谈判高手"表现出的是不卑不亢和不容置疑的中国国格和尊严。

提起《人民日报》当年发起的那场"实践是检验真理的唯一标准"的思想大讨论，人们会记忆犹新。而提起张志新这个名字时，凡是中年人决不会忘记《人民日报》第一次发表的那篇《为真理而斗争》的文章，它曾经使全国人民的思想和心灵受到强烈的震撼。而这一切又与一个贵州人有着重要的关系，这就是曾担任《人民日报》总编的秦川。我们应该感谢这个栏目的开设，让我们认识和了解了秦川。

秦川出生于贵州赤水，1936年，13岁的他投身革命离开家乡，如今已有六十多个年头。多年从事党的新闻事业，秦川的话有着独到的惊人之处。在处理张志新的材料时，秦川流泪了，所以，张志新的这篇文章秦川一个字都没改，但标题是秦川作的，就是《为真理而斗争》。在秦川的心里，他希望贵州变成一个瑞士，贵州的群山绿水，民族风情甚至自然清新的空气都是丰富的财富。

五十年前，在贵州印江县一个叫杉木山的村子里，一个八岁的农村男孩，每天都要走十几里的山路到县城念书。为了读高中，他又得从印江走三百多里山路到松桃中学。就是在这山路的跋涉中，他考入四川大学外语系。如今，当年的那个男孩已是中共中央对外联络部部长，他就是戴秉国。

　　电视上展现的戴秉国对家乡一往情深。在他的帮助努力下，有关部门投资一百万在印江建的杉树农村中学正在为培养人才发挥重要作用。凭"读万卷书，行万里路"走出大山的他，其人生信念是"勤勤恳恳做事，正正派派做人"。

　　提起叶小文，人们并不陌生。这位贵州之子当过工人、农民和士兵，贵州大学毕业后，从事过社会学研究，曾任团省委书记。如今的他，是国家宗教局局长。他曾作为国务院特派专员之一赴西藏主持第十一世班禅金瓶掣签和坐床大典。作为国家宗教局局长，他多次就我国宗教情况接受外国官员和记者的采访。叶小文的身上有一种浓郁厚重的家乡情和大山情怀，他说他崇拜大山，大山的坚韧和挺拔，成就和铸造了他。

　　"贵州人"栏目自2000年10月开播以来，到目前为止已播出17期。该栏目采用全方位开放式的访谈与纪实手法，向人们介绍了一批优秀的贵州人，我们从中还认识到首都机场总经理方友鑫，首都钢铁集团总公司董事长罗冰生，广州姗娜集团总经理崔国防，贵大精细化工研究所所长宋宝安，省科委副主任、留美博士廖晓罕以及人们熟悉的何元亮、董克俊、陈白秋、唐佩琳、宁静、龚琳娜等。这些在政治、科学、人文、艺术领域的一个个鲜明而具体的人物，再次证明贵州"人杰地灵"。

　　据制片人唐亚平、徐晓燕介绍，该栏目共有编导五人，且平均年龄25岁。短短几个月的时间里，他们勤奋刻苦团结协作，尤其是在北京采访时，经常处于时间限制在一小时的高度紧张运作之中，能取得这样的成绩实属不易。在人类迈进新世纪之际，作为一名电视观众和新闻工作者，我希望这个栏目越办越好，为宣传贵州，给贵州鼓劲多作贡献。

原载《贵州日报》2001 年 1 月 28 日第 7 版

贵州道上来了"山杠爷"

时值数九寒冬，瑞雪纷纷扬扬。在安顺石头寨、云山屯和贵阳花溪水库天河潭弯弯曲曲的山道上，出现一张亲切和蔼的熟悉面孔，他就是我国著名电影表演艺术家李仁堂。

李仁堂此行到贵州，是应中央电视台、贵州省电视剧制作中心等单位联合录制的两集电视连续剧《一个布依人的故事》摄制组的邀请，扮演剧中主要角色爷爷的。

大名鼎鼎的李仁堂如何接受这个角色的？该剧制片人杨晋荣道出了真情。

贵州省电视剧制作中心早在去年 4 月就筹划拍摄此片，中央电视台也对这一题材很感兴趣。几经周折，剧本经峨眉电影制片厂编剧苗月担纲后，一度创作得到了中央电视台的充分肯定。苗月 80 年代是贵州省一位颇有发展势头的文学新秀，对贵州情有独钟，因而她很希望能在当地找到一名适合剧中人物的演员，但经多方选择都未如愿。而就在此时，大家不约而同想到了李仁堂，但要请他"出山"，连中央电视台都无把握。因为李仁堂患有严重的糖尿病和双膝关节膑骨软化，生活都难自理，更不要说外出拍戏了。怀着忐忑不安的心情，杨晋荣拨通了李仁堂家的电话。接电话的是李仁堂的女儿，经商定，李仁堂约定时间亲自面谈。翌日，杨晋荣前往北影，由衷希望李老师能再现一位贵州山区的朴实农民。没有说报酬，也没有谈任何条件，读了剧本后，李仁堂欣然同意接受任务。

李仁堂80年代曾到过贵州，此行又到贵州他有一种回家的感觉。扮演爷爷，对李仁堂来说并不难，难的是行走不便。比起在四川拍《被告山杠爷》，李仁堂认为贵州的拍摄条件更为艰苦。但剧组的同志对李老师非常关心，不仅爬山采药等难度动作找了替身，在安顺云山屯拍戏时，大雪纷飞，山道险滑，剧组还准备了滑竿，让李仁堂过了一回"老爷子"瘾，令他非常感动。

李仁堂说，之所以出演此剧，是因为这些年来反映现实生活的优秀电视短剧太少，尤其是边远山区少数民族题材的短剧更难得。该剧讲述的是这样一位布依老爷爷：他不仅将先辈传下的医术毫无保留地奉献给广大的布依同胞，还教导自己的孙子多掌握医术，支持他到省城学习深造，回到大山后更好地为乡亲服务。虽是一个平凡而普通的故事，却有着非常强烈的震撼力量。民族团结，民族精神，通过该剧形象地得以表达。同时，该剧还反映了贵州秀美的山川和浓郁的民俗民情。对电视艺术来说，这本身就具有了观赏性。在拍摄现场，但见李仁堂不仅演艺娴熟而且非常认真。孙子上山采药不幸摔伤，爷爷用清泉水为其洗伤口，就是这样一个动作，在如此寒冷的天气里，竟拍了四次才满意结束。

谈起几十年的从艺生涯，李仁堂主张深入生活反映现实。他认为，深入生活是一个演员必修的基本功。李仁堂19岁参军加入八路军文工团时，部队就在河北承德农村，因而他对农民有着很深的感情。1965年，他扮演《青松岭》中的万山大叔享誉影坛。1994年，电影《被告山杠爷》开拍，为熟悉角色，他执意要在农民家住半个月。就是这半个月的体验，他找准了北方与南方老汉的性格区别，对塑造山杠爷这个艺术形象起了决定性的作用。他总结这种体验为"长期积累，短期补缺"。为拍好山杠爷，李仁堂当时还谢绝了两部20集电视剧的邀请，而两部电视剧的酬薪皆不菲。李仁堂对塑造农民形象始终不悔。他认为，一个好的演员能经受各种角色的考验，因为创造了这个角色，他再次荣获了电影百花奖最佳男主角。

李仁堂在中国的电影舞台上，塑造了一系列让观众难忘的艺术形象。《创业》中的华政委，成了大庆人的一面旗帜；《泪痕》中的米克实，是一位体察民情又有实际领导水平的父母官。在荣获中宣部"五个一工程"奖的电视剧《同船过渡》中，则成功扮演了一位退休的老船工。

多年来，李仁堂从不随便接戏。"没有生活，便不能奢谈什么表演技巧。"作为一个电影演员，唯有不断的努力学习，提高自己的修养，才能得到观众承认，为了这个目标，年过七旬的李仁堂依然奋斗不止。

原载《贵州日报》1999 年 1 月 22 日第 8 版

采访李仁堂老师，令我感动。稿件见报后，他已回北京。此后，该稿又被贵州《文化广角》转载。当年 8 月，我因公出差到保定参加全国新闻界乒乓球比赛，比赛结束后我顺路去了北京。北京电影制片厂副厂长李晓耕是我战友，通过他，我把见报、见刊的文章转交给了李老师。回贵州后不久，他给我寄了一封挂号信，打开一看，是他亲手为我写的行书。如今，李老师已经离开了我们，但他留在我童年、少年和青年时代的诸多艺术形象却挥之不去，永世长存！

激情人生

——访老电影艺术家周克

阳春三月，在省委党校里，经常可见一位精神矍铄、乐观开朗的老人骑着摩托车来来往往，他的家就在党校原小学里。老人与他的妻子安度幸福晚年。他们每天不论中午和黄昏，都要手拉手地在校园内散步。报春的迎春花绽放着向他们招手微笑，那是对他们发自内心的祝福，那是对生命的礼赞。

这位老人就是贵州籍电影艺术家周克。

周克，原名常学圣，1922年出生在黔东南黄平县旧州镇。打小起，周克就喜欢看川剧和地方戏，读书之余，经常模仿剧中人物在家中表演。1936年，进贵阳正谊小学，1938年秋在花溪清华中学读书。周克的大哥常学塽1938年加入地下党，曾组织筑光音乐会，后转入四川育才学校坚持抗战。在大哥的影响下，1937年，周克曾参加贵阳沙陀话剧社，他参加演出的第一部戏是《放下你的鞭子》。当时，周克喜欢唱歌，但大哥却说他适合搞戏剧，是大哥这位"伯乐"发现了周克的表演才能。1939年，大哥把周克接到育才学校的戏剧组学习。在育才学校，他参加演出了由作家许幸之编的话剧《最后一课》，该剧表现的是沦陷区学生抗日救国的故事，周克扮演了一名正直爱国的青年教师。周总理和邓颖超看了这出戏后大加赞赏，特为之题词："学圣同学，要学修路人，无立记功碑。"

常学圣改名为周克，是到育才学校一年之后的事。记得有一天，大哥把周克叫到屋里，第一次给了他两个黄果，这是到校之后的第一次殊荣，因为在此之前，大哥不让周克找他，当时，他还认为大哥有些不近情理。大哥告诉周克，因合川关了两个进步朋友，要设法去营救他们，如果顺利则返回，如有不测，就是大哥为追求真理光荣牺牲。此时的大哥用庄重的神情注视着周克。少顷，他说："为了不影响你，还是改一改名字吧！"

当时，周克正在阅读苏联的一本小说叫《无敌坦克》，心想，母亲姓周，不随父姓，就随母姓改为周克吧！

翌日清晨，周克醒来，发现大哥的一些书信化为灰烬，事隔半年，才从一张特殊的纸条上知道，大哥已经到了延安。

"皖南事变"后，国民党反动派发动了第二次反共高潮，抗战前途十分危险，投降的阴谋日益扩大。在党中央"长期隐蔽，积蓄力量，以待时机"的正确方针指导下，为了使散处西南后方的一些革命救亡团队在桂林有一个据点，党特派杜寅等同志组建新中国剧社。1941年初，周克到桂林四处打听得到杜寅的住址，鼓足勇气登门拜访，目的是能参加新中国剧社。

刚巧，田汉同志也在杜寅家。当他知道周克的来意后说："新中国剧社都是些大人，要靠不断演戏来维持生存，演出任务重，大家工作忙，谁有时间帮助你学习呢？"看着周克那期待的神情，田汉又说："我看你还是到抗敌演剧队好，可以一面工作，一面学习，现在那里需要人，他们的队领导在桂林。"田汉随即写了一封介绍信，就这样，周克进入了抗敌演剧七队。

1944年，周克参加了西南剧展，参演《叶青演讲》和《沙坪之夜》，因刻画人物惟妙惟肖受到著名戏剧家熊佛西、欧阳予倩、田汉等人的好评。

令周克难忘的是他在新中国剧社的那段日子，他应著名导演瞿白音之邀，在话剧《金玉满堂》中演主角胡嘉宝，与被誉为"中国第一老太婆"的吴茵和老演员周伟同台。1945年8月15日，该剧在昆明演出一炮打响。

1948年初，周克成为东北电影制片厂最早的一批演员，同年10月，转入长春电影制片厂，成为新中国长春电影制片厂的第一个贵州籍演员。

1949年下半年，他在新中国第一部反特片《无形的战线》中扮演一个特务。1950年，他分别在《赵一曼》、《刘胡兰》中扮演日本军官。1959年，在《海上神鹰》中饰主要反面人物台湾特务高参谋。周克饰演的"著名坏人"，是《平原游击队》的翻译官、汉奸何非，这部影片由苏里导演，郭振清扮演李向阳，方化扮松井。在这些反派角色的塑造中，周克严格把握人物性格及其命运，为表现何非受伤后失魂落魄的狼狈相，他向导演建议，该让翻译官化装逃跑。影片结尾时，他在脸上贴一块白胶布，慌慌张张地用白头巾化装成普通农民，准备溜之大吉。不料，松井惊恐推门而入，气急败坏的松井举起马刀向何非砍去。这场戏，取得了出乎意料的效果，因了这个建设性意见，根据当时的规定，周克得到了导演的32元奖金。

在长期的艺术实践中，周克塑造了一个个栩栩如生的反派形象。周克记得，唯一演的一部正面人物戏，就是《上甘岭》。戏中他演的背水战士之后几个镜头，只说了一句话："报告连长，水背回来了！"在《如此多情》中，他演的电影工作者白浪是一个被女方抛弃值得同情的人物。

1964年，周克回到了久别的故乡贵州，先后在省话剧团、省黔剧团担任导演。他先后执导了由刘怀正、夏宗佑主演的话剧《南海长城》、《山高水长》等，还为贵阳市川剧团执导了由卜小贵饰演的方言剧《柜台内外》、《五号服务员》，深受社会各界观众的好评。

"文化大革命"期间，周克因参加抗敌演剧队被强加了"莫须有"的罪名，一直到了家乡黄平，仍然逃不脱这场人生灾难。他被判了七年徒刑，在关进监狱的第一天晚上，他以泪洗面审视自己之后，更加坚定了自己的信念，他参加革命没有错，演反派人物也没有错，这是革命分工不同。

他从内心感激他的妻子，1960年，她从东北师范大学毕业后就跟着他，是她用微小的身躯支撑着破碎的家，苦育三个孩子，还为他平反一事四处奔波。他对不起三个孩子，大女儿酷爱艺术，因受牵连未能如愿，儿子也被寄养在弟弟常学贤处，小女儿饥一顿饱一顿，经常吃的是老南瓜和白菜蘸辣椒水。

恢复艺术生命后，他参加了贵州第一部古装戏《琴魂》和《女儿情》的拍摄，担纲反派主角。随后，又借调到峨眉电影制片厂，协助导演钱千里导演了电影《山城雪》，在《女匪情恨》中扮演重要角色。为回报家乡人民，1988年，由他执导的第一部苗戏《情锁苗山》，在黔东南文艺会演中获特等奖，1993年，他参加了北京黔东南籍专家文艺家回乡慰问演出，出演的个人小品《重安江巧遇》抒发了他恢复艺术青春的情怀，内心体验和演技已达到炉火纯青的境界。

周克热爱生活，热爱艺术。虽然今年已是 82 岁高龄，但喜欢游泳、跳水、骑摩托车，在他身上，丝毫看不出他曾受过"十年浩劫"的种种摧残和磨难。他还告诉记者，过两天，一位当年在长春辅导过考取北京电影学院的学生蔡印时还要专程从香港来筑探望他。这些年，郭振清、刘玉龙等过去的战友相继来贵阳看望他。热情乐观的周克说，只要有机会，还会再上荧幕发挥余热。

原载《贵州日报》2001 年 3 月 23 日第 8 版

让激情燃烧生命

——从孙海英、吕丽萍荣膺最受观众喜爱的男女演员所想起的

12 月 22 日，第三届中国电视金鹰艺术节在众望中揭晓，孙海英、吕丽萍以绝对的优势获得观众最喜爱的男、女演员奖。这是近年来颁奖氛围最浓的一次，激情满怀的孙海英以军礼向观众致意，吕丽萍也情不自禁地向观众敬礼挥手致意，没有太多的语言，只有太多的激动，这是观众与演员心与心的交流，这是演员对观众真心的回报。

广大电视观众是从《激情燃烧的岁月》中认识了解孙海英和吕丽萍的，也许，在此之前，人们了解吕丽萍比了解孙海英还多一些。在播放这个电视剧的日子里，我们不知不觉地走进剧中人物，走进了逝去的那个岁月。通过演员的完美塑造，艺术地再现了老一

辈的奋斗精神，新一代的成长经历和中华民族生生不息的追求。可以说，这部电视剧久播不衰，并没有一丝市场炒作的痕迹，有的只是润物细无声的精神滋养，人们对理想的追求和对现实生活的反思。通过一群优秀演员的通力合作，孙海英、吕丽萍在人物形象塑造上进入一个完美的境界，同时，在共同创造的这个境界中，他俩也找到自己生活和精神的真正归宿。

真正的生命是万物之灵，生命是个人的也是社会的，你为社会的发展进步作出自己应有的努力，就可以得到社会的首肯。当我们这个社会进入商品化、经济化的发展时期时，我们是否还要坚持理想信念、操守道德和对人民群众的血肉情怀，我们是否还要反思和承认我们在人生道路上怯弱无能的摇摆，从而去掉一些不切实际的幻想，投入到时代的潮流之中。这部电视剧培养了一大批观众，这对艺术工作者来说，是值得认真总结的。因为，无论你如何包装打造，都抵挡不住人们对真、善、美的鉴赏和评判。对于一个奋斗的民族来说，培养一颗颗美好的心灵至关重要。因为，美好就意味着纯洁、无私和无畏，忠诚、坚强和善良，这些，足可以真正抵挡邪恶。当中国社会进入一个重要发展时期时，我们是否要保持革命战争时那样一种拼搏精神，那样一种扎扎实实的工作作风？去掉浮华和奢靡，去掉虚伪和浮躁，多一些坦率和真诚，多一些理解和信任，多一些关心和爱护，多一些鼓励和帮助，这个社会一定会变得更美好。

原载《贵州日报》2003 年 1 月 6 日第 8 版

《寻枪》重返青岩

姜文与贵州

影片《寻枪》中那古色古香的青石小镇又在姜文眼前出现了，不知是雨水打湿了双眼还是体内的贵州情结被激发了，他两眼湿润而明亮，稳健的脚步踏在青石板路上，仿佛"马山"又在寻枪。

伴随早早守候在家门口的青岩人民的敲锣打鼓声、欢呼声，《寻枪》剧组主创人员从定广门剧中"结巴"卖羊肉粉的地方，到文昌阁剧中"派出所"，再经深幽的小巷剧中收拾"周晓刚"的"斗鸡场"，一路上参观了万寿宫、邓颖超母亲曾住过的小屋等景点，雨越下越大，姜文不喜欢打伞，而尽情地漫步在雨中，感受古镇的气息。

王晓帆、谢健生（姜文儿时的同学），一个是剧中马山的儿子马东的扮演者，另一个是剧中派出所所长的扮演者，两人让姜文倍感亲切。"儿子"看到离别一年多的"父亲"，一下子就奔到姜文身边，姜文拉着小家伙分外激动，问个不停，久别的"父子"眉眼的相似让人惊叹。当谢健生回忆起偶遇校友姜文并首次"触电"的感受时，对这位昔日的校友赞叹不绝："姜文比我小两岁，他很开朗，没有明星架子，他演戏与我这种门外汉的确不同，对电影创作执著，对作品研究深刻，刻画人物深刻，他也是个非常优秀的导演，他提出全剧采用灰色调，与剧情十分吻合。"原来，姜文六岁时随父亲到贵阳，父亲在贵阳工作了五年，姜文便在贵阳实验小学读书。去年，《寻枪》剧组在姜文的推荐下来贵州选景，儿时的校友谢健生就这样与姜文不期而遇，在姜文盛邀之下，谢健生友情客串了剧中派出所所长一角，虽然对白简短，在姜文的鼓励、指导下谢健生比较好地把握住了角色的灵魂，塑造了一个不善言谈但十分关心下属的所长形象。

在当日的首映礼上，姜文以一身黑色休闲装登台亮相，面对贵州人民，他发自内心地说："我特别喜欢贵州，青岩是我推荐的，这是出于一种对我曾经生活过的贵阳的怀念，更重要的是这个地方古朴、独具特色，符合剧本要求。"

伍宇娟：离不开舞台艺术

伍宇娟出现在我的眼前时，那话语，那面带慈爱的微笑，使相互间的距离顿时缩短了。因了《寻枪》，伍宇娟重返贵阳，重返青岩小镇。

其实，伍宇娟对贵阳的认识在拍《寻枪》之前。伍宇娟此前来过贵阳，并且在贵阳有许多朋友。朋友中，还有一些警察。与他们交往，她感到亲切自然，伍宇娟说，这大概是因为湖南与贵州是近邻的缘故吧。

伍宇娟是湖南妹子，曾是一名花鼓戏演员。后考入中央戏剧学院，毕业后到了中央实验话剧院，艺术舞台的实践，为她塑造人物提供了广阔的空间。伍宇娟热爱舞台，有了舞台，她的喜怒哀乐都有一种延伸。她曾在多部中外话剧中扮演女主角，给观众留下了难忘的印象。她也曾拍过电影和电视剧，《寻枪》是继电影《疯狂的代价》、《雪山飞狐》和《女足九号》等之后的又一次实践，所不同的是，这次扮演的角色都是说贵阳话。在《寻枪》中，她扮演警察马山（姜文饰）的妻子，体验做一个警嫂的不易。伍宇娟在戏中注重人物形象刻画，为该戏增添了真情和趣味，使人感到真实和自然。该片在北京放映后，人们都为伍宇娟的表演喝彩，顿时满城学她讲贵阳话。如果说，人们因此了解到贵阳青岩，那还真要感谢说贵阳话的演员。至于电影艺术是否要求一律的普通话，那就是另外一个话题了。

宁静:我又回来了

与《寻枪》主创人员重走"寻枪"路,宁静又回到了久违的家乡。《寻枪》首映礼上,宁静一脸质朴,自然清脆的贵阳话脱口而出:"我又回来了,家乡是一个美丽的地方,我希望有更多的时间回来拍戏。"

繁忙的宁静此次回来只做了短暂的停留,首映式亮相不到5分钟,就匆忙赶飞机到外地拍戏去了。从早上到下午4点,不到一天的时间,宁静与《寻枪》剧组的造访却牵引了不少家乡人的目光。

早上突如其来的雨没有阻隔《寻枪》剧组走进青岩,宁静打着雨伞,踩着青岩古镇古老的石板路从东街晃到西街,在人群中自然、随意地左看看右看看,来到定广门,宁静站到门口与剧组主创人员高兴地合影,脸上一直挂着灿烂的笑容。

来到邓颖超母亲曾居住过的地方,下起了瓢泼大雨。宁静说,她就喜欢贵州的这个样子,保留了原始的自然风光。《寻枪》之所以好看,除去它内容和独创的表现形式外,还有赖于青岩的田园风光和保存完好的古老文化。

原载《贵州日报》2002年10月30日第7版

幸福在追求之中
——电视剧《遵义会议》总导演赵谦小记

赵谦是贵州省著名导演,1956年毕业于上海戏剧学院表演系,当年的热血青年如今已是两鬓斑白。1995年，已退休的他担任了《遵义会议》的总导演。

这是他艺术生涯的又一个崭新起点。

作为该剧的总导演，他身上的担子很重。赵谦庆幸自己几十年的艺术实践和丰厚的积累。在省话时，他曾参与编导创作了剧目《四渡赤水》，并下去搜集整理过不少资料，对那一段历史有一定的了解，因而在总体把握上，他多了一份沉着与踏实。

"塑造人物，尤其是塑造领袖人物，要注意其丰富的内心世界和整个思想的流动，这是关键所在。"说起这些，赵谦像一位历史学家。

他更多的谈到了这个集体。

张瀚、杜汉杰，是贵州省中青年导演，赵谦和他们在一起合作非常愉快。为更好地完成任务，在八个多月的时间里，他们对剧本反复修改，力求在二度创作上精益求精。多少个不眠之夜，他们一起和责任编辑修改剧本，一直到满意为止。

一位哲人曾说过，历史就像 堆碎片。然而，我们的电视艺术工作者将这堆碎片成功地串起来，再现了中国共产党人的风采，并达到了神与形、情与境的统一。

赵谦又要去北京接拍《邓小平》一片了，如他在这以前拍过并得过奖的《王若飞与黄齐生》等电视剧一样，获奖对这位63岁的退休老艺术家来说并不重要。他说，人生最大的幸福是在创造和无数个追求之中。

为艺术而奋斗，他无怨无悔。

原载《贵州日报》1996年6月21日第7版

再现历史风云

——电视连续剧《遵义会议》拍摄记

　　在第六届精神文明建设"五个一工程"的评奖中，由贵州省电视剧制作中心摄制的电视连续剧《遵义会议》获入选作品奖。与此同时，该剧在第十七届全国电视剧"飞天奖"的评奖中，被确定为终评候选剧目。

　　电视连续剧《遵义会议》凝聚着全体制作人员的心血。面对眼前的荣誉，拍摄这部电视剧的往事仿佛就发生在昨天。

一

　　遵义会议对中国革命产生的深远影响，已是众所周知，将这一重大革命历史题材搬上屏幕，再现中国革命历史上最辉煌的篇章，成为贵州各族人民和广大电视艺术工作者的强烈愿望。

　　1994 年初，省委作出决定并成立领导小组，准备精心组织拍摄一部反映"遵义会议"的电视剧，向长征 60 周年献礼。领导小组决定，由贵州电视剧制作中心投拍。为创作精品，省委、省政府从人力、物力上给予了极大的支持，并从组织上、经费上和领导管理上为《遵义会议》的拍摄成功打下了坚实的基础。

二

　　剧组请回了已退休的老导演赵谦。他和年轻的导演一起，精心挑选演员；决定大胆起用年轻人。最后，确定北京军区战友话剧团的吴兰辉扮演毛泽东。其他,如周恩来的扮演者刘劲、张闻天的扮演者马铭等,都是新面孔。

1995年9月中旬,剧组的100多人携带大批服装和道具开赴外景地,开始了紧张的拍摄。他们沿着红军长征的道路跋山涉水,顶风冒雨,转战黎平、遵义、赤水,6000多公里的征途上,留下了艰辛的足迹。

最难忘的是湘江之战的拍摄。

发生在1934年10月底至11月初的湘江之战,是一场极惨烈的战斗。这场戏的场景,选定在贵州锦屏县的清水江畔。为再现当年的情景,必须搭建浮桥。原先用钢缆和20多艘木排搭建的浮桥被急流冲断后,又改用钢绳串起15艘大木船,并在上面铺设木板。经过一番周折,浮桥横卧于宽阔的江面。拍摄当晚,江面上浮桥摇曳,山峦上军旗猎猎,由数千名民兵扮演的渡江部队进入了各自的阵地。架在不同方位的摄像机,进入待命状态。随着总导演的一声号令,十里河滩枪炮声隆隆,硝烟弥漫,杀声震天。60年前,湘江之战那惊心动魄的一幕,在摄像机中定格。

本着对历史高度负责的精神,并从出精品的目标出发,拍摄中,该剧不但着重突出主题,集中反映中心事件,还以历史唯物主义和辩证唯物主义的态度来看待历史和刻画人物,努力做到思想性、艺术性和可视性的高度统一。

结构上,该剧以湘江惨败开始,表现王明"左"倾路线及错误的军事指挥对革命的危害,为"遵义会议"的召开作了铺垫。最后,该剧又以娄山关大捷结束,展现了革命从艰难困境中走向胜利的光辉前景。剧中略去了突破乌江、四渡赤水等内容,集中篇幅拍好"遵义会议"。

如何拍好"会议",这是全体创作人员面临的最大难题。拍摄

297

过程中，该剧把重点放在了展现会议不同人物的精神风貌和内心世界上。剧中，充分展示了毛泽东高人一筹的思想及令人敬佩的口才、幽默机智的语言；表现了周恩来的坦荡干练，博古内心的矛盾和李德的顽固骄横。这一切，显得亲切可信。通过人物的塑造，让观众从中感受到"遵义会议"所包含的伟大思想及尖锐思想斗争迸发出来的真理之光，给观众以深刻的启迪。

四

《遵义会议》是贵州省依靠自身力量创作，并取得成功的作品。该剧的导演、摄像、美工制片全由贵州省电视剧制作中心承担。全体制作人员在各级领导的支持下，花费了很多心血。值得欣慰的是，辛勤的耕耘终于有了收获。他们为广大观众献上了一部高质量的电视艺术作品。1996年7月1日，为纪念建党75周年，《遵义会议》在贵州电视台播出，受到社会各界的一致好评。1996年9月19日，中央电视台一频道在黄金时段正式播出该剧，为纪念长征胜利60周年献上了一份厚礼。

原载《贵州日报》1997年11月7日第8版

真实再现长征路上的毛泽东

——《长征》中毛泽东饰演者唐国强印象

"唐国强演毛泽东，《长征》剧组在贵阳开机了！"消息不胫而走，人们互相谈论着。

提起唐国强，人们极其熟悉。去年，中央电视台播放的《三国演义》，他成功地扮演了足智多谋的诸葛亮，一时成为家喻户晓、老幼皆知的新闻人物。原先扮演过的众多角色，似乎都被这一闪光的人物替代了。

观众从审美的心理来说，历来喜欢有血有肉的人物。

唐国强正是人生壮年，正处于表演艺术日臻成熟的黄金季节。扮演毛泽东，对他来说，无疑是一次挑战式的尝试和新的拼搏。

唐国强对我说，扮演毛泽东，他面临着两种压力。第一，人们对领袖的表演已经形成一种模式；第二，如何征服观众，让观众接受和承认，更是一个艰难的过程。

压力，在某种意义上说，就是一种动力。

自去年夏末从著名导演翟俊杰手里看了总政剧作家王朝柱创作的《毛泽东在长征中》的剧本，唐国强在很长一段时间里处于一种异常的兴奋和激动之中。他深深地为剧本的人物所感染了，毛泽东的雄才大略和非凡的军事天才以及那浓浓的亲情和坚定的信仰，打动了这位艺术家。之后，他投入了大量的时间和精力钻研琢磨剧本，经常与翟导交流谈感受，领袖形象在他的心里日趋鲜明。

案头上堆满了各种各样的参考书籍和有关参考资料，风景如画的花溪，开机前的一个多月，成了唐国强学习的场所。每天，伴随着夜幕的降临挑灯直至深夜，剧本在他手里已经翻起了毛边儿，深思后的唐国强对演好毛泽东心里有了底，并有一种创作的冲动和欲望——他要以自己这种对艺术的炽热的追求去塑造一个以前在屏幕上不曾出现的毛泽东形象！

历史在他的脑海一幕幕闪过，这是一部中国乃至世界上罕见的史书！

他的心跟随着毛泽东的心理路程重新经受着灵魂的考问和精神折磨。

原载《福建日报》1996 年 10 月 4 日周末副刊

《遵义会议》中的"主角"

为纪念长征胜利 60 周年，由省委宣传部和省电视剧制作中心摄制的八集电视连续剧《遵义会议》，目前已制作完毕将与观众见面。上星期，记者碰到了前来参加《遵义会议》新闻发布会的几位演员，借此机会采访了他们。

刘劲第一次扮演周恩来

来自总政话剧团的刘劲，虽说近年来在话剧与影视舞台上很活跃，但扮演周恩来却是第一次。作为一名专业演员，他为自己能有这样一次难得的机会而感到欣慰。

刘劲先后在电影与电视剧中扮演过马本斋、张学良、白居易等重要角色。去年 10 月，在该团推出的大型话剧《最危险的时候》中，他饰演了林彪，获全国第四届戏剧节优秀表演奖。听说贵州要上《遵义会议》，刘劲推掉了电视剧《北平地下党》、《爱在莫斯科》中的角色，演上了周恩来。饰演周恩来，这无疑是刘劲艺术生涯中的重要一步。在塑造这一角色时，他投入了全部的真诚与爱。整部戏中，他把握了周恩来顾全大局、坚持原则，与毛泽东呼应的特点，在遵义会议上为确立毛泽东的领导地位投了关键的一票。

刘劲告诉记者，贵州在起用青年演员上有一种战略眼光。他非常感谢贵州给他这样一次机会。

"张闻天"来自西安

能有机会塑造各种各样的角色，对演员来说是一种幸福和欢乐。这不，看完自己在《遵义会议》上饰演的张闻天，马铭又在重新审视自己。

马铭是西安话剧院的台柱子，他拍的电影和电视剧，担纲主角的就有三十多部。出演张闻天，马铭颇费了点工夫。为了在性格、形象上与张闻天缩短距离，使这位历史人物具有鲜明的时代感，马铭认真听了贵州省委党校老师讲的课，并专门托人到上海购买了张闻天选集。在遵义拍戏时，他又买了《遵义会议与张闻天》一书，通过学习与思考，形象在他心中日渐鲜明。

在表演中，马铭抓住了张闻天内在的慧气与一位马克思主义者的无畏、自信，通过外部动作和一些细微的表现，刻画了一位杰出的无产阶级革命家。张闻天的亲属们在北京曾看过此片，都说马铭的演出非常成功，还想要一张剧照作纪念。

宗利群饰彭德怀

宗利群先后在15部电影、电视剧中成功地扮演了彭德怀，因而言谈举止中流露出彭大将军的风度。

宗利群饰彭德怀，颇具喜剧色彩。之前，宗利群是北京军区某汽车团参谋长，是一次偶然的机会，他认识了刘尚娴、沈国瑞夫妇（刘尚娴是电影《英雄儿女》王芳的扮演者），都说宗利群酷似彭德怀。这是一个意外的惊喜。正值八一厂要拍电影《大决战》，结果宗利群在众多的人选里"中榜"。继《大决战》后，他又先后在《中国神火》、《西行漫记》、《历史的选择》、《大转折》等戏中扮演了彭德怀。成功的实践和出色的表演，为他在《遵义会议》中的演出打下了坚实基础，因而他的表演轻松自然，给观众留下了深刻的印象。

王学俭演伍修权

无论是学识还是气质，王学俭都与当年的伍修权接近。王学俭是中国国际广播电台俄语翻译，毕业于北师大外语系。伍修权也是一个翻译，曾在苏联学习，因当时是李德的翻译，故列席了遵义会议。

这次演出，对于从未上过荧屏的王学俭来说，是一个严峻的考验。可在导演的鼓励下，他成功地在剧中演活了这个人物，并于后期制作中配了音。

谈及这部戏，王学俭认为贵州做了件实事，因为《遵义会议》是一部形象的爱国主义和革命传统教育的教材，这对于宣传贵州具有极大的作用。

原载《贵州日报》1996 年 5 月 3 日第 7 版

生活，奔流着不衰的情感

——谈电视剧《原情》的人物形象塑造

由贵州电视台和贵州电视剧制作中心联合摄制的九集电视连续剧《原情》与广大观众见面了，看完这部电视剧，深为剧中的人物命运所牵绕，一个个栩栩如生的人物形象久久在我的脑海里盘旋。

今天的电视观众，早就厌恶了空头的说教和机械的模仿，他们喜欢有血有肉的灵魂，更渴望性格各异、风采照人的人物形象。不用说，电视剧《原情》所展现的没有《英雄无悔》的气魄，也不如《车间主任》那种深沉充满阳刚之气的凝重，但它却是一幅人们命运和内心冲突的抗争之图，是小人物在生命长河中文明与文化的撞击和融合，是一首严峻而又酸涩的交响曲。比起一些内容空泛、人物苍白无力的电视剧，《原情》无疑是一部思想性、观赏性和艺术性较高的艺术作品。

应该说，《原情》的人物群体刻画是有特色的，剧中的几个主要人物如素贞、桂花、三妹、喜哥、杨成龙、金林、金林爹等都有血有肉，使人可信。出身农家的少女素贞怀着对美好生活的憧憬来到小镇，她的美好的愿望终于被残酷的现实所替代。被金林无情抛弃的她没有沉沦，而是以一个人的自信和勇敢开始了新的生活。她在小镇经营了豆腐生意，生意十分红火。从困境中走出的人并没有摆脱痛苦，为了生存，她只能将亲生儿子托付给他人照料，为的是让别人瞧得起自己。看得出，剧作家和导演都对女主人公投入了相当的关注和同情，维护做人的尊严、追求真正的幸福与实现经济上的独立始终是交织在一起的。素贞拒绝她大姐二姐的"好心"，也拒绝了杨工商和大老板将赐给她的"幸福"，以至后来与雇工喜哥发生的一切，都是出于生命的思考。素贞这个人物，已让观众看到一个普通女子的自我意识的觉醒和对人生价值的取向判断，这种精神，不但向人们展示了改革开放的今天对传统观念的冲击和强烈的时代发展方向，也看到女主人公丰富的心路历程和轨迹。

该剧似乎在不经意地叙述着一个让人思考的故事，这个故事处处充满了强烈的戏剧性和矛盾冲突。喜哥是为了赢得三妹的爱情来到小镇打工的，为了挣钱，他起早贪黑地干活，没想到半年未到，三妹已嫁他人。因贫穷想借婚姻改变自己命运的三妹却陷入深深的痛苦。喜哥只有回到素贞那里，激情和愿望已被无情的现实粉碎。素贞看上喜哥的踏实能干，但她忽视了他一个致命的弱点，要想从思想上改变一个人，并不是靠什么同情和性吸引就能替代的，人的思想的差距，导致各自对生活的追求不一。桂花，这个也来自农村的女人，有着对自己土地的眷恋。这个经受过婚变和生活磨难的女人，不再对生活抱有灿烂的幻想，她选择适合她生存的空间和伴侣，在喜哥的身上找到了契合点。而那个想借婚姻改变贫困命运的三妹，也终于看清了自己选择的错误，清楚地作出了调整，重新走出一条属于自己的路，从这个羸弱的女子身上，我们似乎听到了她那前进的脚步声，看到了农村妇女找回独立人格和尊严的权利。

值得一提的是，来自农村的喜哥在命运交错的抗争中也在反思自己。剧中在打工、成亲、还钱等不同的时空中内心活动具象化，这种活动既符合剧情的发展，又符合人物本身的身份，让人可信，恰到好处。

《原情》，是贵州省著名剧作家雨煤根据其同名小说改编，由李柯执导。在二度创作中，演员们都在寻找自己角色的亮点，这就是鲜明的人物个性。值得欣慰的是，在年轻的演员中，我们看到匡红艳的表演日趋成熟，杨晓玲的表演自然贴切真实，富有生活气息，张维雅的表演清新。在摄像方面，导演独具匠心，从场景、道具乃至服装方面都为人物形象塑造服务，营造了一个富有想象和情感的空间。李娜的演唱，也为该剧增加了不少亮点。

综观全剧，有些细节虽不尽如人意，这反映出演员某些功力的不同，但终瑕不掩瑜，在反映新时期农村改革的探索以及女性意识的自我觉醒和人类原本情感的展现方面，都令人回味，激起一串串思索的涟漪。

原载《文化广角》1996 年第 7 期

情钟艺苑

——著名电视剧作家唐佩琳素描

今年 5 月，唐佩琳荣获首届"全国百佳电视艺术工作者"称号，在中央电视台演播大厅举办的颁奖晚会上，他热泪盈眶。他的艺术之路虽然坎坷而不平坦，但他依然默默耕耘和奋斗。

唐佩琳出生于江西金溪，16 岁那年，他成为人民解放军的一名文工团团员，18 岁时，他与人合作创作了反映剿匪的多幕歌剧。1980 年，他转业到贵州后干上了电视艺术这一行。

1980 年初，我国电视剧刚起步，电视连续剧在国内尚没有先例。在没有任何经验及参考资料的情况下，唐佩琳将自己的电影文学剧本《敌营十八年》改写为电视剧本。该剧由中央电视台拍摄，著名导演王扶林执导。这一开了我国电视连续剧创作先河的作品，塑造了战斗在敌人心脏的地下工作者的英雄形象。由于这一作品情节曲折，每集之间设有悬念，因而吸引了众多观众。可以这样说，该剧为之后的电视连续剧的创作提供了可资借鉴的经验和教训。

身体瘦削但精神矍铄的唐佩琳，胸中蕴藏着巨大的能量和炽热的情感。从《敌营十八年》之后，他在省电视台、省电视剧制作中心工作期间，先后为《茅台酒的传说》、《急促的铃声》等二十多部电视剧担任责任编辑，并在工作之余，创作了电视剧《情留此山中》、《普通一官》、《难念的经》、《那年那月》等。其中，《普通一官》获西部地区电视剧一等奖，贵州省优秀电视作品二等奖；《难念的经》获中央"五个一工程"提名奖，贵州省优秀电视作品一等奖；《那年那月》获贵州省"五个一工程"奖。

过去的毕竟只能代表过去，如今唐佩琳又在走一条新路，那就是深入实际生活，选择新的电视题材。1995 年，他应省卫生厅之约，多次深入毕节、兴义、黔西等地的麻风村和麻风病医院体验生活，创作了一部反映麻风病人生活的四集电视剧《误区》。谈及该剧的创作时，他说，不管什么行业的片子，都要通过人物的命运关系来反映主题。该剧就是运用以上手法向社会说明，对于麻风病人们思想的误区是很大的，需要广泛的宣传。卫生部已将此片翻译成多种外文版本，在今年 8 月召开的世界麻风病大会上作为礼品赠送给各国医学界的来宾。世界著名麻风病研究专家马海德夫人称此片真实、生动、感人，是为世界麻风病人送去的最好礼物。

唐佩琳今年虽已是 66 岁的老人，但身上仍有使不完的劲。他根据《情留大西南》改写的四集连续剧《邓小平在 1950》，已由中国电影家协会和中共重庆市委等单位作为重点剧目于今年 10 月投入拍摄。应广西电视台邀请，他编写的八集电视剧《红土地》已完稿，并获得广西有关领导和同行的肯定。

原载《贵州日报》1996 年 10 月 3 日第 7 版

多彩的贵州迷住"多彩"的摄影家

应中国摄影家协会邀请，菲律宾多彩摄影家协会一行十二人，在该会会长陈应达先生的率领下，满载着菲律宾人民对中国人民的深情，到贵州进行为期六天的创作采风。

贵州，菲律宾的摄影家们并不陌生。通过各种传媒有关贵州的报道，风景如画的贵州和多彩的民族风情，早让他们心仪已久。

在菲律宾六十多个摄影家协会中，多彩摄影家协会的创作成绩显著，会员中如施荣灿、吴延挥、陈应达、吴良泉等，活跃于国际摄影界并屡获大奖，在摄影界享有较高声誉。

3月27日晚，菲律宾摄影家抵达贵阳后，不顾旅途劳累于翌日清晨踏上采风之路。

雷山郎德苗寨，歌声如潮，苗寨青年男女敬上拦路酒，令菲律宾摄影家激动不已。他们频频按下快门，留下这美好的一瞬。

3月30日，在通往榕江吴家寨崎岖的山道上，菲律宾的摄影家们不顾旅途的疲劳，连续走了十余里，离村寨尚有一段，好客热情的村民已吹起芦笙跳起舞欢迎远道而来的客人。

吴家寨又叫千户苗寨。摄影家们发现，这个山旮旯里的苗寨不但通电通水，村民们的家里已有电视机、洗衣机、录音机。独具特色的腌鱼、腌肉和黄焖糯米饭佐以大碗大碗的米酒，让摄影家们大饱口福。摄影协会的秘书长王邦基说："贵州酒好喝，苗寨饭很香，令人难忘。"

下山的时候，天仍然下着毛毛细雨，为了摄影家们的安全，村里每两个青年搀扶一个客人。王邦基个子大，鞋也滑，人们还特地找来稻草，为他捆好鞋底以防打滑。此时无声胜有声，不似亲人胜似亲人，这心与心的交流，令他们难忘。

都柳江畔，大榕树散发出阵阵春的清香。六百塘侗寨的青年男女以本民族的恋爱方式向摄影家展示了一幅幅优美动人的图画，让菲律宾摄影家领略了浓郁的贵州民族风情。

"贵州的民族风情太美了，希望其长久保留下去。"多彩摄影家协会会长陈应达先生如是说。

4月2日赴镇宁，是摄影家们到贵州的最后一站。镇宁布依石头寨古风习习，那石头造就的一幢幢民舍，令他们惊奇。身着民族服饰的布依族少女成了摄影家们最好的"模特儿"，让摄影家们领略了布依村寨的魅力，天星桥、黄果树令他们流连忘返。

多彩摄影家协会此次访华赴黔采风的成员中头儿都是菲籍华人，此次到贵州采风，有一种回家的感觉。短短的几天采风，每人平均使用了胶卷五十多个，收获颇丰。

此次贵州行的作品，1996年10月将在菲律宾首都马尼拉展出。省摄影家协会会长王长春告诉记者："让更多的摄影家到贵州采风，宣传贵州，这是我们最大的心愿。"

原载《贵州日报》1996年4月5日第5版

聚焦中南海

——访著名摄影家吕厚民

3月26日，贵阳市云岩区少年宫剧场座无虚席，来自全省各地州市的影友们，正与中国文联副主席、中国摄影家协会党组书记、我国著名摄影家吕厚民就我国摄影事业的发展和"西部大开发，贵州摄影界怎么干"等话题，进行广泛深入的交流。和善可亲的吕厚民被影友们的热情所感动，言谈话语中对贵州摄影的发展寄予了深切的期望。

六百多名影友纷纷与吕厚民照相留念，更多的人还让吕厚民签名，直到夜晚9时，一位影友还专门抱着今年初在贵阳新华书店买的两本《吕厚民摄影作品集——公仆颂》到通达饭店请吕厚民签名。

吕厚民是一位人们尊敬爱戴的摄影家，他曾在毛泽东主席的身边工作过十多年，红墙里的摄影生涯，使他目睹了共和国一桩桩历史事件，他拍摄的无数珍贵的照片，成为宝贵的精神财富。

走进贵州影友中间的吕厚民，没有丝毫的架子，谈起过去，使他激动的往事如清泉般奔涌而出。

抗战后期，17岁的吕厚民在黑龙江依兰县的家乡参加了革命。1948年，胸怀大志的他考取了东北电影制片厂，第二年，吕厚民调到北京电影制片厂。1950 年，中共中央办公厅成立照相科，要在厂里选两名摄影师。当组织上通过考察决定调他去中南海工作后，年仅 21 岁的吕厚民兴奋地一路不停地跑，泪水顺着脸颊不断地流，他没有想到，一个普通农民家的儿子，竟然能到毛主席和中央领导同志的身边工作。他拼命地拍打自己的胸脯，撕扯自己的上衣，激动的心中仿佛有千军万马在奔腾。

不久，吕厚民被安排在毛主席身边工作，任专职摄影师。幸福感和荣誉感此后不时激荡着他那颗年轻而火热的心。主席的随和、风趣和幽默，减轻了许多工作的压力和精神上的紧张，也给摄影师在时间和空间上留下广阔的创作余地。

吕厚民记得有一次，他与毛主席身边的几位工作人员陪主席散步时，走着走着，毛主席风趣地笑着说："吕厚民，我看你不错哟，短小精悍。"主席这一说，引得身边的人禁不住笑了起来，吕厚民听在心里，暖洋洋的，比吃了蜜糖还甜。

吕厚民的主要工作任务，是拿出毛主席与其他中央领导人的公务及社会活动的新闻图片，不但要求拍片主题突出，层次分明，还有许多技术方面的要求。1950 年，朝鲜战争爆发后，为鼓舞和增强全国人民和志愿军战士战胜美帝国主义的信心和决心，毛主席曾多次接见过志愿军官兵。1953 年，毛主席接见志愿军文工团战士，一位女战士在向毛主席敬献鲜花时，抑制不住内心的激动，紧紧拥抱毛主席。这是人民从内心发出的对领袖的敬意，当周围的人都十分惊奇时，吕厚民拿起相机，记录了这动人的瞬间。这位女战士叫谢秀梅，吕厚民算了算，她现在应该是 64 岁的人了。后来，这张照片在志愿军官兵中广为流传，给人们极大的鼓舞。

1958 年，吕厚民作为随军记者出访朝鲜。所到之处，人潮如海，欢歌笑语，朝鲜人民的友善热情和志愿军战士的宽广胸襟，一次次地激起了他的创作热情。于是，《欢送志愿军归国》这张珍贵的照片在他手中诞生，获古巴国际影展一等奖。毛主席得知此事后，鼓励他不要骄傲，以后要更加努力工作，还安排他出访古巴，成了我国第一个因获奖而出访国外的摄影家。后来，这张照片在苏联和民主德国举办的国际影展上分别荣获金奖和银奖。

最令吕厚民满意的一张照片，是毛主席和周总理的合影照，那是 1953 年中央人民政府的第二十四次会议上两位伟人在会议间隙的亲切交谈。吕厚民在编辑《领袖风采》时，将它编选在首页，足见情有独钟。

在红墙里工作的岁月，吕厚民拍下了一张张产生巨大影响的摄影作品，如《毛主席在庐山含鄱口》，《毛主席打乒乓球》、《刘少奇接见清洁工人时传祥》、《周恩来、朱德观看航空表演》、《毛主席畅游长江》、《毛泽东、刘少奇、周恩来、邓小平在首都机场》、《毛主席在北戴河游泳》、《毛泽东在书房》、《毛主席与末代皇帝在一起》等传世杰作。他的作品在日本、美国等十多个国家和地区举办展览时，有 15 幅作品被纽约国际摄影中心收藏。1997 年，他获纽约东西方美术家协会"世界杰出艺术家"奖和国际摄影艺术联合会杰出贡献奖。

吕厚民 1994 年曾来贵州出席过全国摄影理论研讨会，他认为，贵州摄影界正是从那时起有了新的起步。之后，贵州摄影界群力拼搏，在全国影展中取得佳绩。他认为，贵州摄影家有着得天独厚的优越条件，西部开发，更是给摄影工作者带来了创作的佳遇。吕厚民希望影友们立足本省独特的民族和自然风光旅游资源，反映贵州人民的精神风貌和奋进的步伐，为时代奉献出更多更好的精品。

原载《贵州日报》2000 年 3 月 31 日第 5 版

汪洋眼里的世界

刚满 10 岁的汪洋，是云岩区少年宫小花学校五年级的学生。近日，在云岩区少年宫展厅里举办了他的摄影习作展。108 幅作品，展示了汪洋眼里的世界。

个子不高的汪洋，机敏中透出几分灵气，花毛衣外套一件红色的摄影背心，脖子上挎一个美能达相机，还真有几分摄影家的风度。

周末的云岩区少年宫，因了汪洋的摄影展而显得热闹非凡。

汪洋的作品，是孩子眼中一个多彩的世界。在《山之秀》系列中，杉木峰的晨雾景色迷人，石板街之夜令人神往，天河潭风光绚丽多姿。而《山之情》则显出汪洋对大山特有的爱恋。小汪洋用他独特的视角，记录了多彩的生活。在《大山的希望》里，汪洋选择了建设中的水口寺大桥、拓宽前的中华中路等景点，向人们展现了筑城的变迁。

从小学二年级开始，汪洋便在课余时间学习摄影。其间，也曾经历挫折。1995 年，中日少儿摄影大赛，汪洋"名落孙山"。与奖牌无缘，小汪洋几乎丧失了继续学习的信心。此时，是老师和父母使他重新振作。汪洋的母亲工作之余和周末，带汪洋外出拍片，谭忠发和其他老师则一有机会就带小汪洋出去采风。没有辜负众人的希望，他用手中的相机拍下了他熟悉的每一个瞬间。最近结束的首届中华青少年艺术品大奖赛中，汪洋的作品获得一个二等奖和两个三等奖。在中国摄影家协会和《大众摄影》主办的第七届全国少儿摄影大赛中，他又获铜奖，而在第一届"小星星杯"比赛中，他又获得二金二银二铜和六个优秀奖的好成绩。

幸运的小汪洋，正茁壮成长。

原载《贵州日报》1997 年 12 月 12 日第 8 版

无声诗画动京城

——贵州贫困反贫困纪实摄影展进京记事

一

1996 年 7 月 12 日，北京。

贵州贫困反贫困纪实摄影展在中国历史博物馆举行。展览在京引起各界人士的关注。

著名书法家韩绍玉为影展留下了"无声诗画"的巨幅墨宝。

中国摄影家协会主席高帆激动地说："瞬间的感人形象，是摄影家长时期体验生活的结果。贵州摄影家，为人民做了一件有意义的事。这个展览，给人以启迪以教育，是一次成功的影展。"

二

贫困与反贫困，是 20 世纪 90 年代国际社会关注的重大问题，也是我国政府十分重视的课题。1994 年，我国政府制定的《国家八七扶贫攻坚计划》指出，到 2000 年在中国消除绝对贫困现象。

根据国家扶贫攻坚计划，贵州省扶贫攻坚取得了明显的成效。据统计，1994 年到 1995 年，贵州共解决农村 211 万贫困人口的温饱问题，解决了 93.5 万人、52.6 万头大牲畜的饮水困难问题，新修公路 2240 公里，农民收入由 1993 年的人均 335 元上升到 1995 年的 584 元。但是，贵州的贫困现状仍很严峻，目前全省还有 789 万贫困人口，占全国 6500 万贫困人口的 12.1%。1996 年是联合国确定的消除贫困国际年。贵州进京举办此次影展，无疑有着重要的现实意义。

一组组珍贵的镜头，有一个个让人难以忘怀的故事：

纳雍县张家寨镇自佐村党支部书记谢学武，虽因 19 年前患骨癌高位截肢，但身残志坚，仍为改变家乡贫困面貌奋力搏击。

格老村的田沛发，是贵州贫困山区教师的一面旗帜，他向人们展示了一种为人类的进步无私忘我、奋斗不息的崇高精神。

展出的 120 幅作品，是从贵州省摄影家协会 200 多会员一年创作的 3000 多幅作品中精选出来的。

省摄影家协会主席王长春、秘书长韩贵群告诉记者，此次影展，是省摄影家协会继第 17 届全国影展获团体总分第一和最佳组织工作奖后，组织的规模最大的一次活动，旨在用优秀的作品鼓舞人。

三

为确保展览如期进行，省摄影家协会的全体同志劲儿往一处使，心往一处想，虽没有一分劳务费，但大家没有丝毫怨言。

正当展期逼近，将赴北京时，7 月 1 日贵阳发大水。7 月 2 日上午，为拍摄贵州人民抗洪抢险的真实镜头，王长春背起相机奔赴抢险第一线，为此次影展及时补上了一组珍贵的镜头。

洪水冲垮了铁路，但展期逼近不容拖延，中国民航贵州管理局局长李向春得知这一消息后，决定免费空运全部展品。

7 月 9 日，展品及时空运到京。大家加班加点及时布展，保证了 7 月 12 日正常开展。

暑期到北京游览的浙江、广东、新疆、福建等地的夏令营的同学和老师，观看展览时还认真做了记录。北京 136 中的同学赵薇、邓璐、夏燕等在留言中写道："我们一定要好好学习，长大到最艰苦的地方为人民作出贡献。"

国家教委的丁焰激动地对记者说："我到过贵州，贵州是美丽的。贵州的局部贫困是暂时的，在贵州省委、省政府的领导下，贵州一定会后来者居上。我们愿以各种形式，力所能及地支持贵州同胞脱贫致富。"

7 月 16 日上午，是展览的最后一天。一位白发苍苍的老人仍久久伫立在展板前，并不时用手抹去脸上的泪痕。这位老人，是中国扶贫基金会财政咨询委员，名叫张树人。张老早年在延安鲁迅艺术学院，后从事金融工作，曾在邓子恢身边工作多年。他是看了《金融时报》、《光明日报》的报道后赶来的。他对记者说，图片很感人，让人有一种想为贵州做点事的冲动。言谈中，他流露出了对贫困地区的关注和真诚。

"无限放在你的手里，永恒在一刹间收藏。"诗人布莱克的诗，此时便是对摄影家们的作品最形象的说明。

原载《贵州日报》1996 年 7 月 26 日第 7 版

瞬间艺术留真情

——观陈阵摄影作品展

上星期，在"西电东送"摄影作品展创作班上，陈阵老师对我说，3 月 9 日，他的摄影作品展在云岩区少年宫开展，欢迎我去看看。

看过许多大大小小的摄影展览，没有想到，陈阵的摄影展会引来如此众多的观众——白发苍苍的老人，活泼可爱的儿童，中年的摄影工作者、年轻的摄影爱好者……

也许是出生在军营和当过兵的缘故吧，看陈阵的作品，我有见到熟悉的朋友和亲人的感觉。陈阵1949年12月参加16军文工团。1952年随部队赴朝鲜抗美援朝，1956年任随军摄影记者，在朝鲜整整生活和战斗了六年。这六年，他拍摄了大量的图片，为反映中朝战士并肩守卫三八线，保卫和平的英雄事迹，曾多次翻山越岭到上甘岭采访。展览中，《上甘岭的"公鸡"》就是当时陈阵冒着生命危险，进入尚未清除地雷、风雷弹的战场中，拍摄到的一棵大树被战火烧焦的情景。作品《友谊的丰收》、《难舍真情》、《警钟长鸣》、《将军和士兵》、《志愿者凯旋回国》等真实记录和拍摄了伟大的抗美援朝战争中中朝人民所结下的深厚友谊。《友谊的丰收》还参加了1960年捷克国际摄影艺术展览和1972年全国摄影艺术展览，并被《中国摄影》刊用和入选《光荣的中国人民志愿军》画册。

陈阵的摄影作品，真情面对观众，每一幅仿佛都是一支动听的歌和一个动人的故事，随着时代前进的步伐，走进人们的心中。作品《老大爷上了"土电影"》讲的是部队放映员和人民群众相互交融的故事，《为刺杀标兵画像》使人想起了大比武的王杰和雷锋。在一幅作品中，女民兵更使人感到亲切，它曾被《中国妇女》作为封面照，记得我小时候，还把这幅照片贴在床头。"飒爽英姿五尺枪，曙光初照演兵场。中华儿女多奇志，不爱红装爱武装。"尽管岁月流逝，但那种令人振奋和向往的日子依然是那么亲切，时代就像一个坚实的烙印，印在那一代人的心中。

陈阵1976年转业到贵州画报社，长期深入基层、深入生活，拍摄了大量的作品。从事摄影工作近50年来，有5000多幅作品被全国杂志、画册选用，有11幅作品出国展出，30多幅作品参加全国、全军影展。其中，《同路》获荷兰世界新闻摄影比赛荣誉奖，《法》获第九届国际摄影比赛"亚洲文化中心奖"并收入《1984—

1985 年中国摄影年鉴》;《欢乐的旋律》在贵州与新加坡联展中获金奖并被评为最佳照片。展出的 80 多幅作品中，既有民族风情的人物画，又有改革开放中的国有企业攻坚，还有绿色环保的警世，作品《巨轮待转》、《独竹渡赤水》、《木叶声声盼郎来》等构思妙巧、标题贴切，独见作者深厚的生活基础和文学功底。

陈阵今年 72 岁，退休后在贵阳市老年大学、金筑大学等讲授摄影课，曾承担省委主编的《贵州省情》、《当代中国的贵州》、《中国贵州》等大型图书、画册的图片拍摄和编辑工作，主要业绩还被《中国摄影家辞典》、《摄影百科大辞典》等十多部辞书收录。他的战友们这样评价陈阵："用心灵观察世界，用心灵拍摄人生，用心灵播种希望。"

愿陈阵老师在瞬间艺术中再创佳绩。

原载《贵州日报》1997 年 7 月 26 日第 7 版

一片挚爱在荷色

——观深圳摄影艺术家张之先摄影展

筑城近日吹来清凉之风。深圳摄影艺术家张之先荷花摄影展近日在贵阳市图书馆展出。

在展览之前，心想，这个专题性展览或许又有可能是些模式化自然的复制。

我的担心是多余的，影展令我驻足忘返。一个众人都常见的自然之物，在张之先那里被赋予了鲜活的灵性和坚韧不拔的精神，让人从心底涌动着与之共鸣的激情。

张之先的荷花摄影作品，有其独特个性创造和意境神韵，这或许因为他是国画大师张大千的侄孙。这里，作品流动着中国传统文化的血脉，有诗情画意，功底不凡，显示出特有的艺术生命力。一幅幅作品，透露出艺术家对人生的感悟，你会强烈地感受到艺术家歌唱自然和生命的韵味。

《竞秀》这幅作品，展现的是两朵含苞欲开的莲花，通过摄影家的光影技巧，绿色的荷叶在这里成了虚拟的世界，突出了欲放的花蕾。作者这样形容："如孪生般的相似，如姐妹般友爱。共同的英姿，共同的风采。竞秀不为名利，争艳不为宠爱。一起播撒芬芳，携手迎接未来。"显示出了蓬勃向上的意气和风采。《小乔初嫁》，含苞的娇荷被绿叶簇拥着如两颊微泛彤云的少女，恰似当年"小乔初嫁"，羞涩而不失端庄，含情而不失典雅，表现了丰富的中国传统文化内涵和底蕴。娴熟地运用国画的写意以及对比强烈的摄影构图和光影变幻的处理，是张之先的独到之处。《网开一面》、《鞠躬尽瘁》两幅作品，分别展现的是一篷残枝败叶和一枝行将枯萎腐烂的荷花，注视这两幅作品，我被独特的艺术魅力所震撼，禁不住按下了照相机的快门。残枝败叶中，让人看到的是燃烧将尽的顽强生命，给人无穷的回味和启迪。

综观张之先的 61 幅作品，既有"晓来一朵烟波上，似画真妃出浴时"的妩媚灿烂，也有"大珠小珠落玉盘，盘盘明珠入云端"的清新爽朗。可以这样说，他的作品不仅是艺术家内心深处对生命的礼赞，更是艺术家经过长久理智熏陶的深刻体悟。

张之先，1946 年生于贵阳，曾在贵阳市和平路小学就读，90 年代赴深圳创业。"艺术为感情之流露，为人格之表现"是他铭记的祖训。在深圳，他开有著名的"八仙楼酒家"和"深圳艺术家画廊"。他以酒店养艺术，曾为两百余名摄影家画家举办书画摄影展。人民美术出版社曾出版张之先荷花摄影专集，季羡林为之作序。此展览，将在澳门回归之际赴澳门展出。

原载《贵州日报》1999 年 8 月 20 日第 8 版

蓬勃向上的西部贵州摄影

贵州是中国西部一颗璀璨的明珠。贵州高原山峦起伏、风景如画，多姿多彩的民族风情是摄影家取之不尽的创作源泉，正是有了这块神奇而多情的土地，贵州摄影家们从来没有像今天这样蓬勃向上团结奋进，对摄影事业充满了持久的热情。

贵州摄影起步于20世纪80年代。在贵州老一辈摄影家的带动下在90年代有所发展，并打下较好的基础。但由于种种原因，贵州摄影事业发展仍然缓慢，贵州摄影上不了台阶，甚至出现16届全国影展空白。贵州摄影界痛定思痛审视自己后得出，取不到好成绩，关键在创作上没有理论基础，还有创作观念上的落后。1994年，在省摄影家协会的积极努力下，已经断了八年的全国摄影理论年会在贵阳召开。此届年会，会聚了全国摄影理论家九十余位，其中，港澳著名摄影家陈复礼、曾家杰，我国著名摄影理论家袁毅平等在会上针对贵州一批摄影家的纪实摄影作品进行了深入的研讨。年会上，贵州摄协还举办了专题、个人摄影展进行广泛交流，充分听取专家意见，获得了与会摄影理论家的好评。此届年会的成功举办，对贵州摄影发展犹如前进路上的加油站，给贵州摄影注入了新的活力，从起步探索到进一步实践，贵州摄影产生了质的飞跃。

年会后，省摄影家协会马不停蹄地进行第17届全国摄影工作的备战，主席王长春和秘书长韩贵群深入省内各地州市收集作品，并指导重点会员有目的地进行创作。1994年，在第17届全国摄影展中，有21幅作品入选参展，同时，韩贵群的《石头寨》获银奖，杨荣的《上下一心》、周浩的《考场外的父母们》获铜奖，省摄协荣获最佳组织奖。成功的喜悦，给贵州摄影家们带来了奋斗的激情。趁势而上，省摄协先后在全省举办讲座、月赛和地区摄影对抗赛，进一步促进了创作的开展。

1996年，贵州摄影家协会在省政府的大力支持下，成功地在北京中国历史博物馆举办了"贵州贫困反贫困摄影展"。展览在北京引起强烈反响，中央电视台、《人民日报》、《光明日报》、《中国教育报》、《中国青年报》、《中国农民报》、《中国文化报》、《北京日报》、《北京晚报》、北京电视台、《北京青年报》等二十多家媒体给予报道，人们把关注的目光投入西部贵州。这个展览，饱含了贵州摄影家对贵州人民的深厚感情，更倾注了他们对摄影事业的热爱。许多作品，都是在历尽千辛万苦中得来，一幅幅作品，在视角上都有强烈的冲击力。"贫困反贫困摄影展"使摄影家增强了社会责任感，他们感到，关注社会、关注人类、讴歌时代，永远是摄影艺术家探索和追求的目标。1997年，在第18届全国影展中，贵州又创新的佳绩。彭波的《矿上的弟兄们》获金奖，刘学文的《回旋曲》获银奖，王健璋的《我的小宝宝》、曹经建的《村娃看场》、林寿华的《奋力扑救》获铜奖，省摄协再次荣获组织工作奖。连续两届获组织奖，这样的成绩在全国并不多见。

在人类迈向新世纪前夕，中国政府决定实施西部大开发战略。为积极宣传西部大开发的实施，1999年，贵州摄影家协会策划组织"中国·贵州高原·明珠摄影艺术大奖赛"和"全国50城市摄影精品大联展"，两个展览汇集了各路精兵，不仅向外界进一步宣传了贵州，还促进国内外摄影界和城市之间的摄影交流。在此阶段，省摄协主席王长春带头深入水钢创作采风，用摄影艺术的表现手法创作了一批反映国有大中型企业攻坚拼搏的优秀作品，并在省博物馆举办了"钢铁星空"摄影展，受到社会各界的一致好评。

为积极配合西部大开发，吹响西电东送的号角，拉开贵州实施西部大开发的序幕，省摄协积极与省电力部门配合组织了大型摄影创作活动，组织会员到电力一线工地上进行创作并为电力部门爱好者讲课，创作出一大批讴歌西电东送的优秀作品，并举办了"龙腾乌蒙奔南粤"大型摄影展，在社会上引起强烈反响，受到省委、省政府的好评。从1992年至今，贵州摄影家彭邦卿、王长春获全国摄影最高奖开拓杯，彭香忠获金像奖，谭忠发获金烛奖，张继辉获组织工作奖，韩贵群获荣誉奖，并涌现出了《矿山的弟兄们》、《石板寨》、《破网求生》、《石板寨的记忆》等一批在全国有影响的作品。在2000年首届"贵州文艺奖"评选中，吴东俊、石南岭、曹经建、彭波、刘学文等11名摄影家分获一、二、三等奖。目前，会员从90年代初的200多名发展到今天的2500多人（团体会员）。今年，在省摄影家协会的大力协助下，贵州都匀首届国际博览会取得圆满成功。

省摄影家协会主席王长春在接受记者采访时说："贵州摄影家之所以能取得今天这样的成绩，得益于贵州这块神奇的热土，更得益于各级领导的大力支持。同时，还有许多关心、支持和热爱摄影艺术的同志和会员们。展示新成就，迎接十六大，贵州摄协任重道远，尚有许多工作要做，我们将进一步努力。"秘书长韩贵群说："成绩只能说明过去，不能代替将来，我们既要保持成绩，更要与时俱进，有所创新，才不辜负党和人民对摄影家的殷切希望。"

贵州摄影，迎着西部开发的朝霞乘势而上！

贵州摄影，讴歌时代，满怀激情奔向美好的未来！

原载《中国摄影报》2000年7月15日

高原景象

永不能解的恋乡情结

——刘纲纪教授返乡记

> 为什么我的眼里常含泪水？
> 因为我对这土地爱得深沉……
>
> ——艾青《我爱这土地》

他抽烟可真厉害，一支接着一支！

他不能不抽，不光是为了在头脑中立起宏大的哲学与美学的构架，还为了那永不能解的恋乡情结！无论是求学于北京，还是就职于武汉，他都常在思乡的梦中惊醒，嘴里衔着烟，眼里含着泪，苦苦地思念安顺这片土地。

他，就是武汉大学教授，著名美学专家，湖北省美学研究所所长，生在普定长在安顺从安顺走出去的刘纲纪。他应安顺地区文联之邀，于1998年8月带着浓烈的乡思返乡讲学来了。从19岁离乡赴北大求学，到55岁从江汉大平原上的重镇回访大山深处的故乡安顺，真可谓"少小离家老大回"，36年的恋乡情结何以得解啊！

刘教授是安顺四十年来第一个走向全国的著名学者。早在1962年就撰写发表了《书法是一种艺术》及《书法美学概论》，是较早系统研究书法美学的学者；是他，写出了享誉全国的《美学对话》与《艺术哲学》，并与李泽厚教授合作编著了百余万字的《中国美学史》，在海内外学术界引起了强烈的反响。谈起人生和学问，刘教授说："是安顺这块土地给了我生命与智慧，早在安顺中学求学时期，就通过师长学友接受了'五四'新思想的洗礼，并全身心地投入轰轰烈烈的抗日战争宣传活动，为日后的学术研究奠定了根基。"

这次讲学之余，他寻遍故乡旧迹。作为"老安中"的学生会主席，他久久地在老榕树下流连，并在旧日学生会的办公室前留影，还专门寻访了幼时启蒙的"城西小学"，重访了儿时探险的华严洞，拜访了出生地普定号营村的乡亲。黄果树、龙宫、天星桥留下了探美者的赤子之情。

他为旧迹的消失感到淡淡的怅惘，钟鼓楼、城门洞消失得无影无踪。但他又为家乡的巨变感到欣慰，他兴奋感慨："从封闭走向开放，我愿看见一个新的故乡！"作为一个学者和赤子，他关注家乡的文化振兴，不是吗？当接到邀请书之后，一个全国著名的教授从武昌挤上难以插足的火车，一直站到株洲才凭乡音的感召与一个贵州人挤坐在一个位置。他多么想把自己所学的知识无私地奉献给家乡，让家乡的亲人从中感受一颗游子跳动的心。

在他乘车又要离开故土的那一时刻，我见他一支接一支地猛吸香烟，眼里满含晶莹的泪水。

那永不得解的恋乡情结啊！

原载《安顺晚报》1988 年 9 月 13 日第 4 版

认识你脚下的路

一位秀美的金发女郎，背着挎包拎着简单行装，只身越过密西西比河，穿越北美洲，从英国来到阿拉斯加。白天，看到的是极光闪电；夜晚，横卧的是冰川薄土上架起的帐篷。冷了，用绷带将关节捆住……是体温融化了冰川的寒冷，还是意志战胜了羸弱？生活，让你懂得了：世界原来是可以征服的。

因为沈福馨先生的地戏研究，我有幸认识了洲洲（音译）这位异国朋友。

她说："十九岁，我就只身到阿拉斯加找工作，教孩子们舞蹈和音乐。人生的道路究竟有多长，要靠自己一步一步地往前走。因为，父母把我们抚养成人后，便不再负担一切。记得从英国剑桥大学文学系毕业的那年，因为找不到工作近于绝望。苦恼、忧郁，甚至长时间不出家门。最后总算在一家肉食加工厂找到一份工作——灌香肠。

"但我喜欢文学，喜欢戏剧。听说，遥远遥远的中国有许多戏剧，我下决心离开工厂到了中国。三个月的旅游，使我的心襟为之一开。辽阔的地域里竟然有如此众多的艺术珍品，叫我万分地激动。于是，我决心再次申请到中国留学。1984年，我带着对事业的追求，到了中国的中央戏剧学院学习。我喜欢昆曲、京剧、赣剧激越的腔调，正宗的鼓点，入情入画的道白和道具……不久，我从了解到表现，还在中央电视台外国人演京剧的一组节目中担任主要演员呢！

"古往今来，戏剧实际为宫廷服务。戏剧的产生究竟从何开始，却是一个值得深思的问题。回英国后，在伦敦又有幸听到贵州地戏研究专家沈福馨的讲学，我下决心再到中国，考察地戏，这次春节前后在安顺一个月的时间，我逐渐加深了对地戏的了解，疲乏和兴奋时常交织在一起。虽然生病时三天三夜没吃下一点东西，但舍不得丢下每一场戏。啊，安顺：上羊场的山水、下羊场的小路，九溪人民的热情，麒麟屯夜晚的笑声……在离别的此时此刻，才觉得心里是多么的不舍！"

洲洲谈得动情。我听着听着，想了许多许多。我们时常抱怨自己，抱怨生活。而很少从深层思考人对社会的责任和贡献。这几年，盲目地崇洋，一味地追求，使我们丢弃了中华民族的许多宝贵东西。身为中国人，不了解中国人的文化历史和经济是不行的。与其说洲洲用自己的经历说清了一件事情，还不如说她讲明了一个道理：珍惜自己！

如果我们都能珍惜自己的国家、自己的文化、自己的人生，我们绝不会只是软弱和空虚。

原载《贵阳晚报》1990 年 3 月 8 日第 5 版

深情的怀念

——《贵州百名少儿书画集》诞生记

初冬的贵州，寒气袭人，但在贵州黔西县城外偏僻的山沟沟里，贵州省地矿局测绘院印刷厂的制版、制图、微机打字、摄像等车间灯火通明，工厂师傅们通宵达旦加班，他们接受了一项光荣而无钱赚的任务，要在 10 天之内完成《贵州百名少儿书画集》，以此行动纪念毛泽东一百周年诞辰。

这本《贵州百名少儿书画集》，作品出自贵州省 8 个地州市 100 名少年儿童之手，其中有苗、汉、布依、仡佬、满等民族，年龄最大的 14 岁，最小的才 6 岁。当孩子们第一次走进文昌阁培训班时，家长的心悬着，孩子们懵懵懂懂，书画的指导老师心里更是没有底。虽说贵州近年来少儿的书画作品屡屡在全国大赛中获奖，但那是任凭孩子的想象作画，要在一个个缺乏历史知识的孩子面前呈现毛泽东的光辉一生，并通过孩子的眼睛和灵巧的手来再现历史，却是一个十分棘手的问题。指导老师认真准备内容设计，力图用最简洁的方式表达深刻的思想和历史内容，他们查阅了多种版本的中国革命史、中共党史及有关资料，确保整个内容设计的严谨完整和科学统一，既体现毛泽东对中国革命的丰功伟绩，又使孩子易于接受到深刻的传统教育。铜仁市五小 10 岁女孩谢晋，是一个胖乎乎天真活泼的孩子。她的这幅《毛主席的睡衣》，不知画了多少次。指导老师对她说，毛主席的睡衣上有 73 个补丁，看你怎样去画它。于是，在一件前后高低不同的睡衣上布满了大小长短宽窄不同的 73 个补丁，画着画着，她哭了，哭得那么伤心。毛主席的睡衣，不但使孩子看到革命前辈的艰苦创业精神，更使她懂得珍惜今天来之不易的幸福生活。贵阳市甲秀小学 11 岁的李清怡同学画的是三大战役。老师给他讲述了激烈的战斗故事，爸爸为他描绘了当时的场面，还让他看有关打仗的书籍和影片。他选择了淮海战役的表现形式，用文字加以说明：辽沈、淮海、平津三大战役，历经 4 个月 19 天，共歼敌 154 万人。既突出战役的惊涛骇浪，又看到战果的胜利辉煌。像爬雪山过草地、两个小八路、毛主席的战马等作品童心童趣跃然纸上，形象生动、画面壮观。100 幅书画中，不乏书法佳作，楷书、隶书、草书、大篆勾勒了毛主席战斗的一生，颇有韵味。

百名少儿书画作品送至安顺市民族蜡染厂制作后，已由团省委送到北京参加展出。由于经费紧张，加上此次活动没有专项经费，给出书带来很大困难。贵州省青少年校外研究会八方求援四处奔走不怕碰钉子，积极设法筹集出书资金。省政协文史资料委员会、宣传文化委员会的牵头，联合省教委、省博物馆等 22 家单位，有钱出钱，有力出力，多则 3000 元，少则 300 元。省人民出版社领导和少儿编辑部的编辑们大力支持全身心投入，在 10 天之内完成了审题、编辑、设计等工作，在资金没有到位的情况下，印刷厂不误时机地先开工，高、蔡两位厂长跑前跑后上阵指挥……

《贵州百名少儿书画集》的出版，是贵州少年儿童献给毛主席的一份真情，在他们笔下，我们再一次领略了"韶山冉冉升起的红日"和"刀光闪闪的秋收起义"、"四渡赤水"等精彩画面。正如省政协主席龙志毅在该书前言中所说："该书画集题材之重大，反映史实的时间跨度之长，参与创作的人数之多，在我们贵州还是不多见的。眼下，人们在不断探索对青少年一代进行革命传统教育和爱国主义教育的好方法，这次活动就是一次很好的尝试。"是的，这不是一本普普通通的书，它凝聚了家长和领导、指导老师的心血。缅怀伟人，贵州百名少年儿童怀着深深的敬意，在历史回顾中激发自己，沿着有中国特色的社会主义道路拼搏进取，这就是贵州少年儿童对毛主席最好的怀念。

原载《贵州日报》1993 年 12 月 23 日第 5 版

贵州龙属于世界

贵州龙化石标本，是 1957 年国家地质陈列馆胡承志先生首次在兴义市顶效镇发现的，至今已 38 年。贵州龙是生活在距今两亿四千万年前的一种爬行生物，比活跃于侏罗纪时代的恐龙还早一亿几千万年。

可是，这一世界罕见的珍贵化石，今年却被许多不法分子大量盗掘。

此事，让世人为之一惊。

今年 4 月 22 日，《贵州日报》周末版以《"贵州龙"紧急呼救》为题，首次翔实披露了贵州龙被大量盗掘这一令人痛心的事件，希望有关部门切实做好贵州龙的保护工作，严厉打击那些盗掘、倒卖、走私贵州龙的不法分子。

该报道，引起了极大反响，5 月 21 日，《光明日报》在头版头条上以《世界罕见的重大科学发现》为题作了报道。

11 月 23 日在省博物馆拉开帷幕的"贵州龙展"，使我们欣慰地看到了贵州龙辉煌的前景。在这里，贵州龙的学术价值已远远超过行政区划和地理概念，可以自豪地说，贵州地下埋藏着一本演绎着地球生物进化史的书，值得全人类去阅读。

"贵州龙展"，体现了各级领导和有关部门对贵州龙的关注，凝聚了许许多多文博工作者的心血，寄托了不少科学家的希望。

"贵州龙展"终于开幕了。

"贵州龙展"向世人展示了贵州丰富的古生物资源，在开展之际，让我们回忆起开展之前那许许多多令人难忘的镜头。

镜头一：今年3月7日，兴义市文化广播电视局局长罗大才赶到省文化厅，向副厅长李嘉琪汇报了贵州龙被盗掘的事件。闻讯后，李嘉琪向厅长王恒富汇报了此事。紧接着，省文化厅领导就此事作了具体安排……

副省长龚贤永接到报告后，当即指示电传黔西南州政府：必须高度重视贵州龙化石的保护和破案问题。

国家文物局领导就此作出指示：坚决制止盗掘破坏现象，严厉保护贵州龙化石。

接到国家文物局通报的国家公安部也迅速作出指示：贵州龙化石案件不能放人，要一查到底。

镜头二：今年4月20日，由国家文物局鉴定委员会秘书长刘东瑞、专职工作人员李军和中国科学院古脊椎动物与人类研究所研究员赵喜进、副研究员金帆、助理研究员吕尹昌组成的联合鉴定组飞抵贵阳。

翌日，鉴定组察看了化石出土现场——兴义市顶效镇绿荫村光堡堡。

实地勘察结果：贵州龙被盗掘面积14000多平方米，残存盗洞280多穴。兴义市1987年立的文物保护标志——镌刻了文物保护范围的石碑，也被盗掘者砸成两节弃于碎石之中。

现场一片狼藉！

原来，当地一些人从70年代起就开始盗掘贵州龙化石。从去年10月下旬到今年3月初，盗掘者越发猖狂，几百号人一齐上山掘盗，致使近千件贵州龙化石流失，被毁坏的贵州龙化石更是难以计数。

镜头三：4 月 22 日至 23 日，专家们对分藏于黔西南州文化局、兴义市文管所、兴义市公安局的 700 余件贵州龙动物群化石进行了鉴定。经专家们认真筛选反复比较，226 件各具特色的鱼、龙化石被鉴定为珍贵标本。涉案送鉴的 50 多件鱼、龙化石中，26 件被定为珍贵化石。此外，还发现了贵州中华真鳄鱼、兴义亚洲鳞齿鱼等，尤其令人兴奋的是，还发现了大量的贵州龙新种和贵州龙未定属种。

专家们欣喜若狂。

专家们深知其中的价值与分量。

在《鉴定结论》中，专家们称："距今二亿四千万年前的中三叠纪，贵州兴义一带生活着各种各样的海洋生物，其中尤以脊椎动物最为丰富。贵州兴义是我国的海相地层中唯一同时发现三叠纪爬行动物和鱼化石的产地。可以说，该动物群是一重大科学发现。如此众多的爬行动物化石和鱼化石在一个产地相同层位中发现，在国外相关的海相地层中也是罕见的。另外，贵州中华真鳄鱼及全骨鱼类未定新属种等也填补了我国在这一鱼类演化重要阶段的不少空白。"

赵喜进是享誉国内外的恐龙专家，早年毕业于莫斯科大学，多年从事古爬行生物的研究，现任中科院古脊椎所古爬行动物研究会主任。他说，以后不管什么地方，只要发现同一时期相同形态、相同结构的古爬行动物化石，都可归到贵州龙中。贵州龙，对地球史、生物演化都提供了无比丰富的证据。贵州龙，是大自然赐予我们的宝贵财富。

贵州，是一个古生物的王国。它有着发育完整的地层关系，有着发现每一地质时期古生物的可能性。在境内不断出现的古生物化石，就雄辩地证实了这一点。

镜头四：4 月 24 日，"贵州龙动物群学术讨论会"在兴义召开，两百多人出席了这一会议。

6 月 16 日，贵州龙保护开发座谈会把贵州龙的科研课题列入"九五"规划。龚贤永副省长说，要把保护、开发贵州龙的工作放在经济发展格局中，通过保护、开发贵州龙，为两个文明建设服务。

贵州龙的价值，引起了世人的瞩目。

7 月 12 日，兴义市保护收缴贵州龙工作队进驻化石产地，向当地广大群众宣传"文物保护法"，竖立文物保护标志，张贴政府公告，并收缴化石 268 件。

7 月 18 日，省长陈士能就贵州龙的保护、开发等问题，在中央人民广播电视台发表了广播讲话。

贵州，是龙的故乡。

两年来，在贵州境内许多地方都发现有龙的踪迹。仅目前了解的情况，就有意外兴义龙、仁怀混鱼龙、邓氏三桥龙、宋氏清镇龙、大方弯曲龙、贵州龙新属种等。此外，在习水县、贞丰县、贵阳青岩等地都发现有龙的化石标本和遗迹。

可以断定，随着新发现的不断问世，贵州将会以其丰富的古生物，日益受到全世界、全人类的关注。

原载《贵州日报》1995 年 11 月 24 日第 8 版

恐怖峡之旅

荔波风光诱人。水上森林，鸳鸯湖，响水河瀑布，山清水秀自然纯美。游过小七孔再游大七孔，你会生出别有洞天的心境。

上路的那天，天下着蒙蒙的细雨，虽然去掉往昔的高跟鞋换上了凉鞋，走在那重重的峻岭山间，仍然有几分凉意。小路如肠般的狭窄，石头和盘根错节的树根交织在一起，已分不清是路还是树。走着走着，突然会遇见树门挡路，别无他法，别无他路，只有弯着腰钻过。路边的灌木上挂满了晶莹的雨珠儿，在大山的庇护下显得那么的弱小和闲适。

走了六里路，即到了人们所说的"恐怖桥"。桥长大约有几十米，从山的这头连接山的那头，桥高也有十几米，桥下是湍流急跃的漳河江水，桥面上铺着的小木板有的已经开始腐烂，因为这原因，一次只能依次过五个人。初次上桥，得两手紧扶桥锁慢慢移动，虽说不是令人胆战心惊，倒有几分心虚和害怕。

过了恐怖桥，心中的害怕已转为平稳。沿山路前行不一会儿，突见一清澈见底、嶙峋怪石异起的平湖。恐怖峡就在这平湖的上方。摆渡的两位老乡点着船竿向我们划来，因为去恐怖峡要经过一段水路。到了名曰"恐怖峡"的堤岸，抬头一望，粗犷严峻的两座高山似两把劈山利剑令人瞠目结舌！恐怖峡高达近百米，两座山峰在最高点处交汇形成一道山门，据老乡说，当代的人们还在山顶上种庄稼，山顶垂悬的树枝中，有一倒挂如伞状的乌龟，人们称之为乌龟打伞。再往右上方看，一匹腾空跃起的飞马猛勇而富有张力，给人一种"天垮下来擎得起，世披靡矣扶之直"的精神，显示出一种征服自然的顽强。山额下边是奔腾不息的急流，冲撞那并不平静的岩石，山水交融为一体，像一个个充满了野性而又略带一丝清秀的孩子，给人一种返璞归真的遐想。

到恐怖峡之后沿山路前走半小时，又过一平湖乘船前往"妖风洞"。一听这名字，全身毛骨悚然。妖风洞，实为一水溶洞，原始的喀斯特地貌，洞内水清未受任何污染，空气清纯"音响"甚佳，凉风徐徐，静得没有一丝声音，洞内还没有现代灯光配置。据老乡介绍，自1993年7月引游人进洞观赏后，就被誉为贵州第二个"龙宫"，具有很高的开发价值。水手的划船声打破了这种特殊的沉寂，他告诉我们，这洞壁的右上方有一观音坐像，说要保佑进洞人的平安。我没往下听却独自思忖：莫不是在很久很久以前，这曾吞噬了无数青年男女的爱情？否则叫"妖风洞"干什么？我猛地抬头一看，发觉我的视线交汇处有一面带微笑的水族少女，她的嘴唇向上微微一翘，眼里充满了柔情，流露出对美好生活的渴望，头饰似小鸟在清风中摇曳。为了证实我的直觉，我让同行的朋友辨析，他们都发出了同感。是的，这水族姑娘，仿佛是一尊完美的自然雕像，祝福着后来的人们……

返回的原路上，细雨依然蒙蒙。蒙蒙中的青翠山色似乎多了一层神秘，神秘得就像这大自然，虽静却有灵性。恐怖峡虽没有小七孔清纯秀美，却让人体验到一种探险的真趣。当你在原始森林的山间小路行走的时候，你会顿时联想到人在自然中的位置，你会在这充满恐怖的探险之中听到历史的回声，感觉到历史的神圣无情。当你置身在高山峡谷之中仰望一线天空中透出的那道光明时，你会觉得自身的渺小和大自然的顽强，强烈地感受人类倏忽的生命与宇宙天地万物间的永恒。于是你会毫不犹豫地作出判断：在历史的长河中，我们都只不过是匆匆来去的过客，在大自然的崇高面前，生命匆匆容不得怠慢。

返回的路上，我终于无所顾忌地在妖风洞、恐怖峡面前大声呼喊，这呼喊传得很远很远，企图把流动的生命延展到无边的空间；再过恐怖桥时，我终于挺直了腰板不扶铁索大步流星走过。啊，恐怖峡之旅，你给我一个实实在在的领悟，一个认认真真的反省……

原载《贵州日报》1994 年 6 月 16 日第 8 版

在西线旅游的制高点上

黔中安顺，神奇秀美。然而，在这道风景线上，多年来却有许多人文景观是闲置的。因而，经济效益少得可怜。1984年至1994年，安顺地区呈开放、半开放状态的20余处人文景观，累计参观人次却仅有80余万，平均每年不到10万；门票收入则近20万，平均每年不到2万元。由此可见，安顺的人文景观在西线旅游中尚未成为重要的组成部分。

遵照《贵州省旅游业发展战略规划》中提出的"进一步发掘沿线民族风情和文物资源，丰富旅游内容"，安顺地委、行署今年确定了全区工作"以农业为基础，以旅游商贸为龙头，推动工业和第三产业协调发展"的发展战略。行署专家赵家兴说得好："对区情的再认识，可以使我们明确新的战略目标。安顺的优势，是别人没有的。这就要有足够的力量和信心凸显贵州西线黄金旅游热线的文化个性和文化品位，推动以自然景观为主又具有丰富传统文化内涵的旅游产品，提高旅游业的文化品位和文化含量，寻求一个较大的发展。"

此话颇有道理。

饱览山川旧迹，寻觅贵州历史。明代朱元璋当年派三十万大军远征滇黔完成统一大业，为了稳定边陲，留下了兵丁实行屯田制和卫所制。如今安顺市东郊的云山屯明代屯堡民居及屯堡人生活方式，便是这段历史留下的真迹，踏上云山屯的半山窝，你会清晰地看到当年的屯门、屯墙、箭楼、碉堡、古街巷、古居民以及妇女们的长袍大袖、绣花翘头布鞋……

以云山屯为中心，辐射平坝、长顺、镇宁、普定的屯堡文化圈，积淀着千姿百态的民风民俗。

在安顺的关岭，还留下了不少历史名人的传说和遗迹。

三国时，我国著名的政治家、军事家诸葛亮，率部在云贵高原一带征战，就到过这里。据《关岭县志》记载，诸葛亮率部辟岭为关，开辟了翻越关岭的驿道，当时还命关羽之子关索留守。这以后，当地人便把这巍峨的山脉称作关索岭，简称关岭。这道雄关，被称为关关口，一旁就立有关索庙。主峰上，建有太子阁，双泉寺还有关索坐骑用蹄子刨出来的马刨泉。

与关索岭隔着坝陵河峡谷的晒甲山，相传是诸葛部下晾晒盔甲之地。

1683年，我国古代伟大的地理学家徐霞客在游览了黄果树瀑布后，翻越了关岭、龙滩、鸡公背等崇山峻岭，跨越了白水河、坝陵河和北盘江的激流险滩。在西南边陲的万里壮游中，徐霞客在滇黔古道上留下了他深深的足迹。

关岭坝陵河东岸的晒甲山上，有一壁赭红色悬崖遥立半天。北侧岩面上，有数十个令人难解、大小不等的方形图案，这就是红岩碑，被称为与黄果树齐名的黔中两大名胜。有副对联这样描述黄果树与红岩碑："白水如棉，不用弓弹花自散；红崖如火，何须薪助焰长存。"

历史上，许多中外学者包括已故的郭沫若，都曾考究过红岩碑这部"天书"，但终不得其解。当地流传着这样一首民谣："红岩对白岩，金银十八抬，谁人识得破，雷打岩去抬秤来。"据说这首民谣就像《一千零一夜》中的"芝麻开门"，是先人们藏宝的秘诀，其中隐含了许多令人感慨的传奇。

目前，有关红岩碑的破译有"禹碑说"、"殷高宗记功碑说"、"诸葛碑说"、"古彝文字说"、"古夜郎文字说"、"古夷文前身说"、"古庙文说"、"诸葛亮手绘图谱说"、"道家符箓说"、"岩石花纹自然形状说"、"外星人文字说"、"天界碑说"、"原始河洛碑说"，等等。今年3月，安顺行署悬赏百万破译红岩碑，再一次掀起了对红岩碑的破译热潮。

记者前往红岩碑时，见安顺破译红岩古迹组织委员会和红岩古迹复修小组已开始工作，目前正向社会各界和海内外广泛征集"红岩碑文"。所谓碑文，包括各历史时期的"红岩碑文"摹本、碑刻、拓片、照片及资料，以供建红岩碑廊选用。为吸引更多的学者和中外游客观赏，复修后的红岩古迹将修建"红岩碑廊"、"观碑台"、"红岩亭"、"晒甲台"等。

位于安顺东南四十余公里外的杨武杉木村洗马塘，有石垒的长龙般的残垣断壁围着一些小山包，这是古城垣吗？这被人称为阿札古遗址的城垣，蒙着一层神秘的面纱。

北盘江的一些崖壁上，绘着一些人、马、牛和一些似龟非龟的符号，虽年深日久，饱经风吹日晒，但仍然色彩如初。这是何人何时用什么颜料绘制？反映的又是什么内容？这又是一个待解的千古之谜。

安顺地区的文物单位众多，早在50年代贵州公布第一、二批省级文物保护单位时，安顺就几乎占了全省的三分之一。

这是一片神奇的土地，它的神奇为未来安顺地区旅游文化的发展提供了天然的条件。

"万和风云开古洞，千家烟火傍安城。"面对秀美的自然景观和丰富的人文景观，我们坚信，不久的将来安顺地区将成为全省的旅游中心之一。

原载《贵州日报》1995年10月20日第5版

呼唤长征精神

名城遵义，细雨微濛。在通往遵义宾馆的市区大道上，一辆大客车上"重走长征路"慰问团的成员们心情显得格外激动。在纪念世界反法西斯战争暨中国抗日战争胜利50周年、中央红军胜利到达陕北60周年之际，文化部组团沿当年红军长征的主要线路向老区人民进行慰问演出。此行的目的，是在新的历史时期呼唤长征精神。

6月13日上午8点，山城依旧细雨。慰问团一行在遵义行署马文骏副专员等领导的陪同下，来到江南航天集团参观。该集团副总经理钱海亮向慰问团的成员们介绍了他们三十年来三线建设艰苦奋斗的历程。紧接着，慰问团又参观了长征电器公司。长征电器公司去年创利税5700多万元，职工们正以长征精神激励自己，为祖国的腾飞作出应有的贡献。

下午3点，慰问团一行在遵义地委、行署和市有关领导的陪同下，参观了遵义会址。此时的老城街道上，站满了群众，当人群中有人认出来周恩来的扮演者王铁成时，要求签名合影的人蜂拥而至。王铁成是国家一级演员，人民爱戴总理的感情在王铁成身上得到了延续。谈到这次重走长征路的意义时，王铁成激动地对记者说："梦牵魂绕的遵义，让我想了十多年，今天终于实现了。来到了60年前周恩来总理开会的地方，对总理又有了新的了解。遵义会议开于我党历史转折的重要关头，今天来到这里重新学习党的历史，具有深刻的历史意义。"遵义老红军王道金、蔡生金、李光都是八旬老人，他们向随团的中央电视台、中央人民广播电台、中国文化报社、新华社等新闻单位的记者及随团人员谈起长征的情景时，风采依旧不减当年。

在红军总政治部会址，慰问团一行认真听取了遵义纪念馆同志的讲解；在红军烈士墓，慰问团一行向烈士纪念碑敬献花圈；当瞻仰邓平烈士雕塑时，人们对这位当年指挥战斗的红三军团参谋长肃然起敬；当看到红军卫生院为挽救老百姓的孩子，用自己不多的干粮和水喂孩子时，人们纷纷在铜像下沉思，追寻为国献身的先烈们的光辉业绩。

扮演电视剧《渴望》罗刚的郑乾龙在这里深情地告诉记者："革命圣地遵义，是我想了几十年的地方，今天来到这里，更加坚信在改革开放的今天，需要一种新的长征精神来激励更多的人为中国的未来而奋斗。"

国家一级演员牟玄甫，面对无数热情的群众，在纪念碑下深情地为群众唱起《红星照我去战斗》，掌声在红军山下久久回荡。老家在贵州黄平的常学贤，是我国著名木叶吹奏家，他摘下红军山上一片翠绿的树叶，即兴为大家吹奏了一首台湾校园歌曲，受到家乡群众的热烈欢迎。

6月14日上午，雨依然下个不停。慰问团一行在地区有关领导的陪同下，来到当年红军激战的娄山关。

娄山关人民载歌载舞冒雨欢迎。

桐梓县委、县政府向慰问团介绍了娄山人民建设家园的新成就、新面貌。当年红三军团红十一团一营一连连长王道金，现已是八十岁高龄的老人。王老向大家讲述了当年在这里红军英勇战斗的情景。那令人难忘的过去，令人神往……

在遵义，慰问团向老红军和老区人民演出了两场。台上台下，人们的感情交融在一起，沉浸在一片欢乐的气氛中。

遵义，是一座丰碑；遵义，是一盏路灯。呼唤一种被呼唤的精神，让当年党点燃的这盏明灯，永远照耀着人们为更新更美的生活而奋斗。

原载《贵州日报》1995年6月16日第7版

书屋听涛

——访史学家史继忠

采访史继忠老师，已在我脑海里盘旋多日。与这位著名的史学专家接触，感觉他那瘦削的身材以及再普通不过的衣着，都无法掩饰言谈中流露出来的睿智。

上周末，和史继忠老师巧遇，他依旧步履匆匆。他说，今年新年后主编出版了《贵州六百年经济史》，新书《世界·亚洲与中国文化》又将出版。面对这位年逾花甲的学者，我强烈地感受到了一位知识分子对社会的责任感和良心。

顺着南明河弯弯的流水，史老师的家就在河畔之上。他所居住的这幢房子，是70年代末80年代初的建筑，无论从外观或内部结构看，都相当陈旧。住在五楼的史老师家除了三间小屋之外，只有一个厨房和一个小厕所，这与他研究员的身份极不相称。不过，史老师却说，只要有住的，有一间属于他的小屋学习研究，就已经心满意足了。因为这套房子比起他原来的住宅，不知要强多少倍。他从前的旧居是名副其实的陋室，木架瓦顶，顶棚上钉着竹席，一家5口人，挤在不足20平方米的狭小空间，没有安放书桌的地方，只好把"伏案"改作"伏床"。由旧居迁于此，史继忠感觉到了"天堂"，无须用脸盆、脚盆去接那屋顶漏下的雨水，更无须蹲在门前的小棚内生火做饭。令他舒心不已的，则是他的书架和书桌都找到了它们应有的位置。不知从什么时候起，书房窗外远处新筑起的一道滚水坝成了南明河的一道风景。平静的河水流经这里，陡然降落。轰鸣作响，灵感由使，他的书房有了一个雅号——听涛斋。

长久以来，史继忠手中的笔，总是围着"史"转。他说，这大概是人们所说的命运安排吧，他的祖先出自巫史一类，后来做了史官，什么时候来到了贵州，他也不清楚。或许是由于祖先的遗训以及赋予他的这个名字，1957年他考入四川大学历史系，1980年，他获云南大学历史系中国民族史硕士学位，是中国第一批研究生之一。云大毕业后，他执意要回家乡贵州。于是，他来到民族学院研究民族史、地方史，同时，教授历史课程。1991年，他抽调至省文史馆当副馆长，兼《贵州文史丛刊》主编，其后，又任省政协文史资料委员会副主任，参与创办《贵州文史天地》杂志。一个"史"字，可以说贯穿了他的一生。

学者的业绩主要看他的著书之说。80年代，史老师主要研究方州志学、民族学和民族史，著有《方志丛谈》、《贵州民族地区开发志专论》、《贵州古代民族关系史》、《西南民族社会形态与经济文化类型》、《贵州瑶族》等书，还主编有《贵州省志·地理志》及《贵阳市志·建置志》，并发表了大量的历史学、民族学、文化学等方面的研究文章。90 年代，史老师笔锋一转，把研究的重点转向了中国文化，主编和著有《中华五千年文化探索》、《中国地域文化大系·贵州文化》、《贵州史前文化》等书，进入了一个"花甲之年似繁花"的境地。

史老师特别喜爱屈原的"路漫漫其修远兮，吾将上下而求索"的豪迈之言。在他的"听涛斋"里，他不仅看到窗外春天的月夜、盛夏的风雨、秋水的微澜和冬日的雪花，更看到了历史变迁带给人们思想、观念的剧变。史继忠不认为自己是胡适之先生的信徒，但觉得"多研究些问题"并没有什么坏处，这样可以避免盲从，总比懵懵懂懂过日子要好得多。他的灵魂深处涌动着不甘寂寞、不耐平庸、永远探索、永远求真和永无终极的追求，这是一种自觉的使命感和出自内心的虔诚。

只有安静的灵魂才能独立思考，史继忠用精神的手指，去抚摸历史和文化的腠体。他的《龙的起源与龙文化的特征》算是研究中华文化的宣言和起点，随之又发表了《民族文化乃是民族之魂》。进入中华文化这个新领域后，史继忠仿佛步入了一座神秘的殿堂。他说，浩瀚无边、深不可测的中华文化乃是一片汪洋大海，别说是外国人不知底细，就连中国人，而且是中国的文化人，也会"望洋兴叹"。面对近年来"传统文化与现代化"、"中西文化冲突论"等热门话题，史继忠多了一份思考。他的研究观点就是对"中华文化"要持谨慎态度，珍惜它、研究它、运用它、发扬它，使之符合时代的要求。

从中国文化的载体入手，史老师把目光投向汉语汉字，写下了《汉语汉字精微初探》，否定了革除汉字一说。继而，又写了《少数民族文字比较探源》，充分说明了中华文化是"古代东方文化的结晶"，并不是长期封闭起来的所谓"黄土文化"，而是与西方文化交相辉映的一大文化体系。正是有了中华文化的多元性，才形成了一个"东方文化圈"，它是以黄河流域文化为中心，吸收了印度河流域文化及两河流域、中亚七河流域文化的精华的综合，所以才能巍然立于世界的东方。

读史继忠的论文和著作，你不会觉得干涩、枯燥。他的论文《对中国戏曲特色的探讨》、《南北交融是中华文化的基础》、《中国古代科技述评》、《巫文化对中国社会的影响》、《贵州史前文化——诱人的伊甸园》等，都彰显出学者的特质。史继忠主张，不能立说就不必著书，既然是"探索"，就要"详人之所略，异人之所同；忽人之所谨，重人之所轻"。因此，他谈出的是自己的看法，写下的是自己的文章。为探究中国文化思想灵魂——中国哲学思想，他又读了诸子百家之书，写下《中西哲学思想的差异》等文，思想一次次得以升华。

史继忠在《中华五千年文化探索》付梓之后，原想告一段落喘口气，减轻一下近十年来的疲惫，但一如物体的惯性，由不得他不继续向前，于是他又紧接着编写了《世界·亚洲与中国文化》一书。在这本书里，他把中国文化放在亚洲和世界的大范围内来作考察，以中国文化为主体，中外文化交流为主线，对中国文化作了新的探索——从三个部分即中国文化是古代东方文化的结晶、中学西传与东方文化圈、西学东渐与近世中国文化的变迁，突破研究中国文化的旧格局，讨论东西文化的走势与整合。在这里，他以一种新的视角来看中华文化。他没有把五千年的中华文化湮没在经济狂潮之中，而是看到了它自身发展、变迁与整合的趋势。这本书告诉人们，能把人类有用的知识吸收运用，才是真正的聪明才智和存在的"合理内核"。

一天的采访很快在暮色中结束。"深林人不知，明月来相照"，史老师又在"听涛斋"里开始了他新的一天的工作。

他说，生命过了六旬，仿佛一切都才开始。他说，他喜欢在崎岖的山间小道上行走，哪怕路途布满荆棘。他还喜欢电影《乡村女教师》中的一段话："披着你的破棉袄，光着脚，往前走，别害臊。"

　　到目前为止，史继忠主编、发表、出版各类书籍、论文近
1000万字，1993年起享受国务院特殊津贴，被国际传记中心
列入20世纪世界2000位杰出学者之一。

　　　　　　　　　　　　　　原载《贵州日报》1999年6月4日第5版

投身火热的生活

——中国文联千名艺术家万里采风行
贵州分团赴黔西南纪实

　　抵达兴义市的时间是1996年5月24日晚11点钟。顾不上旅
途的疲劳，翌日上午8时，中国文联千名艺术家万里采风行贵州分
团的全体团员参加了兴义供电局的座谈会。

　　在兴义供电局六楼会议室，眼前这风景如画的城市，令艺术家
们胸中的激情油然而生。

　　画家黄天虎的笔下，一个个人物栩栩如生；民院艺术系主任巫
子强的笔下，是一串串熟透的葡萄；书法家杨霜诗兴勃发，挥毫写
下："灵窍开时岚雨润，石根奇处天风裁。"

　　艺术家们的作品，引来人们的赞叹。

　　赞叹声中也有希望，希望艺术家们投身火热的生活中。

　　沿着崎岖不平的山间小路，采风团的五十多名作家、书画家、
表演艺术家和青年演员来到了铁道部第十八工程处南昆线铁路指
挥部。

　　这里有一支英雄的部队。

　　铁道部第十八工程局，原是铁道兵第八师，从抗美援朝到激战

无名川，从成昆铁路到天津引滦工程，铁路建设的史册上记下了这支英雄的部队不朽的功绩。

文艺家们伫立在光荣榜前。

光荣榜上，一位位优秀党员以他们的实际行动叙说着他们辛勤艰苦的工作。

舞台搭上，音乐响起。人们从四面八方涌向清水河车站的工地。

严华萍、李洁的独唱，卜小贵、高曼丽、李珊的小品《曝光》，李代忠、卜小贵、朱松的哑剧《照镜子》，一个个精彩的节目，引来一阵阵掌声。

为表达对建设者的崇敬之情，省花灯剧团副团长汤黔宁唱起了《铁道兵之歌》。

三处六公司党委副书记余顺友——一位老铁道兵，这时情不自禁地走上了舞台，和汤黔宁一道唱起来："背起了那个行装，扛起那个枪，长长的队伍浩浩荡荡。同志们呀你要问我们到哪里去呀，我们要到祖国最需要的地方！"

台上的歌声与台下的心声共振，这样的场景让人感慨万千。人们被一种情感所融化，被一种精神所鼓舞。国家一级演员罗江禹此时激动地说，艺术家离不开人民。人民需要艺术和精神食粮。这些年，由于某种原因，我们不是来得太多，而是太少了。正如省政协主席龙志毅在采风团出发的仪式上所说的那样，文艺工作者送戏下乡，到生活中充实自己，才能无愧于这个伟大的时代。

罗江禹一番话，正是采风团全体人员的心声。

艺术家们来到国家重点建设项目天生桥建设工地。

艺术家们要把自己最精彩的作品献给这里的战士们：

一幅由书画家联袂创作的七人图《枝繁叶茂》，象征着我国社会主义建设奔向新世纪的美好前景。

一位老铁道兵拿来自己的作品，请省书协副主席周运真书写。

在武警水电一总队二支队的会议室里，相声演员杨林和付彦洪正在商榷段子的内容调整，他们要在作品中反映出国家重点建设项目的气势，他们要让作品受到战士们的欢迎。

把毯子铺在水泥地上，表演的柔术转毯，掌声响起几十次。

食堂简易的小舞台上，没有耀眼的灯光，没有五彩的布景，可演员们一样认真地演出。

这感人的每一幕，都有一个感人的故事在幕后。

在南昆线，在天生桥，在武警水电部队，艺术家们留下了自己精彩的作品，却平添了许多豪情。

深入生活，投身到改革开放的火热生活中去，创作出无愧于时代的作品奉献给人民，这是采风的真正意义所在。

生活是一切艺术家创作的源泉，这是毛泽东同志《在延安文艺座谈会上的讲话》发表以来为人们、为社会所认可的真理。然而，近些年来显出淡化的倾向。此次活动领队，省文联副主席、党组副书记，作家何光渝告诉记者，千名文艺家万里采风活动，将对文艺工作和文学创作起到一个导向作用，省文联要在新的历史时期开创新的局面，就要组织艺术家深入基层走到群众中去，把这几年已经淡化的意识重新树立起来。省文联秘书长井绪东则强调，为广大工农兵服务，这是时代赋予文艺工作者义不容辞的责任和义务。

此次贵州分团9天采风活动，收获颇丰。演出7场，观众达2万多人；创作的书画作品近300幅，深受广大群众欢迎。画家黄天虎、巫子强、沈福馨、钱文观、丁国才、张正刚等，搜集了不少素材；作家苏晓星，结识了不少爱好文学的新朋友。

采风之行，带给艺术家们更多的是思考，是行动。

原载《贵州日报》1996年6月7日第7版

播撒文艺火种

8月25日，修文县电影院迎来许多观众，他们前来观看贵阳市群众艺术馆在该县举办的文艺骨干培训班的汇报演出，场上场下气氛热烈。

参加培训的六十多名骨干，有的是个体户，有的是机关干部和在校学生，还有一些离退休的老人，他们大多数是第一次登上舞台展现自己的风姿，心里有说不出的高兴和激动。

由市群众艺术馆专业指挥聂运忠指挥的合唱《我和我的祖国》，和声清晰悦耳；由该馆戏剧、谐剧的辅导老师张桂祥、欧阳京华辅导的小品《非常检查》、《水》等节目，富有感染力；由舞蹈老师李慧敏、万美福辅导的舞蹈队表演的舞蹈《珠穆朗玛》、《泥巴墙的影子》举手投足令人耳目一新。还有男、女声独唱、女声小合唱等节目，使人感受到县城群众文化生活的丰富多彩。

看到这台由该县文艺骨干演出的晚会，修文县委宣传部、县文广局的领导说，贵阳市群众艺术馆这种送文化下乡抓基层文艺骨干的培训抓到了点子上，深受广大群众欢迎。

三县一市划归贵阳市后，贵阳市群众艺术馆把文化馆工作延伸到了基层，并在工作的实践中拓展。原来，送文化下乡大都是组织小分队赴基层演出。在群众文化生活日趋丰富多彩的今天，该馆强烈感受到仅仅送戏下乡是远远不够的。今年下半年，该馆把单纯的送戏下乡变为加强基层文艺骨干的培训，以求通过文艺骨干带动基层群众活动的开展。

在清镇，来自乡镇、机关、文化馆站的同志积极报名参加书画艺术培训班和舞蹈声乐培训班；在开阳和息烽，积极要求加入培训班的涉及美术、书法、音乐、表演，有的还是下岗女工。群众的积极性之高，令艺术馆的老师们十分感动。

毕业于中央戏剧学院导演系，现为该馆副研究员的张桂祥老师对记者说："都说这些年戏剧不景气，人们都喜欢哼唱通俗歌曲，没想到到了基层，才发现自己有用武之地，基层群众很喜欢演小品，下来已经排练好几个小品，有反映计划生育的，反映下岗女工自强不息的，有了这些节目，县里组织文化下乡完全可以拿得出去。"

贵阳市群众艺术馆书记陈忠礼、馆长雷于栋介绍，为使送文化下乡真正落在实处，该馆全体人员全部无偿为基层服务，食宿自理，不收取任何费用。在今年业务经费十分紧张的情况下，该馆已拿出近一万元，不给基层文化馆站添麻烦，被广大群众誉为"繁荣文艺、面向基层"的典范。

原载《贵州日报》1998 年 9 月 6 日第 2 版

走进台江苗族文化大舞台

——台江县春节苗族文化大舞台活动比赛侧记

羊年的正月十三，台江县举行了一场别开生面的大型苗族文化大舞台活动比赛，全县 18 个民族文化活动俱乐部会聚在台江秀眉广场中心舞台，整个比赛活动高潮此起彼伏，虽然天空飘着毛毛细雨，但观看群众热情不减。

台上，县老干局的《飞歌》，县交通局的《苗歌》，县政府办的《拜家阶忧浓》，《拜浓革家窄》，县政协、县人大的《春之歌》、《春之声》等节目依次登台表演，演员们投入的演唱不时博得阵阵掌声和笑语。原来，台下的许多观众都是演员们的亲属和朋友，熟悉的面容、熟悉的歌声，让他们对本民族文化更有了亲切的感觉。排在前面的节目在演，而台下各参赛队都在积极的准备。在广场左侧的一角，县水利局俱乐部的同志认真走着舞步，全局有 37 名同志参加了演出。这个俱乐部去年 3 月成立以来，积极排练苗族舞蹈，学唱苗族民歌。大家通过活动，进一步激发了对本土文化的了解和热爱。局长刘诗文是苗族，但参加工作尤其是当上领导后，穿西装打领带的时间多，苗族服装在家中的衣柜里几乎看不到了。这次参加演出，母亲亲自为他赶制了苗族服装，还亲手为他绣了一条花腰带，他对记者说，以前总觉得本民族的服装不好看，现在穿上它，心里还美滋滋的。弘扬苗族文化，如果本民族的人都不热爱，要让更多的人来关心，就更困难了。施洞镇芳寨村的鼓手刘永光已退休多年，今年 66 岁，为弘扬苗族文化，他亲自组织村里的姑娘学打鼓跳苗舞。今年 14 岁的陈英跟他学打鼓已四年，这不，姐妹们走的步、跳的舞，全靠她的鼓点指挥，鼓点节奏欢快奔放热烈，姑娘们一遍又一遍地练习，是想取得最好的成绩。本县二中的初二男孩罗刚，爸爸是侗族，妈妈是汉族，但他跳起苗舞却十分地道。他说，去年开始学习跳苗舞，感到非常有意思，学校开设了这方面的课，使学习的内容更加丰富，比过去单纯追星好多了。

据台江县委书记杨静介绍，为学习贯彻"三个代表"重要思想，结合台江实际自去年以来，县委、县政府作出了在秀眉广场开展系列民族文化活动的重大决策，并号召全县干部至少要学会说一句苗话、唱一首苗歌、跳一曲苗舞，其目的就是要大家尊重苗族文化，密切与苗族人民群众的血肉感情，为丰富群众文化生活，提高公民道德素质和文化修养，为建设苗疆文化生态旅游城和加强民族文化保护，申报世界文化遗产做出应有的努力。系列活动开展以来，苗族文化走进课堂，走进街场，走进村寨。每逢周末，各单位各乡镇竞相上台亮相，为提高节目质量和普及水平，有关单位举办了苗族歌舞培训和民族文化走进课堂的师资培训班，在不增加学生负担的前提下，将音乐、舞蹈、剪纸、刺绣、芦笙等苗族文化艺术的基础知识安排到音乐、体育、美术课中进行教学。县苗族文化保护委员会暨世界遗产申报委员会还成立了苗族歌舞培训指导组，培训的内容主要有四方舞、六方舞、水鼓舞、芦笙舞、反排木鼓舞、方召情歌、革东情歌、革一飞歌、施洞飞歌、台拱飞歌、台拱夜歌等，培训人次上万。群众高兴地说，开展此项活动，单位之间增进了了解，人与人之间交流了感情、增强了团结，业余文化生活更加丰富了。

台江今年将举办第六届苗族姊妹节，根植于民族民间的文化沃土，有了一批批能歌善舞者，相信今年的苗族姊妹节别有一番胜景。

原载《贵州日报》2001 年 3 月 6 日第 5 版

大山里的田园艺术

到乌当区新堡乡采访，在新近落成的乡精神文明活动中心展厅里，看到了一幅幅设计别致制作新颖的手工艺贴画，这些贴画取材于自然之物，反映的是贵州民族民俗风情，给人耳目一新的感觉。

这贴画，出自新堡农民之手，是杜寨村民韦富忠的得意之作。

沿小路行二里，我们来到了杜寨村韦富忠的家里。

韦富忠今年 33 岁，或是家中老大的缘故，虽自幼喜爱美术，可为了家里他还是放弃了学业，高一时，便自谋生路身挑养家糊口之担，饱尝了创业的艰辛。几经周折后，韦富忠终于明白了一个道理：一个年轻人要想有所发展，过上好日子，就得走出一条真正属于自己的道路，自己原先搞过簸箕画，何不在此基础上发展呢？

布依民族有着浓厚的民族民间文化传统，无论是民居构造，还是生活方式，无论挑花刺绣还是剪纸木刻，都有着独特的表现形式和丰富的文化内涵。这些优秀的民族文化能用现代手工艺制作的形式展现出来，不就是很好的文化旅游商品吗？几经摸索和试验，采用大自然的木本、藤本、草本和树皮，进行特殊配置和组合，制作出来的一幅幅作品既突出了原质效果又展示了浓郁的布依族风俗风情。去年在乌当新堡乡一年一度的"三月三"布依族传统民族歌会上，首批自然纹理贴画在节日期间向众人展示，受到各方朋友的好评。由于韦富忠经营有方，设计美观新颖且价格适宜，购买者络绎不绝。

　　一年多来，韦富忠的农家小院里已有了自己的加工作坊和一个展览室。在他的指导下，村里罗廷欢、龙菊、罗远平等青年现在已是贴画工艺能手，找到了一条致富的路子。两年多来，近千件作品远销深圳、香港、哈尔滨、沈阳等地。贵阳市政府和乌当区、南明区政府还作为礼品赠送给国内外朋友。为了使贴画有更大的发展，乡政府在各方面都予以很大的支持。最近，在上海有关人士资助下正准备发展民族民间工艺品制作公司，杜寨农民，已将贴画作为发家致富的一条路子，也给新堡这个艺术之乡带来勃勃的生机。

原载《贵州日报》1996 年 12 月 10 日第 5 版

独山看花灯

　　独山是花灯艺术之乡。独山看花灯，让我眼界大开。

　　到独山时，正逢该县城关地区九支业余花灯队在县影剧院演出。但见县城人来人往，好不热闹。

　　为支持大家玩个热闹，唱个痛快，影剧院电费、场租费一分不收，还专门为九支花灯队白天、晚上各安排一场演出，观众们白天看了，晚上又接着看，近四十个节目乐坏了花灯艺术之乡的观众们。我索性也来到剧场，从台上台下的热闹气氛中去领略花灯的魅力。

　　北集街老年文艺队表演的花灯座唱《老来乐》，很受欢迎。这支队伍，演员们的平均年龄虽已 70 岁，可个个演出都十分投入。66 岁的樊光珍患有严重的哮喘病，可唱起花灯来，她高兴得像个孩子。在这支队伍中，原县邮电局退休职工许明仙曾在省花灯团工作过，带着这支队伍演出，老许就如同回到了从前。

　　在这九支演出队伍中，二人花灯歌舞"打头台"给我留下很深的印象。从他们娴熟的动作和说唱中，你可以听到似曾相识的花灯曲牌《四季相思》、《路调》、《贺调》、《小小仙鹤》等。如今，这些调子被赋予了新的表现内容。《四嫂学法》宣传的是妇女权益保障法，《政策放宽好处多》则表现的是个体户对党的政策的感激，对美好生活的憧憬。

　　独山城关镇文化站朱站长告诉我，这里逢年过节都要唱花灯，这里村村寨寨有演出队，像这样的演出在乡里多得很。但是，这样大规模的群众自发组织到城里演出，还是头一次。看着人们极其认真地演出，我感慨万分。看来，跳花灯已成为当地人们业余文化生活的一道精神快餐。根植于深厚的民族民间艺术的土壤里，独山花灯永远年轻！

原载《贵州日报》1998 年 5 月 1 日第 8 版

独特视角的形象艺术

——评《走近国酒茅台》的文化定位

如今，在生活的空间里，你无时不在感受到广告。好酒不怕巷子深的岁月早已成过去。产品需要推销，而推销的有力手段之一就是广告。大众传媒每时都在与各种产品的推销发生联系，商家用什么手段媒体以什么形式做宣传，成了人们的思考和追求。

以自然、真实为本，追求格调高雅、淡远悠长的意境，同时，又在营造这种意境中显示出厚重的文化内涵，这是最近在央视看到艺术性专题片《走近国酒茅台》给我留下的第一印象。

生活在贵州，知茅台酒但不知茅台的历史，是一大遗憾。该片用叙事的抒情手法，娓娓道出国酒茅台的缘由——你看，荧屏上最先映入眼帘的是贵州北部的崇山峻岭，充满着感情的解说一下把人带进了日夜流淌的赤水河。顺着这条神奇的河流，人们知道了它是国酒茅台的母亲河。

茅台酒的诞生，是一个让世界都为之惊叹的奇迹。自 1915 年美国巴拿马万国博览会誉冠群芳荣摘金牌之后，它又 14 次摘取国际金牌，蝉联历届国家白酒评比之冠，被誉为全世界三大蒸馏名酒之一。可以说，茅台酒的国际声誉，为它成为国酒、政治酒、外交酒和庆功酒而打下了坚实的基础，它与黄河、长城、长江闻名于世，是中国人的骄傲，更是贵州人的骄傲。

《走近国酒茅台》，就是这样在静静的舒展中展现着国酒茅台的品位及源远流长的文化。正如诗云：坛里藏着沉默的酒/不许半丝春色外漏/封闭岂是禁锢/寂寞蕴蓄醇厚/一旦坛口打开/喷射的芬芳把人心肺浸透……

专题片不讲酒的工艺与制作不行，作为电视艺术，导演充分运用了摄影艺术的特殊手法，展示出数万个大陶瓷坛在制酒车间汇成醇香的海洋，那些出神入化的勾兑技艺，让人可感不可言，可悟不可告。走近国酒，你才知道，独一无二的茅台酒是赤水河这块物华天宝之地的灵奇产物，堪称举世无双。茅台镇这块 7.5 平方公里的酿造地，被国家宣布为受原产地域保护实乃福哉。

《走近国酒茅台》用很大的篇幅展示了世界上规模最大的酒文化博物馆——国酒文化城。古朴雄奇、深沉典雅、豪华富丽、流金溢彩的国酒文化城啊，上下五千年，纵横全世界。导演用了特殊的摄影手法，把一个国酒文化城展现得如同一首首绝伦的史诗，翻开它时，你会感受到历史的回响和强烈的时代气息。于是，当我们举杯品尝茅台酒时，你才会不忽视至美的诗情和美意，人们不仅仅品尝酒的香醇，而是品尝不能从透明的酒液中分离出去的难以言表的历史文化和艺术品位的古典风情。而只有此时，你才真正体会到该片主题歌《茅台气派》的魄力：茅台酒钟灵毓秀/冠盖群芳/她孕育中华智慧/激荡民族血脉/笑傲古今风云/香飘五洲四海/阅尽人间春色/醉倒旷世雄才/显示悠久历史/体现厚重文化/高扬民族精神/展现华夏气派/高扬民族精神。我们应该感谢艺术家们，为展示国酒茅台创作了一件令人振奋的好作品。

原载《贵州日报》2000 年 7 月 6 日第 7 版

根植深深的沃土

贵阳市东郊的乌当区永乐，有制作根雕艺术的民间传统。在许多村寨里，上至年逾花甲的老人，下到十多岁的孩子，都能制作独具特色的根雕和盆景。提起这些话题，一个个都充满着浓浓的乡情，罗贤宏、罗国发、罗正碧三个布依小伙子，就是其中的代表。

家住岩脚村的罗贤宏今年23岁，但搞根雕的历史已有11年。小学三年级时，他学习上进成绩优秀，但因家里贫穷无钱读书辍了学。聪明好学的罗贤宏没有向困难低头，看见一个个极平常的树疙瘩在大人们手里变成神态各异的各种造型，他也跟着干，慢慢的，也摸出点门道。干完农活之余，他最大的兴趣就是搞根雕，久而久之，作品销出去数百件。

在他宽敞明亮的屋里，一件由他制作的《巨龙腾飞》的根雕艺术作品，有两米多长，一米多高，整个龙体形成于自然的树根，富有神韵。现在有人已将这条"巨龙"的价码抬到4000元，他还舍不得卖呢！从事根雕11年，罗贤宏卖出去的作品有1000多件，小日子也过得十分红火。

罗贤宏的邻居是罗国发，到他家时，夫妻俩正在家中切磋根雕技艺，罗国发今年26岁，媳妇王武凤24岁。中午趁孩子睡觉时，他们正抓紧时间摆弄根雕。在他家，一件神似贵州喀斯特地貌的巨型根雕格外引人注目，无论从材料选择到造型，都凝聚了作者的神思。说起来，罗国发，只是个初中毕业生，但因酷爱根雕艺术，他的作品有一种独特的高原韵味，无论是娴静的布依少女还是淳朴的乡姑，都散发出一股浓浓的民族民间风格，神奇的岩溶风光在他的手下变成了一件件富有灵气的作品，让人喜爱。

罗国发家几乎每星期都有人光顾，作品供不应求。在他的心里，更渴望能到艺术院校学习，以提高自己的创作水平。在他看来，艺术是从来没有止境的，不断地追求和创造，才能使作品永葆青春。

28岁的罗正碧以盆景为主，记者采访正值周末，他与媳妇一道推车外出卖盆景。据罗贤宏、罗国发介绍，三家共处一个院子，更便于学习沟通和交流，闲时他们也从不打麻将，更多的时间是采买原材料搞根雕盆景。1996年，三家的收入都在两万元左右。根植沃土，根雕艺术越发显出青春的活力，是他们，带动了乡土一方的文化发展，显示出民族民间艺术独特的魅力。

原载《贵州日报》1996 年 12 月 8 日第 7 版

古窑春秋

到贞丰，必去窑上，当地的朋友这样对我说。

贞丰的陶器虽不能与江西景德镇、宜兴的紫砂相比，但毕竟是贞丰乃至贵州的一道风景。

贞丰陶器的产地是贞丰县的挽澜乡窑上村。通往窑上村的路崎岖不平，路上，还有一尊石鹰屹立在关口处，当地人叫老鹰岩。沿挽河盘旋，出现在人们面前的窑上别有一番韵味。

窑上村，一个六百年不衰飘着陶香的宝地。沿泥路进入该村，似一幅幅油画展现在眼前。房前屋后，檐下墙角，坎坎院坝，陶罐到处堆就，就连烟管都是陶罐制成。这些别具韵味的村居建筑，营造出高原原始古野的氛围，这不是一般意义的就地取材、废物利用的环保意识，体现了窑上先民充满智慧的创造，一种对美的追求和捍卫。

远处，但见一座座土窑，似一条条黑黑的长龙，每个窑长数十米或百余米。据说，这龙头高翘于山坡，龙腹则置于山坳深处，这样有利于火势顺通，又有最大的容量。在窑前，可见一字排开的数个长方口子，从这里可见窑中燃烧的火焰。窑的四周，堆满了大大小小的陶制品和待烧制土坯，仿佛进入一个陶器的展览馆。

窑上村，一家人就是一个窑厂。相传，这里的第一孔窑出现在明朝洪武年间，那时，有着烧陶技术的四川人郭思贤来到了这里，意外地发现了不可多得的贞丰窑上泥土。至今，村子的路旁立有一块石碑，那是郭思贤为维护窑上利益与地方势力告状晴隆府衙胜诉后所立的。正因有了窑上创业者的艰辛，才成就了今天 500 多厂 3000 多人保存的窑上陶瓷文化。

窑上的原始泥料称为白泥，虽称白泥，其实有灰绿、乳白两色。在一户人家里，制泥工正在制泥，但见他踩在泥堆上，用薄薄的铁铲铲出一个个泥片，然后再搅拌捏成一团，如此几个来回，便做成了可以制坯的陶泥。在屋内，但见一位小伙子正在用地上的一个转盘制作陶坯，灵巧的双手像玩魔术似的，一会儿，大大小小、形态各异的陶坯就在他的手上诞生。这些陶坯，待晾干水汽后，就可上窑烧制了。

抬挑陶坯，也是一道绝活。在村里，可见壮汉、妇女，甚至是孩子，都会用特殊的工具挑，成人用高脚双层长板凳，这样放得多，又可歇息。孩子则用头顶，妇女则用背篓。总之，这些陶坯不能碰坏，进到窑内，那就能产生经济效益。窑上，还有一位姓朱的青年人正开发研究黑陶，如今，已出产品，黑陶的开发，证明窑上的潜在能量，折射出窑上对现代生活的追求与向往。

窑上人的生活靠这片土地。商品经济大潮中，很多年轻人都外出打工了，但大多数人家仍守着这方泥土，因为，远近的乡亲们需要窑上的陶器，孩子们读书靠的是窑上陶器。窑上陶器，决不会从他们生活中消失，因为，他们有着泥土一样坚实的生活信念……

原载《西部开发报》2000 年 7 月 8 日第 5 版

花灯之乡新风正浓

金秋时节，全省文化带建设经验交流会的代表来到独山，同独山人民共同分享他们荣获全国文化先进县的喜悦。

夜幕降临，坐落在县城中心的独山县民族文化宫一派热闹景象。今年 5 月 28 日竣工、县委县政府总投资 280 万元的这座文化宫首次亮相，一台精彩的独山花灯歌舞晚会呈现在各位代表面前。看完这台充满浓郁的民族民间艺术特色的晚会，文化部社文司司长陈琪林激动地说："独山，是名副其实的花灯艺术之乡，这里的群众文化基础相当好，评为全国先进文化县当之无愧！"

独山是贵州的南大门，黔南布依族苗族自治州的一个属县，处在贵州高原伸向广西丘陵的过渡地带。终日奔流的低谷溪水汇集为都柳江、红水河的上游，黔南最大的岩溶盆地阡陌纵横，是一片富饶的坝区。

独山历史上曾出现过一些文人名士、农民起义将领，于是，有了《莫友芝先生的故事》、《杨之保的故事》、《徐霞客的故事》等传说。县级文物保护单位——影山草堂就是后人为纪念晚清西南巨儒莫友芝先生和弘扬民族文化而建。

芳草清幽的草堂翰墨引人，人们对这位著名学者、诗人和书法家充满了崇敬之情。

莫友芝（1811—1871）系独山县兔场镇人，是我国晚清的一位博学之才。所著《唐写本说文木部笺异》、《韵学源流》，对后学大有裨益；与郑珍合编的《遵义府志》以及和黎伯荣共同搜集整理的《黔诗纪略》，为贵州保存了大量的珍贵历史文献资料。一百年来，莫友芝在海内外的影响使独山的"影山文化"和遵义的"沙滩文化"南北辉映，对贵州文化的开拓和发展，有着不可估量的影响和作用。据影山草堂负责人介绍，草堂原址在独山兔场上街，1854年毁于战火。1988年独山社会贤达倡议在县城复建。目前，已征集莫友芝系列文物60余件，省内外名家书画作品80余件。自1996年底开放以来，已有省内外人士5000余人次慕名前来参观。为充分利用这一场所，独山县在这里多次举办书法、盆景、根雕展览，让更多的人在这里感受文化的魅力。

独山县图书馆在文化建设上也有独到之处。为了使县武警消防队的官兵在完成任务之后有一个较好的文化学习环境，今年初，图书馆在经费有限的情况下为中队的军人俱乐部建立了图书室，并提供了两百余册图书和报纸杂志。此外，图书馆还邀请史志办的同志介绍独山历史和文化，受到中队官兵们从心底的感谢。

热爱文化，是发展文化的前提，这是独山人对文化的认识。在花灯歌舞晚会上，独山县县长唐世东表演的自创节目《炊事员》，讲述了一个不讲卫生工作马虎的炊事员由上岗变为下岗的过程。其真实诙谐的哑剧表演博得众人热烈的掌声。县长带头上台演节目已不是什么新鲜事，在独山，从政协主席、宣传部长到乡长村长都有各自的拿手好戏。领导的积极参与，调动了广大群众的积极性。县文工队近十年来"送文化下乡"的足迹遍及独山的村村寨寨，为当地培训辅导文艺骨干达千余人次。并到邻县及邻省广西进行文化交流。如今，各村寨都有自己的花灯队，出现了"大型活动年年有，小型活动月月新"的生动局面。

独山人对文化的厚爱已获得丰厚的回报。五年来，投资五百多万元的文化设施建设为独山添光增彩。县图书馆多次被省州评优，目前已升为国家三级图书馆，新华书店曾两次被评为"全国宣传发行先进单位"，是1997年的全国"双优单位"之一。文物保护工作也有较大进展，目前，已有积极管理和参与维修的县级文物保护单位八处，奎文阁、黔南人民抗日纪念碑等再现风采。《独山文艺》，《独山报》、《独山书画》等报刊成为当地传播社会主义精神文明的重要阵地，为丰富提高人民群众的文化生活作出了积极的贡献。

独山人依然在努力。因为文化、经济共同发展才能使社会协调发展。他们用事实证明：在贫困地区创建全国先进文化县并不是天方夜谭。只要真抓实干，一步一个脚印，雏燕会在这里起飞，贵州的南大门将会更加灿烂。

原载《贵州日报》1998 年 10 月 9 日第 5 版

郎德天天像过年

立冬的日子刚过，在雷山郎德苗寨，村里的老老少少便忙着准备过苗年。

与往年不同的是，今年郎德迎来了八方宾客。于是，可以这样讲，今年的苗年已不是苗家自己的节日，而是各兄弟民族朋友的盛大聚会。

小小的郎德沸腾了。

距寨门还有近百米，就听见前方传来阵阵鼓声。欢迎的芦笙队伍中，有年过花甲的老人，也有血气方刚的小伙儿。那身着盛装的苗家姑娘，正手捧香醇的美酒敬献客人。安徽黄梅戏学校的方健葵老师尤为激动，苗乡的山山水水及苗家人的一片深情，深深地打动了他的心。这古朴的建筑，淳朴的民风民俗，让远道而来的师生们感到收获颇丰。

村委会附近的一个小商店，吸引了初来乍到的各地考古学者和专家，这里的芦笙和银饰引起了他们极大的兴趣。安徽和北京的客人，买下了银饰头帽，湖南的客人买了芦笙。对考古学家来说，或许这些并不能与出土文物媲美，但它展现出的悠久的苗族文化，令他们入迷。更让大家感兴趣的是，眼前这名叫张德华的女店主竟然是从内蒙古远嫁而来的北方人。

今年24岁的张德华是去年4月随爱人陈正光来到郎德的。原来，小陈的父亲参加抗美援朝后到内蒙古的通辽当了一名火车司机。之后，小陈也随父亲到了当地的铁路学校读书。四年前，陈正光的父亲去世，他准备回到郎德照顾母亲。被陈正光的真诚打动，张德华说服了父母，随夫来到郎德。从此，郎德苗寨第一次有了汉族媳妇。一年多的时间过去了，张德华在和乡亲们的接触中学会了许多生活日常用语，如果不注意，你会觉得她就是一位道地的苗家女。如今，她的丈夫已到雷山县学习汽车修理技术，她办起的小店也方便了周围的乡亲们。张德华笑着说："是郎德乡亲的淳朴和善良让我少了远离家乡父母的忧伤。"过段时间，小张还想装上电话，让远方的父母知道女儿在苗寨生活得很幸福。

当晚，客人们聚集在支书陈明勇家，乡亲们端出了准备过年的猪肉、豆腐和米酒。面对远方的客人，陈支书激动地说："如今的郎德天天都像过年一样热闹，平均每天要接待两个以上的旅游团队。郎德的男女青年，最远的到过美国、日本，近的到过北京、深圳。改革开放，让苗寨焕然一新。"这时，刚从红枫湖景区回来过年的苗家姑娘陈光美、陈燕和从广东回来的陈世英亮开歌喉唱起了敬酒歌。

酒让人醉，歌让人醉，苗家浓浓的深情更让人醉。

原载《贵州日报》1997 年 11 月 14 日第 6 版

观秦始皇兵马俑文物精品展

　　"秦始皇兵马俑文物精品展"是近年来贵州省规模较大、档次较高的一次文物展览，也是省博物馆这几年来引进的投入和规模都最大的一次展览。"但这次展览，省博物馆是冒着很大的风险在运行的，由于投资较大，我们心里没有底，到底是否引进也是经过了一番争论后才定下来的，我们打定的主意是，只要保本就是胜利，但……"省博物馆馆长李黔滨在接受记者采访时有些欲言又止。

　　"当时引进这个展览可谓是困难重重。首要问题就是经费。此次展览是陕西省秦始皇兵马俑博物馆在全国进行的一次巡回展览，由展览所到省份的博物馆与之联合投资举办。贵阳一站的总投入是40万元，其中贵州省博物馆投入25万元。这笔投入对一般企业来说可能不是什么大问题，但对于我们这样一个靠国家财政拨款进行业务运转的穷单位而言，这绝不是一笔小数目。其次是风险太大。我们在引进之前，在馆内有两种截然不同的意见。一派意见认为，展览投入较大，难以收回投资，而且文化厅并没有要求我们必须引进这个展览，邻近的云南和广西两省都认为风险太大婉言谢绝了这个展览，我们也完全有理由拒绝；而另一派意见认为，这个展览能到贵州实属难得，引进这个展览不仅能让贵阳的老百姓在家门口看到被誉为世界第八大奇迹的我国优秀历史文化艺术瑰宝，而且可以通过这个展览提升贵阳的文化品位。再一个就是人力，我们在职职工不到50人，展览开展后，展厅内每天需要的人较多，这无形中会影响馆内其他工作的开展。"

　　最后，还是后一种意见占了上风。"也许是出于一个博物馆工作者的社会职责，也许是出于文化人对文化展览的惺惺相惜，也许是出于对贵阳文化展览市场的一个美好期待，我们最终选择了冒险。"李馆长说这一段话时，记者从他的眼神里感受到了当时他们咬牙下决心的那股勇气。

但是决心下了之后，紧接而来的问题却让信心勃勃的博物馆倍感尴尬。

他们首先遇到的尴尬是联系赞助商。在策划引进这次展览之初，李馆长想走的就是一条完全市场化操作的模式，想通过企业赞助解决部分资金的缺口。博物馆也曾通过这一形式举办了几个展览，取得了不错的效果，但是这一次却碰了钉子。李馆长至今说起那段四处"化缘"的经历，仍有些不堪回首的尴尬："我想凭着我这张老脸，多多少少也能拉到一些赞助，于是在馆里有意向准备引进这个展览的时候，我就厚着脸皮给我的一些企业的领导朋友打电话，登门拜访，给他们讲这个展览的意义和对企业的宣传效果，希望他们能慷慨解囊，提供一点赞助。一些以前也赞助过文化展览的企业一听这个投资数就摇头了，都说投资太大，担心达不到宣传效果，还有的单位在电话里听说是要赞助办展览，马上婉言拒绝，有的干脆给我吃了闭门羹。"这次的"化缘"经历，让李馆长深有感触："贵阳的企业热衷于赞助商业演出、体育比赛，每次赞助少则几十万，多则上百万，而这个对贵阳市民来说实属难得的高品位文物精品展却没能引起企业的兴趣，十多万元的赞助无人肯掏腰包，我觉得很遗憾。"

赞助的这条路断了之后，博物馆只得自己想办法，东拼西凑总算筹齐了 25 万元的投资数，将展览引了进来。

博物馆深知这盘文化大餐来之不易，为了让更多的市民看到展览，考虑到贵阳市民的经济承受能力，他们不仅将票价定到了几近于成本价，分为 15 元、12 元和 8 元三个档次，而且还首次成立了营销和宣传小组，在各大媒体做宣传，还将展览的海报散发到了社区、学校和企事业单位。但随着宣传的展开，尴尬又随之而来。通过不同渠道而来的索要赠票的电话不断，让博物馆的领导左右为难。这个纯属市场化操作的展览，每送出去一张票，就意味着损失一个潜在的观众，成本负担就越重。而一些市民掏钱看展览的误区更是让博物馆上门推销展览票的工作人员哭笑不得，一些市民开始听工作人员介绍贵阳正在举办秦始皇兵马俑文物精品展时兴趣很浓，但一听要自己掏钱买票就不愿意了。

在为期一个多月的展览中，通过各种渠道的宣传，展览一度十分火爆，在五一长假期间观展人数达到了高峰，平均每天都有上千人前来观展。整个展期期间，来参观的达到了4万人次左右。"这个数字看着不少，也是近几年来我们举办的展览中门票销售和观众数量最多的一次，但一些潜在的症结也暴露了出来。"省博物馆李馆长和研究室的戴主任向记者作了一个详细的分析。

第一，贵阳市民对文化类展览的热情不高。

此次展览虽然观展人数达到了4万人次，是博物馆近年来举办的售票展览中观众数量最多的一次，但与贵阳市区100多万的常住人口相比，这个数字少得可怜。而且来参观的人中，以学生、老年人和父母带着孩子的观众居多，年轻人只占很小的比例，这恰好与外省文化类展览年轻人占多数的现象形成鲜明的对比。

第二，贵阳市民还没有形成掏钱看展览的习惯。

虽然参观的人数有4万多人次，但掏钱买票看的不到3万人次，这次亏损的重要原因就是赠票和免票太多。

开展之前，博物馆就有一个顾虑，因前几次展览曾出现过不少老年人持老年证要求免费参观展览的事情，为慎重起见，博物馆专门询问了有关部门，得到的答复是公益性的展览可免费向老年人、军人和残疾人开放，商业性质的展览可以收费。但考虑到贵阳市的实际情况，权衡再三后博物馆决定以社会效益为重，每周抽出三天分别对老年人、军人和残疾人免费开放。免费对老年人开放的第一日，博物馆门口竟排起了开展以来从没出现过的长队，仅当日，就有上千名老年人挤进了展厅。整个展览期间，仅老年人免费观展就达到了8000余人次，这无疑与博物馆工作人员到学校和一些单位推销票时遭到的冷遇形成鲜明的反差。

"由于以往我省举办的展览多是政府拨款举行的政治类和纪念性展览，这类展览往往是免费的，而且要求单位组织参观，不花钱的展览看多了，当听说这个展览要买门票时许多人不能理解，而且一听是 15 元一张，有的甚至觉得我们在乱收费。其实，这个票价比刚刚在成都结束的兵马俑展还便宜 5 元，比一些夜总会的座位费低得多……"李馆长提及那不能再低的票价都有些哭笑不得了。"这可是千里迢迢从陕西运来的 120 多件国家级文物珍品呀，还不敌在夜总会听一首歌的价钱！"

第三，拉长展期想让更多市民看到展览的美好愿望落空了。

博物馆以往举办的展览展期都是一个月左右，这次为了让贵阳市更多的市民以及其他地州市观众都能一饱眼福，博物馆首次将展览的展期延长到一个半月，但 30 天以后观众数量的急剧下降让博物馆的这个美好愿望落空了。"我们本想着拉长展期来增加观众数量，但由于文化背景和整体文化氛围的影响，贵阳关注文化展览的人群是有限的，加上流动人口的素质大多不高、外地旅游者的数量不多，这两类人都不会成为观展的后备人群，我们增加的这半个月展期，观众却没有增加多少，最后即使降价，来的观众也是很有限的。"戴主任分析道。

"那这次展览亏损后，博物馆是否会不再引进这样高品位的大型展览了呢？"在采访即将结束之际，记者提出了这个一直憋在心里的问题。

"这也是我们一直在思考的问题，"李馆长说，"从 1999 年起，我们陆续引进了清代宫廷文物精品展、潘玉良画展、人体摄影展等文化、文物类商业性展览，虽然这些展览都没能赚钱，但起码是收回了成本，并取得了较好的社会效益，这样的结果我们觉得能够接受。因为博物馆作为身兼文化传播和教育两大功能的文化单位，首先应考虑的是展览的社会效益，但也不能仅仅考虑社会效益而完全不顾经济收益。在文化单位实行体制改革，鼓励走向市场的今天，我们主动走出去引进来，为市民提供更多的文化食粮的同时，我们也希望在举办展览中积攒一定的经验和资金，为引进更多更好的展览奠定基础。通过这次展览，我们也清醒地认识到，文化建设光有热情是不够的，文化建设也不仅仅是文化单位的事，也需要社会各方面的共同关注。就目前我省的经济情况来看，光靠文化单位的财力来办文化很难，即使有心、有力也很难做大，但如果有社会力量加入就不同了。近年来贵阳市依靠企业的力量引进的一些高雅音乐会就是一个很好的例证。现在，希望有远见的企业也能够关注一下文化展览，让贵阳的文化展览逐渐丰富多彩起来。"

"虽然此次展览我们损失了一定的经济效益，但我们不会放弃，不过，今后我们引进展览会更加谨慎，毕竟我们是个穷单位啊，那点经费经不起几回折腾。"李馆长说这话时显得有些悲壮。

原载《贵州日报》1998 年 8 月 14 日第 5 版

情系梭嘎

——亚洲第一座生态博物馆建设巡记

采访手记：探索者需要勇气，更需要理论与实践的高度统一，这是唯物主义的基本态度，更是共产党人追求的目标。

似乎在不经意之间，人们陌生的六枝梭嘎乡高兴村迎来该村有史以来最高兴的日子，1998 年 10 月 31 日，亚洲第一座生态博物馆在这里崛起，那一天，八方乡里的苗族同胞们赶来祝贺，海内外游客在这里会聚，人们载歌载舞，犹如欢庆一个伟大的盛典。从此，梭嘎生态博物馆为人所识，远近闻名。

这并非是一个遥远古老的神话，而是一个活生生的现实。有谁知道，在此之前，这里还是一个与外界隔离的封闭的山村。梭戛、梭戛、梭戛，你的诞生包含了多少久远的故事和悲伤，然而，你以自己的坚强和无畏战胜了大自然的挑战，顽强地撑起了一面骇世听闻和迎风招展的旗帜。

人们至今还记得，1997 年 10 月 23 日，中央电视台播发了一条振奋人心的消息：国家主席江泽民和挪威国王哈拉尔五世、王后宋雅在北京人民大会堂出席《挪威开发合作署与中国博物馆学会关于中国贵州梭戛生态博物馆的协议》签字仪式，这无疑是中国博物馆界的一件大事。

时隔多年，人们没有忘记杰约翰·杰斯特龙，这位国际博物馆界生态博物馆和新博物馆学运动的勇敢探索者。如今，斯人已逝，但人们在贵州梭戛等四个生态博物馆门前种下的中挪友谊常青树却挺拔屹立，犹如一座丰碑树立在人们心中。是杰斯特龙和中国著名的博物馆学专家苏东海先生等在对贵州十多个点考察和反复比较筛选后，将中国乃至亚洲第一座生态博物馆的馆址定在以长角为头饰的六枝梭戛苗族文化社区，并在课题的可行性报告中指出，这个苗族文化社区，从自然环境、社会结构、经济生活和精神生活仍然处于一种比较完整的文化生态中，是一个难得的、活生生的文化整体。尤其可贵的是，这支苗族在世界上只有四千多人，这个文化体已经成为全世界文化遗产的一部分，具有很高的保存价值，一切自然和文化遗产都是生态博物馆的一部分，任何实物都可能成为本社区人民的历史记录。自 1998 年贵州省实施建设中国与挪威合作的文化项目生态博物馆以来，省政府组织文化、计委、扶贫办、财政、民宗委、建设、交通、旅游、爱委会等部门围绕生态博物馆项目建设开展了各项工作，修公路、建学校、通水电，还维修了梭戛社区十栋百年以上的传统民居。梭戛村委会主任还到挪威王国参加了生态博物馆培训。自生态博物馆开放以来，先后有二十余个国家和地区的专家学者到长角苗社区进行考察，同时，接待了观光游客八万多人次，这对于提高六枝的知名度、增强村民的开放意识和商品意识以及增加收入都起到了非常重要的作用。但恶劣的自然环境所致，苗族同胞在粮食增收、接受教育等方面受到很大限制，要搞好人文生态保护和自然生态建设，还存在很多很多的困难。

2002年8月7日，时任贵州省委书记钱运录同志冒雨来到梭戛。在视察了梭戛生态博物馆社区的文化保护和村民的生活后指出，梭戛生态博物馆是我国和挪威王国共建的国际合作项目，是贵州省对外开放、文化保护和生态建设的重要窗口，对宣传贵州有着重要影响。我们欢迎以国际合作方式共同建设生态博物馆，各有关部门要通力合作，把生态博物馆办好、办活。同时，要进一步从全面贯彻"三个代表"要求的高度，将生态博物馆的文化遗产保护与村民奔小康结合起来，既保护好优秀的文化遗产，又要改变社区的贫困面貌，贫穷不是社会主义，保护民族传统文化不是保护落后。要把民族文化保护与脱贫致富结合起来，促进两个文明建设协调发展，尽快改变梭戛社区的生产生活条件，加快脱贫步伐，充分显示社会主义制度的优越性。钱书记还强调，要在保护优秀传统文化的同时，宣传先进文化，传播科学知识。要在帮扶中办实事，要加快小水窖、小水池、小水塘建设，加强通电、通路基础设施建设；大力推行良种良法，提高粮食生产水平，解决贫困农户基本口粮；要积极发展畜牧业，增加农户收入；要努力提高人口素质，发展教育，搞好科技培训，移风易俗，转变观念，让贫困山区富裕起来。为贯彻落实钱书记视察六枝梭戛的重要指示，省委常委、副省长龙超云主持召开了各有关部门的协调会，并于8月26日至27日率队赴六枝梭戛调研和现场解决实际问题。

目前，一场扶贫攻坚战已在梭戛打响。在中共贵州省委、省政府的亲切关怀和直接领导下，在六盘水市委、市政府的具体指挥下，在解决群众温饱方面，1000亩脱毒马铃薯种植、3000亩杂交玉米种植、实用技术培训、民居改造、人畜饮水、公路建设、希望小学、农村电网改造等将在省扶贫办、省民宗委、省建设厅、省教育厅、省文化厅等有关单位的支持下相继启动，努力实现三年至五年解决温饱并逐步实现脱贫的扶贫开发规划。我们坚信：梭戛生态博物馆，必将随着该社区人民生活水平的提高而增彩，从而成为贵州对外开放的一个真正的亮点。

原载《文化广角》2002 年第 10 期

群众文艺:高原亮丽的风景线

从江县小黄村 65 岁的贾福英是当地一位歌师，当年，还是一位小姑娘的她，就是唱着颂歌迎接新中国的来临。回忆当年，贾福英激动地说："解放前，我们也在唱歌，但歌声中有许多无奈和苦涩。现在我们在唱歌，唱出的是幸福生活和对美好未来的向往。"现在的小黄村涌现出了一批又一批的歌手，她们唱到巴黎、唱到北京、唱遍全中国……

一

贵州是一个地处内陆山区的农业省，穷省如何办文化？省文化部门坚持从实际出发，突出贵州特色，把全省群众文化工作的基点定在农村，把特色定在民族民间传统艺术上。明确了"贵州农村要脱贫致富，文化必须进山、进村、进寨，科技要通过文化活动传播到人到户，市场经济观念和商品意识也要通过文化活动入脑入心"的指导思想。"八五"期间，贵州省拉开了文化设施建设、文化活动网络和文化骨干队伍建设的农村文化建设系统工程的序幕，通过实施文化工程，推进贵州农村社会主义物质和精神文明建设。

二

有人这样说过，贵州旅游业的发展，除真山真水外，最能打动人和吸引人的是那些灿若云霞的民族民间文化。许多来黔观光旅游者最大的愿望就是想了解当地民风民俗和精彩的节日盛会。

为扩大文化为富民兴黔的服务张力，发挥文化的积极作用，省文化厅在全省范围有计划、有重点在公路线、铁路线、旅游线、大集镇以地域文化为特色，以民族民间文化、节日文化为主要活动内容，开展群众性的创建"艺术之乡"和"文化先进乡（镇）"活动。惠水县摆金是贵州省第一个苗族歌舞艺术之乡。摆金镇党委、政府高度重视这一工作，将创建活动纳入工作规划，并做到"经费、设施、队伍、活动"的落实。他们成功地举办了三届民族艺术节，扬名省内外。黔南州文化局及时总结摆金经验，随之在全省各地铺开。

"艺术之乡"是弘扬民族民间优秀传统文化的载体，这种形式，使深厚的文化资源优势得以发挥。

桐梓县娄山镇灯谜之乡的群众文化骨干，逢年过节积极组织当地群众开展形式多样的文化娱乐活动，在普及群众文化活动中，不断提高基层文化活动的质量和品位，丰富了人民群众的文化生活，展示了娄山人的文化风貌。黄平泥哨艺术之乡的泥哨，以飞禽走兽为表现对象，造型生动质朴，不但是民间艺术的佳作，还成为贵州省的一项旅游产品远销国内外。安顺蔡官村是远近闻名的"地戏之乡"，已有数百年的历史，1986 年应邀赴法国等国演出，被国际戏剧家誉为"戏剧活化石"。

近年来，村民们集资修建了四百多平方米的演出场地和地戏陈列馆，以唱地戏和展览地戏面具、服饰、兵器、道具为内容，接待了数万名中外游客。艺术之乡，就像点缀在贵州高原上的闪亮明珠，每一个点，都闪烁着不同的光亮。雷山县郎德苗寨歌舞之乡、安龙县海庄布依族文化乡、绥阳县洋川镇诗歌之乡、乌当区永乐根雕盆景艺术之乡和台江反排村苗族木鼓舞之乡、独山花灯艺术之乡、水城县玉舍彝族歌舞艺术之乡……全省 50 个艺术之乡，汇聚成一座巨大的民间艺术宝库。

三

　　艺术之乡的创建和命名成为群众文化改革的"试验田"，也为创建文化先进乡（镇）和文化先进县起到了示范作用。从 1992 年至 1998 年，国家、省、地、县共投入资金近千万元用于 9 个地区和 33 个贫困县的文化设施建设，经过各级文化部门的努力贵州省近年来达标文化馆、图书馆共 108 个，巩固和发展了 600 个文化站，是新中国成立初期的 20 倍。有了广泛的群众基础，1995 年在全省开展创建"文化先进县"的试点活动，并提出了评定的量化标准。通过两年的努力，1997 年 3 月，省政府为贵阳市白云区、毕节市、独山县等 10 个首批"省级文化先进县"命名挂牌。同年 6 月毕节市被文化部命名为"全国文化先进县"。最近，又评选出 10 个文化先进县、28 个文化先进乡镇、27 个文化先进企业。目前，一个以贵阳为中心，以"三线一大"为依托，建成点与线交织、组合的 7 条多彩文化带，即：贵阳—安顺—镇宁—兴义旅游文化带；贵阳—遵义—仁怀—赤水长征文化和酒文化带；贵阳—大方—毕节民族文物文化带；贵阳—铜仁—梵净山—思南—德江民间艺术文化带；凯里—榕江—黎平民族风情文化带；贵阳—都匀—独山文化科技"黄金通道"文化带；贵阳—六枝—水城—盘县企业文化带。7 条文化带不但代表了贵州多民族的地域文化特色，还紧密服务于农村经济建设及全省旅游业的开发，为稳定社会，推进脱贫致富开辟了一条新路。

原载《贵州日报》1999 年 9 月 24 日第 1 版

热爱贵州这块土地

——北京大学教授钱理群先生来黔讲学侧记

2003 年 12 月 2 日，贵州师范大学教学楼三楼报告厅坐满了前来听课的老师和同学，这是一次别开生面的讲学，前来讲学的是北京大学教授、我国著名学者钱理群先生。

坐在讲台前的钱先生精神依旧，如十六年前回他的第二故乡安顺讲学一般。十六年前，应安顺文联邀请，钱先生讲授的是《鲁迅与周作人》。而今天，在北京大学硕果满枝的他讲的却是有关贵州本土文化教育的话题——如何认识你脚下的这块土地。

钱先生毫无遮掩地说，作为一个漂泊者，他今天是回家了，回家，就是寻根，到贵州讲学，是他退休后要做的最大的一件事情。去年，他与贵州的朋友们编著的《贵州读本》，就是献给贵州年轻一代和贵州人民的见面礼。钱先生说，之所以要编这本书，实际上，也是他自己一次回归的精神之旅。思而睿智，充满深情的他说起这些，既像一位平和的长者又似一位多年未遇的朋友。

20 世纪 60 年代初一个冬天的早晨，从中国人民大学新闻系毕业的钱理群服从分配来到安顺教书，那年，他才 21 岁。当时，铁路只通到贵阳，乘坐的汽车几小时之后才到安顺。钱理群清晰的记得，那是一个夹杂着微雨的寒夜，从那天起，钱理群一待就是十八年，他一生最美好的时光在贵州度过，在人生最艰难的岁月里，是贵州容纳了他。连钱理群都不相信，离开安顺多年后在韩国讲学的夜晚，他做梦都梦到贵州的万家竹楼。"眼底星星渔火，梦里处处竹楼，何时谢首，更觉夜郎春透"，他在一首诗里这样抒发自己心中对贵州的感受。钱理群对贵州一往情深。而当他主编《贵州读本》时，才发现对贵州是那么陌生，他反复问自己，他认识脚下那块土地了吗？

　　鲁迅当年曾经谈到，近代以来，中国常常处于"被描写"的地位，这是一个弱势民族文化在与强势民族文化遭遇时经常面对的尴尬，而无可回避的事实是，在现代中国的总体结构中，贵州文化也是一种弱势文化。钱理群在长期的研究中看到了这种现象，比如在现当代文学馆里，当代作家贵州只有一个蹇先艾，只有一张小小的照片。由于处于弱势，贵州也会面对"被描写"或者根本被忽视的问题。这正是许多贵州有识之士痛心疾首的。人们对贵州岂止是陌生，更有许多的误会与成见，并形成了有形无形的心理压力；而黔人的"自我陌生"则造成了文化凝聚力的不足，这是贵州开发中必须解决的精神课题。目前，我们只有一个选择：用自己的语言，真实而真诚地描写我们自己！钱理群愿意以《贵州读本》为开端，与更多的黔人与黔友一起来"描写与认识自己"，钱理群认为这在今日的贵州是一件迫切要做的事情。

　　钱先生的讲学，用特殊的新的视角重新审视贵州，从二亿四千万年的贵州龙到五亿八千万年的动物化石，从几十万年的观音洞到明代驿道，从王阳明"樱花挟道今春老"到林则徐"惊起群山向天叫"，足以说明，贵州是山的世界、山的王国、山的文化，当人们把织金洞介绍给世界地理同行时，人们惊呼：这是自然的大写意，是造物的大手笔！

　　生活在贵州的人民，他们的生命和山有着紧密的联系，在层峦叠嶂的山里长大的孩子，生命中最珍贵的记忆是关于山的记忆。通常说贵州是封闭的，现实是封闭的，但对贵州文化来说，封闭吗？钱先生用镇远青龙洞的"三教合一"来说明贵州文化的包容性；用省城贵阳武会馆和遍及贵州城乡的诸多会馆等生动的事实向人们说明了贵州文化多样性的结构；还用诗人般的激情赞美了贵州少数民族优秀民间传说和故事塑造的天地、人和自然和谐共存的理想世界，表达了一位学者对民族文化的深深珍爱之情。

古往今来，历代先贤是通过走进贵州不断认识贵州的。从 15 世纪初的王阳明的"贵州悟道"，到 16 世纪徐霞客用世间真文字、大文字、奇文字描写贵州，贵州的高山流水终于等来了知音。当然，贵州还有永历王朝留下的血的记忆，更有红军长征新的创举，还有西南联大、浙大对贵州的影响，奢香、郑珍、莫友芝、丁葆祯、李端棻、姚茫父、王若飞、谢六逸、蹇先艾等无数杰出英才，他们是贵州大山的骄傲！

钱先生的讲学娓娓道来，寓情于理。他妙语连珠，富有哲理的阐释使同学们群情振奋。他循循善诱，希望同学们认识贵州要有一双善于发现的眼睛。同时，深刻地指出，当今中国有一种逃离本土的现象，这导致了无根一代、悬浮一代的产生，只有热爱自己的家乡，才能热爱自己的祖国，才能珍视自己的文化和生养自己的这块沃土。

钱先生把人的人生选择归为两类：一是走出大山的漂泊者，二是不离故土的坚守者，前者有归根的欲望，后者则有逃离与坚守的困惑。但无论漂泊还是坚守，我们都不能无根，因为，无根的民族是没有希望的。在讲学中，钱先生和师生们就如何认识贵州文化、开发贵州等进行了深入的交流，交流中，他对一大批在贵州这块土地上踏踏实实的建设者和坚守者表示由衷的敬意。钱先生说，当前，在北大、北师大等高等院校都成立了乡土中国研究会等关注本土文化的社团，当代的年轻学子尤为关注西部开发和贵州建设。作为在本地学习成长的年轻一代，更应关注贵州，为贵州建设作出自己应有的努力。

钱理群，中国现代文学研究著名学者，北京大学博士生导师，在鲁迅研究、教育理论等方面有很深的造诣。在新近由贵州民族出版社出版的《贵州读本》一书中任主编（另外两位主编为戴明贤、封孝伦）。本书力求以翔实的史料、生动的文字、流畅的文风诉诸读者，贵州是一块热土，企盼更多的人关注。受贵州省教育厅邀请于 2003 年 12 月 12 日至 13 日在贵州师大、民院、教育学院、贵大、黔南、黔东南、遵义、安顺等地进行专题讲学。

原载《贵州教育报》2003 年 12 月 24 日第 1 版

藏石之乐

社会生活的多样性蕴涵着人们生活的丰富性，作为自然之子的人类，与自然交融与和谐正是人类走向文明的起点。

在贵州就有一群以藏石为乐的人们。周末，走进安顺汪家山花鸟市场，在不经意之间发现了别有洞天的景致。在一个个博古架上，或山涧飞瀑、或梵净山崖、或龟纹逸韵、或人像勾勒、或神雕碧玉，顿时，仿佛走进千山万水，感受到世界之博大、生活天地之宽阔，双眸为之一亮。

都说藏物玩石是富家人士所为，而站在我面前的这位程国兴却是一位下岗职工。他面色黝黑但闪着健康的光亮，提起他心爱的宝贝，神采飞扬话语如泉。安顺市汪家山花鸟市场是今年启动的一个市场，程国兴是第一个进驻的客商。自 1992 年以来，程国兴玩石之热情不减，那时，一月工资只有 300 元，虽然生活清贫，但少了玩麻将的盈亏，便也多了一份坦然。最初是到山外河流淘石，几乎每周都要用好几天的时间，质量随着数量的增多而提高，也赢得了石友们的支持，大家相互交流，共品玩石之乐。不说还不知道，就连贵阳奇石馆杨晓红手上的一些藏石，都出自程国兴之处。至今，在贵阳奇石馆，程国兴的一些作品仍将作为基础展品供人欣赏。玩石一旦玩上了瘾，索性把它当做一个致富门道，这些年，他的近千块藏品远销上海、广东、广西等地，有的还远销到海外。说起安顺藏石的特色，同他一起进驻花鸟市场的原安顺市工商银行塔山支行的退休职工陈文彬娓娓道来更显神奇。安顺藏石中的马场石是藏石中的精品，在国内外都不多见。1992年，陈文彬和程国兴见一农民背一块石头进城卖，这块石头色泽均亮呈玉石形态，且石体上有闪烁着的各色图形，这对于他们来说，无疑是一件令人兴奋的事情。此后，陈文彬和程国兴决定亲自实地考察。终于，在安顺普定马场的三岔河（又称夜郎湖）中意外地发现类似的奇石。于是，他们便自豪地为此石命名为马场石。据陈文彬介绍，夜郎湖系珠江水系融于北盘江，此石以朱砂矿为主，含铜、锌等多种元素，大自然钟情此地，使马场这一贫瘠的山乡一夜成名。国内外藏石家们纷至沓来，价位从过去的数百元升至数千元、上万元。如今，这种可称为碧玉的马场石已走出大山，飞到香港、韩国和新加坡等地。通过一块块奇石，让人领略到了贵州是山之王国的魅力。

陈文彬今年已近七旬，玩石对他来说就是欣赏高雅艺术，也是修身养性之道。随着年龄的逐渐增大，他已经缺乏年轻人身上那种如火的激情。但是，就藏石的实践和理论修养来说，陈文彬有着独特的建树，并且带出一批有相当鉴赏和收藏水平的石友。他说，玩石可交天下朋友，只要人们有兴趣走进这一行列，他都愿吐露真言。毕竟，玩石就意味着投资。古代玩赏石头是一种雅趣，这种雅趣多为帝王将相或文人雅士所拥有，普通百姓是不可能参与的。改革开放，人们的物质生活得到了极大改善，对精神生活的追求就有所提高。最近，陈文彬和安顺石友们正积极准备进军贵阳首届奇石博览会，借此机会与海内外石友广泛交流。他还说，有人识货，他愿拿出百余件精品以成本价出售，说得我在一边都有些动心动容，真想尽快加入这一队伍。

背景资料：目前，寻石、藏石是世界流行的爱好之一，而且不断升温。西方寻石者通常称为 rockhound 或 fossil hunter，可直译为石犬、化石猎手。美国哈佛大学杰出的古生物学家乔治·辛普森称之为最迷人的体育运动。而这种体育运动的结果是为人类增加快乐，积累知识。在我国，传统的石文化历史悠久，但近年来，有专家提出把石文化与观赏石科学有机结合起来，互相渗透，使之逐步成为一门新兴的以科学为基础，科学与文化相结合的观赏石学。同时，国内赏石界还强调观赏石的艺术创作和艺术氛围的营造，做到自然美和艺术美的完美结合。

原载《贵州日报》1998 年 8 月 24 日第 8 版

艺苑三兄弟

韩桂林是三兄弟中的大哥，京剧演员出身，国家二级导演，自 1960 年考入贵阳市京剧团学员班至今，工作已有 36 个年头。《快活林》里他饰演的武松，至今仍让人们记忆犹新。

1970 年，韩桂林穿上了军装，成为部队文工团的一名演员。提起在部队的这段生活，韩桂林感到学到了不少东西。

他从小学的是京剧，但在部队学的是舞蹈导演，这段经历，给韩桂林增添了不少艺术实践的经验。复员后，韩桂林回到了贵阳市京剧团。1980 年，韩桂林到中国戏曲学院戏曲导演专修班学习，在李紫贵、阿甲、金桐等老师的教授下，他不但系统地学习了戏曲理论，还对戏曲表演程式、戏曲改革有了更深的思考。

1983 年 12 月，36 岁的韩桂林担任了贵阳市文化局副局长，如果说过去是单纯搞艺术的话，那么担任领导后他思考得更多的是如何让艺术有所发展。

在文化局副局长的岗位上，已有 12 个年头。为争取观众出人出戏，他费尽心血。功夫不负苦心人，贵阳市庆祝国庆 35 周年献礼演出，推出的京剧《明月清风》、《范仲淹》及《夜郎古国》、《山魂交响曲》等优秀剧目，赢得了不少观众，激发了一批热爱艺术献身艺术的人。侯丹梅、张晓红、李爱萍、陶慧等一批中青年演员的日趋成熟，颇让韩桂林感到欣慰。

去年，韩桂林服从领导分配，分管了群众工作。提起群众文化活动，他的指导观点是：立足基层，搞好队伍建设，把文化网络、群众文化、文化管理纳入良性轨道。

干了 36 年艺术工作的韩桂林，对工作充满了信心和希望。

韩桂森行二，是贵阳市文联《校园歌声》的副主编。

韩桂森对音乐的热爱，始于那个无书可读的年代。

1968 年，韩桂森高中毕业学董加耕、邢燕子到了罗甸上隆茶场。劳动之余，他借来了师大艺术系的教材自学。一盏煤油灯下，他创作了《共青团员之歌》，之后，一发不可收写了一百多首。1973 年，一首《布依山寨好风光》发表后，改变了他的命运，他到了 3535 厂工会，随即到厂校教书。在学校，他学会了脚踏手风琴、二胡等乐器，开阔了艺术视野。

"我这辈子似乎都在读书，到现在还在考试。"提起这些，韩桂森并不轻松。

从 1981 年到现在，韩桂森一直在自学这条充满着艰难的道路上跋涉。他曾经考入贵阳师专中文系并获大专文凭，其后又参加了贵州省考，是音乐唯一获得科科及格的考生。

1993 年，韩桂森又参加了师大全国统考的音乐本科，目前仍在努力当中。

文凭对他来说，既是一种与命运的抗争，也是一次次对他更高的要求和拼搏。正是这样，他拥有了扎实的艺术功底和较强的表现力。

近年来，韩桂森在乐坛收获颇丰，《谁不爱上隆茶果场》（肖树文词），获中国工人歌曲全国征歌一等奖，歌中，浸透了他对农场今天改革发展的赞美。他的作品，先后有 10 件获全国奖，20 件获省、市奖。

创作，是韩桂森生活的主旋律。在创作中，他倾注了全部的心血和对艺术的热爱。

身为《校园歌声》的副总编，为了提高刊物的质量，韩桂森征求各方意见后，开辟了音乐辅导、音乐欣赏讲座、音乐常识小测验等栏目，去年，该刊被评为全国优秀期刊。

创作和工作，让这位当年的老知青乐在其中。

韩桂群喜爱文艺是受大哥的影响。大哥演武松打虎时，他是热心的观众。

1969年，下乡一年的韩桂群参军到了部队宣传队，凭着中学时的底子，他当上了宣传队乐队队长。部队宣传队的锻炼，使他成为多面手，成为昆明军区文化工作队的佼佼者。

1987年，韩桂群转业到了省文联摄影家协会。

也许是过去有着对舞台艺术的感受和体验，韩桂群搞摄影和一般人不一样。他因广泛的知识，最终在摄影上聚焦闪光，给摄影注入了新的内涵和生命。

身为省摄影家协会副主席、协会副秘书长的韩桂群凭着他对摄影的热爱，影响和感召着一批热爱摄影的人。近年来贵州省摄影家协会获国际金牌8枚、银牌8枚、铜牌3枚，获全国金牌3枚、银牌15枚、铜牌46枚，入选作品366幅。1994年全国第17届摄影展览，贵州入选21幅，总分居全国第一，打破了16届全国摄影展零的记录，韩桂群以一幅《石头寨》名扬摄影界。

韩桂群身上有着一种当兵的豪气，因为军旅生活赋予了他无畏的性格和敢冲敢拼的精神。在协会，他倡导不受形式拘束、容纳各种流派，打破终身制实行积分制，以实绩来衡量一个人的水平。

"在摄影家协会这个集体中，你看重什么？"记者问。

"虽然我发表过不少作品，也多次获奖，但这些都已经成为过去。我更看重这个集体的含金量。贵州这块神奇的土地和多姿多彩的民族风情，对从事摄影的人来说，有很强的视觉冲击力，更有一种美的刺激。协会只要建立起公平竞争的机制，用艺术生产的标准来衡量，创造出一个良好的艺术氛围和环境，就会出现更多的人才和作品。"韩桂群对工作充满了信心。

原载《贵州日报》1996 年 1 月 26 日第 7 版

文化下乡似春风

1998 年 1 月 22 日，瑞雪纷飞。省文化厅组织的送文化下乡小分队，照常赴贵定演出。虽气候寒冷，但同志们毫无怨言。贵州省著名京剧演员周百穗、杨嘉陵，省花灯团副团长、著名歌唱家汪信山，省群众艺术馆男高音独唱演员吴晓明和青年杂技演员聂小明等，向贵定的广大观众献上了精彩的节目。在与贵定县机关、厂矿、学校等单位的同台表演中，台上台下，情意交融。

在省城贵阳，自迎春社区文化十日场 1 月 17 日在省博物馆拉开序幕以来，省歌舞团、省杂技团、省京剧团、省花灯团和贵阳市艺术中心等专业剧团的演出以及小花艺术团、贵阳市老年健身协会和北京路、威清、贵乌、延中等办事处的群众性演出活动异彩纷呈，贵州省著名书画家杨霜、张有碧、刘锦、孙吉斌、曹新忠等在这里为群众写春联，近二十台丰富多彩的文艺演出，装点了省城节日的文化气氛。农村群众日益增长的对文化生活的渴盼，激发了广大文艺工作者送文化下乡的热情。省文化厅已连续两年于冬春两季组织专业和业余文艺工作者送文化到边远贫困山区，受到广大群众的普遍欢迎，产生了强烈的反响。

去年，省文化厅在总结前两年文化下乡经验的基础上，再次组织文化下乡艺术团到农村、矿山、工厂、学校和军营，共演出和放映 136 场，观众逾 70 万人次，送图书 5000 多册，送学习用品 1000 余件，辅导基层文艺骨干 300 余次。

省黔剧团国家一级演员余重骏 32 年前曾随剧团坐马车到长顺县代化乡演出，去年，他与文化下乡演出团又到此地演出时，当地老乡告诉他，自从 32 年前那次演出后，这里除了偶尔来几个耍猴的，再没有什么演出团来过。对此，余重骏感慨地说，作为一名文艺工作者，我们欠了代化乡农民朋友的账。去年 12 月底他再次到长顺演出时，特地告诉县文化局，一定要请代化乡派代表来看演出。

省群众艺术馆青年歌唱演员吴晓明，经常参加省内大型演出，有时演出还能得到可观的出场费。但当站在农村的土台子上，面对质朴忠厚的农民观众，吴晓明说，他找到了自己的最佳位置。他三年来坚持参加下乡演出，年年被评为优秀。

文化下乡，给广大农民朋友送去了精神食粮，又促进了当地文化活动的开展。文化下乡活动来到荔波瑶山乡，恰好乡里成立了一支业余演出队，省群众艺术馆舞蹈部的付满春和谢丽华抓紧时间辅导当地演员编排传统舞蹈打猎舞，使这个节目参加了当日的演出。乡领导和群众非常高兴。乡长说，他们很想请老师来排练，但哪来的经费？文化下乡，实在是好啊！

原载《贵州日报》1998 年 1 月 29 日第 1 版

寻找文化发展与市场的结合点

随着经济的发展和城市建设的日新月异，贵阳这座城市的文化个性渐渐凸显。各种层次、不同门类的艺术考级吸引着广大家长和青少年。声乐、舞蹈、钢琴、铜管、弦乐、民乐、书画，等等，让人目不暇接。需求就是市场，贵阳华声琴行就是率先寻找文化发展与市场结合的先行者。

华声琴行的负责人傅明华是贵州民族学院音乐系教师，毕业于中央民族学院音乐学专业，从新疆阿勒泰地区歌舞团团长到贵州民院的一名音乐教师，傅明华的专业才能得以充分发挥。民族地区的工作实践，使他看到了许多渴望深造又渴望学习的学生，他们有艺术的感觉，但没有学习艺术的物质条件。利用自己所学的专业，寻找一个发展的空间，为广大青少年破雾导航，是一件值得做的事情。

傅明华利用同学在全国各地的关系找机会参加全国各种器乐年会，获取了大量的信息。1998 年，傅明华成立的华声琴行打出了这样的口号：没有水的地方是沙漠；没有音乐的地方是寂寞。华声琴行以卓越的品牌、优越的价格，在省内做到哪里有乐器，哪里就有华声的品牌、华声的魅力、华声的号召、华声的普及。作为一名音乐教师，傅明华有自己的经营文化理念，凭着他充满激情的艺术展示，加强了与全国乐器业的联系。过去，贵阳乐器业几乎没有什么知名度，人们对贵阳的认识和了解太少，好多人都不知道是省会城市。1999 年在成都第一届全国香山钢琴代理商会和 2000 年昆明雅菲德全国代理商会上，傅明华以精彩的发言赢得大家的称赞，并成功地参与主持策划"雅菲德之夜"交响音乐会，在成都、昆明、长沙、重庆等地演出。他先后成功地作了海曼、托雅玛、香港嘉德威、威士顿、香山、雅菲德等在贵州的总代理。根据市场需求，还做了"飞天"牌古筝、名人制作各档二胡、电吉他、"贝司系列杀手"、"摇滚人"、"猫王"和国内最受欢迎的架子鼓"飚骑"及韩国品牌系列琴弦、音箱等总代理。走进贵阳市护国路华声琴行，但见一个个工作人员都在为客户推荐和演奏不同器乐，俨如听到一首首四重奏。据了解，为提高琴行从业人员综合素质，傅明华对来自本校和东北、山东、山西、新疆、河南等省市的三十多名工作人员提供免费学习机会并发工资，对他们的要求是：学一身武艺，学一门技术。六盘水市的王昆宁的父亲是擦皮鞋的，考进省艺校的她没钱交学费，父亲把房子卖了都不够，傅明华赞助她5000元走进艺术院校大门，业余时间还让她到琴行学习。如今，王昆宁已毕业并到华声六盘水琴行教钢琴。在华声琴行接受过学习和训练的工作人员，有的还考进了贵州民院、贵大艺术学院和贵阳师专音乐系。

为提高贵阳广大青少年和音乐爱好者的欣赏水平，傅明华先后组织了海曼钢琴音乐会，国内著名古典吉他大师殷飚及国内著名电吉他演奏家张学民先生来筑精彩献艺。今年还推出飞天牌古筝全省大赛，为促进贵州省群众文化事业的发展作出自己的努力。

傅明华热爱音乐，当时报考中央民族学院音乐学专业，主要学阿拉伯中亚音乐，尤对游牧民族音乐感兴趣。说起悠远的中国少数民族音乐，他情不自禁地用哈萨克语演唱了一首《美丽的白额头》。虽说经过五年的磨砺，他打下了事业发展的基础，但他钟情的中国民族音乐，时常在他的脑海中盘旋。为了让更多的孩子在学习中不走弯路，他向每位买钢琴的孩子提供2—6月的免费学习，让他们懂得辨别钢琴的力度和音质，受到广大家长和孩子的好评。如今，华声音乐发展中心培养的学生每年参加全省考级达700多人，20％的考生成绩达八至十级。他心中只有一个目标：让更多的孩子热爱音乐，让优秀的中国民族音乐在他们手中传承和发展。

原载《贵州日报》2000年1月29日第7版

叶辛的贵州情结

叶辛是人们熟悉的作家，他在贵州整整生活了二十年。在这块土地上，那些难忘的岁月，幻化成他笔下的一部部作品，向人们诉说着那代人特有的质朴和纯真。叶辛的大部分作品，是在贵州诞生的，因此，对贵州，叶辛始终有一段难以割舍的情缘……

叶辛回家

1998 年 3 月 31 日，叶辛从上海抵达贵阳，还没来得及休息，就奔往自己的第二故乡——修文县久长沙锅寨。

29 年前的 3 月 31 日，叶辛和四百多名上海知青踏上了去贵州的路。4 月 5 日，他被分配到久长沙锅寨。从那天起，叶辛的青年时代便与这个贫困的小山村结下了不解之缘。

重返故里，叶辛的激动可以想象。走到村口，叶辛就看到了村里的小学。他对随行的人说，学校搬下来好多了，原来是在山顶上，冬天风特别大也很冷。刚上完课的陈忠鼎老师，一眼就认出了叶辛，他连忙向学校的老师叫道："叶辛回来了！"刹那间，老师们、同学们和村里的乡亲们都来到了学校，欢迎这位阔别多年的朋友。

当年叶辛的学生袁兴开，如今已是学校的老师，叶辛高兴地问道："当年你们班学习最好的那个刘光秀在吗？"当得知刘光秀已是一所子弟学校的优秀教师时，他脸上泛起阵阵喜悦。

陈忠益是叶辛插队时的老队长，叶辛向上海电视台的记者介绍道："这是我的第一位领导，老队长心地善良，对上海知青很好，他家的两个孩子我都教过。"

当知青的日子,是叶辛记忆中永远无法抹去的。如今,面对当年的乡亲们,往事变得不再遥远。袁朝善、袁庭飞、袁庭珍、陈德芬、袁朝贵……一个个名字从久别多年的叶辛口中喊出,那情形就像叫自己的亲人。1974年,叶辛居住的茅草屋被大水淹没,他住进了袁朝善家。如今,这位老人已是八十岁高龄,看着眼前的叶辛,就像看到离别多年的亲人,泪水模糊了老人的双眼。老人的儿子袁庭飞告诉记者,当年他们相处得很好,一起劳动,一起学习,他教叶辛识别各种山雀小鸟,叶辛教他学文化。叶辛的《高高的苗岭》和《火娃》等作品,就是在他家的陋室诞生的。

当年生产队会计的妻子听说叶辛来了,急忙赶来。叶辛得知老会计已经去世,家里生活困难的情况后,把三百元钱给了老会计的妻子,表达了叶辛对贵州父老乡亲的关怀之情。

书中一片情

叶辛一行赴黔,主要是为上海电视台拍摄《叶辛回"家"》的电视专题片,尽管时间紧张,但叶辛却把工作安排得有条不紊。

4月1日上午9时,叶辛向贵阳市所属十家县级图书馆赠书仪式和签名售书活动,在贵阳市新华书店紫林庵门市部举行。

从媒体得知消息的社会各界朋友五百多人参加了售书签名活动。由贵州人民出版社出版的叶辛的《蹉跎岁月》、《孽债》、《巨澜》等六部作品,此时与读者见面。众多的人群中,有一位当年与叶辛同列火车来到修文插队的知青,他排了一个小时的队走到叶辛面前。这位叫李敏的中年男人告诉叶辛,他已落户贵阳,在花香村搞个体经营,生活很好。从他们短暂的交流中,可以使人感到,这一代人拥有的不但是财富,更重要的是一种自强不息的精神。一位贵州第七砂轮厂的工人买了两套《巨澜》请叶辛签名,叶辛关切地问道:"七砂还好吧?我曾经去过七砂。"这位同志高兴地对叶辛说："七砂发展很好，股票上市后情况良好。"签名售书中，不少外省来黔人士，江西、福建、广东、广西等地的一些读者也纷纷赶来。从上午9时到12时，叶辛为五百多位读者签名留念。

心中的牵挂

阔别贵州九年的叶辛，一踏上这片土地，逢人说的不是上海话，而是一口道地的贵州话。一行人中，上海电视台的女记者王华琴说，叶辛一路上话题离不开贵州，把他们的心都牵动了。王华琴对我说，因工作关系偶尔也去叶辛家，一家人经常讲的是贵州话，在各种场合，叶老师一开口便是贵州贵州，他成了宣传贵州的好把势。在上海发表的许多文章，也都是与贵州有关的，可以说，他们是通过叶辛了解知道贵州的。这次终于有了一次宣传贵州的机会，同行来的一位当年与叶辛一起插队的知青名叫徐炳曜，经叶辛的推荐，他所在的工厂1996年落户贵州安顺镇宁。如今，这个生产宝石的企业，为当地解决了一百多人的就业问题。

面对众多的乡亲，叶辛表示，只要能促进贵州经济的发展，他愿做一些积极的努力。在他的心中，挥不去的还是那浓浓的贵州亲情。

原载《贵州日报》1998年4月3日第8版　收入叶辛出版的文集

贞丰纳蝉的布依族风情

纳蝉是贞丰一个布依族村寨的名字，"纳"在布依语里是"田野"的意思，"纳蝉"在布依语里，直译为"葡萄村"。田野和葡萄有什么直接关系，我不得而知。到贞丰，怀着这份好奇和神往，我走进了纳蝉。

纳蝉村距贞丰县城十多公路。这里三面环山，三山相拥中，有一片平整的田园，这就是纳蝉。村寨没有寨门，乡村公路都通往这里，给人以宁静、开放的自然状态。

传说中的纳蝉原本叫岩鱼，这里出产贞丰上好的大米——岩鱼米，之所以能产好米，原因是有条紫色河。紫色河的水是紫色的，这样的水灌溉出来的稻田，自然与众不同，因此，岩鱼米成了纳蝉人的骄傲，那是上苍对纳蝉的特别恩赐。

纳蝉村有许许多多的关于紫色河的故事。

在远古时期，布依族的先民沿红水河而上，进入北盘江峡谷地带，到了贞丰。他们发现这里的一片平地，在此歇息并创建家园。如今，在村子的路旁田坝边，仍可见陡地兀立的一根石柱，高约四丈，粗不可抱。人们都称之"一炷香"，传说原先是"三炷香"，后来被破坏了。它仿佛是把守寨门的神灵，让人顿生许多遐想。

有关葡萄的传说应该是紫色河的注脚和由来。先民们在创业时，碰到许多困难。在披荆斩棘之初，就遇到了一根无边无际的野葡萄藤。用斧头砍了七天七夜，丝毫不减。后来，得仙人托梦，用女人的银簪划破葡萄藤的表皮，再用男人的佩剑砍之。又经七天七夜，终于砍断葡萄藤，垦出一片田野。那葡萄藤流出的紫色汁液，淌成了一条紫色的河，使后人们旱涝保收，岁岁丰余。

我喜欢纳蝉的宁静和天成，走进纳蝉，才领略什么是自然景观。穿行在村中，小学旁，小道边，屋门口，河水边，随处可见纺车轻摇，年轻的、年老的和几岁的女孩，都不停地握着纺车轻摇，那长长的、白白的、软软的线，从她们手指间滑过，再绞成一绺绺，用来织布。走过一片小树林，夏天的阳光透过片片树叶，映照着一群织布的妇女，她们在织七彩布，动作配合自然，像一首田园颂歌。孩子们在线圈里穿梭，似一只只欢快的蝴蝶。

我不由得走进一个半掩门的布依家中，一位中年妇女立即招呼我喝茶。她的手上，拿着一块织好的布正准备剪裁衣服。那一双灵巧的手一会儿就裁出一件衣服。她笑着对我说，布依人喜欢穿这样的衣服，夏天不热，冬天不冷，特别柔软。如今，她的家里还有一台二百多年历史的织布机，正是靠自己的劳动，布依人的生活是那么的自然和谐。纳蝉的布依男女都是穿着自己素雅的民族服装，他们以此为荣，固守着自己的那块心田。

纳蝉村的布依姑娘喜欢唱布依歌，一阵阵歌声像一串串银铃，飘洒在山间乡里。"布依姑娘欢迎你，敬杯米酒表心意。不嫌酒淡多喝点，不嫌路远多来玩。"这歌淳朴里流淌的是布依人的一片挚情。还有一顿糯米粑，打得热气腾腾，吃得终生难忘。

纳蝉1994年被省文化厅授予"文化艺术之乡"称号，这里的小伙子擅长舞龙吹长号和唢呐，姑娘们的刷把舞、铜鼓舞、纺织舞、斗笠舞、丰收舞把人们带进了布依族民间艺术的海洋，人们萍水相逢，手拉手共舞，沉浸在无比欢乐的气氛中。纳蝉的美，只有此时才让人陶醉，因为，只有身临其境，你才知道什么是"天人合一"。难怪日本著名旅行家吉川团十郎先生希望"百年之后"留在纳蝉。

纳蝉，给我纯美，给我自然，我的心，在纯美自然中得到了安宁……

原载《西部开发报》2005年7月16日第7版

自贡灯会在安顺

自贡灯会在国内外享有很高的声誉，今年回安顺过年有机会观赏了这一艺术奇葩。

自贡素有"千年盐都"、"恐龙之乡"、"南国灯城"的美誉，也是全国历史文化名城和对外开放城市。此次自贡灯会在大年初一至十六在安顺展出，给节日里的安顺增添了新的光彩和欢乐的气氛。开幕式的当晚，漫步北兵营大操场，犹如徜徉在一片灯的艺术海洋之中。你看，游动的灯、旋转的灯、宫灯、瓶灯、大灯、小灯，五颜六色通体透明，星光灯光浑然一体，天上人间共为一色，令人目不暇接，令人眼花缭乱大饱眼福。"猴子捞月"造型富有新意，它将人民群众喜闻乐见的故事巧妙地表现出来，深受少年儿童喜爱；"熊猫乐园"，翠竹青青枝叶茂盛，声光布景造型精巧，把熊猫憨厚自得其乐的神态表现得淋漓尽致；"孔雀开屏"、"滚龙抱柱"、"恐龙乐园"气势宏伟，"腾龙长廊"酷似北京定陵前的画廊，使人想起了千年古国的文明。

从视觉感官上来说，灯展的成功一是取决于深邃的艺术构思，还要有一种出神入化的表现手法。应该说，自贡灯会具备了这些特点。在人头攒动的参观人群中，笔者看到一些"老四川"携妻带子前来观灯。一位在安顺某单位工作几十年的退休干部看得更是乐不知疲，来回在灯前留影纪念。一些孩子用手中的压岁钱买了一盏盏荷花灯，让人回到那遥远的童年时代。一位蹬三轮车的"小四川"在开幕式的当晚老早就围在大门口等待进去观赏，身边的一位姑娘拉着他的手激动地问："你们四川自贡灯会会是啥样?"看得出，她想与朋友分享这家乡带来的喜悦，心里涌出一份说不出的自豪感。

在众多的参观人群中，笔者采访了灯会展出团负责人杨团长，他高兴地对我说，自贡地区早在唐宋年间就有了新年赏灯的习俗，随着社会的发展和变革，灯会已成为自贡的一大新兴产业。这次由自贡市委、市政府组织的自贡恐龙艺术灯展团到安顺展出，旨在以灯为媒，传播友谊，促进自贡、安顺两地间的文化交流，让更多的人来欣赏灯会的艺术美。

是的，自古蜀国多英杰，历代盐都有能人。愿自贡灯会在改

革开放的年代弘扬传统文化，展示现代文明，不负文明使者的
美称。

原载《安顺晚报》1994 年 2 月 12 日第 5 版

情系山乡

——记全国"三下乡"先进个人傅汝吉

数九寒冬，又是一年文化下乡的日子。省文化厅文化下乡工作
队赴黔北、六盘水等地开始了 1997 年度的送文化下乡活动，负责
此项工作的是省文化厅助理巡视员，原群文处处长傅汝吉。自
1995 年冬季以来，每年的送文化下乡活动，老傅都一马当先带队
前往。

送文化下乡，是一件苦差事。但对傅汝吉来说，却是乐在其
中。提起群文工作，傅汝吉如数家珍。每次下乡之前，从组织队
伍、排练节目到准备车辆、道具干粮、地图药品，选点定线，都有
条不紊。为了让更多的农民看到演出，每次演出的时间都选在集镇
的赶场天。记得到大方县演出时，正是 1995 年腊月间，为让演员
们更好演出，老傅在台后为大家铲煤添火，还为演员们抱着衣服。
文化下乡，常到边远山村演出，在赴"瑶山地区"的演出中，一位
驾驶员带病工作，傅汝吉找来乡里的医生为驾驶员看病，并嘱咐他
在招待所休息，这位驾驶员深受感动。

一次，在一个极贫村演出。一些青年演员有怕苦怕累的思想，
在演出前，老傅组织他们访贫问苦，使这些青年演员深受教育，还
用自己带的零花钱买了书、笔和生活用具，送给在台下看节目的农
村儿童，一位年轻的女演员还将自己身上穿的毛衣脱下来送给一位

衣衫单薄的农村妇女。由于傅汝吉的言传身教，三年来，省文化厅文化下乡工作队，被人们誉为一支宣传队、扶贫队，是农民的贴心人。三年来，这支队伍走遍"麻山"、"瑶山"黔西南、黔北以及少数民族地区近30个县60多个乡镇演出放映136场，行程万余里，送图书5000多册，农民观众达70多万人次。

文化下乡，越来越受到农民群众的喜爱，老傅心里感到乐滋滋的。今年初，老傅被评为全国"三下乡"先进个人。

热爱群众文化工作的傅汝吉自1962年当兵后，就从事宣传文化工作，曾在野战部队当过文化科长。1982年转业后，来到省文化厅干文化工作一干又是17年。在傅汝吉的相册里，有一张珍贵的照片，那是1964年他参加全军业余文艺会演时同战友们得到毛主席亲切接见时的合影，这张照片成了他人生的新起点和前进的动力。三十多年来，傅汝吉保持了人民解放军艰苦奋斗、吃苦耐劳、认真踏实工作的光荣传统，在全省各地、州、县以及基层文化工作者中，可谓有口皆碑。全省86个县市，他跑遍了80个县数百个乡镇，农村文化，他是一部活字典。

瞿小书，是平塘县文化局局长，这位贵阳知青热爱文化工作，自从当上文化局长，他立志要建一座贵州县级最大的文化大楼，要让山里人都享受到丰富的精神文化生活。十年前他就与傅汝吉交上了朋友，为帮助瞿小书实现他的愿望，也为了山里人的文化生活，老傅积极为该县奔走，在省有关单位领导的支持下。一座两千多平方米的文化大楼终于建成。

开阳县禾丰乡文化站没有场所，在深入基层调查中，老傅发现该镇影院闲置，经过协商，将影院拨给文化站管理和使用，解决了文化局没有场地的困难。六枝坝湾乡布依族回乡青年伍荣腾高考中，因一分之差落榜，但伍荣腾热爱文化工作为当地群众办了不少实事，组织许多活动。老傅为鼓励他搞好文化工作，又千方百计创造条件。如今的他，已是正式专干，工作搞得风风火火，坝湾文化站也成了省级先进文化站。

为贵州广大人民群众提供丰富的文化生活，是老傅的最大心愿，也是他始终如一的追求……

原载《贵州日报》1998 年 2 月 6 日第 8 版

历史文化

巴金热爱贵阳

巴金，是中国目前唯一靠稿费生活的人，这位用笔和良心写作的优秀作家和文学前辈热爱贵阳至今不衰。

值此这位文学巨匠九十华诞之际，新近出版的《巴金小说精编》里选入的中篇小说《第四病室》，就是作家根据1944年6月在贵阳中央医院一个三等病房的见闻写成的。巴金通过各种病人的不同遭遇和命运，深刻地反映了抗战时期广大人民在国民党统治区生活的苦难情景，巴老说它是"当时社会的缩影"。这篇小说虽然描写了在病室里人们受苦与死亡，在社会上也同样受苦和死亡，但是在这种黑暗痛苦的悲惨生活中却闪烁着一线亮光，那就是一个善良的热心的女医生——杨大夫。她用自己的努力帮助病人减轻痛苦，鼓舞病人生活下去的勇气，要他们变得善良些，纯洁些，对人有用些。对杨大夫的赞美，成为巴金记忆里永不消失的一盏灯，为读者也为自己照亮了生活之路。

巴老的作品以真情为胜，《第四病室》当然也不例外。一般来说，对一个地方、一座城市的最美印象大都与当地的人情风貌相连，使人刻骨铭心的不仅仅是那个病房，而是那个柔美善良的杨大夫。时隔半个世纪，这部中篇选入小说精选（另有一篇《憩园》），不能不说是巴老情有独钟热爱贵阳的一种象征。如今半个世纪过去了，贵阳早已是旧貌换新颜，也许那位杨大夫早已不在人世，中央医院早已改头换面，但那心中的一盏灯永远昭示着人们，美丽、纯洁、善良和对社会有用的人，永远是被时间记忆的人。为了生存，人们必须更好地生活，这是这篇小说的永恒魅力所在。

愿巴金心中的贵阳永远美丽，不辜负巴老对贵阳的一腔深情。

原载《贵阳晚报》1993 年 12 月 12 日第 6 版

一个老革命者的精神追求

——访贵州省老领导徐挹江

学习是人进步的阶梯。学习使人认识人生、认识社会，引导人们走上灿烂的人生道路。

徐挹江同志是贵州省一位有威望的老领导，他一生勤于学习，一生追求真理。现已届耄耋之年的徐老乃以学习为伴，怡乐天年。

他于 1938 年春参加"民先"组织。当年夏，逃离已被日寇占领的济南，经鲁西北游击区到延安进入"抗大"学习。1940 年分到鲁西军区做宣传工作，1945 年调到大队任政委，1949 年进军大西南任 138 团副政委。先后任兵团政治部报社社长、宣传部副部长、政治部主任、地州委书记、省委常委、宣传部长、省顾委副主任。徐老几十年如一日，结合革命斗争实践不断深入学习马列理论和多方面的知识，不断用科学理论去解答自己的困惑与疑问，在追寻真理的过程中跟上时代、享乐人生。

进步书籍引导青年徐挹江走上革命道路

徐挹江，1919 年出生于山东省济南市的一个平民家庭。九岁那年，日本军队进攻济南，制造了震惊中外的屠杀我军民五千余人的"五三惨案"，他亲眼看见房东老太太被日本人的炮弹炸死。1937 年七七事变后，日军大举南下，于 12 月 24 日渡过黄河，驻守济南的军队一枪未放便仓皇南逃，几十万济南人民又一次沦为日军铁蹄下的亡国奴。家境的窘迫，特别是国运不昌，使正在求知的徐挹江多了一份忧虑和思考。

徐挹江五岁时，父亲把他送到私塾读了两年。1929年，徐挹江进了济南第三实验小学五年级学习，第一次接触的新派文学作品是冰心的《寄小读者》，那是王校长给高年级学生宣讲的，印象很深。到了六年级开始读《红楼梦》、《水浒传》、《西游记》等经典文学作品，他从这些书中朦朦胧胧地开始了解社会，认识社会。

高小毕业，徐挹江因数学差没有考上中学。当时梁漱溟在山东邹平县"乡村建设研究院"。他的父亲在那儿做了一名大师傅，为师生掌厨，徐挹江也跟着去了邹平。这期间，他经常跑到县图书馆去借书看，读得最多的是商务印书馆出版的《万有书库》。徐挹江从种种文学作品中了解到外面的世界，在思考中国社会及个人命运的同时进一步开阔了眼界。1936年，徐挹江在天津《大公报》上读到了范长江写的《中国的西北角》，才比较清楚地了解到共产党经过长征已到达陕北建立根据地的情况。这使他忽然想起了曾经读过的小说《铁流》。中国的红军不也是这样一股伟大的铁流吗？于是，徐挹江下定决心要把自己汇入到这股铁流之中……

踏上革命征程　学习增长才干

1938年初，八路军一二九师由太行山发展到济南、鲁西北地区，开展抗日游击战争。当时已在济南参加我党领导的"民族解放先锋队"的徐挹江闻讯后，于6月离开济南投奔八路军。几经辗转，8月在临清县城看到一则"陕北肤施（即延安）抗日军政大学"招生的告示。中国西北角强烈地吸引着这个有志青年，通过层层考试，徐挹江被录取为"抗大"第五期学员，于11月初来到了延安。

抗大的生活是艰苦的，同时又是丰富多彩的。如今年过八旬的徐老想起那段时光，脸上放出幸福的光泽。在抗大一年多时间里，不断聆听毛泽东、周恩来、陈云、李维汉等中央领导和一些部门负责同志做抗敌形势、任务和方针政策的报告，也听过从华北前线回来的邓小平、贺龙等同志关于在敌后开展游击战争的报告。这些报告，使他认清了革命形势，坚定了革命信心。尤其让徐老难忘的是，1940年初的一天下午，徐老所在的队因搞野外训练匆匆赶来听毛主席给将要毕业的学员作报告，因来晚了没位子，主持人只好叫队员们席地挤在讲台上，主席那次着重讲的是关于抗日持久战的问题。徐挹江就坐在主席跟前，近在咫尺仰望毛主席。主席旁征博引、深入浅出，那雄辩而风趣的演讲以及运用"两分法"对中国和世界的战局进行的分析说明，那富于穿透力的湖南口音，那斩钉截铁般的手势，给徐挹江留下了深刻的印象。

抗大的学习和生活，使年轻的徐挹江的精神得到了充实和升华，通过系统的学习，对社会、对历史、对人生有了深刻的了解。此后，在转战南北的枪林弹雨中，他坚持学习。在敌后抗日战争最艰难的时期，在任部队文化教员和随军记者的日子里，先后写下了《福井和夫》、《气吞郓城五十五师》、《麻黄路上》、《中东欧向何处去》、《印花包袱》、《返俗》等通讯或小说。这些作品显现了作者长期读书的功力，尤其是《中东欧向何处去》一文，犹如一篇新华社的国际形势述评，登载在晋鲁豫《文化生活》杂志上，受到各方好评。至今，徐老回忆起当时的写作情景，仍历历在目。

作为刘邓大军的一员，徐挹江和他的战友们经晋鲁豫到华北和西北一隅，又经那里回到晋鲁豫，再从晋鲁豫到大别山，到淮海战场，渡江战役过长江到皖南到赣东北，1949年10月，部队经湖南开向大西南，此时，徐挹江又调到一三八团，作为十六军的先头部队，从湘西直插贵州，11月15日解放贵阳后，立即迁回川南，配合友军完成成都战役。1950年1月回到贵州后，又调回兵团政治部任报社社长，从此，与贵州的社会主义建设结下了终生之缘。

投身贵州建设　与时代共进

　　徐挹江在贵州度过了近 52 个春秋。半个多世纪以来，无论是担任部队报社社长，还是做部队政治工作，无论是干工交工作，还是做农村工作，徐老都未曾放弃读书和学习，还养成了调查研究的习惯。徐老办过部队的速成中学，参加编写晋鲁豫边区抗日战史和第二野战军战史，他把这些当成提高自己文化知识、加深理解我党我军建党建军方针路线和战略战术水平的大好机会。在"文化大革命"初期，徐老在铜仁工作，当时所有藏书都被没收了，只好在被关押的学校从被学生抄乱的图书室找马列著作。80 年代以后，由于工作关系，同省知识界的交往较多，结识了许多理论、新闻、出版工作者和文学艺术工作者。徐老在政治思想上满腔热情地关心和爱护他们，总是以朋友的身份与之交往，因此赢得了知识分子的信赖和尊敬。80 年代初，贵州的文学作品在全国占有比较显著的位置，涌现出一批有才华的作家和艺术家。他退居二线后，对退下来的同志中的业余创作者也给予积极支持，如王化棠的《卫河静悄悄》、陈勇进的《黄河风涛》、邓德礼的《铁壁伏匪记》等几本小说的出版都为其作序，字里行间充满了深情厚谊。

　　他担任省顾委副主任以后，除力所能及地为社会做一些工作之外，一项主要的工作就是搞调查研究。徐老认为，今天的工作无论是内容还是形式，比过去都要丰富和复杂得多，多学习勤调查，最大限度地做到全面、深入、具体地了解情况，更好地为上级组织提供决策依据，尽可能客观、公正、合理地处理矛盾，避免和争取少犯错误。学习思考，成了他毕生的追求。

原载贵州《文史天地》2002 年第 1 期

方寸之间寄真情

——访我国著名邮票设计师李印清

秀丽的贵州山水风光，在李印清心里如一幅美丽的画。那些极有韵味的民族建筑和巧夺天工的手工艺品，给李印清留下了极深的印象。

李印清是贵州省首套地方选题邮票《侗族建筑》的设计者，他是邮电部邮票印制局设计室主任，高级工艺美术师。是他将贵州省独特的侗族建筑再现于方寸之间，献给了海内外邮人。

贵州，在李印清的脑海中并不陌生，1965 年，他从中央美院毕业后，曾随铁路大军来到贵州安顺铁路指挥部工作。一年多的时间里，他收集了大量的民族素材，画了两千多张速写。但接受了为贵州设计《侗族建筑》邮票的任务后，他没有满足已有的感性印象，为了拿出一流的作品，他又先后三次到黔东南考察。从江的增冲鼓楼、百二鼓楼和黎平的田间风雨桥、跨河风雨桥，都留下了他深深的足迹。

在贵州省黄才贵、冯玉照、李多扶等同志的协助下，他终于完成了侗族建筑邮票设计和邮品材料的收集。今天，在方寸之间，李印清的精心设计使优美的侗族建筑跃然纸上。

《侗族建筑》首发式结束后，李印清又马不停蹄赶到贵阳、安顺等地采风。所到之处，受到邮人的热烈欢迎。李印清对记者说，贵州的集邮水平不低于全国水平。

对于这套邮票的成功，李印清有了更多的希望，这就是希望贵州能有更多的题材登上邮坛，让更多的人了解贵州。

原载《贵州日报》1997 年 7 月 4 日第 8 版

收藏这段历史

——中国二号自然宝砂王进入博物馆

大年刚过，春天已悄悄到来。

2月的最后一天，贵州省博物馆馆长李黔滨接待了一位面色清瘦操四川口音的人，他就是贵州汞矿（含两厂）破产清算组、生产自救小组副组长郭燕杰。郭燕杰说，贵州汞矿将有收藏价值的矿产标本及部分具有文物性质的实物资料无偿捐赠给省博物馆，不知该馆意向如何？省博物馆当即决定派陈列部、保管部、研究室负责人及专业人员组成临时收藏小组，前往贵州汞矿，实地了解情况。

昔日的辉煌

贵州汞矿有着六百多年的开采冶炼历史，在贵州古代史和近代史上占有重要地位。据有关资料介绍，早在1913年，万山（贵州汞矿所在地）属省溪县，东抵湖南麻阳、芷江，南接玉屏、新晃，西与岑巩毗邻，北界铜仁、凤凰。有汉、侗、苗、土家、回、布依、仡佬、彝、水、满、蒙、白、纳西、毛南、壮、瑶、羌等民族构成，境内山峦起伏，沟壑纵横，森林遮天蔽日，交通梗塞，耕地不足万亩，民以凿洞打砂炼汞为主。汞是当时军火生产的必要物质，为统治者所重视，英法帝国主义曾侵入掠夺十年之久。中国收回后，长期民营，进行无政府主义的自由生产。老板与工人的矛盾日趋激烈，成了中国工农红军与黔东省溪纵队开展革命活动的地方。1925年9月4日，贺龙旅长曾亲率刘夔纵队来到万山，其部队分别驻在省溪县城（今解放街）的上馆、下馆等地。1931年3月，贺龙以军长的名义，令姚元忠回原籍建立了万山苏维埃政府，带领万山人民开始了有组织的斗争。省溪纵队对牵制敌军，策应红二、六军团进行长征起了重要的作用。

数十载，万山汞矿经历了风风雨雨，在那峥嵘岁月里，受尽剥削和压迫的矿工们愤怒地点燃了四次大规模斗争的烈火，给国民党反动派以沉重打击，写下了难以忘怀的篇章，留下了可歌可泣的光辉一页。

二号宝砂石

乌云散去见太阳。1952 年 5 月，在中国共产党的领导下，由政府正式接管建矿投产。贵州汞矿是我国有色金属工业的老矿山之一，是集采、选、冶和加工为一体的国家大型企业，是国内最大的汞系列产品生产基地。新中国成立以来，累计生产汞及系列产品三万余吨，上缴国家利税 15 亿余元（按现行货币计算）。1990 年以前，一直是贵州出口创汇大户，为促进地方经济和有色金属工业的发展，做出了应有的努力，特别是 60 年代以汞产品的优势，为偿付苏联欠债作出了历史性的贡献。

《中国有色金属报》的一篇文章曾指出，矿山资源是非再生资源，挖一点，少一点，勘探—建设—生产—关闭，乃矿山的必由之路。贵州汞矿进入 90 年代，资源枯竭，市场疲软，大部分矿山相继闭坑已成现实。原累计探明地质储量 31149.3 吨，截至 1996 年底已开采 30064.6 吨，其余残存储量大部分为矿柱、矿壁，开采难度大，可利用程度低。汞产品生产量大幅度下降，已从 60 年代年产 100 吨以上降至目前年产几十吨，要靠汞产品来维持企业的生存和发展，显然不切实际。经全国企业兼并破产和职业再就业工作领导小组 2000 年 7 号文件批准，铜仁地区中级人民法院于 2001 年 10 月 16 日正式公告贵州汞矿实施政策性关闭破产。这是党中央、国务院对资源枯竭矿山企业职工的关怀和爱护，是国民经济战略调整的需要。

留住这段历史

3月6日，省博物馆收藏小组一行，风尘仆仆赶到万山特区，当晚与省有色行业管理办公室主任、贵州汞矿破产清算小组组长黄力平、副组长杨杏生和资产清算小组组长朱喆等协商后，3月7日一大早，在贵州汞矿张光友的陪同下，对贵州汞矿史陈列室进行拆装，一张张反映历史的图片，一件件珍贵难得的实物，都逐一清点登记，细心包装。此时，专业人员发现办公室一角不被人注意的几件测量仪器，凭着文博人员征集文物的眼光，这几件文物中，一件是50年代西德制造的经纬仪，另一件是60年代苏联制造的经纬仪，均有较高的收藏价值。据张光友说，这些实物，放在这里是没有用的，今后只会当废品丢掉。如博物馆认为有用，捐赠没有问题。清点的这批实物中，有矿工用的最原始矿灯，有早年英国水银公司从千里以外带来的耐火砖，有1890年盛过水银的罐子，还有万山汞矿各坑挖出的矿石标本，等等。清点登记工作直到中午1点。应该说这批实物具有较高的文物价值，因为它们从一个侧面记录了贵州的汞矿历史，反映了社会变迁和发展的历史。

二号天然宝砂王，在一块矿石上，缀着四颗菱形紫红色的宝砂，其中一颗高4.3cm，宽3.5cm。是所捐赠的文物中最闪亮的文物。多少年来，贵州汞矿采选了无数矿石，中国地质博物馆捷足先登收藏了贵州汞矿采集的第一颗宝砂石，而这颗二号宝砂王如今仍由贵州汞矿交邻近的派出所保管。当晚8时许，贵州汞矿档案室管钥匙的人和派出所管保管箱的人同时到场，在有关人员的监督和保护下，这个色彩艳、光泽美、极富神秘感的宝砂王，顺利地收进了省博物馆特意带来的收藏皮箱之中。不大的陈列室，记录着矿山当年辉煌和难忘的过去。如今，当一件件文物和资料清理进箱时，帮助清点的贵州汞矿张光友和他的同事们，心中充满了难以言表的苦涩和一份特有的庄重。贵州汞矿的历史，正是矿山工人和技术人员用青春的岁月和生命的激情所成就。

正因如此，贵州汞矿破产清算组的有关负责人，强烈地意识到矿山不因破产而消失，守住这段岁月，留下这段历史，将这些珍贵的文物资料捐赠给博物馆，审时度势地使贵州汞矿历史文物资料及珍贵的矿山标本得到很好的保存，将这段历史展示给后人，是无数矿山人的心愿和永久的精神寄托。他们用自己的行动告诉子孙后代，他们无愧为贵州的矿山人，在市场经济的大潮中，他们没有将这些有价值的文物拍卖，而是有组织的无偿捐赠，在国内实属罕见。

面对这些珍贵文物和价值不菲又极具收藏价值和观赏价值的宝砂王，省博物馆的专业人员紧紧地护在身边，为防不测，人不离箱，箱不离人。翌日清晨8点，省博物馆收藏小组一行匆匆离开了万山特区。由于道路坑坑洼洼，大家都为车上的宝砂王安全捏着一把冷汗，开着北京吉普的驾驶员也十分小心，汽车绕开坑洼走，万山至田坪只有十多公里的路程，汽车却足足走了一个小时。即使中午就餐，收藏小组人员的视线，也没有离开装着宝砂王的箱子。大家也顾不得欣赏路边那青青的山，山间一块块黄黄的油菜花，还有那一株株白色的、粉红色的含苞欲开的桃花，眼前只有那长长的路，还有那价值连城的二号宝砂王。为了宝砂王的平安，不顾四百多公里长途的颠簸，直到汽车开进了省博物馆的大门，大家疲惫的身心才得以放松，长长地舒了一口气……

原载《中国有色金属报》文化周刊2002年5月8日

毕节古城墙呼唤保护

1999 年 7 月 1 日，记者接到毕节原地委副书记、离休老干部李效敬等近百名干部群众对保护该市明代古城墙的紧急情况的反映。7 月 4 日，记者赴毕节就此事进行了调查。

一群老毕节人，一些在毕节奋斗多年的离休老干部，市人大、市政协委员，出于对社会对历史负责的强烈责任感，去年就开始发出保护毕节市明代古城墙的呼吁。

毕节古城墙始建于明洪武年间，此后历代进行了扩建、维修和加固，虽历经了六百余年的风雨剥蚀仍坚如磐石，它是毕节设卫录于贵州都司，撤卫建县的见证，也是明清时期贵州实行"改土归流"后中原文化进入水西地区的反映，与贵州始设行省有着密切关系。

毕节古城墙自 50 年代后相继被毁。据群众反映，当年行署拆东门，南宁修礼堂，电影院的地基，四小河边围墙等都拆用了古城墙的料石。现在毕节古城墙只剩铁匠街一段 150 米，威宁街一段 230 米，半边街一段 300 米，西庵庙一段和三小等处均有残存段落，共有 1500 多米。

关于保护古城墙，毕节群众曾上访中央办公厅，中办批复要市委市政府认真研究。但最近城市建设拆迁又毁掉上百米城墙。据说拆城墙的原因，是古城墙至今未列为文物保护单位。

据毕节市文化局副局长赵忆祖介绍，毕节市委、市政府和社会各界近年来对文物保护工作是重视的，国家级文保单位大屯土司庄园和 5 处省级文保单位及市级 26 处文保单位都有较大影响，毕节社会各界还集资修复了慧泉寺等文物，城市改建工作也征求文物部门意见，并按"谁投资谁开发谁受益"原则，要求开发商和建设部门将修复文物意见报文化主管部门。谈及古城墙未立保之事，赵副局长认为，由于没有论证不好确定。目前，铁匠街拆迁在即，危及古城墙，记者看到，目前正准备修路直达威宁路，铁匠街小校场和地区盐业公司修建处已拆掉城墙40多米。据群众介绍，毕节市人民政府于1988年曾将层台古城垣遗址列为县级文物保护单位，但其他的城墙，因非文物单位，故可根据需要随时处置。

有错则纠。地区文化局坦言：未立保是由于前几次文物普查工作疏忽所致。面对城市改道中碰到的问题，有关领导认为，需要认真研究考虑和高度重视。

记者7月5日见到地区文化局副局长杨小悟时，他正与行署副秘书长姬异丹及有关部门贯彻落实全区实施划定并公布各级文物保护单位的保护范围及周围建设控制地带的保护工作。杨副局长告诉记者，前段时间，市委曾召集该市美术界及建设部门座谈，在会上提出古城墙保护一事，但有关部门不以为然，未见有任何行动。文化局组织有关人员实地考察后并于6月20日写了给行署关于请求保护毕节市古城墙的报告。报告指出，逢旧城改造时期，古城墙将要遭到致命性的毁坏，为避免国家文化遗产遭到不必要的损失，希望行署领导协调建设及有关部门，不得拆毁毕节古城墙，并由市政府行文公布为文物保护单位加以保护。姬副秘书长认为，在大规模城市改建中，应对城建与文物保护关系问题予以高度重视。

文物具有不可再生的特点。熟知毕节历史的毕节一小退休教师聂肇基在给市政府的建议中提出：第一，政府应将毕节古城所在城垣全部列入文物保护单位；第二，在旧城改建拆除中，若发现城墙石应集中起来，作修复之用；第三，城市规划中把铁匠街、环城路、水巷子三段亮出作为毕节古城的一道风景线；第四，通津路古街稍加修建，也可成为一处景观。毕节卫校副教授吴长生认为，地市两级政府应召集有关人员会议，邀请有关文化、史学专家，文物专家参加城市建设规划的论证。同时要在建设过程中严格划出控制地带。记者还了解到，为解决文物保护经费长期紧缺的情况，毕节地区行署最近明文决定，地区财政今年要视情况安排一定的文物事业经费，并从 2000 年开始，将文物保护纳入财政预算。同时要求各县（市）要加大对文物工作的重视和投入，将文物事业经费列入财政预算，认真按国务院关于加强和改善文物工作的通知精神，落实好"建立适应社会主义市场经济体制要求，遵循文物工作自身规律，国家保护为主并动员全社会参与的文物保护体制"的任务。

原载《贵州日报》1999 年 7 月 20 日第 4 版

还原古文物的本色

——唐文元素描

唐文元是贵州省博物馆的古文物修复和复制专家。

在他不太宽敞的宿舍，他工作和研究的空间是三平方米的阳台。阳台的架子上，堆满各种模型和复制品。

刚过立夏，可狭小的阳台却似乎已入盛夏，闷热得使人难耐。

唐文元性格内向，可谈起文物的修复和复制，却是滔滔不绝。

"这是五羊传舍铁炉，是东汉时期传递信件的象征，相当于后来人们所说的驿站吧。"他指着照片上的文物向我解释。

去年初，新建的中国邮电博物馆根据查找到的有关资料文献，获悉贵州省博物馆有赫章出土的五羊传舍铁炉。为得到这个在中国邮电史上占有重要地位和价值的复制文物，中国邮电博物馆和贵州省博物馆取得了联系。

唐文元在很短的时间完成了这一任务，并受到了中国邮电博物馆领导的好评，因为从外观造型和结构来看，他复制的文物达到了以假乱真的水平。在花溪"贵州古代文明展"的展示里，人们看到的展示贵州发展史的百余件文物中，经他之手复制的就达二十多件，有一些还是国家一级文物。这里面，有已出土二十多年的一级品带钩，是西汉时期的文物，这件文物有明显的地方特色——娃娃鱼带钩，据史书记载，这是当时珍贵的赠品。唐文元复制这件文物时，有明显的锈斑，据多年的实践和经验，经研究考证和反复实验除锈后，看到这件文物不但有花纹而且还有铭文。研究表明，花纹是装饰，铭文是当时的文字记录，具有相当高的历史价值。

这些年，经唐文元修复和复制的文物已有百余件，其最得意和值得骄傲的有好几件国家一级文物。

汉代铜马车就是其一。

如今，经他修复的铜马车成为贵州馆藏文物精品。

他研究提出的关于古代铜鼓夹垫铸造工艺的特点和方法，这一学术成果已为国内文物界所公认。

与他交谈，话语间透出他对事业的浓爱之情。他认为，文物的价值在于它携带着的历史的、文化的、科学的种种信息和寄托其上的人的感情，文物的生命在于它的真实性，正是从这一点出发，对唐文元来说，保护文物第一就是保护文物的"本原性"。

有人曾对他说："活路处在自己手上，找点钱发个财不成问题。"可他说，一个文物工作者如果把文物当成摇钱树，就会使国家蒙受极大损失，毁了文化事业和文物古迹。

谈及贵州文物保护工作，唐文元并不乐观。就说在省博物馆吧，多年来一直没有一个实验技术室，工作条件相当艰苦，而且，文物修复事业后继无人。他说他最大的愿望就是渴望在退休前能看到博物馆有一个技术实验室，并能亲自带出几个热爱文物修复和文物复制的学生。

原载《贵州日报》1996 年 5 月 17 日第 7 版

文化人行使的文化使命

——访中国民文艺家协会主席冯骥才

采访背景：2003 年 2 月 18 日，我国著名作家冯骥才（全国文联副主席、全国政协委员）以中国民间文艺家协会主席身份向外界宣布该协会将启动一场国家级"中国民间文化遗产抢救工程"。抢救原因：在全球化的冲击下，农耕文化孕育的民间文化正遭到毁灭性的重创或在速死阶段，而民间文化构成了中国文化的一半。民间文化是中国文化的母体，是民族精神情感、个性特征、凝聚力、亲和力的载体。抢救目的：给世人留下一个完整的家底。抢救意义：民族精神是一个民族赖以生存和发展的精神支撑，抢救文化是为拯救民族精神。目前，中宣部已将这一抢救工程列入"国家社科基金特别委托项目"。10 月 18 日，借冯骥才到筑参加中国民族民间文化保护工作试点会议之机，记者就有关问题采访了冯骥才。

记者：当前，中国文化受到西方流行的商业文化的侵蚀和冲击，您如何看待这一现状？

冯骥才：一百多年来，外来文化进入中国，共有两次。五四时期，大多数中国人对外来文化是陌生的，但知识分子站在时代的前沿，选择介绍的都是世界文化的精华。像鲁迅译果戈理《死魂灵》、茅盾写《西洋文学》、巴金译屠格涅夫、刘海粟介绍西洋美术史，都是很系统的。改革开放以后，外来文化进入中国，与五四相比有两个不同。其一，接受文化的主体不同。五四时期，面对外来文化，首当其冲是知识分子，这次则是普通民众，他们对外来文化有一种期待心理，甚至认为外来文化新鲜、新奇。其二，外来文化的内容有变化。这次传入的外来文化，其中坚力量是西方流行的商业文化，这种娱乐性的、粗鄙化的、沙尘暴式的流行商业文化，具有非常大的冲击力，使国人来不及挑选就一股脑儿地进入了中国。这种商业文化在西方已非常成熟，尤擅长市场运作（包括媒体炒作），所以从超市到肯特基、麦当劳，从 NBA 到好莱坞，迅速占领了我们的文化市场。这种商业文化，有两种主菜：一是名人。因为他们是最好的推销的商品，其逸事、绯闻都可变成炒作的由头。二是时尚。市场制造的商机，为时尚带来无限可能性。

记者：这种商业文化包含西方的价值观，那么，对我们的文化传统最大的冲击是什么？

冯骥才：这个问题切中要害。现在普通人的菜单就是外来的商业文化，这种文化在港台经过一段时间培育后，与年轻一代的喜好、审美融为一体，中断了我们的传统文化，使我们的文明受到伤害。我们要的商品经济，不可能拒绝商业文化，但对其副作用要有充分的认识。流行商业文化的冲击，最致命的要害是年轻一代对自己的文化缺乏自豪感、光荣感，不珍爱自己的文化和道德标准、行为操守，甚至认为传统文化是过时的、是旧的。

记者：这种认知，与您眼下正在进行的中国民间文化遗产抢救工程有何内在联系？

冯骥才：我关心我们传统文化载体的命运。传统文化的载体分两部分，即典籍的精英的文化和民间文化。如果说，我们的民族精神、思想传统基本是在精英文化里面，那么，我们民族的情感、民族的特征、民族的凝聚力则是在民间文化里面。目前看来，精英的典籍的文化没什么大问题，比如我们的二十四史，全唐诗等，都是有文字记录的。但民间文化受到很大冲击。因为，我们正处于一个文明转型期，农耕文明逐渐消解，转入现代工业文明，这是社会文明进步的表现，但人类创造的文明却不能同时瓦解。实际上，随着农村的乡镇化、乡镇城市化和城市工业化，原来的文明架构松散了，大量的民间传承丢失了。所以，对我们的民间文化，抢救是很紧迫的。在历史上，我们对庞大、灿烂的民间文化缺乏整理，家底不清。我们有责任对迅速消失的民间文化进行抢救，把它整理出来，建立起民间的《四库全书》。

记者：这项工程浩大艰辛，请问具体工作将如何开展？要用多长时间？

冯骥才：这个工程是文化部中国民族民间文化遗产保护工程的一个组成部分，要与文化部的民间文化保护工程连接起来。首先是普查工作，即对中国九百六十万平方公里、五十六个民族的民间艺术进行"地毯式"的普查。这次普查是文字、摄影、摄像三位一体的普查，这样，我们留给后人的不仅是文字记录，而且是可视的、可听的、动态的记录。在此基础上，我们把其中有价值的经过专家鉴定的民间文化遗产报给文化部，由文化部提出保护的方式。比如建立生态保护区或博物馆、挂牌民间文化艺术之乡、申请人类文化遗产等，这个工程差不多要用十年，前五年主要是普查，后五年是整理。目前，我们正在进行的有《中国民俗志》、《中国民间文学集成》、《中国民间叙事长诗集成》、《中国民间史诗集成》、《中国民间美术集成》、《中国手艺人名录》、《中国民俗分布地图集》和《中国民间美术分布地图集》等，从而使我们对祖国的文化大体一目了然，真正做到"心中有数"。

记者：除了查清家底之外，这项工程有什么深远的意义？对于一个文化工作者来说，应该明确什么责任？

冯骥才：一个文化工作者应该是文化遗产的责任人，不是文化的救世主。任何一代文化人，都有责任把先辈创造的文化精华保护好，交给下一代，这就是一个民族文化与精神的传承。我们正处于人类社会的转型与文明的转变年代，对农耕文化遗产进行全面整理的神圣使命正好到了我们这一代人手中，不负前人，不负后人，也为今天的中国。因为，这不但体现了文化精神，而且体现了一种历史精神。中国现在非常缺的就是这两种精神。在这一点上，我很佩服法国人。1980年马尔罗任文化部部长时，法国搞过一次文化大普查，大到教堂，小至羹勺，悉数登记。之后，法国人把每年6月的第二个星期设为遗产日。这个行动在欧洲被广泛借鉴，很多国家也设立了遗产日，以表达每一个城市、城镇居民对先人创造的虔诚之情。中国是一个文化大国，应该对自己的文化遗产顶礼膜拜。在文化交流日益频繁的今天，我们不能把自己的文化封闭起来，更不能丢掉自己的文化。今天，我们要抢救的民间文化遗产是指农耕时代所创造的文化财富，不是现代社会生活中新产生的民间文化。我们所要做的就是要强化我们的文化主体，培育我们的民族精神，这才是民间文化抢救工程的意义所在。

记者：在具体的抢救过程中，您认为知识分子如何用行动实现思想或把思想变成充满活力的行动？

冯骥才：孙犁言"行为主，文为辅"。当年，敦煌藏经洞被盗后，罗振玉、刘半农等一批知识分子呼吁抢救。之后，张大千、常书鸿驻扎莫高窟。梁思成为保护古城倾尽心力。对于一个作家来说，最重要的不是你运用何种方式写作，而是你对整个社会问题所给予的关注。我特别欣赏秘鲁作家略萨的这句话："在实施'文化良心'的过程中，我不会因惧怕种种现实困难而放弃自己的追求和使命。"这场抢救战役看似抢救文化，实则是抢救人。令人欣慰的是，有不少大学生自愿到最偏远的地方去调查，从而看到了文化抢救保护的前景和希望。

记者：冯主席，您第一次到贵州马不停蹄地走了许多地方，就贵州的民族民间文化保护谈谈自己的看法好吗？

冯骥才：我第一次到贵州，为这里蕴藏如此丰富的民族文化而惊讶！贵州堪称是一座民族文化的富矿。正因如此，为搞好民族文化保护提出了更高的要求。同时，也面临迅速的工业化、城镇化、旅游商业等强烈的冲击。这个改变势不可当。贵州广大民族民间文化工作者要有一种危机和紧迫感。要以最快的速度作普查，摸清家底。只有摸清家底，才能作出保护抢救规划，全方位开展工作，趁现在还没有消失和破坏的时候，把原生态的东西保留下来。应该看到，贵州的民族民间文化保护好了，一定会带来经济上更大的发展，我对此充满了信心！

2003 年 10 月 20 日采访写于贵阳

魂牵故乡

我真的没有想到，一个偶然的机会，使我与我国著名邮票设计大师陈晓聪相遇。

陈晓聪是名声卓著的文化将军陈沂的女儿，个子不高、清瘦，含蓄、婉约的双眸具有生命的质感和分量。她用哀婉的轻轻话语告诉我，父亲陈沂于 2002 年 7 月 26 日上午 9 时 5 分离开了他所热爱的一切。离开这个世界之前，父亲嘱托女儿：捧一把家乡的泥土洒在自己的坟墓前，让为之情牵的魂魄得以安宁。为了实现这个愿望，陈晓聪与爱人来到故乡遵义新舟。

家乡的一草一木在雨中摇曳，大自然的一切在雨的滋润中，更显得绿意盎然。一切都是这么熟悉，一切都是那么亲切。当陈晓聪 8 月 14 日到达新舟时，家乡的父老以温暖的情怀接待了远方来的游子。在故乡祖辈的坟前，捧上了一抔泥土。又来到遵义红军山，肃穆的红军山下有多少不死的英魂，他们静卧如松，默默无声地度过一年又一年。如今，奋斗操劳一生的父亲来向你们报到来了。山风阵阵吹来，夹带着阵阵细雨，让人仿佛回到那激情燃烧的难忘岁月……

父亲陈沂，1912 年 12 月 4 日生于贵州遵义新舟镇一个贫苦教师家庭。1927 年毕业于遵义中学，后随舅父到成都，考入四川大学工学院。1929 年考入上海中华艺术大学公学大学部，在地下党员的影响下，参加青年反帝同盟、左联外围组织。1931 年 1 月，在河北参加左翼作家联盟，1931 年 12 月加入中国共产党。1937 年 11 月，在山西晋城参加八路军，先后担任过八路军晋南军政干部学校校务部主任、冀鲁豫日报社社长、大众日报社社长、新华社山东分社社长、中共中央山东分局宣传部部长、华东局宣传部部长、东北民主联军总政治部宣传部部长、野战政治部副主任和代主任、东北野战军总后勤部副政委和政委以及第四野战军兼中南军区后勤部政委、党委书记。1950 年 9 月至 1958 年 3 月，任解放军总政治部文化部部长。之后，被错划成右派，下放黑龙江省劳动长达 21 年。1979 年 6 月，得到平反昭雪的他担任上海市委副书记兼宣传部长，并于 1983 年 2 月至 1985 年 7 月任上海市人大常委会副主任兼财经委主任。从黔北少年到文化将军，陈沂一生几起几落，坎坷曲折富有传奇色彩的人生折射出时代的发展与变迁。父亲，对他心爱的女儿的一生有多么大的影响啊！

　　陈晓聪刚出生不久，父母亲就要奔赴抗日前线，未满月的她被送到沂蒙山区的老乡家寄养。吃包米芯糊糊长大的她，经常和养母到高粱地里躲避日本鬼子的扫荡，寄养在村里的好几个八路军子女（包括罗荣桓元帅的女儿）都先后被日本人杀害或因饥寒交迫而离开人世，陈晓聪命大，活了下来。直到五岁那年，父亲才找到了陈晓聪，回到了父母身边。从此，风里来雨里长，终于迎来了共和国的诞生。谁知，1958 年，才上初二的她因父亲被划成右派命运发生改变。报考中央民族学院附中和电影学校皆因政审不合格而落榜。当导演、画家的梦想就此落空。不甘心的她到哈尔滨艺术学校去旁听学习琵琶、素描、绘画。那年的暑假，陈晓聪只身到了北京，经好心的张仃伯伯帮助，她找到了丁井文校长。父亲有问题，孩子有什么错？陈晓聪参加了中央美术学院附中的招生考试终被录取。陈晓聪永远都不会忘记这位慈祥的老校长，他为陈晓聪的人生开辟了新的道路。但是，四年努力的结果还是因政审不合格而未能迈进高等艺术院校的大门。半年后，绝望之际的她遇到了父亲的老战友——原邮电部副部长赵志刚叔叔，曾在山东老根据地的他看着陈晓聪长大。他和邮票发行局原局长宋兴民一起录用了这个走投无路的孩子。带着十分激动十二分惶恐，陈晓聪走进了神圣的邮票设计室的大门。在那令人难忘的一天里，她向所有的老同志、中国邮票的第一代设计师们深深地鞠了一躬，这一躬啊，是对前辈和信仰的崇拜，也是陈晓聪邮票设计生涯的开始。陈晓聪虚心向老师们学习，参加设计的纪念114《中日青年友好大联欢》是她设计的第一枚邮票，是陈晓聪用自己的心一笔一笔画出来的。以后，她和同志们深入生活、深入大庆，决心把大庆精神搬上邮票，为此，画了大量的素描。然而，一场"文化大革命"，把陈晓聪的梦撕得粉碎。作为一个大右派的女儿，自然成了运动的重点。因为父亲的问题，陈晓聪被定性为现行反革命，抄家、批斗、写检查之后，还被送到湖北阳新干校劳动改造，父母、爱人同时被捕关押。直到粉碎"四人帮"，她才重新回到邮票发行局，从事自己喜爱的邮票设计事业。陈晓聪设计过许多邮票，《祖国风光》、《聂耳》、《冼星海》、《社会主义新成就》、《荷花》等深受广大集邮者喜爱。但令她兴奋和感到欣慰的是为家乡贵州遵义设计的《遵义会议50周年》。陈晓钟清晰地记得，那是父亲平反的1978年的秋天，她与父亲来遵义参加纪念遵义会议50周年庆典。她与父亲来到红军山，雨后的红军山静肃而庄严，此时的她胸中翻滚波涛。长征，是世界人类史上的伟大史诗，没有中国工农红军，就没有遵义会议和长征的胜利以及新中国的诞生。作为一个遵义人，作为一个革命的后代，有责任将这段历史画卷展示和传给后人，让无数英灵与天地共存，与日月同辉。凭着对家乡的热爱和对遵义特殊的感情，她所设计的《中国工农红军长征胜利六十周年》获1996年全国最佳邮票评选的优秀奖和专家奖。

方寸世界，展现时代精神。陈晓聪对贵州的一往情深都倾注在她的邮票设计中。此次返乡，她觉得遵义的变化令人感到惊奇，她希望能为家乡的建设多做一些事情。如果父亲还在，他一定会感到欣慰和自豪，因为，他是一个遵义人。

原载《贵州日报》2002 年 8 月 23 日第 7 版

侗族大歌踏上"申遗"之路

经中国社会科学院少数民族文学研究所邓敏文研究员等人多年的实地考察，目前侗族大歌流行区，主要集中在贵州省黎平县南部地区。总面积不到一千平方公里，流行区总人口不足十万，而且正逐年减少。许多著名的侗族大歌歌手、歌师均已年过古稀。大多侗族青年外出打工或在校读书，参加侗族大歌演唱活动的青年人已经越来越少。侗族大歌正面临后继无人，濒临失传的尴尬境地。

2002 年 1 月在黎平县中国侗族鼓楼文化艺术节期间召开的侗族大歌国际学术研讨会上，专家们一致提出，由黎平县牵头开展申报世界非物质文化遗产工作，此项工作于今年 3 月 5 日正式启动，并得到中国科学院、中国社会科学院、文化部和全国侗族音乐专家的大力支持。

侗族大歌来源久远，距今已有两千五百多年的历史。宋代，侗族大歌已经发展到了比较成熟的阶段，如宋人陆游在其笔记中就有关于"仡伶"（侗人自称）集体做客唱歌的记载。至明代，邝露在其所著《赤雅》一书中更加明确地记载侗人"长歌闭目"的情景，这就是当时演唱侗族大歌的真实记录。

熟悉侗人文化的人士不难发现：凡有侗歌流传的村寨，必有鼓楼和花桥；而有鼓楼和花桥的村寨，不一定都有大歌流行。这是为什么呢？因为侗族大歌是侗人文化的灵魂。鼓楼和花桥是侗人文化的外在形式或物质形式，而大歌则是侗人文化的口头形式或非物质形式。所以说，大歌是侗人的心灵反映。大歌一般都在鼓楼中演唱，所以有人又称侗族大歌为"鼓楼大歌"，大歌一般是在村寨或氏族之间集体做客的场合中演唱，是侗人文化交流和情感交流的核心内容。而鼓楼和花桥则是根据这种文化交流和情感交流的需要而修造的公共建筑，所以说，侗族大歌是侗人文化的灵魂。

侗族大歌的演唱方式和组织形式很特殊。在历史上，侗族大歌流行区的各个村寨都有不同年龄段的男女大歌队，如儿童队、少年队、青年队、中年队、老年队等。这些歌队都按氏族或村寨组建，少则七八人，多则数十人。儿童队的主要任务是接受启蒙教育；少年队开始对演唱进行全面训练；青年队是演唱大歌的骨干力量，承担与外寨或本寨歌队进行比赛的重要任务，中年队和老年队则承担着培育新人、传承文化的重要使命。由此可知，侗族大歌不仅仅是一种音乐艺术，而且是侗族社会结构、婚恋关系、文化传播和精神生活的重要组成部分，侗族大歌在侗族人民的心目中具有崇高而神圣的地位。

侗族大歌是最具特色的中国民间音乐艺术，也是国际民间艺苑中不可多得的一颗璀璨明珠。1986年10月，法国巴黎金秋艺术节执行主席约瑟芬·玛尔格维茨听了侗族大歌演唱之后激动地说："在亚洲的东方一个仅百余万人口的少数民族，能够创造性保存这样古老而纯正的、如此闪光的民间合唱艺术，这在世界上实为少见。"此后，侗族大歌频频亮相中国中央电视台，还参加世界大学生运动会联欢晚会、北京音乐厅等重大国内外演出活动，得到国内外亿万观众的赞赏。

随着人类现代化和全球经济一体化进程的逐步加快，侗族大歌正面临着前所未有的现代文化、外来文化和市场经济的全面冲击。侗族大歌赖以生存的经济基础和文化土壤正遭到前所未有的破坏。

自然生态需要保护，人文生态也需要保护。像侗族大歌这样的稀有品种，应当成为人类非物质文化遗产而得到科学有效的抢救和保护。"抢救、保护、继承、发展侗族大歌"，成了黎平县一件头等大事。

为了使申报工作顺利进行，目前该县正在做以下工作：

——在侗族大歌主要流行地区贵州省黎平县岩洞镇建立侗族大歌保护试点基地，恢复或新建老、中、青、少大歌演唱队并开展群众性的"学歌和赛歌"活动，逢年过节为当地群众演唱，使该镇所属各侗族村寨逐步建立起大歌文化自我发展的良性循环机制。

——以试点基地为引导，提高当地群众、机关部门、相关人员对侗族大歌文化的保护意识，凝聚各方力量，调动各方资源，共同参与到抢救、保护、继承和发展侗族大歌的行动中来，并以此带动整个大歌流行区域的学歌、唱歌和赛歌活动，逐步实现或恢复村村有歌队、寨寨有歌声的人文新环境。

——研究和制定优秀歌手及著名歌师奖励、命名政策，使侗族大歌的学习和演唱活动逐步走上良性循环和可持续发展的正常轨道。

——在黎平县城关四小、岩洞中学、岩洞小学、竹坪小学、岩洞幼儿园等分别建立侗族大歌人才培训示范基地。

——发掘、抢救、整理那些濒临失传的大歌作品，采用文字记载、印刷出版、录音录像等现代科技手段进行有效保护。

在最近由省艺术研究所主办、黎平县承办的侗族大歌申报世界非物质文化遗产项目申报文本论证研讨会上，众多专家认为，申报书以"侗族大歌艺术"作为申报点，但从文化遗产的角度看，仅仅作为"艺术品种"，不具备较强的竞争能力。而且，从某种角度来说，忽视了侗族大歌的真正价值。

那么，如何判断侗族大歌的价值？专家们以为：应该从侗族大歌作为维系侗族族群认同感的高度，来判断其价值。从侗族大歌怎样塑造侗族民族的整体族性，如何锻造其民族内部每一个成员和个体的品性，如何培育民族情感，如何传递民族文化等高度和角度去判断其价值。在这个基础上，再对其通过高度艺术手段的具体方式（音乐、文学）进行详细描述和分析，由此才能更加突出侗族大歌作为一种"文化"的价值，而非一个艺术品种的价值。与会专家、学者一致认为，与其说是"文化遗产"保护，不如说是一个民族捍卫她的族群认同。有些专家甚至将侗族大歌视为侗族人美好心灵的信仰，侗族人的宗教。只有站在这样的高度，才能真正认识侗族大歌与侗族人的生命相依的关系，也才能真正体现侗族大歌的价值。

部分专家认为，侗族大歌申报非物质文化遗产的根本原因在于传统的传承链受到了冲击。申报书中也提到近年来在传承方式上的探索，专家对此认为应该对这部分工作认真回顾和总结。有专家认为，侗族大歌之所以能够成为侗族族群认同的"宗教信仰"，传承机制是其命脉和灵魂。为了区别于其他申报项目，建议将大歌的项目申报定位，由"艺术转为一种传承和教育的模式"比较合理。因此，仅仅提艺术，难免让人理解为仅仅是一个品种或节目形式，在日后的保护措施上，也难免因"艺术"的定位，仅仅注重节目的保留和演出，而忽视了大歌与侗族生活的整体关系。专家们认为，目前，重要的不是大歌进课堂，而是学校的音乐课堂进鼓楼的问题。

原载《贵州日报》2003 年 8 月 22 日第 8 版

黔北地宫守护人

全省首届文博讲解员培训班 4 月 13 日在遵义举行，因采访巧遇，便随之一同参观了遵义杨粲墓博物馆。一同乘车的一位女青年到博物馆后旋即成了该馆的讲解员，她的表达富有文采且有深厚的功底，提起杨粲墓，如数家珍倒背如流。后才知道，她就是该馆馆长周必素。

黔北的山风吹拂着她那披肩的长发，守望着这块热土，周必素一个四川大学历史系考古专业毕业的大学生，到这里已经默默耕耘了十余年。

位于遵义市红花岗区深溪镇坪桥村皇坟嘴的杨粲墓距城中心十余公里，是南宋播州安抚使杨粲夫妇的石室墓，是全国为数不多的大型宋墓之一，墓中出土的精美石刻百余件，是宋代雕刻艺术的珍贵遗存。自1982年公布为全国重点文物保护单位后逐渐修缮。建馆初期，水、电、路均未通，周必素每天上班乘城郊公交车后，还得步行一个多小时，工作条件虽然艰苦，但她千方百计克服夫妻分居、孩子小等困难，尽心做好本职工作。为健全杨粲史进行研究考评，其中，杨粲墓"卷发贡使"在周必素的考证下，否定了土著民族说，而认定了系西墓博物馆功能，充分发挥国家重点文物保护单位的价值。周必素把所学的专业知识充分运用到工作实践之中，并且她多方呼吁，保护国家文物。在遵义市委、市政府和有关单位领导的重视下，杨粲墓的辅助陈列工作于1999年提上了议事日程，为此，周必素承担了大量准备工作。在周必素眼里，把古播州遗迹的发现、研究更深入地开展，是一个文博工作者义不容辞的职责。杨粲墓博物馆，作为遵义第一个有关这方面史学研究的专门机构，应该首担此项重任。多少个不眠之夜，周必素研读了郑珍和贵州省文博专家谭用中、宋世坤、侯天佑、史继忠、谢尊修、修大苏、王尔逊、翁仲康等人的大量研究资料和文献，先后制定了黔北地宫杨粲墓陈列大纲、杨粲与播州土司陈列大纲，同时，杨粲作为播州一土司，波斯进贡人在其墓内的出现，充分体现了杨粲治播的"中兴之世"和当时播州疆域的宽广及势力的强大。对杨粲墓买地券、播州杨氏世系等的大量考证，为她在杨粲墓辅助陈列内容、形式设计思路打下了坚实的基础。在着手陈展品和布展的近两年时间，周必素把陈列室的特点和陈列内容相结合，在发现发掘、维修保护、墓葬结构、杨粲墓与两墓葬、出土文物几个方面把各项内容分离细化，让观众了解得更具体、更透彻。透过杨粲墓的精美雕刻和大量的出土文物，加上零星点缀的花卉盆景和古乐灯光，无不让观众重新审视杨氏土司725年的历史，强烈地感受到遵义历史的变迁。由于经费少、人员少等原因，此项工作从资料整理、文物征集到布展设计等几乎都是周必素一人完成，一段时间，因杨粲墓漏水和风化问题严重，维修经费紧缺，周必素自费到北京向国家文物局汇报，引起了领导和专家的高度重视，很快得以立项，现已完成了前期防漏水工程的维修，二期化学保护亦即将启动，使珍贵的文物遗产得到了及时的抢救和保护。目前，该馆已成为人们了解遵义的又一个窗口。周必素，每天仍乐不知疲。

　　周必素，1991年毕业于川大历史系考古专业，获历史学学士学位，毕业后分配至遵义杨粲墓博物馆至今。1998年被评为全国文物先进工作者，并获国家文物局颁发的郑振铎、王冶秋文物保护专项基金奖。曾在《贵州文史丛刊》、《中外文化交流》、《贵州文物工作》等刊物发表论文十余篇，编辑、校对的《古播遗踪》有较高史学价值。

原载《贵州日报》2000年5月6日第8版

钩沉探隐　嘉惠学林
——访贵州省老学研究专家尹振环

　　1972年初到1974年初，我国考古工作者对长沙马王堆一、二、三号汉墓进行科学发掘，出土了近千件珍贵文物，品类之多、保存之完好，为我国考古工作中所罕见。其中，新发现的古佚书（即帛书）中，抄有《老子》（甲、乙种本）和其他4种古佚书，共20多种12万多字，这对于研究西汉初期及先秦的社会政治、经济、科学文化等方面都有重大价值。

何谓帛书？我国大约从春秋后期起，除了以竹木简作为主要的书写材料之外，用丝绸写书的风气渐渐流行。写在竹简上的书叫"竹书"，又叫"简书"（包括木简书）；写在绢帛上的书文称"帛文"，又称"素书"（素书指白色的生绢），故"竹帛"、"竹素"成了古代对书籍和历史的别称。古代帛书究竟是什么样子？过去考古界无从谈论，直至马王堆三号汉墓发掘，人们才有幸第一次看到它的模样。

1976年夏天，当时还在开阳县工作的尹振环在县新华书店买到了《马王堆汉墓帛书老子》，后来又买到《经法》（即《黄老帛书》），从此，尹振环与《老子》结下不解之缘。二十多年来，尹振环校注了帛书《老子》，还先后在《复旦学报》、《哲学研究》、《中国史研究》、《文献》、台湾《"中国"文化月刊》等多家学术刊物上发表了六十余篇有关老子的研究文章。1994年、1997年，尹振环的《帛书老子释析——论帛书老子将会取代今本老子》和《帛书老子与老子术》获贵州省出版基金资助由贵州人民出版社出版发行，在海内外引起强烈反响。今年3月，25万字的《郭店楚简老子研究释析》又由中华书局编辑待出版，该书明确提出，《楚简老子》的作者是春秋时代的李耳（即老聃），而帛书《老子》则是战国时期的太史儋所著，并纠正了文物出版社1998年5月版《郭店楚墓竹简》释文的一些错误。今年5月12日，经全国哲学社会科学学科规划评审小组评审，全国哲学社会科学规划领导小组审批，尹振环申报的2000年度国家社会科学基金项目课题——楚简与帛书（老子）的比较研究获准立项。李学勤、孙以楷、周立升、张启成、魏启鹏等专家学者认为，尹振环对《老子》的研究，折射着对20世纪50年代以来学术研究的反思与批判。这不仅使老学研究在20世纪留下深深足迹，也是他对传统文化研究的一项贡献。

6月下旬的一个周末，记者在花溪霞辉路工行宿舍里遇到了尹振环先生。已退休多年的尹老师精神饱满，思维活跃……

从古到今，研究注释《老子》的人数不胜数，唐玄宗、宋徽宗、朱元璋等帝王都"御注"过《老子》。梁启超、章太炎、胡适乃至毛泽东都研读过《老子》，并且还有论述。古代，注释《老子》之书超过千本，而今之释本超百。这种情况下，要有独到的创造实在太难，但尹振环毅然走上了一条艰苦的治学历程。

尹振环1934年出生于河北沧县。14岁那年，随父亲来到贵阳就读于达德中学。不久，他考上了贵阳一中预备班，因交不起学费辍学。为了生活，尹振环在花溪、青岩卖过香烟，赶过马车，直到贵州解放，才有幸到了省干校学习。

后来，他在开阳县水利局搞测量工作。工作之余，以每天必读百页的速度阅读了马恩全集、中国通史及近、现代史等大量书籍。

"文化大革命"前，他曾读过一本《老子》，但所知不多。直到1976年读到帛书《老子》，尹振环心中的疑惑才渐渐解开。

"文化大革命"后，有本台湾著名学者的《老子释注》发行了18版，书中断言："帛书老子是最古本，却不是最好的版子"，"帛书两本《老子》贡献并不太大"。此种观点，成了海内外占统治地位的观点。始初，尹振环也相信这观点，但很快产生了怀疑。随着研究的深入，尹振环发觉，由唐玄宗钦定的诸今本《老子》的篇次、篇名、章序全都是错的，且有20多个章分错了。1979年，尹振环将研究《老子》的第一篇试作《老子原貌当为百章》寄给了一些名家，没想到这篇不成熟的作品，竟然先后得到著名学者任继愈、张松如、胡曲园、胡家聪等的指教与鼓励，甚至高龄的高亨先生也用颤抖的笔给他复信。他们严谨不苟的治学精神，给了他极大的鞭策和鼓励。此后，他的《从帛书老子看今本老子的结构布局》、《老子的"无为"哲学》、《老子的"无名"思想》等，经《复旦学报》主编张家骏先生的慧眼得以发表。1989年下半年始，尹振环开始重新校读各种版本的《老子》，并在研读中外历史、先秦诸子与先秦史的过程中敢于非，敢于疑。尹振环坚信一条：只要坚持疑信得当，终能直指是非。

帛书、楚简老子自出土后对谁都是公开的，研究的关键是不盲从。在研究中，尹振环从历代学者对《老子》的校注中悟到，与其多用东汉以后的注疏，不如多用西汉时的注疏；与其多用西汉时的注疏，不如在《尚书》、《易经》、先秦诸子、《左传》、《国语》等书中寻找答案。在吸取传统之精华去其糟粕中，尹振环的《帛书老子释析》、《老子术》、《楚简老子释析》，恢复与凸显了《老子》的政治道德、政治哲学的本来面目。

尹振环认为，在中国乃至世界，老子是第一个为侯王、统治者设计政治道德，系统提出"道德经"的人。正像《孙子兵法》是世界最早的军事哲学著作那样，《老子》也是世界第一部政治哲学著作。为使更多的人从传统文化中吸取有价值的营养成分，尹振环说，在有生之年，将为此尽献绵薄之力。

尹振环，1982 年到省委党校任教，曾在复旦大学学习进修，在党校讲授中国古代史、世界近现代史。1994 年退休，系副教授。

原载《贵州日报》2000 年 7 月 28 日第 5 版

不懈的追求

今年 10 月，贵州人民出版社出版的《中国市场经济法律问题丛书》入选精神文明建设"五个一工程"奖。消息传来，出版社的领导和编辑们的脸上露出了欣慰的笑容。

经济上较落后的贵州，人文资源却是相当丰富，贵州文化人辛勤的劳作，常有不凡的成果。《中国市场经济法律问题丛书》的问世，再次证明了贵州文化人的不凡。

专家们这样评价这部书：这是国内第一套系统地从法律角度分

析研究社会主义市场经济运行秩序、规范及其管理的系列著作。内容涉及市场经济法律问题的方方面面。其中，关于企业集团、非法人团体和信托等方面的研究比较新颖，具有开创性。全（套）书既有理论性，又有很强的针对性和可操作性。该（套）书的出版对于从深层次上研究和解决社会主义市场经济的法律问题具有重要意义。

专家们这段简洁的评论，耗费了编辑们整整四年的心血。

这部丛书的策划者和责任编辑，是1990年毕业于政法学院法律系的研究生杨建国。六年的编辑工作，让他对出版人有了许多新的认识。他以为，一个优秀的出版人，不但要为社会输送精神产品，更要对社会变革作深层次思考，出版的作品不仅要服务于良性大文化的建设，还要直接配合经济建设的需要。

学法律专业的杨建国，在看问题上有他独到的一面。面对不断发展的市场经济，他更多的是从法制的角度去看待文化现象。他感到，市场经济就是法制经济，它要借助于与之相适应的法律制度得以建立。舍法制，经济必将陷入无序状态；法律，在市场经济建立过程中显得极为重要。可不可以编一套这方面内容的书呢？1992年，杨建国把自己的想法告诉了分管副总编吴家萃和部主任奚晓青，他的想法得到领导的支持。

1992年底，全国人大法律委员会副主任江平来黔考察，省出版社的这一选题得到了江平教授的首肯。江平教授为这套书提出了宝贵的建议。

选题立意确定，总体思路清晰，大量的工作由此展开。

作者大都是参加全国人大法律起草的执笔人，全国寄来书稿15部，300多万字，经过审定后9部入选，共250万字，仅审稿就用了半年的时间。从1992年策划选题到1995年4月出书，历时4年，这部书真可谓页页浸着编辑的心血。

出一部有着丰厚品位的好书，是出版人的骄傲。贵州的出版人，总以自己独特的视角来发现有价值的作品，这里没有功利驱使，唯有对人文精神不懈的追求。

原载《贵州日报》1996 年 11 月 29 日第 7 版

欢乐的苗家

—— 贵州省台江县台拱镇大红寨村见闻

初遇

羊年的正月十四是 2 月 14 日，这一天是情人节，一个充满了感情色彩的节日。然而，这一天我的情感之帆却在台江县台拱镇大红寨村停泊，在波澜起伏的情感之潮中一次又一次升华。面对大红寨的全体村民，我的泪水禁不住流下。我庆幸，在新的一年即将跋涉之际，大红寨，你让我重新认识到人生是一次次新的起点，不能有半点停歇……

能到大红寨村采访，是一种缘分。2003 年 2 月 13 日，来到贵州省台江县采访苗族文化大舞台比赛活动，缤纷绚丽的服饰、动人优美的歌舞让我目不暇接。虽然天空飘洒着毛毛细雨，但却阻挡不住人们观看的热情。广场的后面站了一堆人，他们在围观一帮吹芦笙的人。我过去一看，一种从未有过的兴奋荡击着我，四十多人手持的芦笙大约有一丈高，芦笙的上端挂满红红的布条，仿佛面面红旗在召唤英勇出征的将士。令人惊奇的是两位中年汉子手持五尺之高的圆木，那圆木是空心的，犹如一个木制的大管，管中有一细管，细管的上方是吹奏的木筒。几十位芦笙手有节奏地吹奏着，高音、中音、低音彼此呼应形成自然雄浑的和弦，又恰似一面催人奋进的战鼓，引人出征。二十多位身着苗族盛装的少女和着芦笙的节拍自然形成一个大大的圆，和乐起舞，那清脆的银铃在翩翩的舞中摇曳，恰似一股山泉一泓小溪。他们参演的芦笙舞是最后一个节目，把一天的比赛推向了高潮。似有未了之愿，我终于找到了那位吹"重低音炮"的芦笙手，这位脸腮吹得通红的汉子名叫张运忠，是村党支书，听说我要去村里采访，非常高兴。因为村里参加演出的人多，要在附近的村寨住一晚上，翌日才返村寨，我与张支书相约翌日10时与之同行。

进寨

羊年正月十四，县里申报文化遗产办公室的张主任和县政协的小杨司机同行。沿着一条乡村公路在高山峻岭中行驶了二十多公里，一条山涧挡住了去路，而司机小杨面不改色地冲向水中继续前行，小杨自豪地对我说，这条水路，他走过了十多趟。原来，大红寨村的公路剩下最后的两公里，这两公里就是让面前的这条叫翁基的河流挡住了去路，如不是这辆解放吉普车，我们还要走近一个小时的山路。我们到达村子不多时，村芦笙队的姑娘小伙子们扛着芦笙挑着行头朝村里奔去。不等支书吩咐，一会儿，村妇女主任邹二山组织歌手摆好了迎客入寨的桌子，芦笙队有序地站在村头和风雨桥的里头迎接我们几位客人。歌声伴着牛角敬酒，把我们迎到了村寨。大红寨村是一个苗族聚居的村寨，又分上寨和下寨，全村274户，共有1050人。去年11月一场大火，烧毁了上寨30多户人家的房屋，正是最困难的时候，县委书记杨静多次带领有关部门现场办公，迅速动员县直属机关捐款捐物，同时调配粮食发放到每户，解决了群众的燃眉之急。州里有关领导还亲自到大红寨村视察，帮助解决实际问题。虽然今年春节前还未盖房屋，但一想到有党和政府的关怀，大家从心里感到温暖，从他们那一张张迎风的笑脸上，你丝毫看不出半点沮丧和悲哀。

下午两点，我们在村民张志成家吃午饭，主人家杀了仅有的一

史
文
化

425

只鸡，老支书张昌德听说寨子来了客人，把刚刚从河里捕捉的鱼拿来做成了一道地道的菜肴，鱼刺是剥剔干净的，拌上烧煳的辣椒面和盐巴如同鱼酱。人们围着堂屋中央的炭炉互敬新春之酒，那股淳朴和真挚让你酒醉心醉。三点，刚刚回到村里的芦笙队和姑娘们又汇集在村里的球场上，随着芦笙音乐的节奏，村里的老老少少闻声赶到球场。少倾，山坡上，房屋前，球场边站满了围观的群众。乐声如同鼓声惊天动地，你的心为之雀跃，情不自禁地汇入这支欢乐的队伍之中，一次次、一遍遍地重复一个有力度的、有展示力的八步，身心被一种特有的快乐包围。村卫生员、芦笙队长张昌林，村小学的老师张志荣，村长张学文看着我学舞渐入佳境，高兴地说，像个样子、有了味道。而村寨的一名叫张青的姑娘见我真诚学舞的样子，则把我拉到了村委会，一定要我穿上她的服装，戴上她珍爱的银饰和大家一块跳。在她和妇女主任的打扮下，我也当了一回苗家女，汇入那绚丽多彩的霓裳队伍。此时，村里的许多老人看着我笑得合不拢嘴，连连说："漂亮，像我们苗寨人。"支书张运忠激动地放下他的"低音炮"握着我的手说："段记者，你穿上我们的苗家服饰，和我们共舞，是真的心贴心了。"青山为证，谁说不是这样呢？

感悟

大红寨村是台江远近闻名的芦笙艺术之村，这是一片民族民间的沃土，这是民族音乐的一枝奇葩。因为大山的阻隔，人们更多地知道台江苗族姊妹节，知道台江有非常漂亮的苗族服饰、有刺绣和银饰工艺等。殊不知，这支特殊的芦笙队让你真正领略了什么是苗族文化的神韵，其特殊的制作本身就涵容了苗族芦笙的精髓。它的高音即领奏的部分是六个管，中音部分是三个管，大低音部分是一个管，一支完美和谐的芦笙队数十套芦笙，演奏时多用 C 调、F 调和 G 调。芦笙和芦笙舞，苗家人认为是始祖母创造出来的，象征着苗家人的母亲的声音。其起源传说源于两位女性。相传远古时雷公山脚有一苗族姑娘长得漂亮，一天忽然被一野鸡精抢入洞穴中。姑娘绝望时，连续两天听见洞外有竹管声，于是，姑娘在洞中用口哨声和竹管对吹。最后这个吹竹管的青年男子寻声到洞中，并将竹管交给这个姑娘吹奏娱骗鸡精，男孩伺机将野鸡精杀死救出女孩。之后，就将那根救了女孩性命的竹管制成了芦笙。而芦笙舞蹈的起源，传说有一位名叫葛仰香的姑娘与一穷苦青年相播相亲相爱，然而，有一财主想霸占姑娘，两人发誓永不分离，逃出虎口。财主知道后带家丁追赶二人，追至一山崖时相播摔下悬崖身亡。姑娘悲愤不已便在大年初一邀约同伴吹笙起舞，以悼相播在天之灵。当舞至天黑时，葛仰香倒地气绝身亡。后来，苗族人民为了纪念这两位苗族青年男女的纯真爱情，每每在过年过节吹芦笙舞蹈。汉族史籍里也对苗族芦笙文化有着生动的记载：参差六竹管，长声黄钟涛，短声清微散，舞来随节旋，吹去别促缓，苗女共苗男，明月花满山。显然，芦笙作为苗族代表器乐和表现形态当之无愧。

支书张运忠告诉记者，近年来，台江县委、县政府重视对苗族文化的抢救和保护工作，专业人员经常下到村里采风整理。去年，县里开展苗族文化走进课堂、走进广场、走进村寨活动。大红寨村小学都开设了芦笙、剪纸、刺绣、苗舞苗歌课，提高了群众对苗族文化保护的认识。过去，村里每个小组有一套芦笙，现在发展到以户制作成套芦笙，这样，既扩大了队伍，又增强了演奏的感染力。这种吹笙伴舞、吹笙领舞和吹笙自舞的表现内容不但可分为礼乐曲、叙事曲，还有进行曲、歌体曲与舞曲等，其舞蹈动作有走、移、跨、转、立、踢、别、勾、翻等，或庄重肃穆、或动作激越、或轻松明快、或活泼紧凑，只有汇入这支绕圈的踏声舞蹈队伍之中，你才能真正感受高山民族顽强的生命力和一往无前的气概，他们前进的步伐不可阻挡，任何艰难困苦都会被他们心中燃烧的激情所融化，转化为不灭的精神和信仰。

惜别

不知不觉，时针已到下午六点。数百村民依依不舍把我们送至村口，而此时的芦笙吹得更响更雄壮，73 岁的老芦笙手张兴德拉着我的手热泪盈眶，他说："只要你们愿意听，我愿永远为你们演奏。"而站在河边山腰上的三位大妈挥手唱歌送别：你们就要走了，我们不愿让你们走。真想让你们留下，与我们共乐。我向她们挥手告别，却挪不开离去的脚步。

大红寨村，你让我知道什么是心与心的沟通，什么是平等和理解，什么是民族文化的内涵，我从心底祝福你们：来年的大红寨村民族文化一定会有所发展，受灾的农户一定会重建家园，生活越过越好……

原载《贵州日报》2003 年 12 月 26 日第 8 版
此文被评为 2003 年中国报纸副刊年赛二等奖

领略黄岗

去黎平，先到黄岗，是在我的计划之外的。原想先去中国首批十个民族文化保护工程试点单位之一的肇兴侗寨和中挪合作项目之一的堂安侗族生态博物馆，谁知大年初七黎平双江乡的黄岗村有一个大型节日活动，入乡随俗吧，翌日晨 9 时许，我和黎平县委宣传部的同志一道驱车前往黄岗。

黄岗是黎平县双江乡最偏远的，也是交通和经济最落后的一个侗族村寨，尚未开发。从县城到双江乡的四寨侗寨后，就没有大路可走。所乘的面包车也无法蹚过河水，只能换乘吉普车。四寨距黄岗仅 18 公里，但恰似在山海里穿行。山路是林区的一条便道，崎岖不平，非常颠簸。其间，还要穿过无数山溪，那溪流中的鹅卵石凸凹不平，更显路途艰难。行车近两个小时，中午 12 时许，从未谋面的黄岗村展现在眼前，那场景使晕乎乎的头变得清醒——在村寨门前，数百名身着节日盛装的侗族少年花似的簇拥在村口。拦门迎客时，整整齐齐的孩子们同声唱起迎亲大歌，顿时，清脆的嗓音在山谷里回响。山崖边，站满了数也数不清的侗族同胞，而迎风摇摆使劲吹奏芦笙的是一群中年的男子。最让你兴奋的是，村里所有的人都身着民族服装，老的、小的、年长的、年轻的，你会看到人人脸上都露出真诚的笑容，山里人的那一份质朴、那一份憨厚、那一份坦荡和那一份热情都在张张脸上显露无遗。

寨门迎客活动持续了一个小时，村里广播通知各家各户吃完饭后在鼓楼门前集中。午饭，是在村长吴正林家吃的，同桌的还有中央音乐学院音乐系博士生李廷红和上海戏剧学院导演系青年教师姜涛等远方来的客人。刚就座，几个侗族姑娘就捧着酒杯挨个敬酒，酒歌唱道：今天你从远方而来，我们没有好茶饭招待，喝一杯醇香的米酒，让我们都陶醉在相会的日子里……一巡酒下来人们都似醉非醉。虽然这天很冷，下着毛毛的冻雨，但喝了这酒，人们心里都热乎乎的。吃完午饭，来自全村四个鼓楼的近千名村民汇集在村委会的鼓楼旁，而此时的各家各户都准备了"抬官人"的物品，但见四十多副用粗竹竿做好的轿子，轿子上铺上了红红的线毯和大红的被面，一家家像是亮家底。据村长介绍，"抬官人"节是黄岗村继"祭天节"之后的第二大民族节日，每隔两年举行一次。黄岗"抬官"节的形成，还有一个美丽的传说。很久以前，黄岗有一个叫吴和志的青年，武艺高强，为民除害，人尊称"黄岗大将"，是父老乡亲的保护神，乡亲们为了答谢他的恩情，在正月初七这天，自发抬他走村串寨，让父老乡亲参拜，年复一年"抬官人"就形成一个固定的节日得以流传。后来，经鼓楼寨老会议确定，寨中德才兼备的年轻人经推荐扮"黄岗大将",所不同的是,官人要给13道拦路拜官的男女老少散发银两,给予答谢。看上官人的姑娘还可以和官人并肩而坐,也有姑娘抢走官人的鞋袜,以示爱慕。官人下轿后,还得花钱将官鞋赎回。如今,抬官人的活动也变得丰富多彩。在黄岗村,人们对下一代给予无限的厚爱,家中有小孩的,小至两三岁,大至十几岁都可以被年长者抬上轿,而这些参加抬轿活动的人家,每家要拿出100个糯米粑和20元钱送给那些朝拜的人们,还要给每个轿夫三斤猪肉。每个轿子有八个轿夫,虽然绕寨一周很累,但也其乐融融。黄岗原汁原味的"抬官人"活动,持续了五个多小时。活动结束后,邻近的岑和村前来祝贺,该村是苗族村寨。此时小伙子们吹响芦笙,身披绣花肩的姑娘们踩起歌堂,全村男女老少前来观看,汇成一片欢乐的海洋,形成活动的第二次高潮。

原以为活动结束后即可返回县城,谁知村委会广播通知,晚饭后9点还要举行全村赛歌会。在该村小学民办教师吴再光家吃完晚饭后,天已是一片漆黑,打着手电筒的人们又汇集在村委会鼓楼前。此时,全村的1600多名群众排着方阵围成一圈,借着微弱的几盏灯,顶着毛毛冻雨,在瞬间的寂静中,一个拿着话筒领唱的男青年引吭高歌,顿时千人侗族大歌汇成一个巨大的声音在山谷回荡,给远方而来的客人一个意外的惊喜!接着,全村的十多个大歌队轮流登台,有少儿的、青年的、中年的,他们分别唱"童声大歌"、"鼓楼大歌"、"礼俗大歌"、"叙事大歌"、"声音大歌"等,大歌传递了黄岗人对这片土地的热爱和眷恋,表达了侗家人对美好生活的向往和追求,只有此时你才能理解侗族大歌的和谐之美!大歌的节拍有快有慢、声部多,但纵横交织、气势磅礴,犹如一部天、地、人的自然交响曲。聆听侗族大歌,你可以不懂他们的语言,但你可以从他们的声音当中听到蝉鸣和鸟叫,听到春天和播种,听到丰收和喜悦,听到生命和激情,听到情感在心灵中升华!

子夜时分,人们还没有一点点睡意,耳畔仍回荡着大歌那纯情、弥漫的声音。不想回去了,便在吃晚饭的吴老师家中住下。令人吃惊的是，在他那简陋的木楼上，《贵州日报》贴满了整个墙壁，而在我睡的那张小木床旁，正好有我所写的走进民族村寨的文章。回味一天来的活动情景，我的心久久不能平静。这是一个贫困而又闭塞的侗寨。这是一个外界需要了解的侗寨。它远离繁华，但没有浮躁；它远离富贵，但不失快乐；它是一个丰饶、美丽的家园，更是一块民族文化的净土……

原载《贵州日报》2004 年 2 月 12 日第 8 版

侗族大歌走进国家大剧院

10 月 3 日，"2008 国际民歌博览音乐周"在国家大剧院拉开帷幕。30 个国内外民歌表演团体齐聚一堂掀起民歌热潮。由贵州省民族民间文化保护促进会组织选送的贵州黎平侗族大歌艺术团在这个无比绚烂的舞台上格外引人关注，成为此次民歌博览的亮点。开幕式上，贵州黎平侗族大歌艺术团整齐亮相，一曲动听的《蝉之歌》无指挥无伴奏的原声演唱，让两千多名观众耳目一新，引来全场阵阵掌声。

"2008 国际民歌博览音乐周"使国家大剧院变成了民歌的海洋。参加演出的黎平侗族大歌艺术团的 28 名歌手在民歌艺术交流中尽展才艺。此次活动要求均以原声演绎纯粹民歌，所有的乐器和民歌表演者的演唱全部为现场表演，无电子伴奏带，音响设备也简化到最基本的水平。由于侗族大歌真实再现民歌朴实的风貌以及民歌表演者的表演，近距离的表演在现场观众中更是激起了阵阵欢呼和惊叹，使听众对侗族大歌有了全新的了解。

经"2008 国际民歌博览音乐周"艺术委员会的评选，组委会审核通过，由贵州省民族民间文化保护促进会组织选送的贵州黎平侗族大歌艺术团获邀参加由国家文化部外联局、北京市委宣传部、国家大剧院共同于 2008 年 10 月 3 日至 8 日在北京国家大剧院举办的首届国际民歌博览音乐周活动。按照要求，给贵州黎平侗族大歌艺术团限定的时间是 45 分钟，贵州省民族民间文化保护促进会积极克服困难，特邀中国合唱协会群众艺术专业委员会副主任、贵州省合唱协会理事长、省民族民间文化保护促进会艺术顾问孙荫亭到黎平进行曲目编排和训练，确保此次活动的艺术质量。全体演员克服种种困难，为侗族大歌挺进国家大剧院奉献出自己的才艺和激情。

10 月 5 日，贵州黎平侗族大歌艺术团与巴基斯坦民歌演员在大剧院的戏剧厅同台演出。在下半场 50 分钟的时间里，共演唱了男女混声侗族大歌《春蝉歌》、《布谷催春》、《喊门歌》、《赶歌坪》，女声尚重琵琶歌《丢久不见常相思》、侗族大歌叙事歌《珠郎娘美》、《月堂情歌》、《想你想在心窝窝》、洪州琵琶歌《晚辈要把老人敬》，男声《十二月劳动歌》侗笛演奏和《踩歌堂》等 11 首曲目，丰富多彩的侗族大歌第一次如此充分地在如梦如幻如诗如画的国家大剧院观舞台上酣畅淋漓地演绎，充分展现了侗民族的勤劳善良、勇敢豪迈的品质和艺术之情，让观众们感受到那绝无仅有的天籁之音。

多个国际民歌表演团体的参与，将此次民歌博览音乐周变成了一个了解世界的窗口和舞台。10 月 7 日，贵州黎平侗族大歌艺术团与捷克加森卡歌舞团再次走进社区，在地坛公园文化广场为广大观众演出。捷克加森卡歌舞团与侗族大歌交相辉映，演出结束后还携手共跳《踩歌堂》，把现场气氛推向一个高潮。民歌表演者们都心潮澎湃，激动不已。参加过贵州省民族民间文化保护促进会组织的第三届中国童声合唱节、厦门第四届合唱比赛的团员吴传蓉说："能登上国家大剧院的舞台演唱侗族大歌我非常激动，我们相信在这个舞台上可以更好地展示侗族大歌，让更多的人了解我们的民歌艺术。""2008 国际民歌博览音乐周"历时 6 天，国家大剧院内 6 大场所每天上演 12 场不同风格的民歌音乐会，来自海内外 30 个团队的近 1000 名民歌表演者将在国家大剧院内展现不同民族、地域和国家的文化民俗特色，近 5 万名北京市民和中外游客参与到本次音乐周的各项主题活动中。闭幕式上，贵州侗族大歌尚重琵琶歌《丢久不见常相思》又被选入参加演出，再次赢得广大观众的热烈掌声。10 月 8 日，贵州省民族民间文化保护促进会还应邀参加了"2008 国际民歌博览音乐周"论坛，代表的发言受到与会各国代表的高度赞扬。在闭幕式上，还获得中国"2008 国际民歌博览音乐周"组委会颁发的荣誉证书。

据了解，为弘扬优秀的民间文化，国家大剧院今后每两年半将举行一次国际民歌博览音乐周活动。通过不懈努力，我们相信，贵州省各民族优秀的民族音乐和艺术，将会一一登上这个属于各民族人民的舞台！

原载《贵州日报》2008 年 10 月 17 日第 5 版

历史文化

433

情思如缕

——诗人、作家张克的贵州旅游情结

在张克的眼里，贵州的山水美；在张克的笔下，贵州的山水神奇。

故乡在关岭自治县沙营乡大田村的张克，得益于灵秀山川飞瀑清泉的滋润，使他才俊文美，张克一生与新闻、诗歌和文学结缘，但他最钟情的是富有生气的贵州旅游。

1984 年 11 月 13 日，新华社从贵阳发出一条电讯说：来自全国的一百四十多位专家、学者新近经过实地考察之后认为，贵州山川秀丽，气候宜人，是一个"公园省"，贵州名山、秀水、奇峰、瀑布和岩溶洞穴遍及全省，发展旅游业很有前途。他们建议贵州成立审议组织，慎重审查规划布点方案，充分开发利用旅游资源。

这条电讯稿的发布，宣示了贵州旅游业的光辉前景。

80年代初期，张克就以极大的热情参与了贵州风景旅游资源的考察、研究和采访工作。在考察中，对贵州的历史现状、山川风光、名胜古迹和民俗民情有了新的了解和认识，这些，都真实地记录在他的散文游记集《贵州真山真水行》和诗集《缪斯们的喀斯特》之中。

张克的一些诗歌、散文是吟诵神奇壮美的黄果树瀑布的，他曾对许多人说，这里是他的家乡，是年轻时到贵阳读书的必经之地，也是工作后无数次过往的地方。1961年9月，张克写过一首《黄果树欢瀑》，在近二十年的岁月里，他一直比较满意这首诗。可当他1988年10月写成另一首题为《大瀑布》的诗后，就感到前一首诗大为逊色了。

诗人激情迸涌，这样描绘黄果树瀑布：

"我是高原郁结了一万年沉默后的爆发，

我是河流积蓄了一千里平静后的宣泄，

我是比上升更为伟大的跌落，因为心中有了太多的激情，

我才会渴望如此大的落差……"

在安顺，有一首在当地流传的新民谣，颇能概括贵州西线少数民族地区旅游的特点。这首被传为新民谣的诗，就是张克的《黄果树风景区印象》。诗云：无山不洞，无洞不奇。无村不榕，无榕不荫。有水皆成瀑，是石总盘根。寨多石头寨，城有石头城。左手拎芭蕉，右肩挎黄橙。逢人无须问，八九是布依。

这首诗，是1984年秋天张克在黄果树地区考察采访时写下的，1988年收进诗集《缪斯们的喀斯特》。张克最喜欢的是"有水皆成瀑，是石总盘根"两句，为了使诗更优美，他听取了一位省外朋友的建议，把最后一句"十九是布依"改为"八九是布依"。这首

诗，再次收入 1993 年出版的"贵州文学丛书"之一《张克诗选》，可见，诗人对它的一片钟爱。

张克笔下涌出的诗情，来源于胸中的激情和对生活的热爱。这激情，是对黄果树风景名胜区认识后的深化与升华。1991 年，国家建设部推荐贵州黄果树风景名胜区列入《世界遗产名录》，张克受省政府委托主持编写申报书。省政府非常重视这项工作，成立了以王朝文省长为组长的申报工作领导小组，组织地质、植物、动物、景观、摄影、录像等专家小组考察现场，历时两个月，任务如期完成，按时将申报书送往联合国教科文组织，成品是约 13 万字的申报书、120 多幅照片、30 多张幻灯片和 20 多分钟的录像。

这次任务，更使张克确认了黄果树在中国风景名胜中的地位和独特而丰富的自然遗产以及它的美学价值。他的作品，不管是《不解的白水缘》，还是新近出版的《神奇贵州》，直接描写"黄果树"的就有《如梦如幻的大瀑布》、《瀑水诗音、互壮声威》、《犀牛滩传奇》、《白水河银杏的后代》等篇，正如贵州省著名作家龙志毅评价的那样：他对"黄果树"倾注了一个求实者的心血和一个诗人的热情及想象。张克对"黄果树"人文历史、科学考证、社会价值和诗情画意的描写，发掘了旅游文化的丰富内涵。

凡到过黄果树天星景区的人都会由衷赞叹大自然的魅力。但人们并不知道，天星景区的命名源自张克。

1990 年 9 月中旬，秋高气爽。黄果树风景管理处的负责同志和安顺地区老专员田永光一同前往天星景区。此行专为解决景区的命名问题。

对门首横刻的"天星景区"没有异议，张克想到该有一副对联以衬天星桥之奇景，于是，上联：奇景奇景奇奇景，下联：景奇景奇景景奇，油然而生。在为天星景区的天然盆景区、天星洞景区、水上石林区定位时，田永光对"天星景区"的"星"字有看法，他说，这里本来就叫天生桥，何必把这个生字改为星字？最后大家认为，天星桥这个名字已经叫出去，而且被人们所接受，不宜再改回来了。张克提议把"天然盆景"改为"天生盆景",包容了老专员的意见。在愉快的合作中,"天星照影"、"苹婆小道"、"水上石林"、"银练坠潭"、"盘根壁画"、"星峡飞瀑"、"四椿共生"、"根石拥抱"等都自然流淌,并为"八八桥八面来景,夹夹桥夹道通幽"这样一副妙联而得意。张克不仅为天星景区命名,贵州不少景点的命名和解说词的撰写他都积极参与,竭尽心智。

诗人对梵净山也有一种特殊的感情。

50 年代末,张克在梵净山麓的农村"下放劳动锻炼"半年,他喜欢这里清澈明净的水。每天收工后,疲劳的身子往溪水里一浸,说不出有多惬意。张克的二女儿正值那时出生,取名"英溪"。

多少年过去了,张克好想再去梵净山。1985 年 11 月,他登上梵净山。相隔 12 年,他再上梵净山,登上金顶之后,对为武陵源之源的梵净山和作为"众名岳之宗"的梵净山,有了立体的思维和丰满的形象。1998 年 8 月 26 日,张克等参加《贵州旅游文史系列丛书·梵净山卷(武陵仙境)》出版座谈会和 1998 年中国梵净山国际旅游节暨经贸洽谈会期间,识破一块取名为"天书"的石头。这块石头天然形成,从右到左依序排列,为铜仁一位叫陈持民的奇石爱好者觅得。紧接着,张克于当年 9 月 1 日驱车到印江护国寺看碑林,途中路过"英溪"和"小溪"两处,是张克 1959 年下放劳动锻炼的地方,稍作停留。吃过午饭后,过湄江溪湖畔,穿越眉溪茶场后的一段坡路停车观看。张克眼睛突然一亮,奇迹出现了:一尊弥勒大佛仰卧在新金顶和凤凰顶之间。9 月 2 日,逆印江河而上去木黄。3 日到松桃后奔寨英古镇又发现形象生动姿态优美的天然石板画。这天书、天像、天画的发现,提高了佛教名山、旅游胜地梵净山的知名度,也为梵净山作为弥勒菩萨道场提供了最有力的佐证,将对梵净山的自然保护和旅游开发产生深远影响。随之,张克写了《梵净山天书·天像·天画的发现》、《让梵净山神起来》、《梵净山高水平的旅游开发》等文,收入他的新作《神奇贵州》。

几十年来,张克对贵州旅游业的发展倾注了激情和心血。他的足迹遍及贵州的山山水水，其旅游诗文为贵州旅游增添亮色，百里杜鹃、小七孔、龙宫、织金洞、花溪河、威宁高原、息烽温泉等，都在他的笔下熠熠生辉、光彩夺目。

1996年，张克在省政协会上有一篇《关于贵州旅游形象的建议》的发言，建议用"神奇"二字来塑造贵州的旅游形象。他认为，"神奇"在贵州是客观存在，贵州有神秘的历史文化和奇异的自然风光，有17个世居民族，他们在这块土地上演绎着一幕幕神奇的历史，至今各民族都保留着许多质朴状态的风俗民情，以民族建筑、民族节日、民族服饰、民族宗教、民族婚俗和民族歌舞、戏剧、工艺等形式表现出来。张克认为，"夜郎自大"本身就是冤案，"汉孰与我大"本是问诘，怎么会给贵州戴上"自大"的帽子呢？研究和发掘夜郎文化，无疑会提升贵州旅游的品位和价值。

张克在《生命的体验》一文中曾写道：生命是一种存在，存在于时间和空间之中。表现痛苦而不是沉溺于痛苦；表现死亡而不是追求死亡；表现失落而不采取绝望。一面是生命的痛苦，一面又在呼唤新生命的到来或给生命以新的希望。

张克，正是用激情和生命去拥抱"神奇的贵州"！

张克，诗人，作家，编审。当过兵，长期从事编辑、记者工作，在贵州日报社工作三十余年。曾任贵州人民出版社总编辑、贵州省政协文史资料委员会副主任。著有诗集《征程集》、《行云》、《缪斯们的喀斯特》、《大瀑布》、《张克诗选》，散文游记集《贵州真山真水行》、《贴着窗儿》、《不解的白水缘》，传记文学《关山度若飞》等。

原载《贵州日报》2000年3月10日第5版

张克老师患癌症在医院时，我因外出采访不知其事。年前，一次开会曾在一起就过餐。他谈笑风生精神状态很好。谁知，病魔会悄悄地侵入他的大脑，让人顿感生命之脆弱。在张克老师危在旦夕之际，他提出了为他书写一篇文章的要求。文人的意念就是让人揪心，这么一个富有激情的人，在离世之际仍然情系家乡。我流泪了。报社的吴熙韬老师到办公室对我说，张克老师的时间已经不多了。我用了几乎一个整夜，翌日上班时，把稿子交给吴老师，吴老师看后露出了满意的神情。他立即送到医院念给张老师听，张老师点头微笑。原本想第二天见报后拿到报纸去看张老师，谁知他已离世而去……谨此，纪念这位尊敬的老师！

2000 年 3 月 10 日

情系方志壮心不已

贵州省新地方志的编修工作历时 17 年，成绩不凡。到 1997 年底，出版省志专志 33 部，地州市志专志 143 部，县市特区志 63 部，全省各级志书成书成稿总篇幅近 2 亿字。

17 年间，贵州省共有 56 部志书在全国获奖，仅今年全国第二届地方志评选，就有 7 部志书获奖，其中，《瓮安县志》、《贵州省志·检察志》获一等奖。17 年筚路蓝缕，累累硕果，渗透着全省方志工作者的艰辛。他们为当代贵州谱写了新的历史篇章。

1980 年，贵州省一些领导同志和省人大代表、省政协委员以及威宁、道真、安龙等县政协委员提出编修地方志的倡议。同年 12 月，省志编写筹备组经省委、省政府研究同意成立，由当时的副省长秦天真任组长，和蹇先艾、王虎文、陈福桐等一批专家学者、社会贤达及立志修书的人们，会聚一起，开始了艰难的起步。随后，黔南苗族侗族自治州建立各级修志机构，安顺市成立《续修安顺府志》整理小组，贵阳市拟定市志编纂方案，省文物志积累

1400 万字资料并转入编写阶段，贵阳市着手编写《建置志》，省图书馆公布馆藏地方志目录，省派人参加全国方志培训班学习并在全省举办培训班。到 1983 年，赤水、兴义两部县志列入 1985 年出版的首批新县志规划项目，首部《贵州年鉴》也确定在 1985 年出版。到 1986 年，全省三级修志机构全部建立，为全面开展修志工作打下了良好的基础。

志书，堪称志坛文宝。然而，历史上的贵州省志只在民国时期出过一部，记录的是清代以前的史实。遵义、安顺府志原来只写到道光年间，后写到宣统。腐败的朝廷、动荡的年代，所出志书记录的都是支离破碎和民不聊生。太平盛世著春秋。改革开放的形势和安定繁荣的社会，给当代史官大笔书史的广阔空间。他们以高度的历史责任感和紧迫感，投入到了艰苦的修志工作中去。

欧阳贤去世前是黔东南州志的副总编，也是贵州省著名的民族学者。1987 年，他担任黔东南州地方志办公室副主任，并主持州财政志、农牧志、水利志等 20 多部州志专志的编写分纂工作，工作量占州志任务的 42%。年过半百的他，不顾工作条件之艰苦和工作任务之繁重，加班加点，长期超负荷劳动，终于积劳成疾。1988 年，他被贵阳医学院附属医院确诊患有淋巴癌后，仍以坚强的毅力与病魔作斗争，坚守在修志岗位。直到 1996 年其淋巴癌转移到肺部不得不到医院抢救，8 年来仅住了 6 天医院。临终之前，他完成书稿 20 多部，总编纂书稿 900 多万字，向祖国和人民交了一份闪光的人生答卷。

省史志办的同志们赞美生命不息奋斗不止的欧阳贤说："修志编书何所求？功益当代利千秋。清贫艰苦从无怨，故纸堆中做黄牛。"

做"黄牛"的岂止欧阳贤？遵义地区方志副总编侯格文、毕节方志办副总编李安仁、黔南州志办副主任刘昕身患癌症而仍然坚守在修志的岗位上，他们都让同志们追忆不止。

修志工作是一项艰苦的劳动，面对商品经济大潮的冲击，贵州省罗再麟、斯信强等一批年富力强的专业人员立志修志，一批老同志也尽献余热。张桂江是贵州省方志战线的一名老兵，如今的他离休七年又继续工作了七年，编修志书成了他毕生的追求和奉献。"文化大革命"结束，张桂江抖落历史蒙在他身上的灰尘后，决心用加倍的努力夺回被耽误的年华。他先后审定和修改志稿包括省、地、县专志和部门志达数百部，贵州省 1993 年获全国地方志优秀一等奖的四部县志都经他作过细审和修改。他先后为一些志书总纂部分写的篇章达 70 余万字；他参与主编的论文集《方志编纂新论》由省人民出版社出版，荣获贵州省社会科学优秀成果奖。肖先治和他合著的《新方志编修》、《省志编纂学》等三部书，被列入 1992年中国地方志十件大事。他以不凡的成就告诉人们，在地下斗争的严酷环境中造就的是坚持革命传统的优秀人才。看到这样一位老人的敬业精神，使人顿生崇敬之情。

正是由于这些兢兢业业献身修志事业的人们的执著与追求，贵州省方志工作才有了较大的进步。省方志办主任范同寿、副主任黄恺新深有感触地说："方志工作，需要的是踏踏实实的工作作风和甘于清贫耐得寂寞的精神境界。"

充分发挥新编地方志的特殊作用，为宣传贵州富民兴黔作贡献，是史志工作的重要功能。据介绍，贵州省出版的志书和年鉴不仅被全国有关科研机构、大专院校、本省各级党政机关及工作部门收藏运用，还被云南、浙江、山东、深圳等省市一大批私人购置收藏，《贵州年鉴》部分志发行到美国、日本、英国、加拿大等十多个国家和台湾、香港地区。美国十所著名大学及英国牛津大学将贵州志书列为珍藏品，发行到国（境）外的贵州志书逾五千余册。省内一些县、市还开展读志用志活动，地方志的"资治、存史、教化"的功能正在逐渐得到发挥。

原载《贵州日报》1997 年 12 月 3 日第 2 版

"三联"情结

——三联书店贵阳联谊会老同志掠影

在贵阳市繁华的中华南路上，贵阳市重点文物保护单位达德学校里，三联达德书院浓郁的书香气每天吸引着不少读者驻足而读，这里高品位的书籍和优良的服务态度，像一块巨大的磁铁，把人的精神和思想紧紧地连在一起。

创建这个书院的，是一群平平凡凡的老人，一群一生爱书爱读者爱书店的老人。

一次偶然的机会，我接触了这些老人，深深的为他们的真挚情感和执著追求所感动。

三联书店的前身是建立于20世纪30年代的生活书店、读书出版社和新知书店，这三家书店曾像一面旗帜和燃烧的火炬，鼓舞和激励着许许多多有志青年走向革命。20世纪30年代，生活、读书、新知三家书店在贵阳建立了分店，三家书店的一些领导还在贵阳分店工作过。40年代初，书店被国民党反动派查封。新中国成立后，重建三联书店贵阳分店一直是三联老同志和知识界朋友们的热切愿望。

1992年7月，由唐弘仁、唐绍康、郑新、尹克询、袁伯康五人发起，由贵阳三联老同志牵头恢复组建三联书店贵阳分销店。1996年4月12日，经省民政厅批准为全省性的社会团体，从此，维系沟通联络三联人的家正式成立。

原省政协副主席唐弘仁是三联联谊会名誉会长，今年已85岁高龄，从中学时代起，受邹韬奋、《生活周刊》和进步书籍影响，积极参加革命，1942年毕业于武汉大学经济系的他曾在广西从事新闻工作，后到重庆民主同盟中央机关报《民主报》任记者。闻一多、李公朴被国民党特务杀害以后，他曾与《新华日报》的记者谢韬一同进行采访，揭露国民党反动派的罪恶行径。他在1946年撰写的几十篇社论，更是对国民党反动派进行了有力的抨击。1947年5月，国民党政府在重庆进行大逮捕。唐弘仁身陷图圄，1947年11月被关押在渣滓洞集中营，直至1949年3月由民盟组织领导人张澜与国民党谈判才被无条件释放。

智者总是乐于从往事沧桑中透过时光的雾霭去发掘生命的内涵。

唐老虽然年事已高，但三联联谊会的每一次会议都亲自出场并主持大家发言交流。就说老同志们筹钱办的《联谊通讯》和《三联贵阳联谊丛书》，每一期每一本都要认真审阅把关，他带头出的丛书第一本《往事遗痕》，笔底流淌的是滚烫的激情和信念，这种怀旧之情穿越茫茫历史风雨的心路历程，具有醇酒的浓香、玫瑰的芬芳和熟透苹果般的馨香，给人以启迪。

三联人耄耋者居多。人生旅途，频频回首。13岁就投身革命的郑新，1947年10月在香港英皇道街上巧遇在东江纵队接待过的邹韬奋的夫人沈粹缜后，便在她的推荐下来到生活书店在香港创办的持恒函授学校担任刻蜡纸油印讲义的工作，从此，他与三联结下不解之缘。1949年3月，他随三联总处由香港迁往北平，1958年由北京到贵州新华书店工作，离休后参加三联联谊会。今年71岁的他，对联谊会的工作和书店的发展倾注了心血和精力。他的《青山晚晴录》就记录了他与三联的深情厚谊。他还先后拿出数万元钱为三联联谊会的活动提供经费。大家都说，郑新不抽烟不喝酒也不打麻将，把钱都用到了三联。在他的心中，舍不去的是对邹韬奋精神的追求之情。他总是忘不了那个艰苦朴素、朝气蓬勃的青春集体，那个给他们带来潜移默化影响的革命摇篮。

贵阳市近代史研究会副会长、市党史史学会副会长尹克恂，今年78岁。老人精神矍铄，一谈起三联，深情溢于言表。1940年上半年，正准备去延安的尹克恂接到省工委的通知，要他到贵阳生活书店支部工作。尹克恂爱书如命，非常乐意地接受了党交给的工作。这一段珍贵的记忆，永远嵌入他的心中。前几年，当他听说书店筹资的消息，立马带头出了一万多元。

在三联联谊会的成员中，最令大家佩服的是副会长袁伯康。大家都亲切地称他为袁伯。他腿有残疾，但大量的组织联络编辑校对寄送简讯等工作都由他承担。他的家没有奢华流行的家具，但为三联，他每月的电话费可达数百元。袁伯的三联情感是从他 1942 年在重庆参加读书出版社开始的。最使他感到欣慰的是，因为有了这样的团体，把老同志们和一些年轻的朋友们连在一起。为了搞好组织联络工作和书店的建设，他经常忙至深夜。令袁伯兴奋和骄傲的是，由三联人筹资出的联谊通讯已出 18 期，《三联贵阳联谊丛书》出了 35 本，共 158 万字。在这个集体中，无论是 78 岁高龄的熊岳柏，还是热心为三联卖力的庄鼎，无论是思维敏捷的曾纪芦，还是钟爱三联的邓宗岳，只要三联有事，都会义不容辞地为之努力和付出。82 岁高龄的联谊会顾问、省文史馆馆长冯楠，《三联贵阳联谊丛书》编委、联谊会副会长刘学朱，丛书副主编王桓富等，每次参加三联座谈会，都对三联联谊会为推动社会主义精神文明建设所做的工作表示充分肯定。

达德书院是三联人联结起来勾画未来的桥梁。它以品位高雅为人所崇敬，在这里，三联人在现实中找到了一个圆梦的途径，它为读者找书，为书找读者的过程，将韬奋的精神弘扬和光大。

原载《贵州日报》2000 年 1 月 14 日第 5 版

超越岁月入自然

——访贵州省文物保护顾问博物馆学专家苏东海先生

苏东海与博物馆

苏东海，是中国博物馆界知名专家，国家文物局专家组成员，中国革命博物馆研究员，《中国博物馆》主编，国际博物馆学委会委员，同时，又是贵州省文物保护顾问。4 月 3 日，记者在花溪镇山村生态博物馆奠基仪式上再次见到苏东海先生时，又一次谈起了博物馆。

苏东海先生今年 74 岁，瘦瘦的，精神极佳，工作敏捷务实，从事博物馆工作已有几十个年头。

1946 年，苏东海以优异成绩考取北京大学哲学系，1947 年冬天，他受北京大学地下党法学院院支部的委托，在其领导下创办和主持了北大新哲学社，做一些政治启蒙和新哲学普及工作，在这个过程中，苏东海实现了从各种杂乱思想向马克思主义的皈依。1948 年参加民联，被国民党当局关押。出狱后他抱着对共产主义坚定的信念参军，加入中国人民解放军，参加过太原战役，随后入朝作战五年，1959 年从军政治部转业进入中国博物馆从事现代史的研究。凭借丰富的经历和实践，苏东海认为，博物馆具有证史价值、知识价值、审美价值、道德价值四种文化价值。在这四种价值中，证史、知识价值指的是传统提法的“真”，道德价值就是传统提法的“善”，审美价值就是传统提法的“美”，因此，苏东海指出，博物馆同时成为真善美三种价值的载体，是任何机构都办不到的，这是博物馆比任何文化载体更丰富更多彩之处。因此，博物馆才被誉为人类文化的缩影，一个国家精神文明的窗口。

在中国博物馆界，人们对苏东海尊重敬佩，这不仅因为他有坚实的思想根底，更为他的严谨治学所佩服。他的《中国博物馆的哲学》、《博物馆的演变史纲》、《博物馆》（中国大百科全书博物馆卷首文章）、《当代世界博物馆大发展剖析》、《论博物馆的现代化》等上百篇论文是他不重复别人的直陈，从而也是一位学者对马克思主义的坚定信仰和直观现实的坦言。

苏东海与贵州

苏东海提起贵州，有一种难以释怀的情结。贵州，在他的人生旅途中有着令人难忘和深刻的记忆……

1941 年，苏东海随父来到贵阳，就读于贵阳历行中学高中一年级，两个妹妹则在毕节扶轮中学就读。上学时生活很苦，每天早上吃的是稀饭，八个人一小碟黄豆，几个月打一次牙祭，幸而国文老师水平很高，对他影响极大。那时贵阳每天晚上都有空袭警报，记得贵阳还遭到日本侵略军的轰炸，苏东海还跟着大人们往城外跑，学校很快关门，不久转到昆明上学。

至今，苏东海认为那一段生活经历了生与死的考验，和平一直是他向往的精神乐园。前年苏东海与妹妹来到贵州，父亲苏从周（原川滇公路管理局局长）当年工作的毕节扶轮学校已不复存在，那是多么好的建筑，多么好的一所学校！毕节的一些老同志还记得有一位修路的局长，历史也似乎变得清晰，令他和妹妹感动。

1986 年，贵州省制订了"七五计划"，当时贵州省文管办主任秦天真到北京请了一批专家论证计划，其中有关于文化建设的意见。苏东海是其中一位，就在这一年他被聘为贵州省文物保护顾问。在对贵州文物文化工作全面考察之后，苏东海认为贵州博物馆事业起步较晚，却蕴藏着丰富的资源，贵州要在中国博物馆群中迎头赶上，就要搞精品，在质而不是量上胜人。他考察了二十多个县少数民族文化后，提出了建设一个生态博物馆的建议，这个建议得到了当时副省长龚贤永的支持，开发生态博物馆的事宜列入了他的计划之中。

苏东海与中国贵州生态博物馆

生态博物馆概念自 20 世纪 70 年代初诞生于法国并在德国、加拿大创办之后在一些国家中兴起，全世界到目前为止，已有三百多座生态博物馆，在亚洲，日本、印度也在摸索和试验。1993 年，苏东海出席南开大学召开的中美博物馆学专家的研讨会，美国斯密森学会的研究项目协调主任南希·福勒详细介绍了生态博物馆的理论和在美国建立亚克钦印第安社区生态博物馆的做法。原来，这一切都是在挪威杰斯特龙那里取的经。1994 年，苏东海在北京召开的国际博物馆学专业委员会的年会上结识了杰斯特龙行政管理，两人一见如故。作为贵州文物保护顾问苏东海对贵州情有独钟，提出要在贵州建立一座中国生态博物馆。在贵州省政府和省文化厅有关领导的支持下，杰斯特龙先生接受了贵州的邀请，踏上了建立中国第一座生态博物馆的考察之路。杰斯特龙，一位国际博物馆界生态博物馆和新博物馆学运动的勇敢探索者，考察中，为贵州的民族多元文化兴奋激动。

1995 年 4 月，由中外学者组成的课题小组在贵州十多个点考察，经过反复比较和筛选，最后将馆址选定在以长角为头饰的六枝梭嘎苗族文化社区，课题组提交的《在贵州省梭嘎乡建立中国第一座生态博物馆的可行性报告》充分肯定了在梭嘎建立生态博物馆的诸多方面的条件，自然环境、社会结构、经济生活和精神生活仍然保存在一个比较完整的文化生态中，是一个难得的、活生生的文化整体。尤其可贵的是这支苗族在世界上只有四千多人，这个文化体已经成为全世界文化遗产的一部分，具有很高的保存价值。这一切自然和文化遗产都是生态博物馆的一部分，任何实物都可能成为本社区人民历史的记录。

1996年11月27日，国家文物局批复并充分肯定，中国博物馆学会与挪威合作开发在贵州梭戛建设生态博物馆，对丰富我国博物馆品种、建立具有民族特色的博物馆很有意义。1997年10月23日，国家主席江泽民亲自参加协议签字仪式，建设中国第一座生态博物馆拉开帷幕。1998年10月31日，建成后的六枝梭戛生态博物馆，被誉为中国第一座生态博物馆。该馆征集了该地区第一批历史文物，录制了第一批音像资料，建起梭戛乡的苗族资料信息中心和陇戛苗寨的原状保护区。在生态博物馆中，文化遗产、自然景观、建筑、可移动实物、传统风俗等一系列文化因素都有了具体特定的价值和意义。

令苏东海珍视的是，围绕建立中国式的生态博物馆，他同杰斯特龙在东西方文化思想中有着激烈的冲突。苏东海主张，要使贫穷生活有所改善，就要从自然经济走向工业社会。在中国，扶贫是第一位的，只有生产提高了生活才能提高，文化教育才能落到实处，另外，苗族女孩不能光学刺绣，而要接受教育，提高文化水平。杰斯特龙则认为，保持原生态的东西才具有价值，女孩上学，就会使艺术天才的发展受到限制。

西方对自然的向往与中国摆脱贫困的需求有了冲突，不能把生活冻结在自然经济上，事实证明苏东海的观念是正确的。现在的梭戛村民可以穿胶鞋、毛线衣，女孩可以入学，水上了山，村子通了电，本土化并不是只求在本土生存下去，人们提高了生活水平，才会提高保护遗产的自觉性。这一点苏东海形象地说，在中国的土壤上取得的种子是欧洲的，果实是中国的，梭戛生态博物馆，其经验可概括为"发展生产、改善生活、保护遗产、发展文化"。

贵州建立中国第一座生态博物馆，带来的是一个生态博物馆群的建立。2000年4月3日，中国挪威合作项目——花溪镇山布依族生态博物馆奠基，总面积8580平方米，建筑面积1200平方米，该生态博物馆9月建成，11月正式开放，同时举行国际博协研讨会。

在苏老眼里，花溪镇山布依族文化体相当成熟，已有四百多年历史。黔东南黎平肇兴堂安寨侗族文化体，锦屏隆里古城都具备了建立生态博物馆的充分条件。生态博物馆作为一种新的工作模式，在社会文化遗产和文化价值方面，将增强人民的文化特性意识，使某些有重大价值的文化得以抢救，是联系过去、现在和未来的一条纽带。一个代表着苗、侗、布依和汉四个民族的生态博物馆群在贵州省的形成，有着令人乐观的前景。为此，苏东海古稀之年乐不知疲。

原载《贵州日报》2001 年 5 月 12 日第 2 版

书香缕缕示后人

一位分别二十多年的战友来信说，她近日读了黄万机著的《普通一兵——记"文化将军"陈沂》，因了这本书，也因了远方的战友，她很想来一趟从未到过的贵州。

说真的，我为战友的真情而感动，也为自己的孤陋寡闻而自愧，怀着一种学习的心情，我走进了黄万机老师的家中。

个子不高的黄万机为人和气，缜密的言谈中流露出学者特有的气质。

身为省社科院文学所研究员、省文史馆特聘研究员的黄万机是遵义新舟人。1966 年毕业于贵州大学中文系，1980 年结业于省社科院研究生班文艺学专业。在写此书之前，已出版《沙滩文化志》、《郑珍评传》、《莫友芝评传》、《黎庶昌评传》、《客籍文人与贵州文化》等，还发表过万余篇论文和音乐、戏剧作品。由上海文艺出版社出版的《普通一兵——记"文化将军"陈沂》，成书 30

万字，历经八年，多次易稿。它准确、真实、生动、成功地再现了原总政治部文化部部长陈沂将军的生平事迹。被上海市委列为向上海百万读者参加读书活动的推荐书目。1999年，《新民晚报》连载其中两章，《上海文学报》连载一章，《遵义日报》用240多期的版面全书连载，在社会上引起了强烈反响。

萌生为陈沂写传是在1989年。闻讯陈沂传记列入中国将帅传记回忆录丛书，对陈沂心仪已久的黄万机越发想把为陈沂写传的想法变为现实。偌大一个上海，作家众多，陈沂对黄万机考察后，决定由他完成此项任务。自此，黄万机全力投入了传记的写作，他去上海多次，仅整理陈沂录音带达40多盘。有时，为了一句话，他竟查阅资料上万字。

从"黔北少年"到"文化将军"，陈沂一生几起几落，他参加过左联，办过报纸，跟随罗荣桓从抗日战争的山东战场到解放战争的东北战场，荣获过"二级独立自由勋章"和"一级解放勋章"。1955年，他成为军内第一位被授予少将军衔的文化人……在传记中，黄万机写了陈沂驰骋疆场、攻防作战的故事，但更多的是写一个贵州人从遥远的村镇到繁华的都市，从地下党到部队，从家庭人生到宣传、新闻、战勤、全军文化，字字皆事实，句句是真情。陈沂坎坷曲折富有传奇色彩的人生给此书带来独有的特色。这本书，写的虽是个人经历，但却真实有据，可作信史来读，佐以该书文辞的遒丽流畅，读来让人动情。上海市记协主席、原《解放日报》总编丁锡满这样评价这本书："该书对我们怎样做一个共产党员，怎样做一个干部，及至怎样做人，怎样对待人生和现实，都十分有益。"陈沂和夫人马兰说："黄万机文笔极好，是一位全方位的学者。"

纵观黄万机的人生奋斗历程，我们可以窥见一位有责任感的学者和作家的良知。他立志研究贵州文化与文学，不但为郑、莫、黎三家立传，为文化将军陈沂立传，而且集20年心血的《贵州汉文学发展史》也由贵州人民出版社出版。他以这无声的行动弘扬优秀的传统文化和民族精神。在黄万机的心里，贵州文化星空灿烂，让贵州人了解自己的区域文化，让外界了解贵州，一生尽力把贵州优秀文化加以传播和弘扬，则"余愿足矣"！

原载《贵州日报》2000 年 1 月 21 日第 8 版

为秀丽的贵州添亮色

新近落成的花溪民族博物馆，以贵州独特的民族历史、风情和风格吸引了一批批海内外游客；红岩古迹，以高品位的文化含量提高了旅游的档次。不管你是否意识到，以文物为主体的专项旅游，是贵州省旅游业的一个重要组成部分，博物馆、纪念馆、文物景点、文物商店，尤其是民族文物和民族建筑，都成了贵州省丰富的旅游资源。

文物，确实给秀丽的贵州增添了不少亮色。

贵州，有悠久的历史和灿烂的文化。代表史前考古的旧石器文化遗址发现就有五十多处。旧石器文化遗址曾经燃起古代文明的火炬，是探索南方人类起源的重要根据，贵州省旧石器考古在国内享有盛名，历史文物文化内涵很丰富。从战国至秦汉直至明清，都发现大量的古文化遗址和历史名人墓葬，这些说明，贵州开发很早，与中原文化有着密切的联系。在近现代史上，反映清咸同时期贵州各族人民起义的遗址遗迹有数十处，红军长征经过贵州留下的遗址、会址及大量的红军标语等，是贵州珍贵的文化遗产，也是认识省情、发展文化旅游业的丰富资源。

历史文物是促进文化繁荣和经济发展的重要手段。时下盛行的"三大热"中，文物收藏就是其中之一。随着人们物质生活水平的提高，喜爱和欣赏文物，已日益成为人们精神生活的一个重要部分。历史文物，在某种意义上说，不但是联结民族精神的纽带，有些珍贵的文物已成为民族尊严的象征。

为加快经济发展，"八五"期间，贵州省在"保护为主，抢救第一"的方针指导下，全面规划、统筹安排、集中财力、保证重点。省投资918万元（含国拨经费281万元），抢救了文物古迹60项，使一些濒临倒塌的古建筑得到了及时的抢救修缮。贵阳市政府把文物保护维修纳入工作计划，每年划出100万元文物维修费对市内的文物景区做到有计划的修缮，重点项目甲秀楼景区和阳明启祠景区修葺竣工并向游人开放。毕节、黄平、思南、普定、织金、威宁、铜仁、松桃等县（市）群众还集资修复有关文物，国家保护、社会保护和全民保护相结合的新格局正逐步形成。

"八五"期间，贵州省新增了大方奢香博物馆、思南乌江博物馆、镇山露天民俗博物馆、花溪民俗博物馆等18个博物馆和陈列室，镇远周达文故居陈列室、荔波邓恩铭故居陈列室、遵义黎庶昌故居陈列室、榕江红七军军部旧址陈列室等办得有特点有内容，在进行爱国主义和革命传统教育中发挥了积极作用。遵义会议纪念馆、毕节地区博物馆、黎平会议会址陈列室等先后被国家文物局评为"全国文物系统优秀爱国主义教育基地"。多处烈士旧居和革命旧址陈列室被列为省级爱国主义教育基地。

保护文物，是对历史的负责。文物是不可再生产的文化遗产，是人类社会精神文明和物质文明的结晶。最近结束的省文物工作会议提出，文物保护要与旅游开发相结合，考古发掘与夜郎文化研究相结合，文化建设与经济发展相结合。要做好三个结合，实际上就是要抓出重点和特点。近年来，夜郎考古、贵州龙古生物区保护等为国际所关注，民族文化带和民族文化圈的保护开发，将会吸引更多的海内外游客。

据悉，"九五"期间，贵州省文博工作将加强以夜郎考古为主的考古发掘工作，建立富于地方特点、民族特色的文物、博物馆建设管理体系，省文物主管部门要对已公布的全国重点文物保护单位予以维修，维修率达 100%，待批的全国重点文物保护单位维修率达 70%，坚持文物价值高、损坏严重的先修，有可能开放和合资利用的先修，有利于城市文化建设的先修。与此同时，节日、建筑、婚俗、傩戏、蜡染、贵州龙、贵州奇石等有影响有特色的专题性博物馆相继建立。以革命历史事件、历史文物、纪念性建筑为依托建立的纪念馆，将为贵州旅游增加丰富的内容和光彩。

贵州文博事业前景广阔，大有可为。

原载《贵州日报》1996 年 3 月 29 日第 5 版

雪域传情

——贵州省赴藏慰问团演出活动散记

带着贵州 3700 万人民的深情厚谊，贵州省赴藏慰问团走出大山，走进西藏。

承担此次慰问演出的省歌舞团的 15 名演职员，为圆满完成整个慰问活动，付出了艰辛的努力。

高山严重缺氧，不要说在舞台上完成高难度的动作和演唱，就连平时走路都要张口喘气，但面对无数张亲切的脸庞和熟悉的乡音，看到贵州籍官兵和援藏干部在艰苦的条件下为保卫祖国边疆作出的无私奉献，演员们的眼眶里浸湿了泪水。

6 月 5 日，首场演出在拉萨市人民会堂举行。演职员不顾旅途劳累和严重缺氧，为广大贵州籍官兵、援藏干部和广大部队官兵奉献了一个个精彩的节目。

贵州省著名演员汪信山一连为大家演唱了《骏马奔腾保边疆》、

《说句心里话》、《小白杨》，艺术家的精彩演唱，使台上台下歌声连成一片，掌声一阵比一阵热烈。而下台之后，汪信山的嗓子哑了，一连吸了半个小时的氧。

曾在全国桃李杯舞蹈大赛中获得优秀奖的舞蹈节目《哟嘀》，其表演者杨军和陶媛是省歌舞团的青年优秀演员，他们都毕业于北京舞蹈学院，具有扎实的艺术基本功和艺术表现力。首场演出，他们就以不凡的表演受到观众的热烈欢迎。表演《孔雀舞》的王顺利和三人舞《梭》的表演者曾涛也都毕业于北京舞蹈学院，他们精湛的表演使贵州籍广大官兵和援藏干部感受到家乡的变化和发展。艺术，把大家的心紧紧地连在一起。

6月9日，经过一天的长途跋涉，慰问团来到西藏南部的边境县亚东。在省委副书记王三运的带领下，慰问团一行抵达海拔4318米的中国西南第一哨——乃堆拉哨所。高山上的雪还未完全融化，面对家乡领导和同志们亲切的面容，哨所的贵州籍官兵情不自禁地喊道："感谢亲人的关怀，不辜负领导的希望！"演员们一个个争先恐后地为战士演唱。他们说，来到这里，不亲自为战士演唱，是人生的遗憾。主持人吴晓明深情地表露："说句心里话，谁都想家爱家，我的好战友，我的好兄弟，当你巡逻在祖国的边陲，当你驻守在祖国的哨卡，有人会从远方给你捎来悄悄话，亲人就在你身旁。"

汪信山演唱的《说句心里话》和胡确演唱的《分别》，陆俊莲演唱的《兵哥哥》，郭梅演唱的《执著》和卜小贵表演的《二娃参军》等节目，把滔滔乌江情带到了西藏高原的战士心中。

据省歌舞团团长介绍，为圆满完成省委省政府、省军区交给的此次慰问演出任务，自5月中旬接到任务即投入紧张的排练和各项准备工作，团里抽调了主要骨干，国家一级演员殷文霞除担负主要演唱外，还担任了报幕工作。在人员少节目多的情况下，歌唱和小品演员反串舞蹈，报幕主持担纲主要演唱，整个演出活动体现了浓浓的拥军情、乡情和对贵州籍驻藏官兵、援藏干部的赞美和歌颂。

记者随行看到，为使此次慰问活动圆满结束，慰问团主要领导极为关注演职员的身体状况。省委副书记王三运多次为演员送来人参含片和高原安冲剂，许多厅局领导把自己的水果送给演员，自治区接待处的随行医务人员及时地给演员们供氧和治病，保证了慰问演出的正常顺利进行。

雅鲁藏布万里长，高山流水情谊深。西藏慰问之行，把黔藏人民的心紧紧地连在一起，也激励了贵州儿女志在边疆建设边疆的决心和信念。

原载《贵州日报》2000年6月21日第1版

一部警世之作

——观省京剧团大型历史京剧《吏治惊天》

经三个多月的紧张排练，贵州省庆祝建国50周年暨贵州解放50周年戏剧展演首场剧目——大型历史京剧《吏治惊天》，在国庆前夕如期与广大观众见面。

《吏治惊天》的主要人物是清代乾隆时期的刑部尚书刘统勋。讲述了盛世之下皇亲贵胄倚仗权势为所欲为、贪官污吏横行朝野，黎民百姓苦不堪言的现状。乾隆皇帝深感腐败将危及皇权统治，于是与刑部尚书刘统勋议定修改祖制，颁行《吏治通则》，旨在取消世袭特权，便于惩治腐败。然而，以和亲王弘昼为代表的皇亲贵胄、王公大臣们面对丧失特权的危机，对《吏治通则》群起攻之。乾隆皇帝处在新法颁行与裙带亲情的矛盾中。刚直忠正的刑部尚书刘统勋为促使《吏治通则》颁行，展开了一场斗智斗勇的斗争。

全剧五场戏，人物形象饱满，情节令人回味。

中国京剧院国家一级导演孙元意为此剧费尽心血，导出了水平。

此剧属正剧的文戏。场与场没有中断，利用暗灯切换时空，加速了观众思维的节奏，可以说，这是一个争取现代京剧观众的好手法。

导演与省京剧团有过合作，熟悉该团的演员。担纲的杨嘉陵，过去多演"铜锤花脸"。角色的复合性，对他来说，是一个严峻的考验和挑战，然而，杨嘉陵表演得酣畅淋漓、荡气回肠，尽展刘统勋沉郁苍劲的个性和风格。听到他那震人心扉的唱腔："溃堤蚁穴自此生，江山社稷恨不稳，有朝一日大厦倾！"人们强烈地感受到腐败不除，国无宁日的忧患，一股爱国主义的激情涌上心头。

剧中，饰演皇太后的李可甜大气抬戏，新起用的乾隆饰演者周刚才毕业于戏校，虽然嫩了点，但一招一式都认真投入，可塑性极强。嗓音甜美的马英琪饰演的扬州之女锦棠形象光彩照人，她最后以死殉刘统勋，表达了人民对正义的拥戴。

剧中所要惩罚的国舅高恒是皇太后之侄、皇后之兄，是河东总督，授总管内务府大臣。他贪贿三千万两纹银，不除不足以平民愤。惩治贪官腐败，符合人民的愿望和要求。

《吏治惊天》颂清官反贪官，无非是要通过这些典型，起到教育、激励、规范来者的作用。从这方面来说，以古为镜，可以知兴替；以人为镜，可以知得失。我们感谢有良知的剧作家，是他们以对社会的高度责任感创作了《吏治惊天》。虽然贵州戏剧不景气，但省京剧团继《水西遗恨》之后又排演了这样一出好戏，我们为贵州剧坛的不衰而道一声祝贺！

原载《贵州日报》1999 年 9 月 24 日第 8 版

幽静的青龙洞

到镇远采访中国残疾人游泳集训队，碰巧他们就住在青龙洞旁边的镇远水电招待所。祝圣桥那段悠长的石头路上，一阵凉风扑面而来，这是隆冬却非隆冬的风，让我产生一种别样的感觉。

集训队的八名运动员中午要休息，下午又要集训两小时，借空余时间，信步去了青龙洞。非旅游季节，游客稀少，稀少的人群更显出青龙洞的幽静和神秘。

镇远是一座风光秀丽、历史悠久的文化名城。1986 年 12 月，被国务院批准公布为第二批全国历史文化名城之一。有人曾言，在申报历表文化名城的说明书中，镇远最过硬的理由是拥有在贵州高原称冠的青龙洞古建筑群落。

青龙洞，不愧为镇远人民的骄傲。1988 年 1 月 13 日，它再次经国务院批准列为国家级重点文物保护单位，就说明了它的魅力。

青龙洞是一组古建筑群落，始建于明代，至今有近五百年的历史。祝圣桥、中元洞、万寿宫、紫阳洞、青龙洞、香炉岩六组律筑群遥相辉映成为整体，在这里面，万寿宫是规模最大的一组。万寿宫连接青龙洞，北接中元洞，是一座由南往北延伸的高封墙组合院落。内有牌坊、戏楼、厢楼、客堂等建筑，气势不凡。据说，这是当年的江西会馆，在过去的商贾、骚客、墨人往来中，这里曾是他们欢宴游息的地方。初进这院落，觉得静谧清雅，脑际顿时掠过一组组画面，在电影中、在连环画上、在戏剧里，那种台上台下共为一体的交融：尤三姐、二进宫、望江亭、贵妃醉酒，那些多少年历唱不衰的戏文，顿时在这小小的戏楼再次显现。这里浸透着生活中的一种文化和历史。

青龙洞是整个古建筑群的中心。从明弘治年间道人李道坚与其徒徐洪教化缘募捐在青龙洞附近修建庙宇修炼开始，到清光绪年间，陆续增修，形成山门、正乙宫、吕祖庙、观音殿、斗姥宫、玉皇阁等单体建筑，是以传播道家思想为主的古建筑群。沿山梯登殿阁楼台，顿觉奇妙横生，那飞槽翘角、红墙青瓦的建筑物与悬崖、古木、岩畔、溶洞天然合成，真有巧夺天工之势。从玉皇阁内北侧的过厅登曲折成"7"字形板梯上升两米多高，则进入青龙洞古建筑群的最高点望江楼。望江楼与玉皇阁上体连成一体，形成稳"楼上楼"、"楼外楼"、"楼中洞"、"洞中楼"的奇特景观。倚楼凝视静静的舞阳河，思绪一下被拉到很远很远。我想起当年镇远那位女道人宫素然画的那幅《明妃出塞图》，神灵清逸，莫不是因为青龙洞的魔力，才成宋代名画艺术魅力经久不衰？

沿庭径登去，便到了中元禅院的大佛殿，大佛殿与金碧辉煌的藏经楼相互辉映浑然一体。

地势最险要、环境幽深当数紫阳书院了。据说，始建于明嘉靖年间的紫阳书院是为纪念大儒朱熹而建，是当时黔东地区兴办教育和传播文化的地方之一。登斯楼，怀古人，这静谧的紫阳书院散发的依旧是一股浓浓的书香味，难怪镇远这块神奇的土地会培育出当年清朝湖广巡抚的谭钧培，同盟会革命先驱、曾做过斯大林翻译的革命先烈周达文，八一南昌起义贺龙军三个师长之一的秦光远等。他们都是镇远籍人……

青龙洞与舞阳河是镇远的象征。立在青龙洞古建筑群中，我们惊叹古人的智慧。三教合一的天工所创，为贵州留下了宝贵的历史和文化，我们为拥有这宝贵的文化财富而深感自豪。同时，也为那些不义的行为感到可惜。在玉皇阁、斗姥宫等处，我们看到了许多字迹潦草不工的手迹，更有甚者用刀把凭栏的雕像的鼻子、耳朵割去。在贵州古建筑博物馆内，几十幅图片难以辨认，给游客留下了不尽的遗憾。

在青龙洞，不知不觉地转了三个多小时。下山时，上班的人都下班了。一位上夜班的老人为我们打开了出口的大门。走出青龙洞，已是傍晚时分，隆冬的舞阳河无声无息地流淌着，就像一位沉思而多情少女美丽而又庄严。再过祝圣桥时，回首再望青龙洞，一种心情油然而生：真正世代相传的文化不会衰微，人们应该珍惜。

原载《贵州日报》1996 年 1 月 31 日第 6 版

邮人报人两相乐

在贵州日报，只要提起刘庆田，没有人不知道他是个老集邮。而在贵州集邮界，老刘堪称专家。

一个老新闻工作者的业余爱好，构筑了他人生一道亮丽的风景线。

我们的谈话是从他的一张准考证开始的。那是 1951 年 3 月，刘庆田报考贵州省新闻从业人员训练班的准考证。迄今，已有 48 个春秋。刘庆田清晰地记得，那是贵州省在新中国成立后第一次培训新闻从业人员。刚刚解放不久的贵州新闻事业，急需专业人才，当时还在遵义高中读二年级的他，怀着对党的新闻事业的无比热爱欣然报名，在众多的报名者中被选中。学习结束后便从事新闻工作。1953 年调入贵州日报社，历任编辑、记者、工交组长、工商部主任，先后发表消息、通讯、评论等文章三百多篇。1993 年退休时，已是报社为数不多的高级编辑，享受贵州省政府特殊津贴。

退休之后，刘庆田被报社继续聘用，1996 年任《贵州省志·报业志》副主编并接受贵州日报报史的编辑任务。和许多老同志一样，凭着对新闻事业的执著与追求，刘庆田做出了自己应有的努力和奉献。如果说，青年时代当记者和编辑可以立身扬名的话，那么，老年的编史著书则是默默奉献。在故纸堆里，重新寻找的是人生又一个闪光点。

贵州自 1907 年有报纸以来，漫长的历史中一共创办了八百多种报纸，要把这些报纸的来龙去脉搞清楚，确实不易。再说，编写报史，50 年代报社资料积累不够，"文化大革命"期间又遭到破坏，查起来非常费劲。尽管如此，刘庆田和其他同志一道，跑博物馆、图书馆、档案馆，省内省外，仅复印资料就达 4000 多页共计 3 多万字。就说当时的《新黔日报》吧，报名是刘伯承元帅写的，但要写清楚这一事，就费了不少劲。

根据有关线索，刘庆田到四川找到了贵州日报第一任社长刘子毅。刘子毅系四川省人大常务委员会副主任，曾任四川省委常委、宣传部长。但他年事已高，又时隔多年，回忆不起这件事。后来刘庆田设法和贵州解放初期的省委副书记徐运北联系，从徐老那里知道了确切的答案：1950 年初，经贵州省委研究，由省委书记、五兵团政委苏振华到重庆开会时请刘帅题字，并于 1950 年 5 月 7 日正式启用。而这一历史，当时却无任何记载。收获中的喜悦，使刘庆田为编好志书报史充满了信心。

为查明红军长征时《红星报》在贵州的出版发行情况，刘庆田受报社委托到了北京的中国军事博物馆。令刘庆田不能忘怀的是，军事博物馆的领导和同志们给予他的工作极大支持。他们说，遵义人来查《红星报》令人非常高兴，并按最低的收费帮助他复印了一度由邓小平主编的红军总政治部办的《红星报》22 期，掌握了大量翔实的资料并了解了《红星报》在贵州出版的情况，为报志编写理顺了重要的一章。无数大量的资料，都是通过艰辛的劳动获得的。

刘庆田爱新闻事业，也爱他所钟情的集邮。提起集邮，脸上眉梢堆满了笑意。说起集邮生涯，他拿出 1947 年元月四川绵竹集邮研究会出版的会刊《邮传》第四期及刊中的"会员题名录"复印件递给我看，我从名录上看到："110，刘庆田，遵义中正路 17 号"，弹指一挥间，刘庆田的集邮生涯已有 52 个春秋。

读初中时，刘庆田就开始集邮。好学的刘庆田给贵阳的金竹邮票会和四川的绵竹集邮研究会各写了一封信，申请入会。由于金竹邮票会在抗战胜利后已结束活动，不再吸收会员，而在川西的绵竹集邮研究会吸纳了他，从此，便与集邮结下了不解之缘。

熟悉刘庆田的人都知道他集邮有一个特点，就是把收集邮票和研究邮票结合起来，在研究过程中不断写有关集邮文章，以惠人以邮识，自己也从中得到更大的乐趣。我国邮票大部分构思新颖，设计严谨，且有鲜明的民族特色，但在邮票设计和印刷过程中也出现过一些错误。刘庆田根据了解研究的情况，写了《新中国邮票设计的几个问题》一文，曾在1984年全国集邮联西安学术年会上宣读，是大会宣读的八篇论文之一，同时还收入《集邮学术论文汇编》一书中。他还根据国内外一些邮票的特点，写了《邮票上的不严肃主题——吸烟有害》、《身着清朝官服的外国人》、《邮票上的手》、《胡子荟萃》、《百鸡报春》、《儿童邮票琐谈》等，每一篇文章，都是他研究的心血和结晶。一般人集邮不外乎使其增值或玩玩而已，但对于刘庆田却有另一番天地。

1990年8月，瑞典发行造纸工业邮票，其中一枚上有黑体、宋体、楷体三种字体的汉字。刘庆田用放大镜阅后，发现右上角的楷体字似人民日报的社论，便查找了人民日报缩印本，花了两个星期的时间，终于在1989年7月10日的《人民日报》上找到了这两段文字，宋体字也在当天报上落实，上面的"廉政措施"几个黑体字，是当天报纸二版头条消息《枣阳制订十项廉政措施》标题的末尾四个字。坚实的基础和扎实的功夫，使刘庆田破译了其中奥妙。联合国发行的一张邮票上有世界各国的几十个头像，从中，刘庆田找到曾被评为中国长寿之王的贵州仡佬族137岁老人龚来发，还写了一篇《联合国邮票上的中国老人》的文章，在《上海集邮》、《贵州日报》上发表后被数家报刊转载。集邮50多年来，刘庆田在《贵州日报》、《贵州集邮》、《中国集邮报》、《上海集邮》、《集邮报》、香港《邮票世界》、新加坡莱市集邮会会刊等国内外报刊上发表集邮研究文章600多篇，有40多篇编入贵州省老年邮友联谊会编著的《方寸映晚霞》、《方寸红夕阳》中，邮集曾在省、市邮展获一等奖。《方寸话百年》、《友好之窗》等邮集曾参加过全国邮展。作为一名遵义人，他还积极为家乡编辑出版纪念画册作出自己应有的努力，他把邮电部发行的12枚与遵义相关的邮票送去印画册，为画册增添了光彩。

作为一名省集邮协会的常务理事，报人、邮人乐在其中。

原载《中华新闻报》1999年4月15日第7版

珍宝传奇

——走进贵州省博物馆

有人把藏有各种珍贵文物的博物馆称为"形象的立体的百科全书"，可翻开这部"百科全书"欣赏一件件珍宝时，有谁知道这些珍宝的故事？

贵州省博物馆开馆45年以来，遵照"保护为主，抢救第一"的方针，不断地增强藏品意识，所藏数万件文物件件凝聚了文博工作者的心血，也体现了人民群众和社会各界对博物馆的关爱。

故事之一：万历"黔府"青花大瓷罐

年逾七旬的简菊华是省博物馆原保管部主任，她讲述了一级藏品万历"黔府"青花大瓷罐的由来。

该瓷器直口、大腹、平底、有盖。通高53.5厘米，口径22.7厘米，腹径40厘米，底径25.1厘米，系明代瓷器之精品。1963

年，简菊华到北京参加全国保管干部读书会学习班学习时，听文物出版社的一个专家说，北京地安门的一个文物商店有件东西与贵州有关系。于是，学习之余，她便抽时间去询查。当看到这件瓷器时，简菊华一阵惊喜。就所学到的知识来看，这件瓷器的底部有铭文，也有绝对的年代，当时卖价是 300 元。为慎重起见，简菊华请故宫博物院的专家作了鉴定。之后，她打电话向当时的省博物馆馆长吴业君汇报了这一情况。吴馆长当即同意买下并表示马上汇款到京。而此时，故宫博物院为征集瓷器系列藏品，也很想得到这件东西，只是因为贵州抢先一步未能如愿。

这只"黔府青花大瓷罐"在贵州未曾见到，却在北京发现，有关专家后来在研究黔府瓷器的历史时确认：明代万历封王在北京，此器系景德镇万历窑产品，只是此王还未到贵州就仙逝，后在地安门出土，是明代青花瓷中的"大器佳作"，因有具体的烧制年份，又是断代的重要实物标本，定为国家一级文物。

故事之二：《大汉贵州军政府令》

省博物馆研究员谭用中至今还清楚地记得 1961 年赴岑巩县征集文物时的情景。就是此行，他意外地发现现为国家一级文物的《大汉贵州军政府令》。这是迄今为止反映 1911 年贵州独立伊始的大型布告。

《大汉贵州军政府令》，白皮纸石印件，长 65 厘米，宽 57 厘米，为贵州辛亥革命胜利后由临时军政府发布的第一号安民告示。行文运用传统的六字句韵文，易懂易记。

谭用中是如何发现这一珍贵文物的？这要从他与岑巩县城关镇聂宝老先生的相识谈起。

聂宝当时年届九旬，曾是前清拔贡，对岑巩历史相当熟悉。金、石、书、画也颇有造诣。初到岑巩，经人指点，谭用中来到了聂老先生的家中。一番促膝长谈后，谭用中向老先生说明了文物征集工作的要求，希望能得到先生的帮助。老先生说："我没有什么好东西，楼上有一箱书不知可用否？"夜色已晚，为不打扰老先生休息，谭用中告辞。翌日，谭用中又前往，在窄小的楼上，细细查看那箱书，但都是老先生当时在"农林学堂"所用的教材之类。翻到箱底时，谭用中把一张铺在箱底的一张纸拿起一看，竟意外发现"大汉军政府令"！谭用中高兴得往楼下跑。他对老先生说，这件东西对研究贵州历史很有价值。老人说，认为有价值就拿去，分文未要。

后来，省博物馆给聂老先生寄了一封感谢信，热情赞扬了这位老先生对博物馆事业的支持。

故事之三：别致精美的"荔枝砚"

在庆祝省博物馆建馆 45 周年之际，省博物馆向社会推出了该馆的文物精品展，人们流连忘返，叹为观止。

一方别致精美的"荔枝砚"，引来不少文人墨客。这是贵州省著名书法家陈恒安先生早年赠与省博物馆数方砚台中的一方。

陈恒安先生已于 1986 年去世。但夫人蒋德云和女儿陈笑梅回忆过去时，仿佛先生还在眼前。

陈恒安先生很喜欢砚台，几十方砚台成了家中一道景观。这是先生与人交往馈赠的精品。抗战期间，徐悲鸿曾到过贵阳，陈恒安先生赠与徐悲鸿的一方砚台深得徐悲鸿赞赏。在省博物馆工作期间，陈先生视馆为家，曾向博物馆赠书及十多方砚台。他还带动许多文化、医药界的老朋友向博物馆捐赠书画作品。"睹物思情"，人们对陈恒安先生的崇敬之情油然而生。

他是一位真正意义上的学者和书法家，他视"文物"为有情人。

在当时生活条件很艰难的情况下，他没有想到卖物为生养家糊口，却赠与社会，留给人类，体现了高尚的情怀和博大的胸襟。

文物是人类在历史发展过程中遗留下来的遗物、遗迹。各类文物，从不同的侧面反映了各个历史时期人类的社会活动、社会关系、意识形态以及利用自然、改造自然和当时生态环境的状况，是人类宝贵的历史文化遗产。随着人民群众生活的不断提高，文物收藏和鉴赏已成为人们精神生活的一个新追求，对博物馆也更加关注。省博物馆馆长李黔滨、副馆长王红光介绍，近年来，社会各界热心捐赠者增多。仅1997年，在国际蜡染艺术联展上，所有参展的二十多位国内外艺术家都将自己的佳品捐赠给省博物馆，在他们心目中，自己的作品能够被博物馆收藏，是对自己艺术创造的最高奖赏。省博物馆著名书画专家刘锦对记者说，博物馆的发展离不开社会各界的帮助，在他几十年的工作经历中，经他手鉴定收藏于馆的数千件珍品中，有相当一部分是社会各界捐赠的，如果仅仅依靠政府拨款征集是远远不够的。许许多多的文化名人、社会贤达之士为博物馆的发展作出了不可磨灭的贡献，我们从心底深深地感谢他们！

原载《贵州日报》1999年1月15日第5版

重游天台山

1988年5月，我因工作需要从安顺县委宣传部调《安顺晚报》工作。部领导说，没有什么欢送你的，大家一块到天台山上看看吧！那是我第一次游天台山，天台胜景给我留下了难忘的印象。

时隔八年，往事如烟。上星期五，省文化厅到天台山慰问驻守部队，我又一同前往。久居城市，对山自有一种自然又特殊的感情，又何况是心中的那道胜景呢！

汽车中午 1 点从贵阳出发，路过清镇跨过平坝县城到了天龙镇，文化小分队的演员们演出完已是下午 5 点多钟。部队领导带领大家去登天台山。

远处伫望天台山，胜景妙哉！夕阳西下，余晖洒在天台山时，片片树叶生辉、层层飞檐亮丽，高山上耸立的城堡楼阁就像在仙境一般。沿石阶而上，路旁梨花开了，桃花红了，树叶绿了，荡漾着春的气息和活力。伍龙寺开山手植，迄今五百多年的那棵银杏树，依然是那么旺盛，引颈挺拔的树干更衬托出伍龙寺的雄伟。

久不爬山，登上高高石级气喘吁吁。顺山腰扶石栏来到古寺，凉风习习，疲劳不知不觉已烟消云散。

古寺依山而就，螺旋式向上延伸，直到天台山顶端。形如古堡的一组石头建筑群，就是遐迩闻名的天台山伍龙寺。寺内大佛殿右次间大梁上有"皇明万历四十四年岁在丙辰孟春月吉旦立"等题记，是贵州同类文物中较早的一处。

传说当年吴三桂曾留宿于此，藏于寺中的吴三桂当年的赠品宝剑、象牙是其证明。环视寺中，院中的华清月水池池水照人，院中与过去不同的是多了几处旅游纪念品的小卖部。据县文化局的同志说，近几年来，天台游客年平均接待约为 6 万人次，越来越多的游客想一睹天台胜景，领略这"隐藏在深山中的明珠"的风采。

凭栏远望，与天台山对峙的群山连绵起伏，山顶处，便是安顺地戏博物馆。展示安顺地戏流传情况的地戏博物馆，配以造型奇特凭险建寺的古刹建筑环境，给人以强烈的视觉冲击。难以想象，在遥远的过去，那些开山凿业的人们，是怎样将一块块巨石扛上山，又是怎样建就这"我国罕见的山地石头建筑类型的代表"的？

又要告别天台山了，我站在古寺门前久久凝视，再次品味寺门上的石刻楹联："云从天出天然奇峰天生就，月照台前台中胜景台上观。"只有登台凭栏远眺，才知这其中深长的妙意。

原载《贵州日报》1996 年 4 月 17 日第 5 版

竹露荷风送幽香

——记遵义县图书馆馆长吴小媛

文化工作，在今天许多人眼里是很清淡的工作，可遵义县图书馆馆长吴小媛一干就是 19 年。

见到她时她正忙着，少儿阅览室、成人阅览室、图书借阅室及文化下乡送书活动等，她布置得井井有条。

吴小媛与全馆职工一样，十分珍惜来之不易的荣誉：全国文明图书馆、全国文化工作先进集体。谈起图书馆的工作，她掩饰不住内心的喜悦。

图书馆，就是她的精神家园。

1965 年，青春四溢的吴小媛高中毕业。1966 年，县里成立"乌兰牧骑"宣传队，她成为其中一员，由此初识群众文化工作。1978 年，县里要筹建图书馆，吴小媛奉命执行筹建任务。1979 年，县图书馆建成，提出"面向全县，服务农业，为发展农村经济作贡献"的办馆方针。

遵义县是国家优质烤烟产地，不少烟农希望在有限的土地面积上提高烤烟产量。吴小媛为此专程到省图书馆索借《烤烟栽培管理》等书，并亲自摘编写了《烤烟栽培技术》专题资料发到农户手中，还与县有关部门一道举办"烤烟栽培技术培训班"，举办"烤烟专栏资料展览"、"图书馆服务效果展览"等，提高了培训班学员对图书馆资料作用的认识。吴小媛与辅导组的同志还把科学信息及时向有关领导和部门推荐汇报，仅新式烤房一条信息，就成为该县的经验推广，试验结果良好。

将图书馆事业从知识型转化为生产力型，引导广大农户科技兴农，进入商品市场发展农村经济，是图书馆业的一大突破。近些年来，遵义县图书馆建分馆17个，辅导图书馆54个，流通达210多万人次，图书共计250万余册，藏书由最初的3000多册增至14万多册。吴小媛主持拟定了《馆藏查禁书刊管理办法》、《馆藏保留本图书选留标准》、《内部图书查禁书刊查阅登记制度》以及图书馆各部门的岗位责任制等20多种规章制度，促使该馆的科学管理水平始终保持制度化、规范化和标准化，提高了办馆水平和业务质量。

在基层建立分馆，以县馆为"龙头"，以分馆为"龙尾"，该县图书馆办到了农民身边。他们深入农户村组和乡镇，使农民致富有方。该县板桥区大沟乡农科户陈顺清得到吴小媛和板桥分馆的支持，30多亩自留荒山栽培的经济林木树苗4000多株成活率高、长势喜人。他逢人便说："图书馆的同志给我送来的既是书又是钱。"每年一度的"图书馆服务宣传周"和有关部门配合举办的各种读书知识竞赛，以丰富的内容和形式吸引上万群众参与。图书馆充分发挥了思想文化教育职能，探索了一条加快图书馆事业发展的新路。

吴小媛在自己的岗位上坚持自学，曾以优异的学习成绩获得武汉大学图书馆学专业的毕业证书。工作之余，还任省电大遵义分校任课教师，多次参加全国和省级学术交流研讨会，发表论文十多篇，被文化部授予"全国图书馆先进工作者"光荣称号，被省文化厅、省人事厅授予省文化系统先进工作者称号。

"此生系在书山中，竹露荷风送幽香"，吴小媛乐在其中，更兼有一种历史的使命感。

原载《贵州日报》1997年3月5日第5版

武夷山抒怀

走过祖国许多地方，也对本土的山川风物有所了解。在内心深处，总是顽固地夸耀自己的第二故乡——安顺的黄果树瀑布。从小至今，黄果树我去过好几十次，我不止一次地对朋友们介绍，从不要门票到五分钱的门票，从两元一张的门票到现在的几十元的门票，每次穿过飞流倾泻的黄果树，我都会情不自禁地仰天对视，那灌顶而下的冲刷让人感到全身的轻松，而每每告别黄果树时，我都会面对碧绿中挂满雾水的黄果树放声大喊：黄果树，我爱你！一个人，有了这种对家乡的深厚挚爱，很难再找到与之同等的感情。

初到福建的武夷山，就是这种感受。可几天住下来，看进去了，思考随之深入。武夷山，你最终以独特的魅力征服了我，走进了我的精神世界。临别时，我情不自禁地挥手说：有机会，我会再来看你……

山川因文化而秀美

武夷山弥漫着一股沁人心脾的真气，这真气催动着鲜活的生灵，派生而来的文化名人群，成为这方水土的亮点。朱熹就是一颗闪烁的星星。

我们这一代人究竟接受了多少传统文化？在已知的传统文化里有多少是被认可的优秀的传统文化？恐怕现在很少有人去探源。纷杂的世界，利诱相交，我们有时很难静下心来思考这些令人费解的话题。走进武夷山，你不得不面对朱熹去认真思索。

被称为"武夷山魂、闽北之光、理学正宗"的朱熹在武夷山度过了五十年的光阴，这位中国南宋的伟大思想家、教育家，为建立武夷山理学文化立了殊勋。有人云：东周出孔丘，南宋有朱熹，中国古文化，泰山与武夷，即说明朱熹与孔子并称为儒学思想的代表者。在武夷山，游五夫朱子故居、九曲溪理学遗迹、云窝理学书院遗址到武夷宫朱熹纪念馆，你可从中破译武夷山自然和文化的奥秘，强烈地感受到武夷山水的真谛。位于九曲溪五曲溪东隐屏峰南麓的武夷精舍是朱熹完成《四书集注》并以它为教材实行完好的教育实践的一所成功的私立大学，在中国教育史上占有重要的位置。他始创的"四书学"，即把儒教创始人孔子、孟子和他的学生曾参、子思的经典论著《大学》、《中庸》、《论语》、《孟子》汇成一个系列，加以权威性的阐述、诠释，名之为《四书集注》。经过不懈努力，朱子学自元朝统一中国以后，由南向北传播，被朝廷定为一尊，成了国家的正宗思想，武夷理学文化也就成为封建王朝的正统文化。特别是清朝康熙天下大治之时，康熙皇帝亲颁御匾"学达性天"，赐予武夷精舍（后改为紫阳书院）。

朱熹有很多主张，其中最使人过目不忘的是，治天下应抓"大本"，应从"正君心"做起，主张人君要带头读圣贤书，细察天理人欲；主张亲贤任能，整治用人，等等。小时候，总听奶奶说当年爷爷教书用的《四书集注》，想象朱老夫子该是一位大得不能再大的官。在朱熹纪念馆里，我才知道原来这位贤圣也是一个仕途坎坷之人。朱熹活了71岁，从初任同安县主簿到退休的47年内，在地方或入朝真正担任实职的时间并不多，这样，便保证了自己有足够的时间去潜心学问。但终因遭朝野官僚大地主的反对，根本无法推行。历史的悲剧往往在于，有些人空有抱负和才能，但没有捕捉到更多的施展机会；又有一些人，则因为客观环境没有为他提供更多的活动舞台。朱熹显然属于后种。他的系列政治主张和学术体系也只能在他死后逐步得到承认。我钦佩朱老夫子的是，饱尝了那么多的人间辛酸苦辣，却有着泉涌般的诗情。他的诗，得益于武夷山水开创了宋诗新风，在继承了我国山水诗的优秀传统时，克服了宋诗早期议论化粗率生硬的弊病，语言洗练晓畅，具有鲜明的美感特征。我因朱熹的《淳熙甲辰中春精舍闲居戏作武夷棹歌十首呈诸同游相与一笑》诗十首了解了武夷九曲绮丽的风光，正如郭沫若当年所说，"棹歌首唱自朱熹"，是朱熹首先成功地用民歌这一形式吟唱武夷山水，使得武夷山水广为人知。诗中的最后一段是这样歌颂九曲的："九曲将穷眼豁然，桑麻雨露见平川。渔郎更觅桃源路，除是人间别有天。"最为人们所称道的，当数他的两首《观书有感》："半亩方塘一鉴开，天光云影共徘徊。问渠那得清如许，为有源头活水来。""昨夜江边春水生，艨艟巨舰一毛轻。向来枉费推移力，此日中流自在行。"看似在形象生动地描写"方塘"和"春水"等景色，却蕴涵了深邃含蓄的哲理。

朱熹在武夷山区生活了近半个世纪，遍游武夷诸胜，写下了六十余首（篇）武夷诗文，这在武夷山的历史上可以说是绝无仅有的。应该说，这位硕儒大师是武夷山进入世界文化和自然遗产的第一位有功之臣。后人当敬之仰之。

柳永，我在武夷与你相遇

10 月 14 日，武夷山风景名胜管理处的同志组织中国报纸副刊研究会 2002 年年会的参会编辑记者乘竹筏游九曲后至武夷宫参观宋城一条街时，我把时间放到了朱熹纪念馆。乘车返回驻地的途中，才知道柳永纪念馆从我的眼前溜走。回来的当晚，在歇息的观景饭店遥望宋城时，我才知道武夷一行当应看望柳永。

有了这个愿望时，心中的柳永越来越富有神采。

翌日下午，本应随大部队观赏另一个景区，可为了实现这个愿望，我一人徒步来到柳永纪念馆。下午四点，游人渐归，柳永馆静无一人。我成了唯一的观众。

走进碧草连天的庭院，但见柳永纪念馆前耸立着柳永全身塑像，塑像非常有神韵，眉宇间充满了才情的他遥对着武夷幔亭峰和大王峰，持卷凝思，似乎在行吟他为幔亭招宴和投送金龙简而作的词《巫山一段云》。馆内门厅照壁正面高悬毛泽东手书的巨幅柳永佳词《望海潮》，背面为柳永名词《雨霖铃》的词石雕画。馆内东、西、后厢房内，有柳永生平馆、柳词书画馆及当代名家所赋的文词。馆内丹峰拥翠，修竹扶疏，此时，独自漫赏柳词，真乃人生一大快乐。

我喜欢柳词，喜欢他那抑郁谐婉的穷愁和尽致的人生感慨。有人说，正因柳永历尽科场窘厄，故多接近下层社会。因此，他的词更接近真实的生活和情感。

柳永，武夷山市上梅乡白水村人，原名三变，字景庄，又字耆卿。因排行第七，故又名柳七。柳永少有俊才，为人风雅，工辞章，少年时曾有金鹅峰下一支笔之称。他的词不仅市井之人悦之，甚至凡有井水处，即能歌柳词。柳永的词，善于铺叙和使用俚俗语言，他大量制作慢词，对宋词的发展起到了推动作用。他创建的婉约词派，在中国文学史上占有重要的一席地位。他的词，是博大精深的武夷文化的另一个侧面，他拨动人们的那根心弦发出一种纯净、怨诉而又让人陶醉的声响，如同听到巴哈的《雅克的迦可琳眼泪》，东方与西方，人们似乎都有着共同的情感认同。你听，柳永的《雨霖铃》在诉说自己也诉说别人：寒蝉凄切，对长亭晚，骤雨初歇。都门帐饮无绪，留恋处，兰舟催发。执手相看泪眼，竟无语凝噎。念去去，千里烟波，暮霭沉沉楚天阔。多情自古伤离别，更那堪、冷落清秋节。今宵酒醒何处？杨柳岸、晓风残月。此去经年，应是良辰好景虚设。便纵有、千种风情，更与何人说！而他的《凤栖梧》则是旧曲谱新声，寄托了柳永对心上人的热恋之情，其"衣带渐宽终不悔，为伊消得人憔悴"则成为千古名句。近代国学大师王国维把此句作为古今成大事和做大学问者必经的三种境界之二，无疑有其道理。毛泽东偏爱豪放，但也不废婉约，他手录柳永的《望海潮》刚柔相济舒云漫卷，成为毛体的一大特色。而《贺新郎》里则毫不遮掩地、恰到好处地运用了《雨霖铃》中的"杨柳岸晓风残月"。在柳永的《乐章集》里，毛泽东圈画和阅读的就有《卜算子》、《八声甘州》、《少年游》等49首。由此可见毛泽东对婉约词派创始人的偏爱。今天，是不是有人喜欢柳永，我不得而知，但我的喜欢却是真实的。我很庆幸自己从小喜欢唐诗宋词和元杂剧，还要感谢我初中时的语文老师陈容舒先生，这位四川大学中文系毕业的才子在那个无书可读的年代，冒着风险拿出珍藏的古代文学为我制订了长期、中期和近期的自学计划，为我1984年首次通过全国高等教育自学考试《古代文学作品》科目打下了坚实的基础。我认定，中国这些优秀的传统文化为我的精神生活提供了有力的支撑。

走出柳永纪念馆，门前已无一行车，沿武夷山水行走，我似乎听到柳永在召唤，他在召唤一种失落已久的真情，召唤着和被召唤，该是多么令人神往。

原载《贵州日报》2002年10月30日第8版

坚守的责任与崇高

——品读《贵州少数民族音乐文化集萃》的思考

品读厚重的《贵州少数民族音乐文化集萃》，眼前立刻浮现出一群令我尊敬的人，这就是这套集萃的作者——张中笑、杨方刚、胡家勋、李继昌、张人卓、王承祖、高应智。数十载呕心沥沥，数千个夜晚的不眠之夜，成就了他们的坚实基业，实现了心中神圣的理想，为社会和后人留下了一份难能宝贵的精神和文化财富。

文化是人类的第一财富，各民族多样的文化都具有同样的价值。贵州少数民族聚居的广大地区，几乎都是世界生物多样性和民族文化多样性集中蕴藏的地区，但其生态环境依然脆弱。尊重各民族不同文化的存在价值的呼声十分微弱，在文化遗产保护中也面临挑战。贵州是一个由49个民族构成的大家庭，其中世居民族有18个，在与自然相伴和谐相处的历史长河中，创造了丰富多彩的民族文化，侗族大歌等堪称世界级的民族艺术的瑰宝。贵州在非物质文化遗产保护中虽然进入国家名录且处在全国前列，侗族大歌也于2009年9月进入世界非物质文化遗产保护名录，但必须看到，破坏消失的现实依然存在，而且威胁更加严重。随着经济全球化的纵深发展，文化的趋同现象越来越成为突出的问题。对于经济不发达的民族地区，文化传人群体的艺术传承活动，也正受到全球化市场规则的威胁。近些年来，在一些地区，传统农耕古村落的大拆大毁、全面改造的农村"城市化"运动的大开发已抢滩登陆。许许多多古老的文化遗产，无论是物质的还是非物质的，连同它们的文化根基，都面临着一场前所未有的洗劫。保护非物质文化遗产方面的文化主权观念还亟待加强。面临此况，贵州民族音乐学者忧心忡忡。由于民间文化博大、深厚、灿烂的特点，任何个人都无法承担这一伟大又艰巨的使命。要联合起来，深入民间，深入生活，深入文化，深入时代，使其记录尽可能是全面的、多角度的、立体的、具体的，彻底地从时代的使命和人类的高度、文化的角度以及后人的视角，让贵州的民间文化在人类的未来大放光彩。

任何民族的文化传统实际上包含着两个方面：一方面是精英文化，或称典籍文化；另一方面就是民间文化。民间文化是广大群众自己创造的文化，是源头、根基。从精神意义上说，它是一个民族情感和理想的载体，是大众愿望和审美的直接表现，它和生活融为一体，同时，又是一种集体性、地域共性的文化，具有广阔的覆盖性。

这是一个战斗不息奋斗不止的群体，经过漫长的挖掘整理和五年的实质性的推进，使这套丛书得以出版。目的只有一个：在构建和谐社会传承优秀民族文化的今天，抢救濒临失传的非物质文化遗产迫在眉睫。

《贵州少数民族音乐文化集萃》共七册：侗族篇——侗乡音画（张中笑编著），苗族篇——千岭歌飞（王承祖编著），布依族篇——好花正红（李继昌编著），彝族篇——乌蒙古韵（胡家勋编著），水族、仡佬族篇——山奇水秀（李继昌、张人卓编著），土家族篇——武陵土风（高应智编著），芦笙篇——芦笙金谭（杨方刚编著）。

侗族篇——侗乡音画（张中笑编著），全书毫无保留地将作者几十年对侗族音乐的挖掘、整理、研究的成果和盘托出，堪称侗族音乐的盛宴。

张中笑 1940 出生于贵州天柱，侗族。贵州大学艺术学院艺术学院硕士生导师，贵州民族音乐研究会会长。作为学术带头人，他在这个优秀的团队中发挥了极其重要的作用。集前人之经验，在保持和发扬优秀传统中充分展示了一位当代民族音乐工作者良好的风范和民族的时代精神，应该说，侗族篇——侗乡音画饱含了他对本民族文化的价值认同和精神守望，当然，也寄托了对侗族文化的坚守与现实思考。全书共由 11 章构成，配以图片 10 余幅，选用侗族大歌乐谱 116 首，其中，最具代表的侗族大歌《唱一支歌给有情的人听》长达 9 页。全书首尾呼应，资料翔实，文笔流畅，充满激情。最为重要和让人耳目一新的是，作者打破了原有民歌集成的体例，针对当下读者的需求，将史料以趣味性、审美性和可认知有机结合起来，沿着作者的精神引领，把读者带进一个认识和感受侗族大歌生存发展的历史的精神和艺术王国。作者用丰富有力的佐证，对 1933 年上海出版的阿尔斯特所著《中国音乐》中所持的"中国音乐一直是单声部的"，格鲁贝尔的《音乐文化史》明确说中国"根本没有多声部的复调进行，更不必谈和声与和弦了"进行反驳，有力地纠正了"欧洲音乐中心论"者的历史偏见，从而更加有力地让全世界对中国民族音乐文化的认识进入实质性的阶段。

苗族篇——千岭歌飞（王承祖编著），作者 1934 年 9 月出生于贵州丹寨县，苗族，曾任贵州省音协常务理事和理论委员会主任等职，有较厚实的艺术理论功底。全书共有 8 章 52 节 74 首苗族代表性古歌。作为一个苗族后裔，追溯祖先五千年的历险与足迹，王承祖显示出来的一种历史的沧桑，娓娓道来的古老民族的民风习俗，恰似一张无形的巨网把人的视线集聚——聚焦对这个民族的认识和思考。从古朴的社会理念到蚩尤崇拜，从服饰的多样绚烂到信仰文化，无不对艰难困苦的生存状态与独特的音乐文化作出深刻的阐释。其中，对苗族风情节日文化是产生情歌沃土的最为丰富的介绍，让人仿佛融入苗族情歌的海洋，感受其中的艺术魅力和无可替代的文化光彩。通过对苗族精神文化的核心——古歌与众不同的艺术特色进行实例的讲解与分析，让读者对苗族"前人不摆古，后人忘了谱"有了更直观、形象的了解，从而认识到古歌对民族历史传承的重要意义。

布依族篇——好花正红（李继昌编著），作者 1939 年 9 月生于贵阳，曾任贵州省音协副主席。几十年扎根黔南苗族布依族自治州，对布依族民族文化情有独钟。该书以布依族民歌《好花红》作题，引领读者对布依族民歌的认识和了解。全书共 9 章 90 节，收入布依族代表性民歌 115 首，其中，家喻户晓的《桂花开放幸福来》，由崔永昌编词，罗宗贤编曲的原创歌曲，是我国第一批民族音乐经典曲目，其创作材料是布依族民歌《好花红》家族中的《桂花开放贵人来》。作者以特殊的文化视角对布依族民歌内容的广阔和浩繁和咏唱曲调的相对单一进行清楚的揭示。对布依族"小打古乐"和"八音乐"的形成及结构的不规则性及调式逻辑的独特性都有其严谨的阐释，而对布依戏的衍生及演进和发展，既肯定汉布文化的融合，又展现了布依戏独特的艺术个性。同时让众多的读者去关注抢救非物质文化遗产的重要现实意义。

彝族篇——乌蒙古韵（胡家勋编著），作者 1939 年生于贵州毕节，系中国少数民族音乐学会理事。置身乌蒙大地，心中豪情笔端倾流。全书共 7 章 26 节，图片丰富，收入彝族代表性民歌 157 首。

从历史人文社会等多种视角对彝族这个古老民族的音乐及传承进行深层次解读。尤其是对民俗与民间音乐的依存关系、个体生命终结的重视，对含蓄委婉的曲谷和彝族代表性器乐莫轰等的充分挖掘和展示，让人们去感受彝族民间音乐的丰富的文化内涵。和贵州其他民族不同的是，彝族有自己的文字，这使其在文化的传承上更具个性。作者还收入了田野考察和采风纪实，从中看到一个民族音乐家对坚守传统守护精神家园的执著与追求。

水族、仡佬族篇——山奇水秀（李继昌、张人卓编著），张人卓，1942年生于贵州黔西县，系中国少数民族音乐学会理事，青年时代是贵州黔剧团高胡领奏员。长期的艺术实践与磨砺，使他对贵州水族、仡佬族音乐有自己独到的领悟。与李继昌的合作，也是多年友情的升华。张人卓负责的仡佬族篇共有8章21节，李继昌负责的水族篇共有6章38节，上下呼应，互为一体，从中可窥见古老民族的文化之厚重。

仡佬族是贵州最古老的民族，系夜郎国先民。两千多年漫长的历程，吸引了无数文化人的视线。寻找古夜郎音乐文化的遗音成为张人卓此生的追求与梦想。为获取第一手资料，在采风中险入江中。为采情歌，他与仡佬族同胞为友，悉心请教，临别一位叫李桂花的七十多岁的仡佬族老太太为他颤巍巍地唱了一首送客歌，这一唱就是整整10里路！正是这些淳朴的人们给了他走下去坚持下去的信念。仡佬篇收入仡佬族代表性音乐48首，其中，为世人传唱的《情姐下河洗衣裳》收录其中。正如作者所言，寻觅夜郎遗音，其价值不全在于它的年代久远，是希望借此唤起人们从今天活生生的夜郎音乐文化遗存中去重新认识那曾经活生生的历史，去感受经历苦难而伟大的仡佬族人民与各兄弟民族共同创造的光辉灿烂的中华民族的民族音乐文化，重新树立"夜郎自大"的信心。

水族篇别具一格地从"水"说开去。贵州高原南隅的都柳江有一片"像凤凰羽毛一样美丽"的地方，这就是水族这个古老民族的栖息地。贵州三都是全国唯一的一个水族自治县，水族有至今还活着的象形文字——水书，如今已列入国家级非物质文化遗产名录。该书从水族重要节日端节出发，对水族民间歌曲、说唱、器乐与舞乐、祭祀乐进行阐释，从中可以看到水族这个古老民族是多么顽强地守护本民族古老文化的精神！

土家族篇——武陵土风（高应智编著）。高应智，1952 年生于贵州德江县堰塘乡高家垮村，土家族。系中国少数民族音乐学会会员。长期在县文化单位工作。身在基层，便有了与众不同的感受与体验。土家人豪迈奔放的气质使得他对这个民族音乐的认识有属于自己的思考。全书共 9 章 32 节，选入土家族代表性音乐作品近 80 首。从高亢激昂的乌江船工号子到情真意切的伴嫁歌，从催人奋进的打闹歌到荡气回肠的唢呐曲牌，武陵土风尽情地展示了土家族的音乐文化所反映出来的本民族崇力尚勇的民族精神和特有的气质。

芦笙篇——芦笙金谭（杨方刚编著）。杨方刚，1930 年出生在江西广丰，汉族。原贵州大学学报"艺术版"副主编，贵州民族音乐研究会会长。该篇以贵州民间芦笙为主题。歌、舞、乐三位一体的艺术形式（如男吹女舞的跳芦笙活动），至今仍普遍存留在贵州少数民族的生活中，并随时产生着强大的社会功能作用，具有十分重要的文化意义。该书全面地介绍了贵州民间芦笙传承研究和发展的方向。全书共 6 章 51 节，选入代表性歌（套）曲 70 余首，把芦笙这种文化内涵极为丰厚的非物质文化遗产的传承方式及人文精神和盘托出，除对苗族芦笙阐释外，还对侗、水、谣芦笙也作了介绍。该书配以生动的图片、漫画故事及教学传承范例，增加了该书的"学术性、趣味性、可读性"。

文化多样性的重要程度丝毫不亚于生物多样性。怎样保护并发展本民族文化和维护文化多样性？如果贵州民族文化的多样性受损，积累了数千年的人类文化和精神世界就将受到威胁。现存的六千多种语言中，处于弱势的少数民族语言正在迅速灭绝。由于全球网络通用语言的普及，口头语言灭亡的速度还在加快。众所周知，民族口头语言的灭亡意味着世界文化多样性的减少，在语言丢失的同时，以这种语言为载体的文化也必然随之丧失。令人遗憾的是，许多少数民族在"现代野蛮"的摧残下，为了生存不得不放弃与生俱来的母语和本土文化，被迫卷入到可怕的全球化的汹涌潮流中。

正如该套丛书编后所言，丛书的每一位作者，都是对其所描述的民族音乐文化（或某一乐种）情有独钟的研究者。除个别外，其研究步伐大都起始于 20 世纪 50 年代，其成果大都收集于国家"四大音乐集成"贵州卷本，收于《中国大百科全书·音乐舞蹈卷》、《中国少数民族传统音乐》、《贵州少数民族音乐史》、《中国少数民族艺术词典》、《贵州民间音乐概论》——教育部"普通高等教育'十一五'国家规划教材"、《中国少数民族宗教音乐研究》、《贵州少数民族音乐》、《侗族大歌研究五十年》、《本土乐话》、《中国民族音乐研究》、《贵州民族音乐文选》等学术专著和文集中，发表于《中国音乐学》、《音乐研究》、《中国音乐》以及重要音乐学院学报等全国中文核心期刊上，宣讲于国内外、省内外各种学术会议上。

在长期学术实践中，贵州民族音乐学者们相互支持相互激励，也正是在这种长期的学术实践中，贵州的民族音乐学者逐渐形成、加强了这样一种观念：贵州各民族传统音乐文化的研究，是贵州民族音乐文化学者群体共同的事业。从这个意义上说，本丛书各卷虽都有撰写者的署名，但事实上却都是本省民族音乐学者群，乃至本省人类文化学者、民族学学者、民俗学学者以及众多工作于基层的文化工作者、民族工作者众多研究成果的荟萃。

笔者从 1986 年开始就亲历这个优秀团队的多次重大活动，深深被他们崇高的使命感所感动。2003 年，张中笑先生、杨方刚先生积极发起编撰这套丛书，倡议得到了省内一批长期致力于贵州民族音乐事业的老专家及广大民族音乐工作者的积极响应和拥护，他们主动地参与到这一浩瀚的文化工程中。面对商品经济大潮和社会浮躁情绪的干扰，他们不计报酬，默默耕耘，体现了中国优秀知识分子报效祖国、无私奉献的崇高精神和历史责任感。如今，张中笑老师眼疾严重，不能用眼审稿。杨方刚老师重病住院，久治不愈。古宗智、殷干清老师带着遗憾作古。当年血气方刚的青年，李继昌，王承祖，张人卓，胡家勋，刘一丁等已年届古稀。几十年奋斗终生可托的就是钟爱的民族音乐！

本丛书定名为"集萃"，力求名副其实地"集"各民族音乐文化之"粹"，力求回答贵州省各民族的传统音乐文化"精彩"在哪里、为什么"精彩"等一系列问题，也就是学术界常说的不仅要回答"是什么"，更要回答"为什么"。这为青年学子指引了前进和奋斗的方向：追根寻源地、深层次地探索各民族传统音乐文化的"根"，加强"田野工作"的深度和广度之外，广泛地学习与研究民族学、民俗学的科研成果，并将之运用于对各民族音乐文化的研究，形成对各民族传统音乐文化的立体观照。

贵州丰富的民族民间资源堪称世界级民族文化宝库。科学地认识和理解、正确地估量判断各民族音乐文化的地位和价值，对中国民族音乐学乃至整个民族文化研究作出独特的贡献——这应当是音乐研究者，首先是贵州民族音乐学者的责任所在。凭借着作者深厚的艺术功底，严谨的工作态度，无私的奉献精神，我们看到了一套展示贵州非物质文化遗产资源的丛书，此次民族文化精神盛宴，相信会给读者带来深深的思考和行动。

原载《中国音乐》2010 年第 4 期

学术的尊严与回归

——从《中国音乐》专题推介《贵州少数民族音乐文化集萃》说起

　　《中国音乐》(季刊) 2010 年第 4 期推出了评论由贵州省音乐家协会编辑、张中笑先生主编的《贵州少数民族音乐文化集萃》的系列文章，分别是：中国少数民族音乐学会名誉会长、国家非物质文化遗产保护工作专家委员会委员、中国音乐家协会书记处原常务书记冯光钰所作《现代视野中的贵州少数民族传统音乐研究》；中央音乐学院博士生导师、研究员田联韬所作《芦笙是什么？——评杨方刚〈芦笙乐谭〉》；中央民族大学艺术研究所原所长、教授，中国少数民族音乐学会常务副会长赵毅所作《一套必将载入史册的音乐文化丛书——〈贵州少数民族音乐文化集萃〉读后感》；贵州省委常委、省委宣传部部长谌贻琴所作《对"多彩贵州"的深层思索和理性认知》；贵州省文联副主席何光渝所作《贵州民族音乐的文化探索》；贵州大学人文学院教授龚妮丽所作《少数民族音乐文化解读的新尝试》；贵州财经学院文化传播学院副院长、高级编辑段丽娜所作《品读〈贵州少数民族音乐文化集萃〉的思考》；中央音乐学院民族音乐学博士李延红所作《积跬步至千里　总揽侗族歌乐》；湖南理工学院音乐学院教授王俊所作《多元文化中的音乐　音乐中的多元文化》；中央音乐学院民族音乐学研究生孙婕所作的《山歌抒怀布依情》。共十篇文章近三十多个页码隆重推出，这在当今的中国音乐理论界尚属首次。

　　当今社会，在许多人眼中，艺术仍是一种可有可无的事情。至于民间艺术，那更是与生活毫无关联。但对于终生为之奋斗的人来说，却把它看做神圣的美而至高无上。文化的认同缘于精神相通，但要求人们在精神上高度统一，则是一件很困难的事。为了给贵州民族民间音乐和艺术一个恰当的认同和评价，贵州本土的音乐家竭尽全力，为之奋斗。

早在20世纪50年代，执著的贵州人就把侗族大歌带到山门，60年代首次在上海出唱片，80年代漂洋过海到了法国和西班牙，90年代上央视春晚，2004年、2006年参加世界及全国合唱大赛均获殊荣。然而，世人对侗族大歌的了解和认识并非如人所愿。在列入世界非物质文化遗产名录后，侗族大歌经常应邀出现在各种应酬、展演场合，风靡一时，但也出现了一些人为的误读和扭曲。比如，2008年北京首届国际民歌艺术博览周，组织者就要求参加展演的侗族歌队按照开幕式的节奏和风格来表演尚重琵琶歌《丢久不见常相思》。再如，今年兔年央视春晚也安排侗族大歌伴舞，这是扬侗族大歌还是异化侗族大歌？《贵州少数民族音乐文化集萃》丛书之一的《侗乡音画》，以文化学的视角，对侗族民间音乐的总体面貌给予了全方位的立体描述。无论对玩山歌、月堂歌、婚俗歌、歌乐、祭祀乐等的探讨，还是对民间合唱——侗族大歌的分析，均很重视无证不立、孤证不信的原则和学术规范。在第八章《光耀着农业文明社会的艺术奇葩——侗族大歌》中尤为突出。侗族大歌虽然是农耕时代的产物，它作为精神创造活动，体现出群体性歌唱艺术的特点，到今天的现代社会里，仍具有很高的艺术价值，是可以烛照后人的文化遗产。

从20世纪80年代开始，国家文化部门组织力量对56个民族传统音乐文化进行多角度、多侧面、多层次收集、整理研究，取得了丰硕成果，培养了一大批学者、专家和研究队伍。随着全球经济一体化的推进，人们的生活方式和审美价值取向亦随之改变。"人死艺绝"成为民族音乐生态环境丢失的重要因素，人类非物质文化遗产面临濒危状况。在这种历史背景下，国家文化部门及时启动了保护非物质文化遗产的巨大工程，目前有了良好的效果。贵州省少数民族分布极广，许多少数民族的居民居住在偏僻的崇山峻岭之间。即使仅仅企图粗略地了解各个地区少数民族的音乐，也需投入巨大的工作量，更何况需要进行细致的调查、访问，进行录音、记谱，进行比较深入的分析、研究。贵州省的民族音乐学家多年来已形成一个团结、和谐的学术群体，他们相互学习，密切配合，分工合作，多年来，已经先后完成多项集体性的民族音乐学术成果。此次他们又完成了一项规模更为宏大，覆盖更为全面，考察、研究更为深入的集体性成果，开创了我国以省区为单位全面地编撰、出版各个少数民族音乐文化研究专著的先例。而且，他们在筹划之初，就提出"学术性、趣味性、可读性"的写作原则，力求使音乐学术著作既有充实的内容，又易于为广大读者所接受，这种意向与实践也是对我国音乐学术界十分有益的启示。

新春伊始的正月十一，阳历 2 月 13 日，这套丛书之一《芦笙乐谭》的作者杨方刚先生因病治疗无效与世长辞。这位 1930 年出生于江西广丰的汉族人，把贵州视为他的第二故乡，毕生精力尽洒贵州热土。人们为他送行，向这位扎根贵州真情奉献的民族音乐学者寄托深深的缅怀之情。这位资深的民族音乐学家撰写的《芦笙乐谭》，是国内外第一部全面、深入而生动地介绍与论述贵州苗、侗、水、瑶等民族的芦笙音乐的专著。它兼具学术性和可读性，是一部雅俗共赏的精彩之作。芦笙这种乐器流传于我国南方许多少数民族之中，在苗族人民中流传最为广泛，影响最大。杨方刚先生对贵州苗族（及其他民族）芦笙音乐的考察、研究，是一项覆盖面较广的学术成果，其价值与意义不会受地区的局限，其影响将超出国界。杨方刚先生带走的是他对贵州民族文化的眷恋，留下的是厚重的文化遗产。从某种意义上说，抢救保护传承不仅针对的是这些民间艺术，而还要对辛勤耕耘的民族音乐学家们终生所研究的成果进行保护性的挖掘整理，以最大限度地留下各民族的文化财富，这无疑具有更强的现实意义。

学术的尊严与回归，是当今中国必须面对而又亟待解决的问题，《中国音乐》以应有的魄力用如此厚重的篇幅对贵州的《贵州少数民族音乐文化集萃》这套丛书立体、宏观、微观、全方位的介绍，毫无疑义地表明对真正学术的崇仰和敬畏。作为代表中国音乐界研究水平的全国中文（音乐类）核心期刊、中国人文社会科学核心期刊、中文社会科学引文索引（CSSCI）来源期刊，以对文化的尊重和爱护，对贵州民族民间音乐学者工作及其研究价值的肯定，充分体现了真正核心期刊的学术价值导向。从某种意义上说，这不但是对作者在学术价值观方面的肯定，而且引导青年学者如何做学问，做对社会、对国家、对人民有意义的事情，其用意可谓良苦。

"人类进步"是指走向经济发展和物质福利、社会—经济公正及政治民主。而"文化"一词，在不同的学科中和不同的背景下，自然有着多重的含义。它常常用来指一个社会的知识、音乐、艺术和文学成品，即社会的"高文化"。对贵州少数民族传统音乐研究，认清贵州各民族音乐是中华民族音乐传统长河的重要支流。引领更多热爱并尊重各民族文化的有识之士和青年学者深入民间、深入基层，抢救挖掘整理优秀的民族音乐文化，这是当下进行文化建设的一个重要课题。《贵州少数民族音乐文化集萃》的出版，在这个层面上作出了新的重要贡献。正如该套丛书的总序作者——贵州省委常委、省委宣传部部长谌贻琴所言：面世的《贵州少数民族音乐文化集萃》丛书，是一套为"多彩贵州"添彩的丛书，是为贵州少数民族音乐文化树碑立传并使之发扬光大的丛书，是一套展示贵州及其丰富的非物质文化遗产资源的丛书。相信这套丛书会以吸引人们以更宽阔的视野关注我国民族音乐的发展，找出一种将原生态音乐置于真正原生态的方法和科学的研究构架，更加高层次地体现出文化的整体性与参与体验性的特点，从而更加自觉地投入到传承与保护、弘扬传统音乐文化的社会实践和学术研究之中，为推动中国少数民族传统音乐研究作出积极的贡献。

原载《贵州日报》2011年3月18日文艺评论版

我的文化的情结

我于 1987 年参与创建《安顺晚报》，1993 年调到《贵州日报》工作，长期从事贵州的文化报道工作。当时有种说法，一类记者跟领导，二类记者跑经济，三类记者走乡下。我就是第三类记者，但是我特别喜欢当这第三类记者，因为我觉得跟淳朴的人打交道可以净化人的灵魂。

在贵州跑民族村寨写文化报道很辛苦，有时我会走几十里山路，看村民们怎么打着火把过自己的节日。这个过程对一个女记者而言，可以说是相当的累，但在累的过程当中，我感到了自在的力量。在乡下，从来没有人给我发红包，即便到农民家吃饭，拿两个土豆和辣椒，到火盆里烧一烧就是一顿。最高的礼遇是村民把家里唯一——只老母鸡杀了款待你的时候，你会感觉到他们一股浓浓的真情和质朴，同时带有一丝酸涩和凄凉。你会忽略自己原来的身份，忘记自己爱干净的习惯，和他们融合在一起。最后的结果是他们会为你而歌、为你而舞、为你敬酒。

我不止一次地叩问自己：这些生活在大山深处——贫穷的少数民族同胞究竟靠什么维系他们在我们看来是相当艰难的生存？当我走遍了贵州的上千个村寨，也慢慢地走进少数民族兄弟姐妹们的心灵时，我感悟到了一个答案：他们靠民族文化。

最初，看到很多少数民族兄弟同胞的生活很贫困，作为一个媒体人，我当时的想法是多完成任务，多写稿子呼吁一下。但后来有几件事情对我的触动特别大，我发觉仅靠我自己手中的笔是不够的。

1986 年的 7 月，中国改革开放的时候，贵州的侗族大歌和安顺地戏受邀参加了"法国金秋艺术节"。当时在安顺县委宣传部通讯组工作的我参与了安顺地戏赴法表演的组织工作，并为安顺蔡官村的17名村民办理出国的各种手续。这当中，我发现他们对于出国表演内心的喜悦，以及急切地想要把自己的文化向外推广的强烈愿望。但是，他们却不懂得他们所使用的道具——地戏面具的珍贵性和文物价值。在法国，17位农民将自己的面具以10块钱一面的价格卖给了西班牙的一个私人收藏家，而这位收藏家则把这些面具原封不动地带到西班牙马德里建立了一个安顺地戏博物馆。

他们从法国回来后，我兴致勃勃地去采访他们，却发现他们的面具竟然被这样卖掉了，我极度沮丧，心情十分沉重。那以后，我隐约感觉到保护民族民间文化和我们民族的生存与发展之间的关系，感觉到这项工作是每个基层文化工作者、新闻工作者应该关注的一个大问题。在《贵州日报》工作期间，还有触痛我的另外一些事。我曾经参与第一届到第六届台江"苗族姊妹节"活动的宣传策划，但我发现，这种节日在慢慢蜕变，从一种当地苗族同胞自觉自愿去过自己节日的形式，蜕变成政府要给他们钱、请他们去表演这样一个过程。为了多招徕游客，还特意迎合五一假期——黄金假期的时间。但我认为，游客来到我们贵州，首先要尊重我们贵州的民族文化，尊重当地的民风民俗，并不是游客给了钱，我们就要现来演一台戏，现来表演一场意义重大的仪式，这对少数民族文化来说是一种伤害。

台江有一个台拱寨，据说有870多年的历史，我去过很多次。清晨，那里依山傍水，看上去像一幅很美的艺术作品。但是当地政府为了修一个"姊妹节"的表演场所，急功近利地引进了湖南和广西的开发商，在村子周围全部盖起了二层的商住楼，中间建了一个广场，立了一个苗族英雄张秀眉的塑像，这个建筑就成了当地最显眼的东西，但却遮挡了原先那些美丽的风景，丧失了古老的苗寨。

这样的例子在我们贵州数不胜数。坦率地说，这些年贵州在发展经济的同时，有意识无意识地破坏了很多优秀的民族文化。贵州著名的已故收藏家曾宪阳，也是贵州新闻界资深的高级记者、编辑，在长期的采访当中，意识到优秀的东西再不收藏就会流失在外，他节衣缩食搞收藏，因为他知道以后要研究贵州少数民族的历史文化可能真的要到国外去，这绝不是危言耸听！2008年，我曾带香港新闻知名评论家去凯里和西江苗寨，发现村民手上基本没有像样的东西，有一两件挂在那里也仅仅是点缀而已。现在村寨里的年轻人都外出打工，民间工艺濒临死亡，一些珍贵的手工艺品面临着失传的危险。虽然这两年贵州有上百个项目成功申报国家非物质文化遗产，但是真正到了基层，保护状况实在让人担忧。

在保护少数民族文化这件事上，对我影响最大的是作家冯骥才先生。他看到天津旧城改造过程中，一些老的街道和古迹在一夜之间被挖掉后，自己出钱给天津的摄影家买胶卷，让他们用手中的相机赶紧记下这珍贵的历史；他还画画去卖，筹集四十多万建立了"冯骥才民间文化基金会"；在担任中国民间文艺家协会主席期间，他还发动了全国一百多名民间文艺家向有关部门的领导倡议，发起中国民族民间文化保护的工程。当年他来贵州参加文化部在贵州举办的中国民族民间文化保护现场会时，我和他谈起贵州少数民族文化保护的现状，他说，你们要在贵州赶快行动起来，如果不行动，你们优秀的民俗文化就会很快被破坏了。当时我想，他都可以暂时放下当大作家的笔，为什么我不能放下当记者的笔，赶快来做点事，推动一下贵州少数民族文化的保护和发展呢？

就这样，在很多热心人士的支持下，经过了将近九个月的筹备，2004年4月28日，我们正式成立了"贵州省民族民间文化保护促进会"。原省政协常务副主席王思明担任会长，原省政协副主席王惠业任执行会长。作为促进会的秘书长，这期间我做了大量的工作，几乎把腿都跑肿了。很多人不理解，觉得你干好本职就行了，为什么要做这件事？

我觉得作为知识分子和新闻工作者，不仅仅是动动笔、写写文章就可以的。更要考虑如何参与社会发展，参与公民建设。这是一个从理想的高空坠入现实大地的一个痛苦的蜕变过程。这个过程包含着从我们过去对理想追求不切实际的幻想，到开始对贵州、对中国社会发展有清醒的认识，从而通过实际行动去践行更切合实际的理想和追求。由此我们进入中年，也希望在中年能收获生命的真正果实。

促进会成立以后，我们决定从贵州的侗族大歌开始做贵州少数民族文化保护的工作。

我曾经参与黎平县申报侗族大歌申遗的相关报道和工作，由此了解到侗族大歌音乐的丰富性、群众的参与性以及它的特殊价值。侗族大歌是侗族人的精神和文化的灵魂，走进侗寨你会被千人唱万人和的场面所感动。侗族大歌也曾走进中南海、走到巴黎、走上央视的舞台，是贵州民族文化一颗闪亮的明珠，也是世界音乐的瑰宝。

但为什么去年中国青年歌手大奖赛上，侗族大歌只拿了一个铜牌？坦率地说，我认为当时在座的很多评委，根本不了解贵州的侗族大歌。

曾经有一届"青歌赛"，湖南选手刘松在知识问答的环节，看了一段侗族大歌的演唱片段，被问到是什么民歌，在什么地方。当时这位选手说自己不知道，请教在座的评委，那位全国著名的音乐家和指挥家回答说，好像在云贵。

当时听了他的这句话，我心里感觉到很不是滋味。明明是我们贵州的侗族大歌，为什么说是云贵，这是一种指向不明非常含糊的说法，没有给观众传递出一个确切的信息。当晚我写了一篇评论《寻找失落的音乐》，稿子第二天见报后，贵州音乐界很多老前辈打电话给我许多鼓励并表示赞赏。

我感觉到国家推广的一些大活动当中，对我们民族民间文化有以讹传讹的现象，如果连这些全国知名的音乐家都说不清楚侗族大歌是贵州省的，那还会有谁知道侗族大歌真正的发源地是在黎平的岩洞、口江一带？如果侗族大歌一直处于这样一种被误解的状态，那么这种民族文化再有珍贵的价值，也同样会被人忽视。

所以当年我们就把推广侗族大歌作为贵州省民族民间文化保护促进会的一项重要任务，而且是深入到最边远的侗族大歌发源地，在中小学和幼儿园的三千多名孩子中进行选拔。我想民族文化的保护应该从基础抓起，从孩子抓起，这样才能看到民族文化传承的希望。

我们第一次组织的活动是参加中国第三届童声合唱节，在岩洞、口江中小学选拔出四十名孩子来训练。当时是暑假，孩子们打地铺住在学校，每个人每天的生活费只有五块钱，还要从家里背米来学校蒸饭。虽然辛苦，但是孩子们都特别珍惜这次机会，即使是在极其艰苦的生活条件下，他们整天也都乐呵呵的，拥有一种非常阳光和健康的心态。

后来我们带着四十名孩子坐火车到昆明参加全国第三届童声合唱节，出乎意料，孩子们的演唱一举夺得演唱金奖等六项大奖，成绩甚至超过了中央少年广播艺术团。在宣布并颁奖的那一瞬间，孩子们都高兴得抱头痛哭起来，很多省外的合唱团的团员都拥过来和我们的小歌手合影留念。我觉得那一刻一定是这些孩子长大后心中珍藏的最宝贵的回忆。

以前这些孩子一被问到家是干什么的，他们就会说这家穷，那家穷，然后常常是哭声一片。后来我告诉他们，光哭是没有用的，你们侗歌是很好的东西，饭养生，歌养心。我们唱侗族大歌不就是为了让更多的人来了解我们侗族的文化、感受到我们侗民族是一个勤劳善良勇敢的民族吗？侗族是非常了不起的民族，经过上千年的演变，居然能够保留如此灿烂的民族文化，这应该是你们的骄傲，你们有什么值得哭泣的呢？

比赛回来以后，这些孩子的性格有了很明显的变化，变得更加自信和开朗。但由于中考考试不理想，很多孩子面临失学并要到外省打工。于是，我专门找到黎平县委书记和县长汇报此情况，为了激发孩子们传承侗族大歌，经过研究决定，县教育局破格给参加比赛的每个团员中考加了50分，最后童声合唱团有13个孩子到县里读黎平一中和三中，这是岩洞中学以前从来没有过的。最后加分还达不到分数的5个侗族女孩，由我个人资助就读贵州省旅游学校。转眼四年，这些孩子有的读了大学，有的从黔东南师范专科学校毕业，在贵州省旅游学校的几个孩子也已毕业，她们还在实习期间，被省博物馆黔艺宝小舞台全部聘用，她们的命运，因为参加这样的活动从此掀开了新的一页。

教育，能改变人的命运，文化，也同样可以改变人的命运。文化是渗透式的，情感式的，它渗透到你的骨子里面，从而潜移默化地促使你去接受更多的新知识，帮助你到达一种内心安宁，实现一种充实的幸福。

紧接着，我们在黎平县组织了一次很有意义的教师培训，54名乡村音乐教师参加珠海全国首届教师合唱节，获得本届合唱节最高奖——特等奖！我们希望通过培训乡村音乐教师这种方式，来推动侗族大歌的保护和传承。合唱团的五十多名教师都分散在黎平县的各个地方，每个老师回去都会教上百名孩子来唱侗歌。孩子们都以会唱侗歌为骄傲。如今在黎平县，人们学唱一两首侗族大歌已经成为很普遍的现象。对于贵州民族民间文化保护促进会来说，认真去做好这项少数民族文化的保护和传承工作已经不是一句空话，而是活生生的现实。

在推广侗族大歌的过程当中，我们感觉到身上的担子很重、责任很重。我发现民族文化的保护并不是一件简单的事情，它的专业性非常强，涉及音乐学、宗教学、民族学、社会学等多个学科。如果没有一个严谨、科学、系统的体系，而只是想当然地去做，那么一些传统文化保护的做法也很有可能是破坏性的。

我曾经花了很多时间去说服一些政府官员，建议他们在侗族大歌的推广上要慎重，要有选择，不能太随意。不能别人有活动喊你参加、叫你去几个人就去几个人。这样一来，每次都是三五个人去唱侗族大歌，别人对侗族大歌的印象就成了女声小合唱，无法体现多声部，从而抹杀了侗族大歌的精华。只有听到那种和谐壮美的自然的交响，才能真正体会到侗族大歌的珍贵价值。现在有些重大演出，侗族大歌任意篡改歌词，或者录音一放变成假唱，神形分离，使人生厌。但凡了解和熟悉侗歌的人都知道，侗族大歌的歌词其经典性之一是约定俗成，就像我们的大百科全书一样，上了这个旋律，就是这个歌词，任意的篡改则是对侗族大歌完整性的破坏。

这几年我们与其说是在说服政府，不如说是在用实际行动感染政府。希望能够通过行动和获得的成绩影响政府的一些决策，使民族文化的传承和保护成为一种建设性而非破坏性的发展。

作为一个非政府组织，我们所面临的压力和困难也是十分巨大的。

首先是资金上的难题。去年我们组织侗族大歌参加在德国举行的第五届世界合唱比赛，54名团员参加，费用很高。当时活动的组办方"国际文化交流基金会"多次邀请并给我们减免了数千元的报名费。我又去找黎平县的领导，领导保证如果我能筹到一半的钱就给我匹配25万元。面临贵州遭遇50年特大冰灾，我们决定放弃。2008年4月底，国际文化交流基金会主席冈特·铁驰先生又专门给促进会会长王思明、执行会长王惠业发来邀请，希望获得第四届世界合唱比赛民谣组金奖第二名的贵州黎平侗族大歌少年合唱团亮相德国格拉茨，促进会领导专门研究并积极想办法，终于得到了贵州省委宣传部的大力支持，获得了专项经费20万元。但是钱还是不够，最后没办法，我只有动员这些参加演出的演员，每个人自己再出几千元钱，最终才使此次比赛得以成行。

但有时候很多事情是钱解决不了的。推广重大活动是要有预案的，有着一系列的程序，由于时间关系，经费到位后只有不到一个月的时间。办证、签证、银行证明等工作刻不容缓。我只好向贵州省公安厅的领导发出呼救信号，希望能得到他们的支持。就连出国护照的办理也是一路开绿灯，贵州出入境管理局领导研究，破例专门在周末加班两天；团员们在黎平拍的护照照片有很多问题，因不符合要求，便来来回回地返工，我们只好请黎平机场的同志代为传递；为了节约费用，我们找了好几家旅行社希望他们能给予支持，最终把费用从两万多降到一万六，承办此事的旅行社负责人说，他们这趟连每人一百元都没有赚到。在飞机上，主要男声领唱团员侯正芳高烧41度不退，腹痛不止，幸亏我当过医生，有临床处理经验，在设法降温后做病人思想工作，与机长联系决定地面呼救，坚持九小时后一下飞机，我便与机场救护人员将病人直接拉到了法兰克福医学院附属医院抢救直到翌日凌晨。其间，我们及时调整人员并抓紧时间排练，为了比赛，大家放弃了观光的机会。在治疗问题上，我们前前后后和德国各方进行诸多交涉并果断决定：派人将团员送到国内治疗。

好事多磨。最终，我们的侗族大歌一举获得了第五届世界合唱比赛民谣组金奖的第三名，这个组别是参赛队最多、竞争最为激烈的。由于我们的出色表现，"贵州省民族民间文化保护促进会"还获得了特别组织奖，是中国参赛的五十多个团队中唯一获得该奖项的组织方。

走这一趟我发现，这样一个推广贵州优秀民族文化的过程，也是对每个人的艺术才能、社会关系、人际沟通、身体素质等方面综合能力的考验。它不但需要动用我以前所有学习的积蓄和自身的胆识，同时也是考验贵州省民族民间文化保护促进会其核心力和凝聚力的试金石。我们所做的事情能影响和鼓励更多的人，这也是非政府组织的内在原动力，这种力量可以推动我们为中国社会发展做一点实实在在的事情。

近年，我们同时关注贵州的苗族、布依族文化。2007年，曾和中央电视台七套"乡土"栏目合作，拍摄了苗族、布依族等9个专题，每个专题时间45分钟，节目播出后引起强烈反响。在2008年"世界银行·中国发展市场"的第二届的活动中，我申报的"贵阳市苗族农民工子女教育和苗族文化教育传承"的项目从全国近千家进入第三轮的一百家。2008年11月在北京国贸中心展示进入第三轮五十家时，在项目几乎落选的情况下我不甘心放弃，争取到机会陈述我自己的观点。面对世行专家评审组，我激动而深情地说，苗族在上千年的迁徙过程中，历经了千辛万苦，最终定居在贵州高原上，被称为山顶上的民族，至今他们生存的条件和自然环境依然很恶劣。苗族虽然是没有文字的民族，但是苗绣却被称为"写在苗族服饰上的史书"，被认为是"艺术之极品"。如果苗族农民工的孩子们自己不继承这些宝贵的文化，随着经济大潮冲击，一代又一代的年轻人进入城市，这些少数民族的文化很快消失，所带来的损失将无法挽回。

最终，"贵阳市苗族农民工子女教育和苗族文化教育传承"项目，经过激烈的竞争成为进入决赛五十家的第一名，第一个上台领奖，那一刻我感觉到推广贵州的民族文化不仅要有一定的勇气和魄力，而且要满含对民族文化热爱的生命的激情！那一刻，作为一名文化志愿者，我也为贵州的NGO组织感到无限的骄傲和自豪！尽管我们现在没有更多的钱，但是我们精神上是富有的，有了这种拼搏向上的精神，我们一定会战胜许多困难，去为真正构建和谐社会作出自己应有的贡献。

本文是作者在贵州薪火基金会举办的能力培训班文化沙龙上的演讲，被腾讯网、中国音教网等十多家网站转载

后　记

　　我原想过去的那些记忆会随着岁月的逝去变为一堆堆废纸随风飘去，但在整理书稿的过程中仍然挡不住我对过去岁月的怀想。那是一个充满追求和激情的年代，在历经挫折之后对事业的追求，让我在新闻事业上留下了一串串足迹。

　　感谢生活，是生活，让我与传媒有缘；感谢同行，是竞争，让我不敢怠慢消极；感谢传媒，是传媒，我才有幸与一位位充满灵气的智者对话，从而走进他们的内心和精神世界，与他们一起分享收获的喜悦和快乐！

　　任何时候，人们都无法阻挡人类前进的步伐。不管贵州发展如何艰难，但终在追求之中。因为，我们需要张扬无羁的思想狂欢和充满激情的理性和充满理性的激情，也如文化狂野之梦中的焰火！

　　思想新奇瑰丽，人要能跨越自己专业的狭隘视野，在一个人文精神缺失的时代，疏离浮躁，关照内心，找寻生而为人的精神价值的坚守。真正的美是文化，它永远与喧嚣与骚动无缘。我真诚地感谢那些让我难以忘怀的师长和朋友，是他们对文化的热爱与执著给我不尽的激励和鼓舞，从而拿起笨拙之笔，去忠实记录他们生活中的点点滴滴。抚摸书稿，如今有些老师和朋友已离我而去，就连与我同甘苦共命运的孩子，也离我近七年。如今，梦里追寻，其音容笑貌和精神气质在我心里永存！是他们永远在昭示着我继续前行！谨此以深深地怀念！

　　感谢我的学生鲍光翔、李佳玲等在课余时间与我共同整理多年零乱的书稿，谨此表示深深的谢意！

段丽娜

2011 年 11 月于贵阳鹿冲关脚下